陇上大儒

刘尔炘

戴恩来 著

谨以此书纪念刘尔炘先生诞辰 155 周年

刘尔炘（1865—1931）

本书由
甘肃中医药大学"甘肃中医药文化传承发展中心"
资助出版

序

刘宝厚

  我出生后不到七个月父亲就去世了，所以，小时候父亲于我而言是一个模糊的概念；随着年龄的增长，母亲慢慢告诉我有关父亲的很多事情，才让我逐渐明晰了父亲艰辛的一生。父亲虽高中进士、钦点翰林，却为官短暂，毕生致力于地方教育与公益事业。在他兴办的诸多社团中，就有公益医疗机构——皋兰施医馆和儒医精舍，用以培养医疗人才和实施医疗救助活动。现在想起来，我一生从医，也许就是父亲在冥冥之中的安排吧！也正是因为从了医，一生诊务繁忙，无暇顾及父亲遗稿的整理。直到十余年前，才抽身专事此事，相继整理出版《刘尔炘楹联集》《刘尔炘书法集》《刘尔炘诗集》《刘尔炘文集》等。对于专事医学的我而言，文学也只是一种爱好，父亲的著作特别是理学著作，文字古奥，旁征博引，欲作进一步的研究，是有一定难度的。

  恩来博士是我的第一批研究生，跟随我学习、工作已三十余年了。相识相知，师生情深。他不但是我医学事业的学术传人，而且于历史、文学、艺术方面也有广泛的爱好。从收藏我父亲的书法作品开始，逐渐深入到学习、研究其学术思想，搜集、整理其轶文遗篇，掌握了不少鲜为人知的第一手资料，积数年之功，著成学术性传记《陇上大儒刘尔炘》。在父亲逝世九十年之后有人为他作传，而且出自我的弟子之手，确为耐人寻味之事。恩来曾不止一次地对我说："品读先生的文章，体悟先生的事业，使我的人生观念发生了很大的转变。"他为人耿直,待人诚恳,品学兼优,有这样的学生,我很欣慰!

在本书即将出版之际,恩来邀我作序,聊书数语,权为序言吧!

二〇二〇年夏,时年九十岁

序

吴正中

万事皆缘,和戴恩来君之师生缘,更是如此。说心里话,有他这样一位名副其实的门生,我备感荣幸自豪。"扬名声,显父母",古时有"父以子贵、母以子贵"之说,古人又言:"一日为师,终身为父。"当老师的我,沾恩来之德多矣!

恩来君,系原甘肃中医学院(今甘肃中医药大学)一九八八届毕业生,我有幸给他们教过一年医古文。除满堂灌、背诵、批改作业、考试外,极其看重写毛笔字,牢牢守住正规繁体汉字的阵地,生怕简化字贻误学生,让同学们临帖学习,每周交来一大摞,星期天准时批阅,恩来、陶光临二君最为用心,满页红圈,美不胜收。他毕业的那年,我受院长丛春雨先生之命,承建中药标本馆,便约上他和我的长子全人,同赴临夏市和政县松鸣岩采集中药标本,吃苦、耐劳、诚实、敬业的恩来,给我留下了极为良好的印象,从大山里走出来的农家的儿子就是好。

人往高处走,水往低处流。具有雄心壮志的恩来,考上了刘宝厚老师的硕士研究生,由硕而博,后来又考上了赵健雄老师的博士研究生,是全年级头名状元,百中选一。

有一件事,铭记在心,当我孙儿文远手部受伤需动一个小手术时,他跑前跑后,请医生精准治疗,帮了大忙,浑身上下都刻着"诚实"二字,我始终铭记,感念不已。

母校迅速发展,极缺有为之师,众人翘首企盼恩来归来。恩来,恩来,恩来终于来了,享受最优惠待遇,奖励一套特大住宅。为此我特作一诗赞扬:"书中自有千钟粟,书中亦有颜如玉;恭读天下五车书,住进人间黄金屋。"在杏苑小区安身立命,安享尊荣。师生成邻里,宽心又欢喜,无话不说,关心备至。特别在老师有病之日,物质食品,精神食粮,他付出了多少啊!

西北有高手,武山出才子,有一个名叫"滩歌"的诗乡孕育了恩来,恩来回报着滩歌,他每时每刻都惦记着父母之乡,在这方面,他是全天下做得最好的一位读书人。每周双休日他都开着小车到父母之乡为乡亲们开方治病。一个特别爱接地气的没架子的大教授戴恩来,在武山县年轻人的心目中如雷贯耳,这不是说出来的,而是做出来的。

从他的身上,我看到了几千年文明古国的希望,长江后浪推前浪,一代新人胜旧人,中华民族优秀传统文化自有接班者和继承人。亦古亦今,亦文亦医,才情洋溢,文人风度。我沉吟思考,以"仰圣斋"三字赠之,彰显恩来之仰圣情怀。

从此以后,我就用心琢磨,如何使恩来在人世间、在中华民族历史上留下他更光辉灿烂的一页。五泉山人刘尔炘,祖上由陕西三原迁徙而来,祖德清明,家风雅正,是五泉山名胜古迹的拓荒者、创建者,是陇右近现代百年儒家文化的奠基者,至今尚无一部史诗般宏伟巨著来系统介绍大儒的历史功德、卓越贡献、不朽功绩,怎么为人类历史交代下去呢?我想起了最有缘分最有资格的最佳人选戴恩来。他是翰林五泉山人胄裔宝厚老师的入室弟子硕士研究生,另外他曾和我一道点校、注释过刘翰林最有代表性的学术著作《拙修子太平书》,对刘翰林的学术有一定的了解。说来说去,恩来最为适宜。

恩来是个大忙人,好久未晤面。历史有它的密码,说来就来,我心直口快,立即将上述想法告诉他。没容他说他没有能力的话,就立即题写"陇上大儒刘尔炘"的书名,并署上拙名,以示珍重。据恩来讲,这张纸至今还贴在他家中。

从此以后,日出日昳,月圆月缺,恩来就栽在书案上,孜孜矻矻于此宏伟巨著,以特大的信念和毅力,践行着成功的步伐,向世人做出交代。我呢,作为一个诚实的拉拉队队员,在梦中拍手呼喊:"恩来,加油!恩来,加油!"

蓝天白云,杨柳春风,恩来走进家门对我说,自从荣担此重任后,他的世界观、人生观、价值观、荣辱观都发生了质的变化。既有文采又有口才的恩来君,正在做着"弥补当代熙熙攘攘的人们物质丰富满足而精神却异常空虚贫困"的医疗工作。他不仅能治疗身体上的病,还能治疗精神上的病,仅有惟(今讹为"唯",非也)物主义是不够的,必须要补上惟心主义这一课。

时光一天一天消失,我一门心思惦念着这书。陇上大儒,不仅仅是我们甘肃省的文化名片,更是中华民族的文化名片。这位"五泉山人",遵照"德配天地,万邦至圣;道冠古今,千秋先师"孔圣人"志于道,据于德,依于仁,游于艺"的十二字箴言而顶天立地。在其大著《拙修子太平书》中诠释孔圣《论语·学而篇第一》之第一章"子曰:'学而时习之,不亦说乎?有朋自远方来,不亦乐乎?人不知而不愠,不亦君子乎?'"末句时如此说:"'不知不愠'之君子,即圣人也。'不知不愠'者,不自私自利之极致也。普通人之学君子当以不自私自利为要务。视孔子于'谋道不谋食'、'忧道不忧贫',则称为君子。"恩来者,君子也!

书成之日,恩来请吾为序。高兴之余,写下数语,"滥竽充数"耳!

二〇二〇年于中庸书院,时年八秩有八

目　　录

引 言
斯文欲坠天茫茫,陇有哲人扶其纲

　　十九世纪中叶之后,随着千年文明古国被外国列强的坚船利炮撞击得支离破碎,中国的传统文化也面临着前所未有的冲击,中国士人图强求变的思潮也因此风起云涌。对于中国思潮来说,中西之争本质上是理、势之争。曾国藩曾云"理势并审,体用兼备",势讲的是强弱和厉害,理讲的是善恶和是非。西方人挟工业革命之后节节扩张的那个势头东来,以战争的重锤打破了中国人的千年藩篱,从一开始就显示了势的凌厉。此后的中西冲突,据有理的中国人遂成了为势所抑的一方。为了有效地对抗西方之势,中国的先哲们提出了"师夷之长技以制夷"的思想,随之洋务派又倡"中体西用"之说。

　　所以,中国人一方面徊惶于理、势之间,一方面又身在劣境之中而始终苦苦地以理抗势。理的源头在儒学,以理抗势所反照的正是二千年儒学的长久浸润和涵育。但在新一代士人走向变法之日,与变法相呼应的天演进化之说正力倡"物竞天择,适者生存"和"优胜劣汰",这说明天演的本义正是一种势。"物竞天择"和"优胜劣汰",度量的准则都是强和弱,既没有是非之分,也没有善恶之分。因此,从十九世纪末到二十世纪初,在天演之公理所到的地方,便不能不是理与势在人心中的此消彼长。由此走到极端,遂有梁启超在《饮冰室合集·文集之十七》所说的"适焉者,虽劣亦优,不适焉者,虽优亦劣也。故吾辈论事,毋惟优是求,而惟适是求"的价值寂灭。天演进化既为公理,用"物竞天择"证明"胜者"、"强者"、"适者"和"优者"的西方人以及他们所拥有的种种物事,便在"公理"和"公例"的映照之下成为普世法则和人心倾慕的归宿。梁先生又说:"及达尔文出,发明物竞天择、优胜劣汰之理,谓天下惟有强权,更无平权。权也者,由人自求之自得之,非天赋也,于是全球之议论为一变,各务自为强者自为优者,一人如此,一国亦然。苟能自强自优,即虽剪灭劣者弱者而不能谓无道,何也? 天演之公例则然也。"而与之相反的便是守护道德的儒学在强弱与厉害面前的相形见绌和层层淡褪,比之船坚炮利,这更是一种深痛的冲击。

忧国忧民的士人们被历史的浪潮推到了"十字路口",于是乎,士人阶层开始发生根本性的分化。因循与改革、顽固与激进的斗争日趋尖锐。其中,对儒学的维护、利用、调适或者否定,成为文化思想领域变化的一个焦点。康有为的托古改制动摇了儒家经典的神圣地位,科举制的废除摧毁了儒家的现实基础,而"打倒孔家店"的口号最终剥去了儒家的尊严。在这个过程中,传统的"士"阶层急剧分化,越来越多的人接受了西学,成为新思想的拥护者。像杨度的"欲一洗数千年之昏暗,而为民族历史生未有之光荣,于世界历史占最优之地位,亦在我国民求他国文明所自来,而发其羡慕之心,嫉妒之心,以与争荣于二十世纪文明史而已"的观点亦相当普遍。其立论的逻辑,是中国的出路不在中国自身而在"他国"已经走过的道路之中。如胡适在《科学与人生观》说:"中国之所以未能在这个现代化世界中实现自我调整,主要是因为她的领袖们未能对现代文明采取唯一可行的态度,即一心一意接受的态度。"更直白一点的,则直言"事至此日,欲中国之必不亡"则须"一革从前,唯泰西者是效"。陈序经在《辛亥革命时期期刊介绍》

倡言"中国文化的出路，无疑是要从彻底全盘西化着手"。这种论说整体地弘扬西方，而中国人的历史、中国人的文化和中国人的社会已经被否定，整体地成了被批判者和被改造者。然而正如严复所谓"耆乎泰西诸国之政之法之艺之学，则以为非中国所有，而貌而袭之，袭之而仍不足以敌之也，则还质诸吾国何以无学，吾学何以不国？"(《辛亥革命前十年间时论选集》)以"非中国所有"而追咎"吾学"，实际上是以五十多年追咎两千多年，其单面和独断是非常明显的。只是当日由此步步推演，则不能不走到诟詈圣贤和儒学，尤激烈者且已倡"用刮骨破疽之术"实行"孔丘之革命"。

让我们再把目光投向阴霾笼罩下的现实社会，中国的民情国事用内忧外患来表述是再恰当不过了。在清廷内部，光绪皇帝虽已亲政，但实权仍掌握在慈禧太后手中，逐渐酿成了帝、后两股势力。帝、后两党相互倾轧，使朝中的政治形势扑朔迷离，人人自危，其结果自然是甲午战争的战败，八国联军瓜分中国，大清江山土崩瓦解。中华民族面临空前严重的民族危机，大大加深了中国社会半殖民地化的程度。

地处西北之隅的甘肃，虽因地处天末而未受外敌之扰，但政局、时势亦无不关乎全局之变，正所谓"覆巢之下岂有完卵"。1911年辛亥革命后，清朝统治土崩瓦解，甘肃革命者举行了秦州起义，响应共和，成立了甘肃军政府及临时议会，但不久李镜清议长被军阀所杀，政治空气令人窒息；1920年骤起"易督风波"，回汉镇守使们各执一词，剑拔弩张；人祸未了，天灾又行，海原又遭8.5级强烈地震，数十万人被埋；1929年，旱魔肆掠陇原，饿殍遍野；1925年，冯玉祥入甘，改所部为国民军，1931年发生"雷马事变"。在这个自然条件极为恶劣的多民族聚集的地区，由于交通闭塞，信息滞后，教育落伍，民智未启；加之政府的横征暴敛，政坛的勾心斗角，种族之间争端不断，故而使原本脆弱的地方经济更加凋敝,社会秩序难免混乱,人民生活极度困难。

"神州莽莽尽烟尘,谁向中原救兆命?"(刘尔炘《五十初度书怀》诗)"斯文欲坠天茫茫,陇有哲人扶其纲。"(王烜《刘尔炘德教碑记》)面对学术上的西学泛滥,孔学式微,一位陇上士人提出要"举头天外,高出世表,另起炉灶,从新鼓铸,方足以救今日之中国"(《果斋日记·1917年》);面对满目疮痍的陇原大地,他主张"谋国经纶何处是,苍生先要不忧贫"。他就是陇上大儒刘尔炘。

让我们走进刘尔炘的世界。

一、家风熏染

陕西三原,因有孟候原、丰原、白鹿原而得名,史称"甲邑",亦谓"池阳",处关中八百里秦川腹地,系秦都之城池、长安之京畿,素有"衣食京师亿万之口"美誉,自北魏太平真君七年(公元446年)置县,已有1560多年历史。三原某地之刘氏家族,可考者至近在明代就已于此生息繁衍。

始祖名刘达,为刘尔炘之七世祖,六世祖刘德芳生有刘璧、刘瑜、刘瑄、刘琬四子。刘璧、刘琬二人皆无子。刘瑜生三子,分别为刘世勋、刘世英、刘世荣;刘瑄有二子刘世杰与刘世功,是为四世祖。刘世杰早亡,刘世勋以嫡长留在三原,其余刘世英、刘世荣、刘世功均于清康熙年间迁往金城之皋兰,皆为皋兰始迁祖。

究竟是什么原因让关中三原的这支刘氏家族作出如此重大的迁徙行动,让兄弟三人背井离乡,去一个生存环境远不如八百里秦川的地方?后人无从知晓,事实就是如此。

刘世英号武伯,是一位有德才而不愿做官的处士,有孙氏、管氏二位夫人,生长子刘润、次子刘泽,是为刘尔炘之曾祖、叔曾祖。刘泽号雨亭,热心地方公益事业,曾主持修建阿甘河桥。

刘尔炘之曾祖父刘润,字玉田,为国子监太学生,历任刑部,貤赠奉政大夫,娶妻柳氏,生刘吉泰、刘履泰、刘初泰。刘吉泰号晋三,为邑廪生;刘履泰号晋安,亦为邑庠生。

刘尔炘的祖父刘初泰,号茹塘,为邑庠生,以书法名当世,历游

五泉山人劉果齋先生年譜

世系

始祖達 生於明季 為七世祖 ———— 六世祖德芳 ———— 五世祖 珽 瑄 瑜 壁

高祖
世英 — 為泉蘭始遷祖
世勳 — 以長子留陝三原原籍
世榮 — 為泉蘭始遷祖
世傑 — 早 卒
世功 — 為泉蘭始遷祖

曾祖潤 字玉田游幕

祖
際泰 初泰 說初灃邑庠生
履泰 游幕

父
榕 桐森
出繼父 爾圻 清翰林院編修出繼胞伯榕 字壽昌
本生父字嶧山三品銜候選州判
爾熾 字奉品 邑庠生候選訓導
果齋又說晚風又說五泉山人
字覺現說果承又說
席誥授奉政夫人 願說甘肅書引錢

世系图

陕甘督署、江西盐法道、湖北武昌府幕，诰封奉政大夫。有张氏、宋氏、柴氏三个妻妾。

刘尔炘的父辈有兄弟三人，依次为刘森、刘榕、刘桐。胞伯父刘森，号葛生，为肃州镇标把总；本生父刘桐，号峄山，五品衔候选州判，历就甘肃藩司钱席，诰授奉政大夫，本生母徐氏，继母魏氏；养父刘榕，号荫之，候选从九品，历办甘肃各州府县书启，例赠文林郎，貤赠奉政大夫，母亲王氏，旌表节孝。

至刘尔炘这一辈只有兄弟二人。其弟刘尔炽，字寿昌，为邑庠生，候选训导，却终身未仕，依靠其兄刘尔炘而终老。

清同治四年乙丑（1865年）正月初七日亥时，刘尔炘出生在兰州城关盐场堡一个"皆读书，敦尚品节"的三代游幕士人家庭。相传正月初七日为人类的诞生日，女娲在这一天创造了人，故而成为一年中最负盛名的黄道吉日。择吉而生的刘尔炘，天赐祥瑞，兆示兴旺，家中的人们无不欢欣，特别是奶奶的心里更是乐开了花，她似乎已看到了刘氏家族未来的兴旺景象，为其取名"尔炘"，就有此寓意。考中进士之前曾取字"又宽"、"洞初"，号"晓岚"，之后又取号"果斋"。晚年自号"五泉山人"，而先前的字"又宽"、"洞初"均弃而不用，世人多以"晓岚"、"果斋"称谓。至其谢世后，则门人学子皆以"果斋先生"称之，以至王烜的《刘果斋先生事略》和曹英的《刘尔炘先生事略》都将"晓岚"定为其字了。

中国的古代文人，皆有名、有字、有号。名以正体，字以表德，号以明志。刘尔炘的"尔炘"之名，尔，即"如此"；炘，为火焰炽盛之貌。尔炘，即火焰如此炽盛！晓岚，即清晨之霭。很显然，刘尔炘的名和字的意思则是相反相成的。至于"果斋"之号，则是取《中庸》"果能此道矣，虽愚必明，虽柔必强"之意，果，在此作"当真"讲，"道"，自然是指孔孟之道了，体现了刘尔炘的人生志向。"五泉山人"这个自号，笔者认为并不完全像王烜所谓的"爱五泉山水"那样简单,而明显有"穷则独善其身"的归隐之意。

前文已说到,刘尔炘出生于一个"读书、敦尚品节"的游幕之家。所谓游幕,即外出做宾幕、幕僚等,相当于现在的助理、文书之类。自曾祖玉田公始,即为达官显贵之幕僚,仗义疏财,广结人缘,为子孙后代能重操此业打下良好的基础。曾叔祖振西公也是一位乐善好施、关注地方公益事业的知名人士。刘尔炘在《卧虹桥记》中说:"出袖川门里许,曰阿干河,跨河而过、势若彩虹者,曰卧虹桥。桥之建,不知创自何年,而自乾隆辛丑毁于火。至嘉庆丙辰,独出钜赀,重构材木,因旧趾而抶扩其规模,使往来之人至今称便、获免于厉揭之劳者,则为吾先曾叔祖振西公讳泽者也。"此时此刻,刘尔炘为祖先的盛德而自豪,也钦慕地方人士代代相传、不遗余力而成就的盛业,"继美流光",同时也"自愧不克绍先人之志事",自惭而始能见贤思齐,有了家族的荣耀感,那传承祖德必当自强的责任感便会自然而然地扛在肩上。

祖父茹塘公,少年即中秀才,品学兼优,到壮年时,已出入陕甘总督府,游历湖北武昌、江西南昌一带,以其广博的学识、干练的才能、敦厚的品性而深得上司赏识,还结交了不少文人雅士、硕学名流。刘尔炘在《皋兰刘氏先德碑》中记载说,爷爷尤"以书法名当世",那可能就是清代咸丰、同治年间的事了。

其生父刘桐出生不久,太平天国席卷全国,虽家境稍衰,但刘桐穷且益坚,极能自强,读书竞考,终获五品衔候选州判,一生从事"钱谷业"(即金融行业),游幕于甘肃地方的公卿幕府间,在同治、光绪两朝,从崇保至谭继洵的五位布政使,皆礼聘其为司藩钱席(明、清地方官署所聘财经佐助人员),先后持续二十余年。刘尔炘的父亲算是赶上了一个比较太平的时代,那时,太平天国已经平息,百废甫兴,史称"中兴之治",以曾国藩、左宗棠为首的"中兴"名臣,遂成为士人追捧的偶像,其崇尚的"道义"、"气节"思想在国内学人中产生了极其广泛的影响，社会风气也随之大为转变，文人及官僚基层虽不尽以"奇行伟绩"而显世，但却能"笃守礼法，罔敢逾越，苞苴贿赂之风为在官所必戒"。在这种较为良好的社会环境中工作，刘桐的高尚品德得到敬仰，载誉而行。然而在他年逾五十之后，世风日下，感到自己的言行"渐与时违"，便赋闲于家，聊以诗书自娱。《皋兰刘氏先德碑》中记载，刘桐"生平荣瘁无常而志节不变。晚年生计日艰，虽目睹余小子通籍于朝，而隐忧转甚。盖默观世运，识当时显达者途径之日非，既不愿子孙苟不义之富贵，而又苦无术为衣食业也。"刘尔炘虽然取得了功名，在朝为官，但父亲也敏锐地观察到了世事日非的变化，在这种情况下，要想做一个清官是不容易的，但发不义之财是绝对不可以的！

刘尔炘说，父亲"性清介，临财不苟"，有一件事让他感慨至深。那是在同治初年，甘肃地方发生了"花门之变"，即陕甘回民起义，"花门"原来是山名，在居延海北三百里。唐初在该处设立堡垒，以抵御北方外族。天宝时为回纥占领，后以"花门"为回纥的代称。这时一年之间要发生多次变故，每一次变故，家家户户都要挈妇将雏举家逃避。当时家里的日子异常困难，父亲便将祖母柴太宜人接至乡下勉强度日。有一天，风声骤紧，富裕的邻居准备出远门逃难，将一个装有金银财宝的大包袱托付父亲保管，丢下一句"麻烦您了"就跑了，任凭你怎么喊也追不回来了！父亲大为惊叹，不知如何是好，好长一段时间惴惴不安。一则在大难临头、人人不免见利忘义之时，邻居竟然不怕其贪财将巨金相托，令他百思不得其解；二来时局混乱，邻居寄放的财宝朝不保夕，随时都有被洗劫的危险，若有不测，将来如何向邻居交代？幸亏因为贫穷才躲过了贼人的光顾，邻居的财宝也有惊无险。等过了一年多光景，动乱终于渐渐平息，邻居也回来了，拿走了完好如初的大包袱。为什么邻居会那么放心地把财宝交给父亲保管，就是因为父亲"性清介,临财不苟"的品行早已闻名于巷闾的缘故啊!

刘尔炘不满六岁时,生母徐氏撒手人寰,离他而去。祖母柴太宜人义不容辞地担负起了抚养的职责。祖父一生风雅,交际于上流社会,高朋满座,胜友如云,祖母出身于书香之家,雍容贤淑。刘尔炘得其言传身教,温良恭俭之德尽显其祖母之风。祖母既是他饮食起居的照料者,又是识字读书的启蒙者,更是良好行为的培育者。有关刘氏家族的历史变迁,也是由柴太宜人回忆口述给年幼的刘尔炘的,民国五年(1916)刘尔炘据此而撰成《皋兰刘氏先德碑》。古人云:"一人贤淑,惠及三代。"真心付出自有真情相报,刘尔炘在进京赶考途中作《北游诗草》云:"乘时勉报严君德,毕世难酬大母慈。"就是抒发对奶奶的拳拳思念之情。第二次进京(戊子年腊月)前的十一月,祖母因病去世,弥留之际神志恍惚,时清时乱,然老人惟因一事而不忍闭眼,那就是孙儿的功名尚未圆满,所以只要有一丝的清醒,就不断询问他进京启程的时间,殷殷之情,令人动容!

刘尔炘中了进士、选入庶常馆之后,继母王太宜人、父亲峄山公也相继谢世了。刘尔炘家计稍宽之时,仍念念不忘父辈、祖辈的所受之苦。《果斋遗言》中就有这样一段声泪俱下的表白:"就是我生身的父母,从小抚养我的祖母,替我劳了多少心,受了多少苦,却都没有吃过我一碗饭,穿过我一件衣。我每念及此,那眼泪便不由地滚下来了,我还有甚么心肠讲究吃讲究穿哩?"

风谊良熏染,祖德荫后贤。刘尔炘的祖上三代皆游幕之士,其品节为世人称道。曾叔祖振西公乐善好施,关心地方公益事业。特别是父亲与金钱打交道二十余年却始终洁身自好,一尘不染;在人心叵测的乱世中,别人的金银财宝放在身边而丝毫不为所动。这就是刘氏家族的历世风谊,传世之祖德。

二、名师栽培

刘尔炘在《遗言》中称自己为"映藜堂主人",而"映藜堂"就是天下刘氏之公共堂号,来自刘向"燃藜读经"的典故。刘向是西汉著名文学家和经学家,成帝时任光禄大夫,奉命在当时皇家图书馆——天禄阁校阅各种经典,后写成我国最早的目录学著作《别录》,并著《说苑》《洪範五行传论》等书。传说有一天,刘向在天禄阁校书至深夜,当烛尽灯灭之后,仍不肯就寝,就在暗室中背诵经书。忽有一位黄衣老人,手拄青藜杖叩门进来,接着将手中青藜杖顶端一吹,藜杖竟然燃烧起来,发出光芒,照亮了暗室。刘向见状,对老人肃然起敬,施礼相迎,并询问老人尊姓大名。老人答道:"我乃太乙之精,闻知卯金氏之子好学,特来视察。现赠你《洪範五行》之文。"老人说完,从怀中取出一卷简牍,授予刘向。此后,刘向果然成为一代宗师,在中国文化史上建立起不朽伟业。刘氏后人为了纪念这一"燃藜夜读"的神奇传说,鼓励族人发奋读书,就将"藜照堂""映藜堂""藜阁"等作为刘氏的堂号了。

刘尔炘用印:
白文《映藜堂》

　　唐代大儒韩愈《师说》有言："古之学者必有师。师者,所以传道授业解惑也。人非生而知之者,孰能无惑? 惑而不从师,其为惑也,终不解矣!"古人常常将老师分为受业师与受知师,前者即指私塾先生或学堂、书院的老师,而受知师则一般是指在科举场中的考官或对自己的学问、前程有过帮助的人,也称知遇之师。刘尔炘一生勤奋好学,从师甚众。七岁即"出就外傅"而入私塾,先后得到过张清(字铸堂)、任魁(号梅村)、张基培(字德卿)、徐炳熙(号

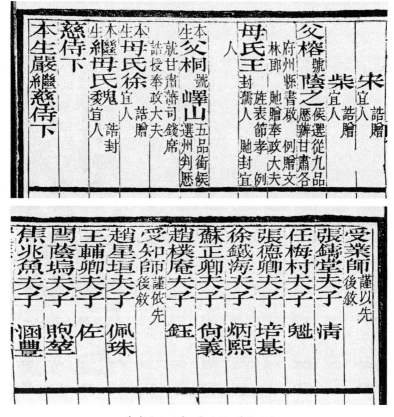

朱卷(父母亲、受业师、受知师)

铁海)、苏尚义(字正卿)、赵钰(字朴庵)诸师的栽培。出身于三代游慕之家且经祖母柴太宜人启蒙调教的刘尔炘,私塾、学堂的选择标准自然是很高的,私塾先生必须是享誉乡里的德艺双馨之人。如张基培系"副贡生,庄浪训导",徐炳熙则更显赫,为"光绪丙子举人,性孝友,博学多能,工书善画,尤嗜琴,喜谈诗"。至于在备考秀才、举人以至进士的过程中受人知遇、得其指点、获其奖掖的"受知"之师就更多了,据《刘尔炘会试朱卷》记载居然有六十七位之多。他们中既有学富五车的陇人娇子,也有名震海内的封疆大吏,更有誉满京师士林的学界、政界文魁泰斗。特别是徐铁海、赵朴庵、刘永亨、刘光祖、张国常诸师,给刘尔炘留下了深刻的印象。

怀才不遇之徐铁海

徐铁海(1828—1881)是刘尔炘颇为感慨的一位老师,曾为其作《徐铁海先生家传》。徐老师名瑞麟、炳熙,字信芳,又字子昭,号铁海,皋兰人,"以聪明颖异之资,未弱冠即有声于庠。及壮,遭家多故,愤而学商,颠踬拂乱,垂三十年。迨丙子登乡举,时年已四十九。""向使以先生之人之才,而生于干戈不扰之区,又值夫家给人足之会,竭毕生才智,一意专志于所谓文章经术者,其成就必不可量。"(本节引文皆出自刘尔炘《徐铁海先生家传》)一个蜚声乡里的青年秀才,如果有优越的家庭条件和稳定的社会环境,能专心治学,必定前途无量,可偏偏"当咸、同间回匪猖獗之时,迭遭丧乱,岁屡不登,家故饶财至是中落",家庭屡遭变故,便在忧愤中学习经商,经商失败,不得不掉头重操旧业,在颠沛流离三十年后虽高中举人,却会试不第,其"胸怀所蕴,郁郁而不得发者"可知。刘尔炘与其说是在感慨为师一生科举之偃蹇，其实是在叹息时局环境对人才成长的至关重要性。

徐老师因考进士不第而归乡任教，刘尔炘便有了戊寅、己卯（1878、1879）间从师学习的机缘。"时则贼渐平，岁渐熟，而先生亦渐老矣。和平温厚，终日怡怡。即生徒业或不勤，艺或不进，先生俯仰太息，五指弹案，作丁丁声，卒不忍出一言以相伤，而受者已愧恶不安，辱于夏楚。常课而外喜谈诗，命题多古者豪侠节义之伦，辄有拟作，慷慨激昂，诏生徒讲画指授，罕譬曲喻，杂以诙谐。先生笑，生徒亦笑。"刘尔炘回忆说，在跟随徐老师学习的一年多年间里，那时匪患已日渐平息，庄稼的收成也慢慢好了起来，可是徐老师已始见龙钟老态了。老师性格温和，宽宏仁厚，整天乐呵呵的，即使学生的学习不努力，成绩不理想，他无奈长吁短叹，甚至把桌子敲得叮当响，却始终不忍心出言伤害学生。而作为受教育的学生们，内心早已羞愧难当，胜过用教鞭敲打自己！俗话说得好，善言如棒敲啊！刘尔炘一生奉行"从容乐易"的教育之方，或许就是从徐老师这里得到启蒙的。老师在课堂教学之余，最喜与学生们谈论诗词，多题咏古代豪侠节义之人事，每有诗词新作就激情满怀地念给生徒们听，并加以解读，虽引经据典，探赜索隐，但也不失诙谐，常常情不自禁而捧腹大笑，惹得学生们也笑得前仰后合。

那时刘尔炘觉得和老师天天讨论诗文是无比快乐的，而当他经历了世事沧桑之后，便觉得当时自己是何等的幼稚！"回首当年，始知先生胸怀所蕴，郁郁而不得发者。日对此二三小子，借吟咏以抒写，是何异向夏虫而言冰、对蟪蛄而问春秋也？可哀也！"老师一生怀才不遇，心中的积郁无处发泄，面对几个不谙世事的孩子，借吟咏古人而排泄胸中的烦闷，那不是对牛弹琴吗？真够悲惨的了！像徐老师这样有品有才的人，如果生在太平之世，不为衣食所忧，必能人尽其才，成就不可估量啊！

　　命途多舛的徐老师，却得到了善终，这是令刘尔炘十分欣慰的。"先生未卒前三日，里鄢姻旧中争传，谓异香满室，经宿不散。是说也，黄老家多称羡之，而儒者不道。然先生晚年尝于无事时拥被高卧，累日不起，毋亦有得于陈抟之流乎？然先生究儒者也，然亦足以见里鄢姻旧之爱慕先生，而不以常人目之也已！"在老师去世前的三天时间里，街坊邻居都传说老师所在的房间里弥漫着奇异的香味，且经久不散。老师晚年曾"拥被高卧，累日不起"，难道是入了陈抟老祖的道教了吗？刘尔炘还是觉得徐老师是位儒者，并不崇尚道家神仙之说，有如此奇特的传闻，大概是老百姓对不同寻常的徐老师表示爱慕和崇敬的一种方式吧！

殷切寄予之赵朴庵

　　光绪六年，十七岁的刘尔炘已是秀才（光绪五年为庠生），又拜赵朴庵为师。赵朴庵也是秀才出身，曾"补用县丞"，也就是曾经获得过一个候补县令副手的资格，是否坐实，无从考籍。赵老师不但对刘尔炘要求颇严，期望很高，教导亦格外用心。

　　刘尔炘在赵朴庵严格的教育下，学识长进飞快，次年即在甘肃学政陆廷黻主持的岁考中补为"廪膳生"。廪膳生也叫廪生，是指由公家给以膳食的生员。当初生员有定额，皆有食廪，其后名额逐渐增加，就将初设食廪者为廪膳生员，省称"廪生"；增加者谓之"增广生员"，省称"增生"；又于额外增取，附于诸生之末者谓之"附学生员"，省称"附生"。再至后，凡初入学者皆谓之附生，其岁、科两试等第高者可补为增生、廪生。廪生中食廪年深者可充岁贡。

　　刘尔炘在《遗言》中称自己"弱冠立志为学，以'不求人知'为盟心要语，以'无所为而为'为读书任事之宗旨"。"立志为学"

即是以儒学为宗,"不求人知"是克己功夫,"无所为而为"当是
《老子》"无为而无不为"的翻版。风华正茂的青年刘尔炘已立志
为学,这无疑与赵朴庵的点拨有着密切的关系。而且在此时,刘尔
炘已开始关注西学,"士大夫往往以讲求新学为趋时之要务,或附
会经传以明所学之非外道。然我总觉其所言者未必是而又不能直
言其非,姑妄听之而已,未敢盲从也。"

　　光绪十五年(1889),刘尔炘考中进士,赵老师特地给他写了
一封信:"金马玉堂,乃吾人分内事,特俗眼易惊耳! 殊不知圣域贤
关,力行可到! 天德王道,至性本全。贤契赋质清奇,名世道统,岂
异人任耶? 但愿志向无移,圣贤共励,是尤私衷所切祷者。"他怕
学生被荣誉冲昏了头脑而飘飘然迷失方向所以给清凉之剂。谦虚
谨慎,戒骄戒躁,方能成大器。到了第二年的春天,赵老师又受父
亲之委托,再次写信说:"令尊疾疢,未至卧病。前见福报,有告假
归省之意,尊翁面嘱,万不可告假以误前程。翰院专以资格为重,
若病势渐臻,必将暗告,贤契断不敢以意外之功名,使人薄彝伦之
恩爱。我辈所学何事,岂有轻重倒置之理? 况捧檄承欢,古人所
尚,贤契亦不得菲薄勋名,致拂高堂之盛意。"再一次告诫刘尔炘
万不可因思家而影响了前程,辜负了国家的厚望。刘尔炘的父亲
长期担任"司藩钱席",必是能书会写的,怎么会让别人代为写信
呢? 可见父亲的疢疾病已经重得不能握笔了,才让知己者代为书
写,赵老师和刘尔炘家人交往的密切程度可见一斑。

传播正基之刘子嘉

　　刘永亨(1850—1906),字子嘉,号晴帆,天水人,是陇上著名
学者任其昌(1831—1900)的高足,陇南书院的翘楚。光绪三年

（1877）中进士、授翰林院编修之后，官职一直升迁至户、工部侍郎，总督仓场侍郎，是有清一代甘肃入仕者中官衔较为显赫者，其书法作品至今尚有流传。光绪十二年（1886）起任省立求古书院山长若干年。刘尔炘正是在乡试中举前后投到刘子嘉老师帐下的。刘尔炘在《〈重刊小学弦歌节抄〉序》中谓："光绪间，吾师秦州刘子嘉老师，以侍郎官京朝。"

遗憾的是，刘尔炘自中举入翰林，再到辞官返里，世事多变，岁月如歌，直至刘子嘉老师去世，也再未能与之谋面。而

刘永亨行楷《老可少游》对联

这种伤感，还不仅仅是因为私交的缘故，更多的是来自对老师学术的高山仰止。且看刘尔炘挽刘子嘉老师的对联：

在朝中偏我归来，违绛帐者十年谋面方云能再见；
问陇上阿谁继起，望青云分万里伤心不仅为私交。

值得庆幸的是，到了1920年，终于有了为子嘉老师做一件事情的机会。刘尔炘的同年好友、督军新疆的杨鼎丞（增新）寄来一本老师在京为官时依据清末著名学者李次青所著《小学弦歌》改编的《小学弦歌节抄》稿本，杨鼎丞愿捐资让刘尔炘所办的乐善书局重刊而"为广其传"。刘尔炘自然欣喜不已。回想先师编著

此书时，自己也正好赋闲在家，竟然于此一无所知；今天能为老师的书"付梓校刊，讫不觉俯仰乾坤，有浩然太息而不能已于言者！"面对此情此景，刘尔炘有太多太久积郁于胸中的话而不吐不快，遂欣然为《重刊小学弦歌节抄》作序，开门见山说道："《诗》之教广矣！兹编所抄，大抵皆孝弟忠信、礼义廉耻之发于至性至情，使人读之而感于不自知，动于不自已，是殆所谓'直指本心者乎？'"

一百年前刘尔炘为老师所刊印的《小学弦歌节抄》版本今已无从得见，所幸李次青《小学弦歌》相关资料尚能查得。《小学弦歌》是一部诗集，是本着宋代理学家程颐的意旨编选的，所以把全书分为"教"和"戒"两大类，"教"有孝、忠、夫妇之伦、兄弟之伦等十六门，"戒"有贪、淫、杀、争竞等十二门。因此可谓是历代相关题材的诗歌选集。虽然其选择有一定的尺度，但仍良莠不齐。全书总共选诗九百三十多首，作为童蒙读物，显然分量过重，如果从中精选一下，把所有的"坏诗"都去掉，便可选出一本儿童诗歌读本来。想必刘子嘉老师的《小学弦歌节抄》就是如此节选的《小学弦歌》精华本。

《小学弦歌节抄》"意在便童蒙之读，培养正之基耳！"刘尔炘面对当下西学盛行、传统式微的局势，深感"正之基"岌岌可危。因为"吾国自有史以来，以形上之道持世道之胜也，轻形骸之娱乐而专重神明。有时以殉道之故，虽捐躯糜妻子亦所弗恤。人之所以异于禽兽者，其在斯乎？故其时立说垂训，莫要于浚心性之所存，以推广其固有之良，俾天下相勉相劝，相习于礼让，相纳于去利、怀仁义之途，以开万世之太平。是以自孩提童稚之年，即以此直指本心之说，涵濡浸渍于朝夕讽诵时也。"我中华民族自古以来重人伦重道，而不在肉体上的享乐，所以常常有人以身殉道。而人之所以与禽兽不同，大概也在于此。古之圣贤因此而立说垂训，最核心的问题就是发掘人性，将人性中的固有善良推而广之，使人们能相互帮助、以礼相待,从而达到减少利欲、施行仁义的境界,太平世界亦从此而开。万事须从娃娃抓起,要让这根植于内心的善良之学,在时时刻刻的诵咏中潜移默化,濡养、浸渍。

教育孩子自古如是,似乎没有什么可以高谈阔论的,然而,刘尔炘却忧心忡忡,认为对孩子的启蒙教育在当下迫在眉睫,这是因为:"今者欧风四播,虽以吾数千年神圣缔造之区,礼义之邦,声明文物之国,亦迷乱狂惑,如醉如痴,群焉相习于自杀,而唯恐人心之不死、学术之不陵夷也!视纲常如桎梏,抛名教如土苴。千圣百王之大经大法,六艺之微言,且鄙弃如粪壤,而何有于兹编之琐琐乎?"在"欧风四播",国人"视纲常如桎梏,抛名教如土苴。千圣百王之大经大法,六艺之微言,且鄙弃如粪壤"的时候,竟然能听到先师所编的《小学弦歌》,虽其言之"琐琐",然终令人欣慰。于是乎,刘尔炘遂倡言"虽然雪地冰天,微阳自在;重阴四塞,而吴羲独见"。因为刘尔炘坚信:"即使苍苍者厌恶我人类,弃绝我环球,果于大元内别造尘寰,别开人境,苟不谋彼中之承平、之安乐也则已,如其谋之,则舍兹编之所谓明伦广教者其道无由!何也?星球虽异,同出一天。天不变道,亦不变此。"

集郁在胸,不吐不快。刘尔炘的这篇序文,可谓是酣畅淋漓。一是对西学的实质看得透,二是对旧传统的日益消亡而担忧,三是对恢复"正之基"不遗余力,且信心满满。这不就是所谓的"文化自信"么?

"第不知吾子嘉老师在天之灵倘闻吾说,将瞿然而惊耶?将悚然而惧耶?抑将欷歔感喟,悄然而悲世变之至于如斯耶?为神往者久之。"世事沧桑,毕竟老师已久归道山,他的这些"胡言乱语",该不会吓着老师了吧?瞬息万变者世风、世道也,亘古不变者师恩、师情也。继恩师之正德,振世风之颓废,是后学者所义不容辞者也!

褒诩赞扬、不嫌溢量之刘光祖

1891年，省立求古书院的教鞭在两位天水刘氏学者间进行着交接，而承接者就是刘光祖老师，这位山长且将求古书院一直守护到中国书院制的终结。

刘远峰（1841—1921），名光祖，远峰为其字，生于1886年，中进士时已年逾不惑，可谓科考之艰辛，亦可谓大器之晚成。至执掌求古书院，已是知天命之年，也许正是因为刘光祖老师坎坷、丰富的人生阅历，厚积而薄发，成就了一代名师。

1920年，刘光祖迎来八十华诞，众弟子为其祝寿，公推刘尔炘撰"祝寿词"，刘尔炘则恭敬不若从命，一千余字的《刘远峰先生寿序》，一气呵成，挥笔立就。后人对刘光祖老师的了解，盖源自刘尔炘的这篇《寿序》，其《墓志铭》却未得流传。

"吾陇上先达以京朝官退居乡里，主会垣讲席，造就生徒，超然于轩冕、声华之外者，皋兰则张敦五先生，秦州则远峰先生也。"在清末之季的省府兰州，刘光祖老师造就人才的功绩和意义，在作为学生的刘尔炘看来是超越一切非凡荣誉和崇高地位的，是不同凡响的。

刘尔炘"年甫弱冠，即从两先生游。弱冠后，幸登科第，亦以京朝官假归桑梓，忝拥皋比，追陪两先生者，垂二十余年。两先生皆侧身谨慎，皆蔼然可亲"。名师对学生的感召力是巨大无比的，刘尔炘自中举、登科而辞官返里，甚至在他执掌教鞭之后依然与老师保持着亲密的师徒情谊。一日为师，终身尊崇，这就是刘尔炘的尊师之道。

刘光祖"先生美丰姿，清华朗润，望之如神仙中人，而虚怀谦抑，辞气温恭"。刘尔炘不惜用唐太宗"松风水月未足比其清华，仙露明珠讵能方其朗润"(《大唐三藏圣教序》)的溢美之词盛赞老师。刘光祖老师不但长得一表人才,相貌堂堂,俊若天仙,其性格也十分谦和、温文尔雅。特别是他的教风也使刘尔炘折服。"先生之造士也,尚宏奖。一言之善,一得之长,褒诩赞扬,不嫌溢量。承其教者,无不色然喜,慨然兴。群焉相忘于欢欣鼓舞之中,而学业自进。"荣誉之心人皆有之,说对一句话,做对一件事,都能得到老师的褒奖,自然会使自信心大为提升,这就是鼓励教育的优点所在。刘光祖老师的这一"奖励"型的教风,对刘尔炘教风的形成产生了深刻的影响。刘尔炘在《果斋日记》中如是说:"师之道虽尚严,然讲论授受之际,不宜峻厉,必从容乐易,使之有悦心之趣,则入之者必深。暴风疾雨未能润物,其滋养涵育而浸渍之透者,必和风之嘘拂,微雨之缠绵也。"究其原因,盖源于《尚书》"敬敷五教在宽"之论。刘尔炘在《嗳经日记》中记述道:"'敬敷五教在宽',似与后世'师严道尊'之说相反,学者多疑之。岂知为学之道,未有不优游涵泳而能自得者。《易》于'学聚问辨'之下继之曰'宽以居之',其旨深哉!故学者造诣,其始也,贵有急迫强探之功;其既也,贵有从容玩味之乐。若夫'严'之谓者,则指出入动作之规,进退趋跄之节之类而言。朱子曰:'紧着课程,宽着限期。'宽、严两字,各有攸当矣!"虽没有完全像刘光祖老师一样"褒诩赞扬,不嫌溢量",但为师者必须"从容乐易",受教者才能"悦心"有趣。所以刘尔炘的教育理念必是"乐易悦心"者。举例来说,干涸的土地虽然急需雨水的滋润,但农民们并不期待暴雨,这是因为暴风疾雨来得太快,水聚而淹,土反被水所克而为害,甚至还有被水冲走的危险。所以,土地的滋润,必定需要"和风之嘘拂,微雨之缠绵",这样"滋养涵育"才能浸渍透彻而墒存饱满。就像中医治疗虚证的理念一样,虚极羸瘦之体,若遽投以参、茸峻补之剂必欲速而不达,宜当以执中焦以运四旁,以缓补之方徐徐图功。

刘尔炘对刘光祖师长的尊崇,除了"传道、授业、解惑"的师恩外,恐更多缘于刘光祖老师的人格魅力。何谓"人格"?其实不外乎孝、悌、忠、信。

刘尔炘说:"先生忠孝性成。岁壬辰,梁太恭人卒于里第,以在兰未获亲视含殓,及归,引为大戚,恸不欲生。既而奉严命,仍赴兰掌教。乃属家人逾二三日必详报太翁起居饮食,毋稍隐。夜必露祷,祈增老人寿。岁时必归省,闻疾必星夜驰视。戊午秋,太翁逝世时,先生竟早归,得亲侍汤药,尽礼尽哀。""其处兄弟也,白发盈颠,不忍析爨(分家)。子侄群从,欢然一门。""辛、壬(1911、1912)之际,读逊位诏书,泫然流涕,曰:'我大清亡矣!'哽咽不能成声。"刘光祖老师不仅忠君孝亲,更心系地方百姓的安危。"乙未河湟之变,杨石泉制军欲出省督战,先生逆之,而人心稍安,乃与敦五先生共上甘军剿贼之议。当道韪其言,为请于朝。董星五少保乃奉命西征,而烽烟遂靖。"即是例证。

至于刘光祖老师对友人的"信","乡之人茶余饭后谈里中孝友世家,必首及之";"与人交,无小大,无敢慢";"人有辗转托请一言为说项者,无论识与不识,未尝拒,无论成与不成,必思得当以报,而不计其人之感不感"。无论何人有求于他,也无论所托之事能否办成,从不当面拒绝,且全力以赴。

面对西学播散、士风日下的时局,刘尔炘的心中五味杂陈:"自海内患贫,竞言欧化,教人之术日异月新。忽忽十余年,而前古四千余载之师道、之经训、之辞章,茫茫然日就于消沉。"再回头看看一生艰辛却能乐观行事,现已步入耄耋之年的刘光祖老师,一股崇敬之情倏然从刘尔炘的心头升起:"回忆畴昔读书自好之士,萧然自足,耻入于名利争夺之场,日惟以道义与诸生相切磨者,在当日亦数见不鲜。自今视之,不犹是羲皇上人耶!"

刘尔炘甚至开玩笑似地对老师说:"近今乾坤非历古所曾有,

近今世变非历古神圣所曾知，故近今之人十年中所见所闻，即抵古人数千载而有余。则阅天上烟云、见人间田海如我辈者，谓之为八百年之老彭也，可谓之为八千岁之大椿也，亦何尝不可！"如今的世事变迁是亘古未有，现在的人十年间的所见所闻，古人千年难遇。我们经历的这些巨变，亦未尝不可与活了八百年的彭祖以及八千岁的大椿相比哩！

老师荣登寿辰，弟子"必沾沾焉，效当世富贵名流，作山阜冈陵之颂"，但此"似非先生所乐许，亦非炘之所宜施于先生者。惟是师友渊源之谊，耿耿于方寸中，不觉慨念今昔，叹人才消长，学术盛衰。在一家则家风所系，在一邑则文献所关，在一国则往圣前贤精神命脉或续之所自。"师德师风对学生立身处世有着深刻影响。孝悌忠信铸就人格，褒奖励人形成理念，这就是师生情谊的根源。谨守师道，是家风之所在，是地方文化之所在，是传承

刘光祖墓志铭

圣贤精神之所在。

薪火相传的佳话仍在继续着,刘光祖老师之哲嗣刘景斋又拜刘尔炘为师,从其而学。曾子是孔子的高足,而孔子的孙子子思又出于曾子门下。杏坛教泽,代代相传,清风如穆,从来都是如此!

就在八十大寿的次年(1921),刘光祖老师在兰州无疾而终。刘光祖老师逝世后,会宁进士秦望澜撰《清诰授中宪大夫刘远峰先生墓志铭》,皋兰进士王世相为其篆盖,而书丹者正是老师的信心弟子刘尔炘。

尚矜严、不苟嘉许之张国常

张国常(1836—1907),字敦五,亦字冬坞,家住皋兰县靛园寺(今城关区南稍门外)。光绪三年(1877)丁丑科进士,授刑部主事,数月后,辞官回家奉养老父,不再出仕,被历任陕甘总督聘为省立兰山书院山长,教授选自全省各府州厅县的学生,几达三十年。期间甘肃考中举人、进士的,大多是他的学生。因此张维在《陇学略述》中评论其"常用经史教授,先后从学者甚众,训诂谨严,为一代宗师",并非溢美之词。刘尔炘也说:"光绪间,吾陇上先达以京朝官退居乡里,主会垣讲席,造就生徒,超然于轩冕声华之外者,皋兰则张敦五先生,秦州则远峰先生也。炘年甫弱冠,即从两先生游。弱冠后,幸登科第,亦以京朝官假归桑梓,忝拥皋比,追陪两先生者,垂二十余年。两先生皆侧身谨慎,皆蔼然可亲。"和刘光祖老师一样,张国常老师也是刘尔炘的受知师,同样为刘尔炘所爱戴。

然而,张国常老师的教风却与刘光祖老师迥然不同。"敦五先生之造士也,尚矜严,不苟许。承其指授者,皆惕而奋,奋而惧,比蒙许可，而造诣之精进已不可量矣!"敦五老师为人端庄严肃，不轻易嘉许学生，使学生有所戒惧，遂自觉发奋学习。能得到他表扬，则这个学生的"造诣之精进已不可量矣"!他的这种教学方法，使资质各异的学生都能得到长进。兰山书院的学习经历以及张国常老师的教风对刘尔炘日后从教也产生了重要的影响，甚至很是相像，刘尔炘的高足王烜就曾形容其老师"素严毅，不苟笑"，学生们见了总是有些惧怕。当然在教学中刘尔炘还是遵循"师之道虽尚严，然讲论授受之际，不宜峻厉，必从容乐易，使之有悦心之趣，则入之者必深"的原则。可见刘光祖老师的"鼓励"与张国常老师的"严厉"，刘尔炘是兼收并蓄，中和而成。

张国常老师侧重讲授考据学，诱导学生考覆辨证文字、音义及名物典章制度。张国常培养的学生都是淡于名利，精于治学，富有著述，热心公益事业的人才。光绪十六年（1890），甘肃学政胡景桂上疏荐举，加张国常员外郎衔，以表彰他孜孜不辍的兴学造士精神。

张国常老师虽然是饱读经史的士人，未必深入了解西洋近代科学技术，然而他却对科学技术的传播采取欢迎和支持的态度。光绪十六年（1890），北洋大臣李鸿章、陕甘总督杨昌濬在督署东侧（今甘肃省人民政府东

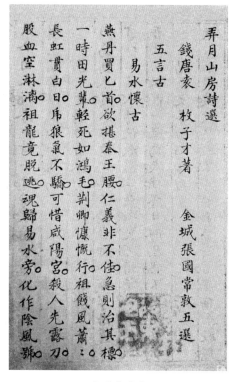

张国常手迹

侧)创设甘肃电报局,栽电杆架设电信通讯线路,适逢旱情严重,绅民出于恐惧与迷信心理,谣传旱灾系栽电杆破坏风水所致,欲拔电杆以缓解旱情。德高望重的张国常老师立即出面解释,以前没有电杆,旱灾经常发生,可见电杆和旱灾没有必然联系,请大家不要轻信谣传。群情方转为安定,电信线路架设工程得以顺利进行。

光绪二十八年(1902),甘肃奉诏改书院为学堂。光绪三十一年(1905),朝廷下诏停科举,兴学堂,延续千年的科举制度宣告结束。多数士大夫对这一巨变抱抵触情绪,迭出怨言。而张国常老师却认为这是大势所趋,明智之举。张国常在给陕甘总督崧蕃写的《德政序》中盛赞这一举措能够"造就真才"。

刘尔炘对张国常老师的此举却不以为然,"回忆畴昔读书自好之士,萧然自足,耻入于名利争夺之场,日唯以道义与诸生相切磨者,在当日亦数见不鲜。自今视之,不犹是羲皇上人耶! 此则敦五老师所不及知,而炘以少年末学步趋先生后,相与静观熟睹,以至于今者也。"相比之下,刘尔炘似乎更尊崇思想守旧的刘光祖山长,而对于思想先进、拥护废科举、废书院、兴学堂,学习欧美先进科学技术的张国常山长存有微词。

张国常老师于课士之余,读书考古著述,勤奋不倦,著有文稿数十巨册,皆引证宏富,论述精当,多发前人所未发,一时学者翕然称服。其中的《重修皋兰县志》是通志体的志书,记述上下两千年,纵横数百里,是反映兰州市区、皋兰县、景泰县与白银市区清光绪以前历史的珍贵志书。张维《右方志录》称此志"分图、表、志、传四纲,依类相从,有条不紊,旧志讹误,订改无遗。又始立方言、金石两目,义例谨严,文词渊雅,吾省名志也"。陕甘总督杨昌浚激赏这部志书,令兰州道筹资刻印,但有人谣传官府乘机牟利,张国常老师闻之,坚辞印费,自积山长薪金500两,病危时嘱其子林焱及学生刘尔炘待时刊印。从这件事情,可以看出张国常老师立身行事一丝不苟的精神风貌。

1917年，刘尔炘终于筹齐资金，由乐善书局刊印张国常老师的《重修皋兰县志》。刘尔炘欣然作序云："时以舆图一卷，仅列目，撰按语。欲物色精勾股八线学者分历其境，实测详绘，以期有裨实用。仓卒未得人，而先生遽归道山。""岁月不居，去成书之始，忽忽垂三十年。海田今昔，举目沧桑，城郭犹是也，而疆域中之红水分而为县矣。衙署中之以督、藩、臬、道、府称者，不惟无其名，而规模亦变矣。贡院、书院之久废，文庙之改修，都非旧观，岂独小西湖之池台杨柳不复为当年风景也乎？"因此，刘尔炘欲"与筱五太史（即张林焱）思补其阙，以竟先生之志"，然而"陵迁谷变，旧梦迷离，近今谈测绘者，又日趋新法，与先生所定图例格不相入，彼此迁就，将不免续凫断鹤之讥，反不若无图之为愈也。然则是书也，岂遂以无图而竟废哉？"张国常老师的《重修皋兰县志》原来设计有绘图，可惜因时间仓促未能如愿，待出版此书时，刘尔炘原想补充绘图，怎奈时过境迁，书中所描述的地方如今大多已不复存在，且新的测绘方法与原书的例制也有差异，故只能就此作罢。即使如此，刘尔炘依然坚信张国常老师的这部志书是"超出乎前人之上，足为后世所据依"的。

众多"受知师"

在封建时代，儒生一旦迈入科考之门，与其考试晋级相关的人员皆有可能成为受知之师，特别是各级考试的主考官，尤以考进士时为多、为重。京城之外的举子们赴京赶考，都要设法先期抵京，以便熟悉环境，疏通关系，久而久之，举子便找到了一条两全其美的途径，那就是在京城拜师。一则京城名家云集，硕彦如云，若拜

翁同龢行书《亭上槛前》对联

入其门,经高人指点,确能点石成金,学问猛进;更重要的是,这些硕学鸿儒均身居要位,权倾一方,几乎都与科考有着千丝万缕的关系,甚至有些德高望重者就是皇上钦点的主考官、阅卷官等等。举子们既然入师门,也就进入了高官们的政治圈。当然,深居京城的硕学高官们也乐意接纳生徒,既扩大了自己的学术影响,又不失时机地培植了政治势力。真是两情相悦、两全其美、各得其所之事,何乐而不为呢?譬如两代帝师翁同龢的弟子就多得不计其数,就是因为翁同龢屡任主考官,甘肃同治翰林王作枢,光绪十二年(1886)任会试同考官,衡鉴清审,选拔真才,颇得清誉。榜眼邹福保、翰林宋伯鲁

称"恩师太史宸垣公"。刘尔炘也不例外,他在考秀才、中举人、点翰林的科举途中一路走来,定是受到众多知遇之师的奖掖与提携。在六十七位"受业师"中,除了上述刘永亨、张国常、刘光祖之外,还有许多大师与政要呢!如左宗棠、崇保、杨昌浚、谭继洵、王作枢、谭钟麟、文治、宝鋆、崇绮、秦澍春、翁同龢、允升、宝昌、汪鸣銮、张之万、孙家鼐、王懿荣等。

文治夫子是刘尔炘在京师期间交往较密的一位老师。文治字叔平,生卒年不详,满洲镶红旗人,同治四年进士,光绪二年任翰林

院侍讲学士,后任内阁学士兼礼
部侍郎、兵部右侍郎。光绪二十
年五月,任福建乡试正考官,光
绪二十四年三月任会试副考官。
刘尔炘拜师之际,文治官任兵部
右侍郎。

　　刘尔炘究竟是通过何人
举荐而拜入文治门下的?最大
的可能性是通过在京的甘肃籍
翰林王作枢。王作枢任求古书
院山长时,刘尔炘就拜过师了,
1886年王作枢任会试副考官,
这一年刘尔炘参加了会试。试
前,刘尔炘去拜见老师,老师向
他举荐了许多京城的满、汉饱学
之士,如翁同龢、汪鸣銮、张之
万、秦澍春、孙家鼐、王懿荣、宝
昌等,有些甚至可能是王作枢的

左宗棠行书《窗外山前》对联

老师,如宝鋆、崇绮等。遗憾的是,在刘尔炘回兰州后不久,王作枢
就病逝了。

　　刘尔炘第二次赴京赶考,自腊月初八出发,到北京已是光
绪十五年(1889)二月初四日。农历二月的京城,万物复苏,一
派生机盎然。一住进醋章胡同北馆,刘尔炘便不顾将近两个月
的旅途劳顿,略作安排,备足礼品,穿街转巷,来到文治公的官邸
门前。

　　此后,刘尔炘便成了文公府上的常客,无论在备考中还是在考
中后均得到文治夫子的指点。次年八月,得闻继母王太宜人病殁,

汪鸣銮篆书《辅德佑仁》对联

刘尔炘赶回家中奔丧，文治老师的唁函也随之而至，信中赞称刘尔炘"至性"。至性即是老师对学生卓绝品行的褒扬，而儒家素以孝行天下，这当然是大赞刘尔炘的孝道了。在刘尔炘回家守孝期间，本生父也相继去世了。就这样，待其家境渐宽之时，"生身的父母，从小抚养我的祖母，替我劳了多少心，受了多少苦，却都没有吃过我一碗饭，穿过我一件衣。我每念及此，那眼泪便不由地滚下来了"，而"享了我的福的，只有你二爹一个人。妻妾子女，我负饥寒之责，教养婚嫁，我有天然义务。"（《果斋遗言》）对父母孝，对兄弟悌，刘尔炘都做到了。

至刘尔炘丁艰之后进京复职，文公已调地方为官，不复在京。刘尔炘在京为官也只有短暂的三年光景，辞官返里之后，师徒更是天各一方，无缘相见了。

众多"受知师"，成就大公名。刘尔炘的道德文章，就是在这七十余位夫子们的共同浇灌下茁壮成长起来的。

三、少　年　立　志

　　"我于年当弱冠立志为学之始,便以'不求人知'为盟心要语,以'无所为而为'为读书任事之无上宗旨。"(《果斋遗言》)为什么刘尔炘在青少年时就有如此不同凡响的人生志向? "我之过人处,出于天然",而这个"天然",就是三代游幕家庭"尚品节""性清介,临财不苟"的"继美流光"。

　　先说"不求人知"。

　　孔子说:"不践迹,亦不入于室。""不践迹",就是说做一件好事,不必被人看作是善行。为善要不求人知,如果为善而好名,希望成为别人崇敬的榜样,便适得其反。"亦不入于室",意思是不要为了做好人而做好事,用这种"善"的观念把自己捆起来。

　　老子曰:"善行无辙迹。"真正做大善事,行止高洁的人,他所做的好事,完全不着痕迹,你绝看不出他的善行所在。一个有道德的人,为善不欲人知,因为他不求名、不求利,更不望回报;如果做了一点好事,还要人家来宣扬,那就与传统文化的精神差得太多了。所以,真正为善的行为,不像车辆行过道路一样留下痕迹,如果有了轮印的痕迹,就知道车子经过那些地方,等于自挂招牌,标明去向或宣扬形迹了。所以说:"善欲人知,便非真善。恶恐人知,便是大恶。"由此理推,一个人要修道,当然是世界上最好最善的大善事,但无上大道并非人为的造作所能修得的。

《庄子》亦曰:"为善无近名。"即俗话所说的"阴功积德",阴就是暗的,偷偷做了好事别人不知道,这就是阴功。真正的阴功才是真正的积德。如果做好人做好事,是为了给人家表扬,为了让人家说我们是好人,这就不算是善事。宋李邦献在《省心杂言》中说:"为善不求人知者,谓之阴德。"曾国藩则更直截了当地说:"为善最乐,是不求人知;为恶最苦,是唯恐人知。"

"不求人知"一语,大概就是从这些往圣、近贤的论述中得出来的。"不求人知"即是不求名。刘尔炘在读《中庸》的札记中写道:"求名愈切者,其入愈浅;反己愈切者,其学愈真。的然者,为人者也;黯然者,为己者也,此学者之人鬼关。立心用力之初,于此不分别清楚,所向一差,万事皆非。""学者第一要事是不求人知,第一难事是不求人知。""盟心"即盟誓在心,即是立志。

再看"无所为而为"。

"无所为而为"即做事"无功利心、无私欲"之谓,与"不求人知"一脉相承。朱光潜在《谈美》前言里感叹说:"人要有出世的精神才可以做入世的事业。"而要超越现世的利害网,摆脱尔虞诈诈,唯有人心净化,人生美化,而"无所为而为"的艺术活动才是一剂美化人生、净化心灵的良药。我以为无论是做学问或是做事业的人都要抱一种无所为而为的精神,把自己所做的学问事业当作一件艺术品看待,只求满足理想和情趣,不斤斤于利害得失,才可以有一番真正的成就。

"无所为而为"是老庄哲学的精髓。《道德经》中说得好:"为学者日益,为道者日损,损之又损以至于无为,无为而无不为也。"其意是说,只讲求获得,则获得远比不上欲望的膨胀,若求之于道,则利欲之念便日益消退,日臻"无私欲"至境,倘若没有了私欲,天下还有什么事干不成呢? 所以,所谓"无为而治",并非是不作为,而是无私欲而为。试想,人们每做一件事,若都能从公心出发,力戒私欲,还有什么事做不成呢?

刘尔炘曾为五泉山万源阁之"望来堂"书一楹联,即表达了这一志向:"真学问无多言,不自利、不自私,修己安人盟素志;大工夫在内省,去吾骄、去吾吝,仰天俯地矢丹心。"

1922年,刘尔炘主持重建五泉山,整个工程已经过半,大佛殿之役却因耗资巨大而迟迟未能开工。刘尔炘决定向金城的上流名士阶层发出捐款倡议,他在《重修兰州五泉山大佛殿募启》中写道:"今万方多难,而到处兴作不已,民之忍饥寒困顿以陷于危亡者,或反藉此以免流离而全生命。呜呼!老佛慈悲,固常以'拔众生出苦海'为誓愿,则借营佛国之梵宫以救生灵之涂炭,其种因收果,视世之专造浮图,博佛天欢喜,以希福田利益之报者,其相去不天渊哉?"乱世之中,百姓最苦,刘尔炘欲募富人之款重修大佛殿以创造就业之机,安抚流民,稳定社会,是以工代赈之法。这样也可以实现佛教之救苦救难的愿望,至于"福田利益之报"则不是我这个孔孟之徒所追求的啦!《劝学迩言》中说:"人有实学,学有实用,而国家亦收得人之实效。"意思大致是说,人要有实学,要做对百姓、社会、国家有好处的事。

在刘尔炘的文章中,多处引用邵康节"隐几功夫大,挥戈事业卑"以及韩琦"须臾慰满三农望,收敛神功寂若无"的诗句,倘不明白其"不求人知""无所为而为",怎能解得诗中三昧?刘尔炘到生命的最后一刻,还在用这种精神来勉励自己:"孔子赞《易》,于'乾'之初九曰:'不易乎世,不成乎名,遁世无闷。不见,是而无闷。乐则行之,忧则违之。'这几句话我虽未学到,然颇知自勉矣!"

四、金榜题名

刘尔炘七岁入私塾,十四岁考取秀才,主考官是学政郑衍熙。两年后在新任学政陆廷黻主持的岁考中脱颖而出,补廪膳生,享受政府全额的膳食补给。至1885年,二十二岁的刘尔炘乡试折桂,中第六名举人。可惜在次年的会试中功亏一篑。在返回家乡途中心中难免惆怅,自觉愧对祖先,《北游诗草》有云:"乘时勉报严君德,毕世难酬大母慈。"回到兰州之后,一面积极备考,一面在西城巷、小山子石斗母宫等处设帐受徒。

光绪十五年(1889)刘尔炘再次进京,连过会试、殿试二关,得二甲五十三名,赐进士出身,朝考列二等第八名,入庶常馆。散馆,授翰林院编修。

贡院高深,壁垒森严。举子们跋山涉水,舟车劳顿,京城春光美景无暇顾及,就要应对一场又一场的严峻考验了。时任陕甘总督谭钟麟曾为甘肃举院"观成堂"撰联:"秦陇分闱以后,生聚教训偻指十年,几番星使搜罗,得士期为天下用;国家吁俊之方,经策诗文扃门三试,休道风檐辛苦,吾曹亦自个中来。"

因官方将考中者的会试朱卷刊行于世,普通老百姓以及后世之人得以知道考场的概况。皇天不负有心人,刘尔炘的会试朱卷——钦命会试诗题的获得,似乎真有神助一般,让我们拥有了最权威的资料。

朱卷,源自宋代以来的科举考试制度。在乡试和会试中,为了防止科场舞弊,将应试者用墨笔所写的试卷(称为墨卷、闱卷)弥封后,交誊录生用朱笔重新誊写后送交主考官披阅。试后,对中式者,官方将其卷子与履历一并刊行,公之于世。朱卷的扉页绘有龙纹,上端正中为正面坐龙,两旁为行龙,下端为山海图式,三龙图案清晰,栩栩如生。中间长方形方框内书"钦命四书试题"六个仿宋体字。朱卷内容由三部分组成:第一部分为考生履历页,第二部分为科份页,第三部分是朱卷页。

朱卷(封面)

履历页所记载的内容是我们全面了解刘尔炘的身世的重要根据,成为订正刘尔炘其他文献最具权威的版本。履历的最后也附载了刘尔炘的从师情况,前已述及。

科份页的内容包括会试年份、取中名次、各考官姓氏、官阶与批语等。

朱卷的诗文页是朱卷的最后一部分内容,其内容是刘尔炘的应试文章,这也是朱卷中最重要和篇幅最大的内容。

根据清制,会试共进行三场考试。首场考"四书文"三篇、试帖诗一首,四书文题出自《论语》《大学》《中庸》《孟子》。第二场考"五经文"五篇,题目出自《周易》《尚书》《诗经》《春秋》《礼记》。第三场考策问五道,内容涉及经史、时务、政治。

自古会试最重首场,故朱卷刊刻一般是选首场的"四书文"和

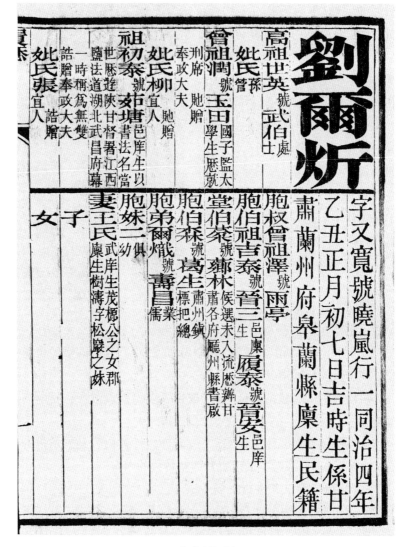

劉爾炘

字又寬號曉嵐行一同治四年
乙丑正月初七日吉時生係甘
肅蘭州府臯蘭縣廩生民籍

高祖世英 號武伯士處
姓管氏 孫
刑席貤贈 奉政大夫

曾祖潤 號玉田 國子監太學生肄業就
姓柳氏 宜人 貤贈 奉政大夫

祖初泰 號芰塘 邑庠生以書法名當
世襲道陝甘督署江西鹽法湖北武昌府幕
姓氏張 宜人
誥贈奉政大夫 一時稱為無雙

胞叔曾祖澤 號雨亭
胞伯祖吉泰 號晉三 邑廩生
履泰 號霞叟 邑庠生
堂伯父 號蔚林 侯選未入流悉辦甘肅各府廳州縣書吏
胞伯父 號葛生 標把總
胞伯孫 號喆生
胞兄爾熾 號壽昌 儒業
胞弟爾燝 號 幼
胞姊二 俱幼
胞妹二 幼
妻王氏 武庠生茂梣公之女郡庠生樹濤字松巖之妹
子
女

朱卷（履历）

试帖诗。该会试朱卷第三部分的诗文页刊印的就是首场的"四书文"和试帖诗。

三篇文章题目皆出自"四书"。第一篇题为《子曰:"行夏之时,乘殷之辂,服周之冕,乐则韶舞"》,语出《论语·卫灵公篇》。第二篇题为《取人以身,修身以道》,语出《礼记·中庸》。第三篇题为《曰:子不通功易事,以羡补不足,则农有余粟,女有余布。子如通之,则梓匠轮舆皆得食于子》,语出《孟子·滕文公下》。因三篇文章要占据较大的篇幅,故省略不录。

试帖诗题为《赋得马饮春泉踏浅沙(得"泉"字五言八韵)》,诗题出自唐代诗人郎士元的《酬王季友题半日村别业兼呈李明府》。先将刘尔炘诗作抄录如次:

朱卷(会试题1)

浅渚平沙地,江村放马天。
踏残春似海,饮趁瀑飞泉。
薄冻流初解,低涡印自圆。
清游谁揽辔,小立试投钱。
暖涨桃三尺,轻尘草一鞭。
奔疑同骥渴,蹴想警鸥眠。
别墅过新雨,长堤敛晚烟。

何如蓬岛近,骊骆喜镳连。

同八股文相比,试帖诗的内容远远超出"四书"、"五经"的范围,历代经、史、子、集中的名言名句或故事,以及前人诗句,都可以成为考试题目。因此,应试的很多举子虽然做的一手标准规范的八股文,但常常因做不好试帖诗而失利。先生的这首《赋得马饮春泉踏浅沙(得"泉"字五言八韵)》,首联破题,"浅渚平沙地,江村放马天"中,既扼题旨,又嵌有诗题中的"浅"、"沙"、"马"等字。二联承题,"踏残春似海,饮趁瀑飞泉"中,继续阐述诗题内容,并把诗题中剩余"饮"、"春"、"泉"、"踏"等字嵌入。该诗的破题和承题之技巧高超,浑然天成,无丝毫牵强堆砌之感。

该诗内容意境高远,语句清新自然,描写了春天的郊外景色,抒发了自己对美好风景的向往。将皇城视为蓬岛,表达了自己渴望入仕和建功的远大理想。尾联中的"何如蓬岛近,骊骆喜镳连"表达了颂圣之意,希望自己能够蟾宫折桂,报效国家,实现自己"修身齐家治国平天下"的大志。

先生经过艰苦磨难,考取了功名,是何等的荣耀!以常人之想,从此理所当然就要升官发财、光前裕后了。然而,在京一年多,就因继母王太宜人病故而告假返乡,期间又遭受了失去父亲的打击,一个个亲人的离去,心力交瘁的刘尔炘在其而立之年大病一场。病愈之后再次进京复职,正值中日甲午战争既罢,朝廷党派倾轧,争权夺利,神州满目疮痍,民不聊生,哀鸿遍野。虽居京师数年,但因"不谒权贵"而无人赏识。便知此当"义不当为"之时,故舍弃求官而转入孔门。就在八国联军即将瓜分我已破山河前夕,先生心意已决,毅然决然返回家乡,开启教育事业的艰辛历程。

五、德 性 升 华

　　得"人书合一"之神悟,是在1894年,这一年,刘尔炘三十岁。刘尔炘丁忧在家,期间大病一场。于是他一边养病,一边深研《大学》《中庸》《论语》《孟子》"四子书",并详书心得,集成《果斋一隙记》。刘尔炘"从疾病忧患中读《大学》,忽悟书中所说皆是我身心之事。将书自书、人自人的旧习打破,书与我合而为一。此是我读书以来大有悟入之第一次"(《果斋遗言》)。

　　刘尔炘何以在疾病忧患中读《大学》而能获得"神悟"? 张载《西铭》曰"贫贱忧戚,庸玉汝于成也"。盖疾病忧患之时,身心交困,于性命、人事之类最为明澈,神安而志定,心静而别无旁骛,故能对"大学之道"心领神会,正像刘尔炘自己体悟的那样:"居静穷理,是学者用力之要也。"(《劝学迩言·励行》)"疾病忧患"而居静之时,能抛开世俗纷扰,放下私欲纠结,从而身心空旷、心源洞开而穷理,穷理即是见性。

　　《大学》中最核心的内容是三个纲领:明明德、亲民、至于至善,八个条目:格物、致知、诚意、正心、修身、齐家、治国、平天下。按刘尔炘的说法,"明明德"就是深刻领会圣贤精神,"亲民"则是实践,在圣贤精神指导下的实践,才能"止于至善"。"明明德"与"亲民",即《尚书》"非知之艰,行之唯艰"中的"知"与"行",而格物、致知、诚意、正心、修身、齐家、治国、平天下则是日臻"至善"的必由途径。

　　刘尔炘进一步阐释说，明明德就是《中庸》中所谓的"尽性"，而性则得之于天，所谓"天命之为性"是也。因此，明明德就与程朱理学中的理、气、性、命等概念有着密切的联系。

　　以太极为理，以阴阳五行为气，是程朱理学的核心思想和基本特征。刘尔炘说："太空，一积气之区也，气之自然而然、不得不然者，即理也。理乃浑然不杂、纯粹无疵之物，人得之便为秉彝好德之良，是为先天。"太极就是理学家们为儒家思想体系寻找的一个寄托"形而上者为之道"抽象概念，而太极"自然而然、不得不然"的特性就是天道，就是天理。这种浑然不杂、纯粹无疵之理，在社会人伦中则有不同的表现形式："一物也，所处之地不同，所称之名遂异，道之谓欤？以道之浑于天人者言，则曰理；以天之授于人者言，则曰命；以人之得于天者言，则曰性；以性命之行于万事万物者言，则曰道。父之道曰慈，子之道曰孝，兄之道曰友，弟之道曰恭。事有万类，物有万品，道即有万名也，然其原则一而已。"

　　那怎样理解"阴阳五行为气"呢？刘尔炘说："斯道之原，一而已矣。继善之后，万变纷纭，不可穷测。人物于此而分，人事亦因之而起。"浑然不杂、纯粹无疵是理，故理是至善的；待先天成性之后也就是继善之后，则可能有善，可能有不善，这就是"气"。刘尔炘总结说："理无不善，气则有善、有不善。亦非气有不善，实不善之皆由气而生也。""理、气之不能划然分而为二，亦不能混然合而为一，有理即有气，有气或未必有理。"这显然与朱子"天下未有无理之气，亦未有无气之理"的观点迥然不同。

　　人从小到大在社会中成长，一方面秉承着善良，一方面也受利欲的浸染。理和气在人事的综合反映即为性情和气质的权重，如何变化气质？刘尔炘说："浑融和缓、生生不已者，天地之性情也。暴风迅雷，则阴阳五行之错杂而出者，是天地亦不能外此气质。既有气质，即不能无乖谬、差忒之失。故学者求性情之正，不如化气质之偏。偏者化，正者葆矣！""葆其固有之良，以克夫气禀物欲之杂驳、昏扰于五官百骸者，是以理胜气，以天胜人者也。"(《劝学迩言·原道》)气质中的驳杂自然会影响理的纯洁性，这是不可避免的，亦是天命使然。要使气质变得纯洁，唯一的办法就是要通过后天的努力而改变气质。与其一味地追求性情的纯正，还不若改易气质中驳杂与偏差，这样会使气质中之至善者更加发扬光大，就像"擦去尘土会使珍珠更加闪亮"一般。这其实就是对气实施节制的问题。"君子敬以存之，涵养于未发之先，此不息之功，天命之所以流行者也。及其将发，喜怒哀乐之几萌芽于方寸，人不及知，己独知之，所谓独也。于此不慎，则潜滋暗长，有火然泉达之势，溃防燎原，何一不由一隙之不谨、一烬之偶疏哉？故隐微之动，即省察之端，非第用心于言行之显见者也。然非存养有素，戒惧之心无间寤寐，何以极深研几而不失私意之萌动乎？敬贯动静，不信然欤？"利欲淫乱根于气，最好谨守而不发生，若要发生须得节制，不然不可收拾。

上述"变化气质之偏"、"葆固有之良"、"涵养于未发之先"等等修为都是为了"入德"即"明明德"。还是刘尔炘说得好："朱子以宝珠喻明德。明德之在圣贤，如宝珠之在清冷水中；在愚不肖，如宝珠之在浊水中；在禽兽，如宝珠之在至污。……明明德者，揩拭此宝珠耳！"

刘尔炘还认为，"明明德"并非高深莫测，就存在于人们的日常生活之中，必须从"非礼勿视，非礼勿听，非礼勿言，非礼勿行"做起，在洒扫应对等日用行习中逐步养成。"小学学其所当然，大学穷其所以然。"《果斋日记》中说："舍日用行习而言道，所言者便高、便妙、便动人听，只是无裨实用耳！孔子之道，只在日用行习中求之，其切近处正是高妙处，所谓中庸，不可能而愚夫妇与知、与能者也。""读书之法，其于古人之言理也，须反身以求之；其于古人之言事也，须设身以处之。如《大学》言'明德'、'亲民'，'明德'属理，'亲民'属事。反其身而试，为修德之士日用行习间果能明乎？抑果如何而后能明乎？设其身而试，为临民之官条教号令间果能亲乎？抑果如何而后能亲乎？体之既久，察之既熟，则古人之言，无在不示我以修己之道、治人之方矣。""洒扫应对，达之即天德王道。文章之可得闻者，乃所由以入性道之阶基也。不于此用力，虽日闻性道又何益乎？"(《果斋一隙记》)"学以道为的，而远求夫道者，不能得道；人以圣为的，而高视夫圣者，不能希圣。性命固道之极致，而学者不可空谈性命；神化固圣之极致，而学者不可妄语神化。喜也、怒也、哀也、乐也、进退也、出处也、辞受也、取与也，言语动作也、饮食男女也，是近在身心而由之以达性命之源者也；愤也、乐也，信古也、好古也，敏求也、下学也，为不厌、诲不倦也，是显有迹象而由之以窥神化之妙者也。道岂远乎哉？圣岂高乎哉？"(《果斋日记》)

以圣贤精神为行动的指南，从洒扫应对、日用行习做起，是入德的起点，也是化气质之偏、葆固有之良的修身关键。"小学知其然，大学知其所以然"，刘尔炘在病痛中读《大学》，将圣贤精神引到了心灵深处、接在了人事实处，从而实现了"人书合一"。至晚年，刘尔炘亦不无欣慰地回忆说："自此以后，心源日辟，返之于身心，征之于人事，验之于天地万物，而不以读文章者读圣经矣！"

六、教书育人

　　甘肃的书院制度源远流长,可上溯到五胡十六国时期。硕学宿儒隐居陇上名胜之区,聚徒讲学、著书立说,早有史实。明代段坚在兰州创"容思书院",是最早见于史籍的甘肃书院。清代兰州为陕甘总督、甘肃布政使、兰州知府驻地,遂成为西北政治、军事、经济、文化中心,先后设有兰山、求古、五泉、皋兰四大书院。兰山、求古为督府所立,系省属书院;五泉则为兰州府属书院;皋兰书院是皋兰县衙所属。遍布于省垣周边的书院中,较知名者当数榆中(金县)青城书院、天水陇南书院、平凉柳湖书院、陇西襄武书院、甘谷(伏羌)朱圉书院,青海有三川、凤山、湟中、崇山、五峰等五所书院。1905年,袁世凯、张之洞、赵尔巽等奏请立停科举,以便推广学堂,崇尚实学。清廷诏准,9月2日宣布上谕:自1906年开始,所有乡、会试一律停止,各省岁科考试亦即停止,并令学务大臣迅速颁发各种教科书。至此,书院废止而学堂兴起。

　　无论书院也好,学堂也罢,都是时代的产物,更是人类文明火种的发源地,为社会进步皆做出过巨大的贡献。

　　教育的兴起是一个民族文明开启的重要标志。中华民族的教育史源远流长,《礼记·学记》有所记载:"君子如欲化民成俗,其必由学乎?""新中国成立君民,教学为先","师严然后道尊","教学相长也"。中国的士人们也常把教书育人之事视为身家性命,并以此为乐。《孟子》曰:"君子有三乐,而王天下者不与存焉。父母俱在,兄弟无故，一乐也；仰不愧于天，俯不怍于人，二乐也；得天下英才而育之，三乐也。"教书育人，传播文明，是人生中真正的快乐啊！

五泉书院二度执鞭

五泉书院是兰州府立书院。旧址在城关区贤后街东口北端，现属贤后街2号，通渭路221、223、225号。嘉庆二十四年（1819），甘肃布政使屠之申、兰州籍翰林秦维岳利用庆祝宫后街官署建立五泉书院。咸丰八年（1858）、同治十二年（1873）知府栗垣、铁珊再度重修。光绪三十一年（1905）改为兰州府中学堂，1912年改为兰山观察使署，继又为兰山道尹考院、城防统领公所、筹款局等，1928年榆中进士杨巨川改为五泉图书馆，现为民居，是兰州目前仅存的书院古建筑。

五泉书院的建筑布局为坐北朝南的并列三组建筑，中依次为牌坊、仪门、照壁、大门、讲堂、退省斋、明道楼，东西厢房为学生斋房。东西两侧各为三进四合院。西院中间一进上房为山长居住，东院第一进上房为监院居住。大门内小屋二间为院夫居住。

书院招考兰州府六属即狄道州（今临洮县）、河州（今临夏州）、皋兰县（今兰州市城关区、七里河区、西固区、安宁区及皋兰县）、金县（今榆中县）、渭源县、靖远县的生员、

五泉书院之章

童生入院肄业,以考取举人或进学(获得生员资格)。设生员正课生10名,每名每月给膏火银1两2钱;副课生10名,每名每月给膏火银8钱。童生正课生10名,每名每月给膏火银1两;副课生15名,每月每名给膏火银6钱。

布政使屠之申等捐银4 500两,秦维岳率兰州绅士捐银1 544两,发商生息,作为书院经费。

书院除研习《四书》《五经》外,也学经世致用之学。每年二月到十一月为考课期。每月初三为官课期,由兰州知府及皋兰知县轮流考试。每月十二日、二十二日为堂课期。每课均考《四书》文一篇,试帖诗一首。每月初八、十八、二十八,由山长考策论与经古文。书院藏有《十三经》《古文渊鉴》等四部书籍80多种,以及《学唐渐通》书板46块。

五泉书院从创建到关张,虽只有不足一百年的时间,却关联着兰州历代的文化名宿,秦维岳、卢政、吴可读、刘尔炘之名,个个如雷贯耳!

秦维岳(1759—1839),字巘东,号晓峰,兰州人,清乾隆庚戌科进士,选翰林院庶吉士,充国史馆纂修,改都察院江南道御史,迁兵科给事中。在任期间振兴教育,奖掖人才,并捐银数千两,创办江汉书院、勺庭书院,育才选贤。嘉庆二十四年(1819)因母亡回兰,兴学从教,培育人才,热心公益事业,续修县志,著文赋诗讴歌兰州,并率先捐银,创建兰州五泉书院,给兰州士人提供了求学之所。秦维岳先后被聘为五泉、兰山两书院山长,课训士子"先品行,后文学",以礼法约束自己,曾赋诗"惜阴当趁中年进,砥行惟从介节先",以训勉学生。道光十三年(1833),受知县黄璟之邀,续修《(乾隆)皋兰县志》。文笔洗练优美,隽永严谨。晚年隐居兰州五泉听雨山房,故其诗集称《听雨山房诗钞》,收诗293首,多吟咏兰州的山水人物、名胜古迹、风物民俗,对劳动人民的疾苦给予深切的关注,如在《金山寺》诗中,记述了道光十三年兰州大旱的惨景:"目睹冻馁形,令我潜挥泪。连年遇旱荒,死亡复累累。"为庶民百姓洒下了同情的热泪。

卢政(1820—1891),字敏斋,甘肃皋兰人。是清季甘肃著名的理学家、思想家,著有《学话》《辨感琐言》《儒家理气图说》《皋兰续志稿》,并编有《陇学编》《乾象古今集说》等等。卢政出身贫寒,自幼对儒家思想"笃信好学","五十年如一日。"其人大孝,父亲亡故,在坟上守孝三年。咸丰二年(1852)考中举人,在家乡教书,任五泉书院山长。同治二年至十年(1865—1871),卢政任甘肃通渭县训导。时值甘肃回民起事,清政府派大兵镇压,教卢政催办军粮,卢政遵照"公勤清慎"四字原则,竭力办理,不伤着百姓,也能顾住公家的事,办得很是得法,因此加了五品衔,升了凉州府教授。《儒家理气图说》是集卢政终生探讨理学之大成撰绘出来的,共有四幅图,其中最能说明卢政哲学思想的特点的是第一图即"太极图"。"太极图"中的大圆圈代表原始宇宙,即"太极"。卢政认为,太极是"无极之真"、"二气之元"。太极又"至无而有"、"至虚而神"。万物因太极而"始资"。这里说的太极实质上就是无极,是阴阳二气得以产生和运动的原始状态,是"有"和"神"(即精神)得以显示,万物所由滋生的至高无上的境界。

吴可读(1812—1879),字柳堂,号冶樵,甘肃兰州人。性颖悟,善诗文。1835年考中举人,官伏羌(今甘肃甘谷)训导,主讲朱圉书院近十五年。道光己酉科(1849)进士,授刑部主事,晋员外郎。1861年,丁母忧,在兰山书院、五泉书院就任过短暂的山长。1865年春再入都,复原官。1872年补河南道监察御史,因劾成禄降三级调用。1876年起用为吏部主事,助左宗棠筹建甘肃贡院,1879年以尸谏慈禧太后而名震朝野。具有"陇上铁汉"之称的安维峻就是吴可读的得意门生。吴有《携雪堂诗文集》,其中《携雪堂对联》部分收联八十七副。

刘尔炘曾于光绪十八年（1892）至二十年，二十四年至二十八年两次出任五泉书院山长，对以上几位乡贤均敬爱有加。秦维岳的后人与刘家为世交，与秦维岳曾孙秦克恭交谊甚密。刘尔炘常去学府街的秦家，借阅家藏典籍及秦维岳的遗著，欣赏名家书画。1931年刘尔炘病逝后家境困难，亲友们纷纷解囊资助办理丧事，秦家是多年至交，送了十个银元的厚礼。

相传卢政曾做过刘尔炘的老师，师生之间的具体交谊今已无可藉考。1909年，刘尔炘亲笔抄写了卢敏斋所著的《学论》，与另一位陇上先哲萧广汉所著《松轩笔记》汇为一册出版，名为《陇右轶余集》，并为其集作序曰："我甘处万山磅礴中，生其地者，类多厚重沉潜之士，而遗文剩稿每就飘零，后之人至不能举其姓字，高风寥渺，坠绪茫茫。庄周有言：'火传也，不知其尽也。'余窃谓薪之传火，不惟不尽，苟相续不已，且有愈恢愈广、愈扩愈大之势。然则虽一星之火，亦乌可不宝爱珍惜？以留贻后人，望其恢扩而广大之。"

高风寥渺，坠绪茫茫；薪之传火，不惟不尽。这既是刘尔炘创办陇右乐善书局的初衷，也是刘尔炘终身钟情于教育事业，竭力为国家培养人才的初心。

从时间节点上看，刘尔炘第一次担任五泉书院山长的三年时间，正是刘尔炘继母王太宜人去世而回家守孝之时。一位即将成为翰林的大人才怎么能在家闲置呢？于是求贤若渴的兰州知府丁振铎不失时机，慕名往访，恭请刘尔炘出山，聘任他为五泉书院山长。不料刘尔炘次年又遭不幸，生父峄山公又去世了，这无异于雪上加霜。尽管如此，刘尔炘还是在教学之余，完成了有生以来的第一部著作——《果斋一隙记》。这是刘尔炘读《大学》《中庸》《论语》《孟子》的札记，特别是对《大学》"大学之道，在明明德，在亲民"的解读中指出，"明明德"即是知，"亲民"即是行，合起来便是知行合一。而且刘尔炘还认为,在知与行当中,知是主要的。刘尔炘屡次引用《尚书》"匪知之艰,行之惟艰"为证,可见刘尔炘是一位注重认知、又躬于实践的儒者。时任甘肃按察使的白遇道,与刘尔炘相友善,白遇道将刘尔炘的著作通读之后,作出了"以程朱为宗,旁贯百家,折衷一是"的高度评价。也许是刘尔炘守孝之时还惦念着那个翰林院编修的官衔——毕竟为之"头悬梁锥刺股"地奋斗了几十年——因而在匆匆支撑了三个年头之后,便进京复职去了。

自京城辞官而归,虽然兰州府的人事有代谢,但新任知府周景曾慧眼识才,立马聘刘尔炘再次执掌五泉书院,一干就是五年。五年中,刘尔炘始终以"力求实学"为立教之本,制订《力求实学条约并序示书院诸生》,给书院的学生规定了六条《力求实学条约》:

一、宜立志。刘尔炘打比方说,学者立志,就像农民种地一样。读书没有明确的志向,就像农民耕地而不下种籽。当然,他所谓的立志,并不是要志于富贵利达。朱熹老夫子说得好:如今我们周围的很多人,虽喜好圣贤之类的学问,但终究不能成为圣贤,其原因就是志向不坚定。学者立志要像饥了想吃、渴了想渴那样义无反顾才行,忧虑不决,就是志向不定。

二、宜存心。即专心致志。刘尔炘说:"心不专不静,万事作不得,何况读书穷理乎?"不要说读书这样神圣的事情,即是一般的事情也非专心致志不可。朱子言:"无事时敬于自持,及应事时敬于应事,读书时敬于读书,便自然该贯动静,心无时不存。"刘尔炘的总结更是斩钉截铁:"敬之一字,实学者存心之良法!"

三、宜有抉择。如果学者能通全经、全史,固然是好,如若不能,应当选择其中最为重要的学习。什么书最重要呢?刘尔炘当然觉得《四书》《五经》,"玩味其白文,参考其传注,为力既省,得效尤多。宋儒如周、程、张、朱之全集语录,实《四书》《五经》之阶梯。史则马、班而外必熟《通鉴》,其余百家诸子及汉唐以来名儒之著述。"还用朱子的话来提醒学生:"勿观杂书,恐分精力。"多么语重心长啊!

四、宜有次序。即循序渐进。朱子说得好,要想精通一部书,就得从容舒缓地体味其含义,以求得圣人之学。功底逐渐夯实,必然有心通意解的那一天。不仅要读书还须有实践。然后就有些许长进。长进不拘多少,可都是自己的真实收获啊!

五、宜切己体察。这是刘尔炘学习孔孟之道的最大心悟。朱子说:"虚心涵泳,切己体察。""切己",即是"反之身心"。刘尔炘一生都在强调:"读书不从自己身心上体贴,虽读破万卷,书自书,人自人,道理终不明白。"

六、宜随事力行。刘尔炘说,所谓读书,就是要考量和实践圣贤们所说的、所做的是否都是那么一回事。朱子的话真是发人深省:有人说,普通人的言行不足为戒,这是不对的;每一个人在日常生活的行为举止都能体现出你的修养。学者果真能如此学习,如此体验,久而久之,就会觉得时时刻刻、事事物物都符合圣贤所说的道理。可见,读书果有门径,作事得有原则,则日益进步,必势不可挡喽!

刘尔炘在《条约》的"序言"中阐明其"力求实学"的理由及"实学"的内容。刘尔炘说:"诸生将欲为异日有用之人,则凡天算、舆地、军政、财赋、中外交涉诸大端固宜随其所近而专治焉,然第求其用而不向此心本源之地痛下功夫,恐其朝夕从事者,仍视为戈取功名之资,而无当于实用。即或天资敦笃,实事求是,而认理不真,未必不误用其所学。然则居今日而讲求义理,虽迂谈,实急务也。"将来各位学生要成为国家的有用之才,光学会诸如天算、舆地、军政、财赋、中外交涉等知识还远远不够;如果不树立正确的人生观世界观，那么这些知识将成为你牟取私利的工具，而于国家和百姓无益，即使天资再聪明也学无所用，因为你认理不真。正如现在网络上说的那样：德才兼备是精品，有德无才是次品，无德无才是废品，有才无德是危险品（毒品）。德才兼备才算是真正的人才，亘古不变！

学生们都称刘尔炘"素严毅，不苟笑言"。刘尔炘生来就是一副严肃、伟岸、刚毅的形象，一身正气，令人肃然起敬，"凡有所为，不计艰阻，必底于成而后已"，自然也让行为猥琐者不寒而栗。"盖其至诚感人，虽狡猾不轨之徒，当机片言无不潜移默化，吾乡之频免于糜烂者此也。"（王烜《刘果斋先生事略》）刘尔炘之所以如阳春有脚，所到之处能一片阳光般地充满着正能量，归根到底还是因为他的真诚，正所谓"精诚所至，金石为开"，其实那就是人格的魅力。

从《力求实学条约》可以想见刘尔炘对教学是极其严肃认真的，但教学的过程却是循循善诱、诲人不倦的。刘尔炘在1900年的《日记》中写道："师之道虽尚严，然讲论授受之际，不宜峻厉，必从容乐易，使之有悦心之趣，则入之者必深。暴风疾雨未能润物，其滋养涵育而浸渍之透者，必和风之吹拂，微雨之缠绵也。"体现了一位教育家的教育教学理念。到了晚年，刘尔炘的性格也出现了悄然的变化，"胸襟洒落，虽接后生小子几席间，光风霁月，聆其言者怿如也"。和晚辈学生们在一起敞开心扉，谈笑风生，像李白一样，"我醉君复乐，陶然共忘机。"为什么刘尔炘的性情有如此变化，还是高足王烜了解恩师，"昔吕东莱以学问变化气质，先生有焉"，据说先儒吕祖谦因习理学而改变了个人的气质，那刘尔炘的性情变化，也是同样的道理啊！

在刘尔炘两次执掌五泉书院的八年光景中，"课诸生业，务崇实学。书院膏火固绌，贫士每困顿，乃拔其尤者重奖，以鼓舞之，一时负笈者向风。"(王烜《刘果斋先生德教碑记》)注重实学一直是刘尔炘的育人宗旨,在书院助学金短缺的情况下,设立"励志"奖学金,鼓励品学兼优的学生脱颖而出,吸引了不少有志之士。所培养的一拨又一拨学生当中,出类拔萃者代有其人。进士杨巨川、王烜,举人谈凤鸣、卢应麟,贡生刘联芳、蔺象祖等都是其中的佼佼者。

五泉书院在清末民国之季频频改换名堂,各式人物出出进进,刘尔炘在《兰州兴学社记》中说,兰州府原在临洮,清乾隆三年移至兰州,过了八十多年才由布政使屠可和翰林秦维岳创建五泉书院。现如今(作者注:1918年)书院里"生徒云散,堂舍一空。旋借为兰山观察使署,继又为兰山道尹考院,继又借为城防统领公所,今又为筹款局。六七年来,沧桑多变,荆州不还"。房舍是要不回来了,但屠、秦二位先哲创建书院时的本金至今已有万余银两,这笔钱竟让教育司安置在省立第一中学名下了。经过与政府协商,钱是要回来了,可是"璧虽归赵,鹊已失巢,是犹荡子回头而竟无家也",于是就在乐善书局名下设立了"兰州兴学社",专以资助兰州府属皋兰(今兰州市)、狄道(今临洮县)、河州(今临夏市)、渭源、金县(今榆中)、靖远等六县学子赴外省学习深造之用,也算是给历史一个无可奈何的交待吧!

高等学堂任总教习八年

高等学堂的前身,即光绪二十八年(1902)陕甘总督崧蕃创立的甘肃大学堂,次年崧蕃派杨增新(甘肃高等学堂提调,即总负责人)到北京、天津及东南各省考察,了解新办大学堂的教学和管理办法,并顺便招聘俄文、英文、法文、日文教习(即授课教师),与此同时,学堂的新校舍也在兰州通远门外畅家巷加紧修建,并派人到

摄于光绪29年(1903),第二排第一人为刘古愚老人

外地选购仪器、标本和图书。

高等学堂的总教习初为著名学者刘光蕡(号古愚)。戊戌变法失败后,身为陕西维新变法领袖的刘古愚退居故里,在清幽的烟霞草堂讲学。1903年正月,刘古愚受陕甘总督崧蕃的邀请,离开陕西咸阳老家,挈妇将雏来到甘肃兰州。据说当时邀请刘光蕡的还有四川总督锡良,也许刘光蕡觉得甘肃有陕西"关学"之余韵,一脉相承,故而选择了西行。办学伊始,师生暂借五泉书院授课。在总教习岗位上短短八个月,刘光蕡焚膏继晷,殚精竭虑,呕心沥血,先后完成了《甘肃省大学堂功课提要》《学记臆解》等论著,提出了"所谓蒙、小学、中学、高等学、大学,以人之年龄、知识、学问、才能分为五科,以定教法,其实仍不外德育、体育、智育三端"全面发展的教育观点,在中国现代教育史上可谓第一人,准备实施"实用、实学、实业"的办学方针,为甘肃大学堂勾勒出了基本的办学框架。1903年10月,刘光蕡因积劳成疾而累倒在讲台上,再也没

有爬起来。甘肃大学堂的第一届学子们感念这位陇上近代教育"开山宗师"的巨大贡献，于1905年在东稍门外旧大路口为其树立了"刘古愚先生教思碑"。

1903年初秋，甘肃大学堂迁往新落成的畅家巷校舍，校名也根据清廷的旨意更换为甘肃高等学堂，此后不知何人何时又将其讹传为"甘肃文高等学堂"。崧蕃总督恭请刘尔炘担任高等学堂总教习，此时清廷大兴学堂而书院式微，尚在五泉书院山长之位的刘尔炘，顺势而为，接过刘光蕡总教习的教鞭，执掌高等学堂的教学。在全新的学堂走马上任总教习，的确令刘尔炘兴奋和激动，也深感责任重大，如何把刘光蕡开创甘肃高等教育的局面发扬光大，为落后的甘肃培养有用人才，是对刘尔炘的严峻考验。悬挂在新学堂大门两边的那副气势磅礴的隶书大对联"振尚武精神为自立国；汰虚文积习读有用书"，让过往的行人特别是让入校的师生们耳目一新，也旗帜鲜明地表达了刘尔炘的办学理念。正如刘尔炘在《劝学迟言》中说："学之患莫大于无用，学之有用者，学之实者也。""人有实学，学有实用，而国家亦收得人之实效。"《果斋别集》中又说："国运之盛衰，关乎人才，人才之盛衰，关乎学术，学术纯正，才是实学。"

高等学堂分本科、师范、预科三类。其中本科有学生100多人，多为秀才；师范馆有学生几十人，大多是举人、贡生，甚至有进士；预科招收不作资格限制。刘尔炘的办学主张学"有用之实学"，要"自尊自强，抵御列强"，体现教育的"与时偕行"。学习的科目有经学、史学及数、理、化、外语等课程，包括地理、外文、理化、博物、教育、心理、数学、体操、法制、兵学、图画等。中国史由兰州进士孙尚仁、镇原举人慕寿祺讲授；外国史由兰州举人史廷琥讲授；日本教习梅村次修、高桥吉造、岗岛诱分别讲授博物、理化、教育与心理学；法文由双弗讲授；俄文、日文由毕业于北京同文馆的山西祁县举人阎澍恩讲授；英文由钟世瑞讲授；万国公法由学堂副办张某讲授。

刘尔炘讲授经学、修身、数学。经学方面，先后讲授《尚书》《周易》《诗经》《春秋》。讲授《周易》时，根据先儒研究的要旨，演绎解说，深入浅出，引导学生掌握《周易》讲究阴阳互应、刚柔相济的精神实质，养成自强不息、厚德载物的美德；讲授《诗经》则诸说兼收，有如酒肴罗列，珍错杂陈，任学生根据喜好而自择；讲授《春秋》则排比全经，节录《左传》中相关大事，考察中外得失的原因，启发学生得到借鉴。为了帮助学生学好经学，刘尔炘特地传授其学习经学的方法，即《治经条例》：

> 近今儒者之学，门径甚繁，书籍浩博，日力几不能给。宜遵诸葛武侯"略观大意"、陶靖节"不求甚解"之法，庶几知要。如汉学家考核一字，累千万言而不休，徒矜渊博，无裨实修，不惟不必，亦且不暇。但"略观大意"、"不求甚解"之说，是专注意于精要者耳，非粗疏浅略之谓也，不可不知。
>
> 无益之考据，固不必讲。其典章制度有关于经济之大者，必须考究详明。
>
> 张子曰："心有所开，即便札记。"是札记者，古人记其心得耳！不可强生枝节，妄事附会，亦不可抄袭讲章，敷衍空文。少或四五句，多或十数句、数十句，如黄东发《日抄》、薛文清《读书录》、顾亭林《日知录》之类，皆可学。
>
> 读书之法，其始也，一字一句，不可放过。其既也，通章通部，囫囵得来，方能有益。
>
> 读书必反之身心，证诸实事，则道理易于透彻。否则书自书，人自人，终属隔膜。

刘尔炘所制之《治经条例》，可谓字字金科玉律，对学习经学的关键，直指要害：一是"专注意于精要者"，其他则"略观大意"；二是"心有所开，即便札记"。少则四五句，多则十数句；三是"反之身心，证诸实事"，这才是学习经学的目的。

高等学堂的学子们果然不负老师所望，按照"治经条例"的要求，写出了不少学习经学的"札记"，并于1904年5月汇集成《经学日记摘抄》，刘尔炘自然喜出望外，应学子们的恳切邀请，欣然为集子题写了书名并作序云：

> 以经术为重者之有深意欤！盖才犹水也，志、识、器、骨犹受水而用水者也。杯杓之受水，解渴而已；沟渠受之，可以资灌溉矣；若江湖河海则其用有不可量者。故不言志而言才，则其才之成，只知利己，不知济物，犹瀺滴之水之难于被邻舍也；不言识而言才，则其才之成，可以为善，可以为恶，犹汙池之水之易于蓄淤泥也；不言器而言才，则其才之成，局促狭隘，犹水之在盎瓮而无汪洋浩瀚之势也；不言骨而言才，则其才之成，柔脆薄弱，犹水之沉羽毛而无承载负荷之力也。
>
> 志何以恢？经术能恢之；识何以拓？经术能拓之；器何以裕？经术能裕之；骨何以坚？经术能坚之。韩昌黎有言："士不通经，果不足用。"诚笃论哉！慨自经术之难明而易晦也，身心之体察不真，气质之变化罔效，皓首穷年而不得其实用者，蔽也多矣。

在此，刘尔炘阐明了人才的造就，必备志向，必有卓识，必有器量，必有骨气。必此四者与"才"全，方为成才，是古今论才之卓见。而人才的志、识、气、骨只有通经才能实现志恢、识拓、器裕、骨坚。然而刘尔炘所谓之通经，并不是一般意义上的保存国故，而是

《经学日记摘抄》扉页

从造"自强人物",成"擎天柱"之育才高度,强国强种的时代需要上立论,给"经学"即孔学一个时代的新定位,此种识见是具超越性的、划时代的。

在这本学习了《尚书》之后的日记集里,刊载有二十一名学生的四十六篇札记。有多人阐发同一命题者,亦有一人独撰多篇者,如来自伏羌(甘谷县)的黄清标、谢国翰、何鸿吉三人就有二十余篇。札记的内容涉及《尚书》各个层面,有考据有发微,长短不一,短者数十字,长者近千言。从高等学堂毕业后考入京师大学堂,留学归国创建"志果中学"的赵元贞也有一篇《桑土既蚕》的札记。

刘尔炘并不默守陈规,而能与时偕行,既为学生授圣贤之经,又将当代科学之经——数学兼收并蓄而授之。刘尔炘在为来自湖南长沙的同盟会员、学堂副办易抱一自编的数学教材——《随方一得草》所作的序言中说:"河、洛数呈,《易》《範》理著,数固理之源也。秦汉以来数学之传,其上者借以观变于阴阳而测人事之休咎,其下者施之米盐琐屑,徒为市井负贩之所需。""泰西诸邦独精斯业,数百年来群力所会,众心所专,缒幽凿险,造有于无,门户洞开,径涂(途)百出,于支离延蔓之中抉神妙莫测之秘。几何而借根,借根而代数、而微积。由是所谓重学、化学、电学、声学、光学、汽学者,出不惟征之于有象,而且施之于无形。大而测天量地、行军用兵,小而农工商贾,一业之兴,一伎之精,无不藉资焉以竞能而角异,是岂古昔畴人专家之所及料哉?""朝廷力图自强,兼采西艺。海内俊彦问涂于算数者,日异而月不同。长沙易君式皆负经济之才,膺特科之荐,甲辰岁掌教吾高等学堂,出其所著《随方一得草》,以遗诸生。"

刘尔炘对学生们学好数学无不寄予厚望,写道:"吾乡僻处天末,风气初开。勾股之说、弧角之名,有定、无定之式,为正、为负之分,学子盖未之前闻也。得是编而研究之,当亦恍然于天地万物之不遗乎?理即不外乎数,理寄诸虚,数征诸实,从此奋发振兴,课虚责实,相期以上酬圣主者,下报良师,是则易君之所厚望,而亦愚之所祷祀以求之者。"

刘尔炘虽一生皓首穷经深研义理之学,而于数学竟能侃侃而谈,且论及数、理之渊源,数学的意义,均能触类旁通。

从上述授课人员的学缘结构状况就能看出高等学堂教学队伍的优化程度。来自五湖四海的各科教学精英们使偏僻地区的学子们,不仅能通经,树立报国之志,又掌握自然科学,具有强国之术。因为,"中国不能自造机器、精研理化以广兴实业,则无收回利权之望;利权不能收回,则无从言富,不富无从言强,保教保种,议法议政,皆空谈耳!"

将经学与数学等新学并存的教学实践,是刘尔炘教育思想的最大特点,也是经学与时偕行的历史使命,更是刘尔炘欲将孔学与科学结合的初步尝试和发轫之机,为日后寻找孔学与科学之平衡点,最终形成"以理驭气"学术思想奠定了基础。

刘尔炘面对当时国家积弱不振,横遭西方列强欺凌的现实,亲笔书题数副对联,悬挂于学堂各室,以思虑时事,勉励学人。其中一副是:"愤国家积弱情形,学个自强人物;体孔孟救时宗旨,养成滚热心肠。"刘尔炘常把"滚热心肠"作为对事对人和为师之本。

刘尔炘在任教期间的工作日记中，深有体会地说："天地之心，父母之心，君师之心，一也，仁而已矣，热肠而已矣。故为师范生者，不可不知热肠为教人之本，热肠而后教不倦。"真是言简意赅，入木三分。刘尔炘常以此自勉勉人，身体力行。这副对联以肺腑之言呼吁全校师生，在国家积弱不振、民族危难之际，大家要自强不息，养成助人为乐的良好风尚。

还有一副为："当从新作不休人，万国情形双眼阔；莫依旧为自了汉，两间事业一肩担。"此联上联是勉励学生们要更加勤奋学习，尤其要放眼世界，开阔视野；下联要求学生们不能只图洁身自好，还要解决复杂的社会问题，要有社会担当。

1907年，甘肃高等学堂迎来了收获的季节，刘尔炘看到一批批学生毕业成才，感到无比欣慰。"频年只望尔成材，幸有名花次第开。"又以联语写赠毕业生："四海风云，安得猛士；三年岁月，当有传人。"当时学生们引以为豪，竞相传诵。

在刘尔炘担任高等学堂总教习期间，还发生了一件十分有趣的故事。因为高等学堂聘有三名日本国教员，这就存在一个国际礼仪的问题。1905年的一天，刘尔炘上课，有位日本教员前来观摩，刘尔炘则旁若无人，专心演讲。班上的一个学生便给刘尔炘写了一份匿名信，说您有失礼仪，丢了甘肃人的脸，也丢了您自己的脸，作为您的学生，我不得不提出质疑。这本来也不是什么大不了的事，可是刘尔炘却非常重视，洋洋洒洒写了一篇二千多字的文章为该生释疑。刘尔炘在文中讲到，若华人与洋人在一般场合相遇，洋人不需行如脱眼镜及拱手之类的习惯礼；华人与洋人相接触，华人改妆者，皆行脱帽礼，华人未改妆（剪辫子）者，洋人脱帽，华人鞠躬；若在日本学堂，有前来参观，正值学生听讲之时，虽是贵宾驾到，也必须站立不坐，教师和学生没有停课会话的礼仪。这位学生之所以认为"失礼"，是因为你只知其一，不知其二，不知者不为怪。刘尔炘还告诉这位学生说,这位东洋教师在即将上课时我就在教室门口见过了,洋人行脱帽为礼,我则以鞠躬回敬。所以在课堂上随即上堂开讲,洋人来参观,这时则应是讲者自讲,听者自听,参观者自参观,在公众场合不必行礼。不仅日本如此,古今中外都如此。刘尔炘就此事大发感慨说:"自中外交通以来,中人之与外人相接,非失之亢,即失之卑;非为无礼之排,即为无礼之媚。排者、媚者,皆误大局。盖由不谙中外之礼,无卓识、无真知也。该生异日出而用世,其与洋人相接者必多矣,则中外礼法,不可不讲求有素。"礼仪的训练特别是熟谙国际间的交往的规则,关乎学生将来有无卓识、真知的格局。刘尔炘培养学生的心思可谓体贴入微,用心良苦。

高等学堂的毕业生,果然不负刘尔炘的殷切期望,1907、1908年的两批毕业生中,先后有四批学生赴北京深造。第一批为邓宗、孙炳元、张积成、张志谦,经复试入京师大学堂。第二批的包述铣考入日本士官学校,和献璧、李象德考入北京警官学堂。第三批有赵元贞、田育璧。复试后赵元贞入京师大学堂,毕业后留学美国,获采矿、冶金双博士。田育璧入北京师范学堂。第四批为水梓、王学普、杨希尧,复试后均入北京政法学堂。其后施国祯、曹英亦入此学堂。总之,高等学堂前后毕业的学生们,大多服务于甘、宁、青的政界与文教界,为西北诸省的近代化进程发挥了积极的作用。刘尔炘于清末、民国时期所创建的公益社团和开展的公益、慈善事业,其核心、骨干成员多为其高等学堂的学生。这些学生成了刘尔炘事业的传承者,如水梓、水楠、赵元贞、邓宗、牛载坤、金树仁等。

高等学堂终因辛亥革命爆发而停办。民国元年(1912)改为甘肃省立第一中学校。1936年改名为甘肃省立兰州中学,即今之兰州一中。

讲读《春秋》,借史鉴今

刘尔炘在给高等学堂的学生讲授《春秋》的过程中,发现周王朝的衰败、诸侯的兴废与现实时局的形成状况相类似,故刘尔炘"触于外而感于中",著《哎经日记·春秋》并附《春秋大旨提纲表》。此时,正值光绪帝与慈禧太后驾崩前夕,朝廷内部暗流涌动,党派林立,相互倾轧;国际上帝国主义欲瓜分疆土,国家命运风雨飘摇。刘尔炘欲在此"华夏凌夷之际",分析春秋历史得失之故,"其亦可以借鉴矣!"

《春秋大旨提纲表》是刘尔炘深研《春秋》经的重大学术成果,遗憾的是,自是书问世以来,已历百年寒暑,学术界却很少有人问津,这不能不说是陇上学界的一大憾事!

刘尔炘在《序言》中已表明,《春秋大旨提纲表》的成书是借鉴了顾氏的《春秋大事表》。顾栋高所著《春秋大事表》,在编撰体例上匠心独运,巧妙地糅合了纪事本末体和史表的优点,是研究《春秋》经传和先秦史的重要文献。梁启超亦认为,其编纂方法的优点在于"将全部《左传》拆散,拈出若干个主要题目,把书中许多零碎事实按题搜集起来,列为表的形式比较研究"。现代史家白寿彝则将其体裁形式明确定义为"纪事本末式的史表体著述"。然而,刘尔炘则认为,其体裁虽"极尽精详",但"有分无总,是何异张其目而不振其纲",因此刘尔炘"仿其体,取其全经表为六项,纵横观之,各有意义"。因此,刘尔炘所著成的《春秋大旨提纲表》,提纲挈领,形成了纵横皆可查阅的体例。

此史表,列纪年,行纪史实,创造性地将每一年发生的大事按"王纲不振"、"伦变"、"列国情状"、"灾异"、"外侮"、"霸统"分为六类。其中"王纲不振"主要记录周王室内部权力争夺、与各诸侯之间的来往及摩擦等;"伦变"主要记录各诸侯国内弑君、弑父及乱伦等违反纲常的事件;"列国情状"记录了各诸侯国私下结盟、相互征伐之情状;"灾异"则记录了历年所发生的异常天象、物象及自然灾害;"外侵"收录的是戎狄蛮夷之外族对中原的侵扰;"霸统"描述的是各霸主号令诸侯、相互征伐、匡扶王室的史实。如此编纂体例,将《春秋》《左传》的纪史顺序重新分类,条理清晰,结构合理,方便初学者理解与记忆,更有助于"统观全局,专注于中外得失之故"的研究。

刘尔炘从春秋史实的分类中,得出礼崩乐坏之六端:周王室的失德造成对诸侯的统治能力下降;纲常尽失,人心不古,周王朝的纲纪法律形同虚设;各诸侯国私下结盟,早已将周王室的政权架空;历年的自然灾害雪上加霜;各霸主的兴起,霸权凌驾于王权之上,在蚕食鲸吞的同时,连年征伐,百姓苦不堪言,国力耗空。这一总结、归纳,反映了刘尔炘客观的史学观点。

纵览《春秋大旨提纲表》,无论王权的没落,还是诸侯的兴衰,均始于失德。如隐公六年,"郑伯如周,始朝桓王也。王不礼焉"。可见,郑伯在隐公六年之前未朝王也,此为诸侯之无礼;诸侯来朝,桓王不以礼待之,国君之失德也。诸侯不朝王,而王不惩其无礼;诸侯来朝,桓王不礼于诸侯,此赏罚失当也。赏罚失当,则周王朝之威信扫地也。以至于在隐公时期,尚能见到王号令诸侯伐戎、伐郑等,而在之后未见王室率诸侯征讨之迹,盖王不能威服于诸侯也。再如齐桓公之霸业,管仲之仁功不可没,《论语》中称赞"微管仲,吾其被发左衽矣"。刘尔炘认为"其间差强人意者,齐桓、晋文出而中原文物、万古河山不致遽沦于夷狄,此《论语》所以推管仲之仁"。后齐景公欲继桓公之余烈,刘尔炘又认为"(齐景)信子犹之谗卒佚天讨,且于晋则助臣以叛君,于卫则助子以拒父,三纲既绝,犹欲轧晋而求诸侯,是欲行求前也。故昭定以来之霸统不能夺晋归齐"。如《易》所言"厚德载物",德行的厚薄决定了人、国家所能承载的福荫的多寡。不行仁政,绝三纲,堕五常,必然不能长久。因此对"王纲不振"记录周王室之失政,"伦变"记录的弑君、骨肉相残、私通等灭绝人伦,"列国情状"记录诸侯国私下结盟等违反纲常之事的关注,均反映了刘尔炘的道德史观。刘尔炘认为周王室衰败以及世风日下的主要原因在于统治者的失德,只有具备较高的德行修为,陟罚臧否,不宜异同,方能兴礼乐、慑四海。

刘尔炘认为人才是国家的正气,拥有人才国家方能精内政而御外侵。如在"霸统"中记载了齐桓、管仲之才,僖公四年"齐侯以诸侯之师侵蔡。蔡溃。遂伐楚。管仲对曰:'尔贡包茅不入,王祭不共,无以缩酒,寡人是征。昭王南征而不复,寡人是问。'"齐桓公率诸侯讨伐楚国,管仲昭楚之不臣之心以申大义,一方面增加了齐霸统的威慑力,另一方面匡扶王室以正纲纪,代王问罪于楚,实则昭王之纲纪于天下。僖公七年,郑公子华欲作内臣,协助桓公攻打郑国,但管仲劝谏桓公曰:"君以礼与信属诸侯,而以奸终之,无乃不可乎?"若无管仲劝谏,桓公不免落得不仁不义之骂名,失齐国之威信。僖公七年,"闰月,惠王崩。襄王恶大叔带之难,惧不立,不发丧而告难于齐"。可见周王室对齐的依赖。迨管仲卒,齐桓外不能制诸侯内不能靖社稷,故刘尔炘说:"管仲云亡,又春秋元气之一伤也。"至鲁定公四年后,十余年间无外敌侵扰,但中原依旧未能重振纲纪,发奋崛起。正如刘尔炘所说,此时的局面类似久病之人,正气已虚,即是邪气亦退,亦难恢复元气。国家的强盛离不开人才的滋养,这就是刘尔炘的人才观。

刘尔炘在书中收录了二十处春秋时期祈雨祭祀的史实,如昭公三年,"八月,大雩";昭公六年,"秋九月,大雩";昭公八年,

"秋,蒐于红。大雩。"昭公十六年,"九月,大雩";昭公二十四年、二十五年均有"秋八月,大雩"、"秋七月上辛,大雩"。雩为形声字,从雨,从亏(yú),亏亦声。"亏"为"圬"省,"圬"意为"填平地面凹坑","雨"和"亏"联合起来表示"让雨水把干涸的湖泽注满",故其本意为求雨而举行的祭祀。春秋时期如此频繁地举行盛大雩礼,表明连年发生旱灾。在以农耕经济为主导的那个时代,旱灾无疑会对国民经济造成巨大损失,进一步增加了国家的不稳定因素。再加上诸侯间的连年征伐,使国力愈加空虚。刘尔炘谈道:"自宋殇以杀冯为事,党卫伐郑,数年以来,中原兵事不出宋、郑,两国之互相报复,直至长葛之役。"刘尔炘认为,正因为周王室不能振纲纪,所以才导致诸侯间无视王室,肆无忌惮,相互征伐。"天理亡而人欲肆",长年的战事使百姓涂炭,民不聊生,天灾雪上加霜,正如久病之人,必然耗损正气。"主不明则十二官危",中原衰弱,狄人、蛮夷乘机入侵,如楚国之虎狼辈才敢问鼎轻重,觊觎霸权。正如《黄帝内经》所言"正气存内,邪不可干","邪之所凑,其气必虚"。王室只有拥有强大的力量,才可以正纲常、明法纪。

刘尔炘在"灾异"之中呈列了各种自然异象。如"日有食之"出现了三十六次,"地震"出现了五次,僖公十六年"春王正月戊申朔,陨石于宋五。是月,六鹢退飞,过宋都"。古人认为,这些天象往往都具有某种征兆意义。如日食往往预示着灾难的发生,陨石坠落往往是上天的警醒。《左传》中往往认为某些事件的发生是由于天命所主,而这些异象的发生则反映着天命的趋势。然而,刘尔炘在对《春秋》的解读中,并未强调这种天命的作用,更倾向于人的作用,认为"国家安危治乱之系于人才者大矣哉"。

综上所述,刘尔炘认为周王室的衰弱、诸侯的兴废及公卿大臣的崛起主要分为内、外两方面的原因。第一,在内周王室失德,赏罚失当,威严扫地,伦理纲常对臣民的约束力下降,以至于权力被诸侯架空,甚至依附于诸侯,亡天理而肆人欲,出现失礼于天子、诸侯间同族相残、私通乱伦、公卿大臣篡位弑君等一系列违反纲常的事件,这些现象无一不是通过战事的形式发生的,因此逐渐耗伤国家的元气。再加上连年的灾荒,使得国力江河日下。第二,戎狄蛮夷之族不断外侵,加剧了对国力的损伤。楚国自齐桓公霸业之后,不断进驻中原,并逐渐称霸,中原文明因此而凌辱,加速了周王朝的灭亡。

审时度势,鉴古而知今。当时清政府统治者不修内政,导致政治腐败。鸦片战争之后,相继爆发了中法战争、甲午战争等重大战役,并均以签订不平等条约而告终,丧权辱国。同时底层的农民不堪战争带来的繁重的赋税徭役,揭竿起义。清政府在镇压国内的农民起义的同时,还要抵御西方列强及东洋日本的侵略,内忧外患,元气大伤。民众的目光开始转向学习西方的政治制度和科学技术,并掀起了一场否定、摒弃传统文化的狂潮,延续数千年的中国文化受到了来自西方文明的空前冲击,维持中国传统社会秩序的伦理纲常面临濒危境遇。社会的巨大变革不断拷问着当时知识分子的良心。刘尔炘针砭时弊,借古讽今,希冀找到能够救国救民的道路。

一百多年后的今天,当我们再次翻开那尘封于甘肃省图书馆的古籍时,泛黄的纸卷沉淀着岁月的沧桑轮回,诉说着社会和历史的变迁,也承载着刘尔炘的良苦用心,《春秋大旨提纲表》的哲学史观,无疑是对中华民族的有益借鉴。

鉴史知今,目的不在于后人哀前人之过,而在于不让"后人复哀于后人"罢了。在研究经学著作方面,刘尔炘别具一格,独具匠心,运用史表分类的方法,为学习经学的初学者提供了加深理解的方法和参考,更重要的是文字背后刘尔炘忧国忧民的仁者心胸和心系天下的家国情怀,以及对这片土地深沉的热爱。或许这便是经学最核心的精神内涵和刘尔炘留给后人最为宝贵的精神财富吧！

执存古学堂，用心遭横议

在清末"新教育"的兴办进程中，尊西趋新的世风逐渐形成了某种程度的"霸权"。朝野双方大体皆认同趋新的办学大方向，但对中学在"新教育"中的轻重缓急，双方却有不小的分歧。以湖广总督张之洞为代表者主张"保存国粹"，于光绪三十一年（1905）改武昌经心书院为存古学堂。1908年江苏省仿照设立。1911年清政府颁布《存古堂章程》，在学制方面另成系统。宗旨是为了培养师范学堂和中学堂的经学、国文、中国历史教员及经科、文科大学的预备生。设经学、史学、辞章三门课程。分中等科（修业五年）和高级科（修业三年）两种类型。

甘肃存古学堂的前身是甘肃省府所属的求古书院和兰山书院。自从1905年废除科举之后，求古书院便改成了甘肃初级师范学堂，而兰山书院则改为优级师范学堂。宣统三年（1911）春，甘肃布政使兼护陕甘总督毛庆蕃仿效张之洞在湖北省设立存古学堂的模式，将原初级师范学堂与优级师范学堂合并，利用初级师范的校址，创设了一所甘肃的"存古学堂"。目的是培养师范学堂和普通中学的经学、国文、中国历史的教习和经科、文科大学的预备生，礼聘刘尔炘为监督，并主讲经学。

刘尔炘根据清代古文大家姚鼐所说的"圣门之学，义理、考据、辞章三者缺一不可"，开设了与三者相属的易经、宋元学案、古文辞类纂、经史百家杂钞及六经纲要、日知录等课程；在礼仪上照样实行释典、释菜一套，学习礼、乐、射、御、书、数六艺，不仅择其大端,提纲挈领,而且包罗万象,巨细无遗,可谓匠心独具,苦心孤诣。

刘尔炘特为存古学堂撰写了四副楹联,每一副都彰显着刘尔炘对儒家精髓的领悟和深深的尊古情怀。兹录其中两副以供欣赏:"尧舜禹汤文武周孔所传,何可废也;诗书礼乐易象春秋之道,其在斯乎?""一线斯文布帛菽粟;六经遗训河岳日星。"

民国之初,西学早已是铺天盖地,"保存国粹"很容易被认为是不合时宜之举,甚至被斥为"欲为复辟制造舆论"云云,良苦用心竟授人以柄,所以甘肃的存古学堂和全国其他地方存古学堂的命运一样,不但没有完成多少存古的使命,就连自己本身也很快都不复存在了。

"珍重润源邹鲁意,好培国脉望将来。"邹鲁者,孔孟也,儒学也。教书育人,传承国学文脉,当是刘尔炘辞官返里之后为自己规划的最明确的人生之路。

七、办 学 生 涯

重振兴文社,两等学堂立

光绪三十二年丙午(1906),是刘尔炘人生旅途上的转折之年。从这一年开始,刘尔炘逐渐由教书而转向办学。办学是需要巨额资金的,巨额资金的获得需要有实业的支撑。1906年,已越不惑之年的刘尔炘,在新的历史条件下践行儒家"经世致用"的思想,社会美誉度显著提高,所谓"德高望重"名副其实,所以刘尔炘从此以兰垣总绅的身份接管社团,开启了他用身心性命以赴、世人津津乐道、最具有现实意义的公益人生之旅、慈善人生之旅。皋兰兴文社两等小学堂就是刘尔炘接掌社事之后所兴办的第一个小学学堂。

清末废除科举考试之后,兴办学堂已成为全社会有识之士的共识。"我国家既停科举,开学堂矣,吾邑宾兴经费亦宜改为立学之资。"刘尔炘在《皋兰公立两等小学堂记》中如此记述社会各界对教育的期待。"宾兴"一词,本指周代举贤之法,即乡大夫自乡小学荐举贤能而宾礼之,以升入国学。兴文社的创建历史和资金来源,刘尔炘在《皋兰兴文社记》和《皋兰新文社记》有较为详细的记载。原来,皋兰兴文社初建于乾隆年间(1776),系举人邵荣清所创建,在始创"修学社"之后,拿出多年积攒的百余两银子交给地方官康静溪作为原始股来投资增值,康静溪颇受感动,为嘉奖此举而捐银四百金。此后又陆续得到曾在皋兰任职的"临汾王公、歙县蒋公、满洲奇公、如皋吴公、临安郑公、仁和陆公"等的慷慨解囊,集资达到一千五百金,这便是兴文社的原始资金。

自嘉庆、道光以后,官绅相继捐助,加之谈维鼎的募捐,资金一度近万金。然而,不幸的是,同治年间的"花门之变",干戈扰攘,文社衰败。至1906年刘尔炘接掌社事之时,兴文社放贷的本金只有五千两,积累的利息也不过五千,竟有近一半人已无力偿还。刘尔炘只能从现实出发,决定将本金如数收回,酌情收取利息。原来,刘尔炘所接管的是一个捉襟见肘、百废待兴的烂摊子。

经过商量,大家为小学堂选取了一块风水宝地,就在道陛巷的废置的前代孔庙。刘尔炘为能在前代孔庙建小学堂而感到无比欣慰,刘尔炘感慨地说:"隋唐以还,学官弟子往往环宫墙而居,庙丽于学,学附于庙,所以使感发兴起,纳斯世于一道,同风之盛也。……兹吾学堂之设,何幸而惟孔子庙是因,或者遵圣域,履贤关,长此千百年,亿万户子子孙孙殆有入室登堂,绵一线斯文于绝续之交者欤?"孔子为万世师表,孔庙虽已废而再扩为学堂,学堂则正得其位矣!

紧接着,刘尔炘在《皋兰公立两等小学堂记》中大论孔学在整个教育体系中的重要性,以及当今学界的混乱之象:"千圣百王之道,炳若日星,宜乎造就人才,转移风尚,历时愈远,收效愈多。乃嬴秦以降,礼俗政教绝不能上追三代之隆,抑又何耶?得毋有立学之美名,而不求立教之实际乎?古先圣王之立教也,葆其性分之固有,扩其才美之不足,纳之乎近知、近仁、近勇之途,而责异日以齐治均平之效。故其时化行于上,俗美于下,其君子以德行道艺备国家公卿百执事之选,其小人即中道徙业,从事于偏曲之伎,能以赡身家以谋事畜,而性情所注,好尚所趋,市井闾阎之所习,无不以学士大夫之言论旨趣为标准、为依归,盖不独当时之君子能潜移默化,陶铸一世之人,即小人亦幼禀父师之传,此染彼濡,有蒸为习尚而不自知者。后世教法不修,驱亿万人才力、聪明于虚声浮誉之场,以耳食为心得,以口谈为实修,儒术不真,反为农工商贾所窃笑。于是别派旁支、片长寸伎嘤嘤然出而与正学相角逐。后生小子,如履洪涛,如登骇浪,目眩神督,罔识所从,天下遂嚣然其不靖。”

因此,创建学堂的意义是十分重大的,刘尔炘说:“吾学堂幸藉文社以立,堂舍斋厨于焉略备,他日广厦万间,日增月盛,规模式廓,端赖后贤。而课程所在,指授之方,尤贵继起者相时制宜,端其本于垂髫舞象勺之年,使人求实学,学求实用。里闾族党间播休风、蔚善俗,雍雍惕惕,各以所能济时艰而应世变,民胞物与,相爱相亲,则已立立人,己达达人,庶不愧近圣人之居而延孔门之心法欤?”

刘尔炘在此《记》中特别提到参与筹建学堂的刘联芳及蔺象祖,都是刘尔炘在五泉书院的学生。

刘馨庵,字联芳,兰州人,贡生,生平不详。两等学堂建好后便在学堂任了教,成了恩师的好帮手。刘尔炘还特为其养护的一株梅花作过两首诗,即《咏馨庵梅》。序言说“丁未(1907)秋,为学堂种梅一株,余欲刘小枝,仅留老干。刘君馨庵谨护惜之,不忍去。今春老干欲枯,小枝尽发,且着花数十朵,嫣然可爱。”且看刘尔炘如何用诗歌感怀此事?

其一:“只愁老干脱凡胎,曾把孙枝仔细栽。为感一番留恋意,春风时节报花开。”

其二:“见花如见故人来,竟日巡檐笑口开。我欲问花花不语,也应回念旧苍苔。”

经过十多年的历练,刘馨庵终于成长为刘尔炘的得力助手,品学兼优,足以担当重任,故于1917年被刘尔炘任命为“皋兰新文社"的专职出纳,可见刘尔炘对刘馨庵的信任。

蔺象祖(1874—1957),字子贤、紫仙。1928年,刘尔炘将"兰州同仁局"交其管理。蔺紫仙精通岐黄之术,是王烜的姑表弟兄。2019年春,笔者幸运地收藏到一本刘尔炘《会试朱卷》,封面有"紫仙藏本"字样,也许就是从蔺象祖的家里流落到文物商店的。

"慨念孔子为吾中国立教之宗,而吾学堂又适因孔庙以成,不禁俯仰太息,为我五泉山下过此以往万代千龄之敬教劝学者望。"刘尔炘自始至终心怀孔子,感念其为我中华开教化之风,庆幸两等小学堂又恰在曾经的孔庙落成,心愿足矣!

刘尔炘重振兴文社,又建小学堂,自然有绝妙的楹联寄托其兴社的宗旨。"略具规模承往哲;全将事业望来人。""桑梓奇才当随时出;枌榆大业自合群来。"社事百废待兴,而兴社是为了传承先哲精神,必须群策群力为地方人才的脱颖而出而尽一份力量。

为"两等小学堂"写的五副楹联,更是饱蘸情感,意味深长。譬如"无论你学道德学才能,当实志虚怀,要有童蒙求我意;莫管他是智愚是贤否,只热肠苦口,常存父母爱儿心"一联可以用作为师者的座右铭。《卦象·蒙》曰:"匪我求童蒙,童蒙求我。"《礼记·曲礼上》:"礼闻来学,不闻往教。"此孔门教学之道,尽显不愤不启、不排不发之教学法则。又如"都教存忠爱心肠,看到处园林,百鸟朝阳成乐土;真个是文明气象,这满门桃李,万花捧日上春台"一联,盛赞学校为人才之乐土,渴望人才脱颖而出。《果斋别集》曰:"国运之盛衰,关乎人才,人才之盛衰,关乎学术,学术纯正,才是实学。"教育兴盛,人才辈出,才能国运昌盛。"不须将第一等人让与旁人作;总要把这千古事当切己事看"一联,是刘尔炘勉励学生将来要争做一等人,而所谓的"一等人"即是"总要把这千古事当切己事看"的人,就是胸怀天下、克己奉公之人。这是刘尔炘的理学精髓。

学校创办五年后就陆续有学生从小学堂毕业，刘尔炘盼望"且随这万变烟云，把幽谷芝兰化雨蒸腾留宿种；已过了五年岁月，看满门桃李春风次第发名花"。憧憬着即将来临的丰收之景，心花怒放，信心满满。

两等小学堂的首任堂长（校长）是与刘尔炘同庚的高登岳。高登岳字符五，皋兰县南乡（今榆中县阴山乡高家湾）人。光绪十九年（1893）举人。在五年的校长职位上，兢兢业业，在正欲"满门桃李春风次第发名花"的时刻，积劳成疾，竟一病不起。刘尔炘深为悲恸，故以《骚》体作成《祭皋兰兴文两等小学堂校长高符五孝廉文》，情真意切，读来令人潸然泪下。其祭文曰：

> 呜呼！符五竟如是耶？君之疾病，何由致耶？岂非以勤劳之过度，致寿命之短促耶？嗟斯世之自私而自利兮，曾几人能知大义耶？与其耽安逸而偷生兮，何若尽瘁于公耶？君固仰天而无愧兮，又何不可坦然而长逝耶？惟余怀之耿耿兮，能不望长空而一哭耶？自吾两等学堂之设兮，微君子之能有今日耶？今君竟中道而弃我兮，落落者又谁余助耶？与君相勉以勤恳兮，或者滋培灌溉，毓芝兰于幽谷耶？今才之已成者，尚如此之摧残而挫折兮，其未成者又乌可必耶？岂斯文之应丧兮，不许我辈之扶植耶？岂苍苍者亦不愿人之为善兮，特厄之以多故耶？呜呼，痛哉！君知否耶？

有祭文，自然还有挽联，共两副，都是长联。第一副"为地方公益事劬瘁而亡，中国生机全在此；教世间这等人年龄不永，上天阴骘也无凭"，是赞美为公事而鞠躬尽瘁的不朽精神；第二副"座中聚二三百生徒，爱之如子，风朝雨夕，不惮勤劳，再访这益友良师，我辈又谁能继武；堂上有八旬余老母，尚望生孙，石火电光，竟成梦寐，况留下寡妻弱女，人间何事更伤心"，是为逝者开创的事业而感叹，更为其身后事之凄惨而悲伤。

高符五校长逝世后，众多学生"皆思念不衰"，恳请刘尔炘著文以纪念。刘尔炘更加为之感动，遂又写下了《皋兰兴文社公立两等小学堂校长高君遗念碑》，深切怀念了高符五校长的身世、品德，以及和他同事工作生活的点点滴滴。

两等小学堂建成并顺利运行之后，刘尔炘又开始谋划筹建另一所小学，即"皋兰甘草店高初小学校"。因其时兴文社的资金已捉襟见肘，直到民国二年（1913）才得以建成。刘尔炘特作《皋兰甘草店高初小学校建设记》，记述了兴办这所学校所经历的艰辛历程。特告诫世人，小学"兴修固难，筹款尤难矣！敢告我父老子弟，尚其念始经营之艰苦，时为同心保护焉！勿畏难而因循诿卸，勿徇私而破坏阻挠！"

至1917年，又有一笔资金注入皋兰兴文社的账下，这就是原皋兰书院的余金。刘尔炘在《皋兰新文社记》中说："既入民国之夏正丁巳夏五月，狄道杨汉公显泽奉檄为省视学。既视吾兰学毕，以皋兰县立小学校年需经费官款而外，不足者二百余金，由旧皋兰书院所有租息中补给，是混地方款于官立学校中，与近今法令不合，特拟专章呈上官报可，拨旧书院所有者归皋兰兴文社，一以清界址，一以免虚糜。时余方忝掌社事，念事虽合璧，款宜分疆，因立名曰'皋兰新文社'，亦以使后之人因流溯源，不忘其所自来云。"这笔资金数额巨大，竟逾"逾万有千余两"。刘尔炘利用这笔资金相继在官园及火烧崖开设初级小学堂两所。

刘尔炘还为两等学堂编写了一部小学启蒙教材——《〈小儿语〉摘抄说意》。《小儿语》一书是明代吕得胜所撰。吕得胜，河南宁陵人，字近溪，系《呻吟语》作者吕坤之父。吕氏非常关注少儿

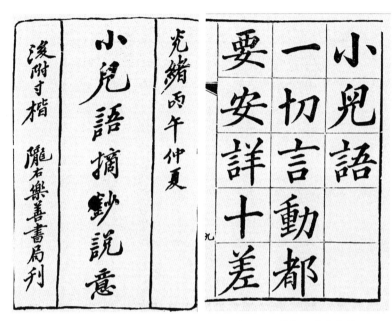

《小儿语摘抄说意》扉页　　　　《小儿语摘抄说意》寸楷

的启蒙教育，主张自儿童懂事时，就要进行正确的教育，树立正确的人生观和价值观，于是编写了《小儿语》一书。该书语言浅近，寓意深长，采用四言形式，便于朗读背诵。光绪三十一年（1905）刘尔炘摘录书中意义鲜明、示人规范的三十条、一百二十句，以通俗语言说明其大意。譬如，在"一切言动，都要安详；十差九错，只为慌张"条下，刘尔炘用极其通俗的语言解释说："慌慌张张的人，话也说差了，事也干错了。学生们说一句话，干一件事，都要安安闲闲，详详细细，那就是个好材料。"又如，对"先学耐烦，快休使气；性躁心粗，一生不济"条解释道："耐烦是作事的第一妙法。有些人终日安闲，遇着一点儿难事，他就发烦，这些人到老不济事。学生们要心平气和，比如有一堆米，教你数他有多少颗，你也能慢

小兒語

宁城吕近溪先生著　　劉爾炘摘鈔說意

一切言動都要安詳十差九錯祇為慌張　慌慌張
張的人話也說差了事也幹錯了學生們說一句話
幹一件事都要安安閒閒詳詳細細那就是簡好材
料〇沈靜立身從容說話不要輕薄惹人笑罵　身
子不穩重說話沒斟酌惹人笑惹人罵這還是小事
輕薄人都沒福氣學生們要學厚重〇先學耐煩快

《小儿语摘抄说意》正文

慢的数了，不着急，那就是大本事。"又将所择三十条书为寸楷，复
附于后，少儿既可朗读背诵，又可作为习字之帖。

　　该书为木刻版，由陇右乐善书局刊印发行。大概是在2008年

前后，刘宝厚教授着手整理刘尔炘的著作，有一天在省城隍庙一家古玩店里，无意中发现了当年陇右乐善书局刊印发行的《〈小儿语〉摘抄说意》这本书，遂将原书扫描影印，使世人得以一睹其风貌。

从1906年至兰州解放，皋兰兴文社、皋兰新文社为普及省垣的中、小学教育做出了重要的贡献，所办各小学堂毕业的学生约11 000多人。两等小学堂至1949年改为兴文中学，解放后与陇右中学合为兰州第八中学。

全陇希社立，国文馆中习

自1916年始，刘尔炘着手在旧举院之西隅筑别墅，辟"潜园"。两年后改建工程方告竣。错落有致、气派亮堂的祝枏别墅群成了金城的一道风景。皋兰兴文社等社团随之迁入园内，作为社团老总的刘尔炘的办公室，面积虽然称不上特别宽敞——兴文社对各类人员都有严格的要求——但较之以前的办公条件，得体的装饰与布置，显得十分优雅，称得上是"闲临静案修茶品，高敞吟轩近钓湾"。民国7年（1918）七月的一天，天高日晶，金风送爽，有四位学人相约造访"潜园"。他们分别是伏羌（甘谷）王赞勋（字化宣）任榕（字荫轩）、会宁秦望濂（字幼溪），金县（榆中）罗经权（字子衡）。宾主寒暄落座之后，他们便向刘尔炘表明了来意：这些年来，您一直为发展兰州本地的教育文化和社会公益事业而竭尽全力，所取得的成就是有目共睹的。今天我们四人到您这儿来，就是想请您把这一事业从省垣向全省扩展，好让我陇原大地的学子们都能受益。至于经费的数量，我们有一个初步的方案，就是以您改建别墅的费用为准。说白了就是，您改建别墅的费用由我们负责筹措，而将这别墅作为全省之大业所用,不知尊意如何?

听完这一席话,刘尔炘目光如炬,感慨地说:"这也正是我所期盼的啊!"刘尔炘上下打量着眼前的这四个人,"你们知道吗? 你们干了一件大事! 如果确如诸君所言,你们将会对甘肃的发展做出巨大而长远的贡献。"

得到刘尔炘的嘉许,四人如沐春风,信心满满,积极筹措资金,至入冬时节,就将共同捐助的一万元注入到了兴文社的账下,祝枬别墅和潜园遂成了甘肃共有的教育资产。

在西北之域,农历十月的金城已是寒气袭人了,但这四人却春风得意,健步进入潜园的刘尔炘办公室。虽然他们和刘尔炘并无师生关系,但彼此都有交游,所以也就没有太多的礼数讲究,就直奔主题了。今天的话题是和刘尔炘商讨立社的名称问题。在德高望重的刘翰林面前,他们依然谨小慎微,试探性地问:"刘大人,现在若要在潜园立一社团,该叫个什么样的名称呢? 叫个'全陇希社'如何?"不料,有一位客人插话说:"希望什么呢?"刘尔炘深有感触地说:"希望做的事情多得很啊! 农民,我们希望他勤于耕种,工人,我们希望他勇于创造,商人,我们希望他能赚到外国人的钱。至于学者,我们希望他能淡泊名利而有功于社会。凡此种种,皆为有识之士对我中华民族的希望,难道不是我们对陇原儿女的希望吗? 一对夫妻的勤劳与否,一个地方的兴旺与否,乃至于一个国家的强大与否,其根本都是基于这一点。今天能够坚守这一点,也已经是难能可贵的了,还能有更多的奢望吗? 虽然人欲有横流之日,天理无断绝之时,然而,危乎其危! 如今天理依稀将废;微乎其微,天理仿佛仍一丝尚存。《诗经》曰:'风雨如晦,鸡鸣不已。'《周易》也说:'复,其见天地之心。'雄鸡司鸣,是报旭日将要东升。我愿与诸位君子能在潇潇乱世之际,能满怀希望,或许会到万千劫后,总有个春风二月,花鸟重来。""那么,到底有什么办法实现希望呢?"又有人在旁边插了一句。刘尔炘两手一摊,无可奈何地说:"办法少之又少啊!不得已,惟一的办法就是兴办教育。试想一下,能维持绵延不绝者,除了教育还能有别的吗?希望你们能办一个学校,为我黄河上下七十六个县的崛起带来一点希望吧!"刘尔炘的此番论述,句句掷地有声,"全陇希社"的牌子就这样树起来了。

现在,让我们了解一下曾为全省教育大业而屡次拜访刘尔炘,为设"全陇希社"而多方筹资、四处奔波的四位学人。

王赞勋和任榕均是甘谷县的硕学俊彦,可惜目前仅知道,王赞勋,字化宣,系甘谷县大王庄人,光绪朝举人;任榕,字荫轩,甘谷县任家庄人,光绪朝副贡,曾任华平县知事。在民国时期,这二位都是甘谷的著名乡贤。甘谷古称冀,系华夏最古老的县制之地,自古崇文重教,早在春秋之时,石作蜀(前519—479)就不远万里,负笈求学于孔子门下,成为七十二贤之一,传播儒学和西周文化,淳教化,移风俗,自此三陇一带文教大兴,人文蔚起。

秦望濂,是会宁乙未科进士秦望澜之弟。字幼溪,自号屈吴山人。庚子科优贡,癸卯科副贡。前清吏部主事,曾任甘肃省政府顾问。秦望濂是刘尔炘的诗友,在此之前的1916年,参加了刘尔炘招邀的"闰欢雅集",赋诗其多。

罗经权(1867—1931),字子衡,榆中人。清光绪己丑(1889)恩科举人,乙未(1895)科进士,翰林院庶吉士,任山东沂水知县。曾奉命赴日本考察法政。辛亥革命后归里,历任甘肃大林区专员、西宁道尹、甘肃实业厅厅长、安肃道尹等职。是四杰中功名最大、职位最高、年龄最长的一位,比刘尔炘略小,是从榆中青城书院里考出来的翰林,与刘尔炘素有交往。

1919年,全陇希社成立了"国文讲习所"。至于为什么要以"提倡道德、培育人才"为宗旨,且以国文讲习为首务?刘尔炘在

《全陇希社立国文讲习所记》中作了深入的论述：

> 　　既与吾希社同人谋立之学，以希吾陇上贤豪之崛起，因议学之所以立者，宗旨将安在？途辙将安循乎？或者曰："吾国羲轩以来之所传，道在遗经，学在研理，宜继宋明诸子讲学之风，以抉群经之秘奥。"或者曰："欧化东渐，物质之文明，驱血气之伦，日变月化于不自知。农者将不能服先畴之耒耜，商者将不能循族世之典谟，工者将不能用高曾之规矩。形器殊科，画往古来今为两界，于是求治者、行军用兵者，亦无不惘惘然失其故步，是皆科学之力也。不此之求，能自存于宙合中乎？"噫！二说皆是也。然前说失之高，后说失之远。今欲求之卑近，因地制宜，以应吾陇上之急需。且上焉可以为前说之阶梯，下焉可以辟后说之门径者，其惟辞章乎？昔者曾文正公尝言："欲明先王之道，不得不以精研文字为要务。"

　　这段话的大意是说，办学首先要确立宗旨与方向。有的主张以人文学科为主，有的则倡导要学自然科学。其实两种观点都没有错，只是就目前甘肃的实情而言，一开始就学人文学科实在是太难了，而一开始就学自然科学又太早了，唯有先学习一些国文知识，才是当务之急。有了国文的基础，进一步可以研习人文，若有志于自然科学也会水到渠成。

　　古人讲学问，大致分为义理、考据、辞章三类，故辞章历来都备受文人重视。因此，刘尔炘继续论证学习"辞章"的意义。

> 　　近世硕学名流之谈时务、道新学，能中肯綮、得要领而不迷于歧途、惑于邪说者，又皆优于文字之俦。况乎《六经》藉文字而传，是《六经》亦辞章也。《二十四史》藉文字而传，是

《二十四史》亦辞章也。六千余载贤圣之精神道德悉寓于辞章,辞章废,则六千余载贤圣之精神道德与之俱废,则人民虽号称四万万而无一之为,我国尚成为我国乎?且今之谈教育者,大抵注意于国民。夫即使国民以爱国为心,以职业为务,亦犹太空之中繁星万亿,的的争明,而大月不来,乾坤不朗。人才者,国民之大月也。贤圣之精神道德者,人才之命脉也。辞章者,所以载命脉之舟车也。辞章之可以通古今,犹舟车之可以行水陆也。是则吾希社同人所以立国文讲习所之微旨,愿以质诸吾九百万父兄子弟而一商榷者也。

刘尔炘采用推理法,像剥茧一般使主题一步步明朗。刘尔炘说,当今那些众所周知的、受世人追捧的名家们,他们的文章都是何等的妙笔生花,更何况《六经》《二十四史》都是依文字流传,所以从这个意义上讲,《六经》与《二十四史》也都是辞章。文以载道,辞章承载了六千年的道德文明,倘若辞章废了,皮之不存毛将焉附?六千年的道德文明将荡然无存。普通老百姓就像天空中的点点繁星,人才就像是硕大的月亮。圣贤精神就是人才的命脉,辞章就是承载圣贤精神的车船,就像车船能够运行水陆一样,辞章可以沟通古今。

的确如此,汉字的传承是中国文化传承的根本,我们的文化基因就是汉字。中国人创造的文字,几千年来几乎没有更改太多,甲骨文中的很多字我们都认得,延续性特别好。一个国外汉学家曾经说,你们中国人真是太幸福了,随便一个受过文化教育的人都能大概读懂2 000年前的文献,这在英语国家是不可能的。英语国家许多人现在看莎士比亚时期的东西都看不懂。为什么呢?因为英语是记音的,音会不停地变,一变就看不懂了,而中国的文字是记意思的,稍微一教就能知道。所以刘尔炘说"辞章之可以通古今"。

1919年，全陇希社遂以"提倡道德、培育人才"为宗旨，成立了"国文讲习所"，从全省招生，1921年第一届学生毕业时，刘尔炘曾为《同学录》作序文，以"校内毕业之时，实校外始业之日"相勉励。嗣后又设立"国文专修馆"和"存希小学校"，为发展甘肃教育事业和培养人才添砖加瓦，助绵薄之力。更见缘分的是，刘尔炘的乘龙快婿马玠璧就是这届国文讲习所的毕业生。

1921年，全陇希社立国文讲习所第一班学生毕业，刘尔炘在简单而不失隆重的毕业典礼上发表了热情洋溢的讲话。

首先对各位教员和同学提出了嘉奖。国文讲习所在资金极为短缺的条件下创办，不期竟已支撑三年。在艰苦的条件下，各位教员依旧恪尽职守认真教学，各位同学能勤勉耐苦认真学习，十分值得赞扬。其次，刘尔炘对各位将被分配到各地充当国文教员的同学们提出了要求。第一，要注重自修，时刻以"利人"二字为重。第二，指出"以理制欲"是"利人"的根本。无论做事、为人，时刻提醒自我不要存私欲、私念，节制自我，方能"利人"。联系现实，刘尔炘认为"以理制欲"才是世界治乱的根本。以欧洲为例，欧洲人人利己，不去制欲，便酿出欧战。我国现今也是如此，眼见就要亡国。从而刘尔炘得出古今中外都是"理胜则治，欲胜则乱"的结论。然而欧洲在制造机器致富的同时，也制造出了武器，并用以发动战争，满足私欲，故而使人类饱受"机器劫"。如若不"以理制欲"，正当使用机器、武器，只怕将来还有更大的祸患发生。最后，刘尔炘希望毕业生能将"利人"的精神带到各处，发扬光大。进而联系现实和社会，提出"以理制欲"的治乱方法。整个讲话稿结构紧严，层层递进，环环相扣，刘尔炘"以理驭气"的哲学思想在此已见端倪。

1928年，刘尔炘把全陇希社的管理权交给了王训庭，镇原慕寿祺任名誉检查，谈凤鸣、赵正卿、施周丞、水梓、秦望濂、王烜成为义务赞襄。

八、诀别官场

　　刘尔炘曾在《遗言》中表露了心忧天下却又报国无门的无可奈何："人之恭维我者,或以我为隐逸。隐逸者,忘世者也。孔门无忘世之学,而有义不当为之时。我不幸值义不当为之时,人遂以隐逸目之,非也。"

　　从刘尔炘的一生经历来看,在五十岁之前,基于他在社会各阶层的名望,也曾两度在省府兼职。第一次是1908年10月,在清政府推行的"宪政"革新中,甘肃谘议局成立,刘尔炘被推为副议长。谘议局本是类似资产阶级的地方议会机关,但在清朝统治下,它顶多是咨询机构。清政府对谘议局的职权处处掣肘,务使谘议局的活动无损于封建的君主专制,故而实际上是一个发议论、放空炮的机关。不久,随着大清王朝的覆没,谘议局也就寿终正寝了,刘尔炘的这个本来就虚得不能再虚的副议长也就还归给历史了。第二次是在进入民国的1912年3月,甘肃省临时议会成立,刘尔炘出任议会副议长。当时官绅阶层与政界都主张极具社会声望的刘尔炘出任议长,可刘尔炘认为自己是一个前朝遗老,思想保守,跟不上形势的变化,应当以地方和国家事业为重,推举具有民主进步思想的人来担当此任。刘尔炘在甘肃临时省议会第一次议员大会上演讲说:"数年来,只以地方人才大抵出仕他邦,而鄙人家山坐守,是以遇有桑梓应尽之职,不免自忘愚拙,妄为仔肩,遗误事机,私衷窃愧;今幸高才硕学次第归来,后起英才蒸蒸日上,乡国重肩有人负荷。"刘尔炘所谓"出仕他邦"的"高才硕学",代表人物就是最终被推举为临时议会议长的李镜清。

李镜清(1871—1912),字鉴亭,临洮人。1897年拔贡,次年朝考一等,历任四川浦江、江安、合江、犍为等县知县。1907年任云南警察局总办兼办全省营务处。1909年任黑龙江巡防右路统领和奉天巡防左路统领等职。1911年武昌起义后,辞职回原籍。时值兰州宣布共和,1912年3月24日,被推选为第一次甘肃省临时议会议长。李镜清为人激进,善口才,惟胸襟狭窄,不能容物,但办事干练,为人望所归。在临时议会举行会议的最后一天,议员周务学、马安良、马福祥等前往东岗镇为离兰赴京的长庚送行,时近中午,马福祥、周务学才迟迟到会,李镜清即席询问:"你们到哪里去了?"周、马以实相对,李当众辱骂说:"奴隶性质一点没有改变,心想造反吗?"周等当时忍气吞声,默不争辩。散会后马福祥愤愤不平,转告马安良。马安良在兰州气派很大,有左右全甘之势,岂肯向李低头,于是勃然变色,拍胸大怒说:"我们造反先杀你!"继之,宁夏群众向省临时议会控告马麒进兵宁夏时惨杀无辜人民,要求查办,李镜清即谘请都督赵惟熙追究,愈加激起了马安良、马麒的愤怒,双方关系越来越向恶劣的方向发展,一时满城风雨,群情惶急。

身为副议长的刘尔炘一方面觉得李镜清是位奇才,针砭时弊,臧否人物,有胆有识,敢作敢为。在不满三个月的任职中,推行新政,除弊恤民,弹劾甘肃省都督赵惟熙,斥责甘肃提督马安良所部飞扬跋扈、鱼肉人民的罪行,可谓有功;但另一方面,甘肃时局仍掌控在派系错综复杂的军政界人士的手中,而议会充其量只是议一议罢了,言辞过于激进,势必遭到地方军阀的忌恨,甚至招来杀身之祸。刘尔炘说:"行政官,着棋者也。咨议局立之局外而自命为军师者也。献一谋,画一策,自以为忠矣、信矣,可以无负局中矣,而局中人不惟不听,而且不免忠而见谤,信而见疑。"为了解救这一危局,刘尔炘曾多次向李镜清婉言劝告,不断提醒李镜清,社会弊端积重难返,眼下百废待兴,非图一日之功,须得从长计议,要讲求可为、能为与不可为、不能为,讲求先易后难,讲求迂回策略,讲求议会内部团结等等。刘尔炘还通过郭南浦、马福祥、马耀南等私人友好疏通回族官绅,吁请周务学捐弃前嫌,并派队伍护送李镜清暂返狄道原籍暂避锋芒,以期事态的缓和。但事态并没有向刘尔炘的良好愿望发展,惨案终于还是发生了。马安良派人于6月6日夜将李镜清刺杀于家中,李年仅41岁。消息传到兰州,刘尔炘悲愤至极,万分惋惜,一口气写下"一身都是胆;万口为招魂"、"毕竟是奇,才能使人间容不得;倘教为厉鬼,定从地下打翻来"两副挽联,并毅然决然辞去了副议长职务,与所谓"言论机关监督行政之权"的"局外"官场一刀两断、分道扬镳了。

这里有两件史实可以证明刘尔炘从此无意于官场、专心治学的决心。一是袁世凯曾钦点刘尔炘任甘肃教育厅厅长,而刘尔炘力辞不就,最后只能作罢。

第二件史实是,就在李镜清被害不久,甘肃旅京同乡又邀请刘尔炘担任"甘肃共和实进会"名誉主席,刘尔炘的内心极不平静,李镜清被刺事件的教训让刘尔炘不得不反思当下主张"全盘西化"者崇洋媚外、纷纷设"会"的弊端。刘尔炘在《覆甘肃共和实进会书》中陈列了不宜设"会"的三点理由:一是甘肃的人才极为缺乏,已设立的议会因无得力干将而不能成事,各位同仁如果想为地方干一番事业,不妨"联袂归来",整顿好甘肃议会,不要再另立其他。人才有限,"群合则强,群分则弱"。二是甘肃历来"种族杂居,互相疑忌",加之教育落后,思想保守,人们对民国的认识程度参差不齐。"新进者袭取皮毛,以虚言酿祸","遂致牵动军人提戈相向",李镜清议长的惨痛教训已是前车之鉴。三是甘肃目前的财政状况极其窘迫,"有财则徐图前进,无财则万事皆休"。实干兴邦,空谈误国,刘尔炘说:"鄙人生平宗旨重实行,不重空言。""海内志士纷纷然日以立会为当务之急,鄙人学识浅陋,不敢苟同。"因为"良医之治病也,必有虚实表里之分,寒热温凉之别,若手持一方,而遂谓可以已四万万人之病也,吾知颠矣"。刘尔炘明确表示盲目照搬外国的做法是不符合中国国情的。这封《覆甘肃共和实进会书》便是刘尔炘彻底告别名利场的宣言。从此谢绝官事,柴门空闭,寡交闲游,专事地方社会公益和慈善事业,并与翰墨结缘,开始鬻书卖字,以维持生计。

好一个"壮岁还乡非慕隐,终身绝口不言官"的刘尔炘!其实,在民国建立前后,刘尔炘的遇境并非这么简单,特别是思想意识方面。

刘尔炘毕竟在封建社会中获取了很高的功名,即使生不逢时,"不当为"而辞官返里,这是刘尔炘心甘情愿的。但当辛亥巨变,清政府大厦将倾之时,刘尔炘就成了"亡国大夫",作为前朝的遗老,内心的痛苦,甚至是抵触也是合情合理的。更何况刘尔炘内心的愁郁苦闷并非是因为个人的得失,而是来自对国运、时政的极大忧心,刘尔炘渴望有女娲这样的英雄人物出现,力挽狂澜,振国兴邦。对当时的革命派向西方、日本学习救国之路表示怀疑,认为是不符合国情的倒行逆施,内心充满着矛盾,十分彷徨。《辛亥杂感》中的"中原国手渺岐黄,何处能寻续命汤"、"几回采药到蓬瀛,元气翻亏血不荣"、"满眼石榴花似火,如何又着木棉袍"、"补天奇石大无双,那个英雄一手扛。忽被娲皇来上界,闲携襟袖渡长江"等诗句就彰显了这一思绪。所以当共和来临之时,刘尔炘便表现出了本能的反对,与议长张林焱联名致电反对共和,称:"倘力持共和主义,则某等虽至愚极弱,实万不敢随声附和,肝脑吾民。亦惟有联合陕甘新三省及他省同志,共图保境,遥戴皇灵,决不承认共

和主义。"(《甘肃近代史话》160页）

　　"青山遮不住，毕竟东流去，""历史潮流浩浩荡荡，顺之者昌，逆之者亡。"共和势不可挡，民国不期而至，刘尔炘虽然很快顺应了历史的大潮，但忧虑却依然一直挥之不去，在1912年的《四十九初度》诗中写道："白驹滚滚隙中过，老我光阴疾似梭。回首当年春是梦，鸢心来日睡为魔。神游世界空三古，泪洗乾坤泄九河。四十八年无个事，灵台高处月华多。"在《甘肃临时省议会开会规言》中说："方今皇帝逊位，民国兆兴，大清之存亡自此而终，中国之存亡自此而始。是前此之所忧者，一姓之存亡。后此之所忧者，四万万人之存亡也。今我四万万人欲救中国之亡，将何道以处？此鄙人窃痛哭流涕而发一言曰：即以大清为鉴可也。"刘尔炘为大清治国无能致丧失江山而"泪洗乾坤泄九河"、"痛哭流涕"，刚刚起步的民国可不能重蹈大清灭亡的覆辙啊！此即印证了刘尔炘的拳拳爱国之心。到了1913年，刘尔炘的思绪似乎有了些许的稳定，面对时局，不能老是"痛哭流涕"啊！痛定思痛，冷静分析，终于看到了中国社会问题的症结，也找到了解决问题的办法。《五十岁初度书怀》就是这一思想变迁的真实写照："神州莽莽尽烟尘，谁向中原救兆民。天意酿成千古恨，人心打破一腔春。西欧新学珠还椟，东鲁微言火断薪。谋国经纶何处是，苍生先要不忧贫。"虽然大厦已倾，社稷也已凤凰涅槃，刘尔炘亦似"茫然忽作再来人"，然而，故国虽不再，而刘尔炘的性情却没有随之付诸东流。西学挟科学、机器而行，来势迅猛，压得中学喘不过气来，虽"买珠还椟"，但也能补救中学自身"颓废"的缺陷。所以在当时，刘尔炘认为最真、最实的救国之道就是"苍生先要不忧贫"，即民生问题。正像刘尔炘在1916年《日记》中所说的那样："中国不能自造机器、精研理化以广兴实业，则无收回利权之望；利权不能收回，则无从言富，不富无从言强，保教保种，议法议政，皆空谈耳！"

　　"苍生先要不忧贫"的民生问题是头等大事,同时"身心性命"的儒学传统也得坚守。1911年,在甘肃省教育总会第二次会议上,有些主张西化的学者公然提出了"二帝三王不为功,身心性命不是学"等否定儒家学说的论点,刘尔炘特别就"身心性命不是学"的观点旁征博引,针锋相对地进行了驳斥。刘尔炘说:"惟'身心性命不是学'一语关系甚大,不可不极为研究也。""西儒亚里斯多德有言曰:'国家之事业最重大者,在于教育国民修个人之道德,以进全体之品格。'旨哉言乎!鄙人读之,不禁心折。夫所谓修个人之道德者,舍身心性命,又从何处下手乎?况'性'之一字,尤古今中外言教育学者所断不能少之一物,何也?天下之人所以能使之进于道德者,以有性也。尧舜禹汤文武周公孔子之教,所以与天地不朽,为古今中外之人所不能外者,以其皆从人性固有处指点,非此数圣人者自创一格,自立一规,强天下之人而与之合也。此即孟子性善之旨,亦即孟子以来周、程、张、朱诸大儒言学而必言性之旨。若使天下之人无生来固有之性,教育家又乌能施其力乎?……试再以东西各国之教育家证之。日本能荣势论教育之目的,谓生徒之自治视乎教师之自治,自治之大端,曰'治身',曰'治心'。其所指治身之端,如洁身洁衣服,禁酒禁烟草,心神常宜爽适,处家常宜欢乐之类是也。其所指治心之端,如保其善良之性,使无失德,遵守法律,有如刑官宽裕温和、诚实廉洁之类是也,是东洋人之以身心为学者。马基顿名王亚列山大之师曰雅里大德勒,其言理也分四大部:曰'理'、曰'性'、曰'气',而最后曰'命'。其立论、树义与中土儒者所言最为相近,虽其后奈端诸人出,踵柏庚特嘉尔之学,物理益明,而雅里氏之精旨微言,卒以不废,是又西人之以性命为学者。某君推许外人,而又以教育名家,何竟忘东西各国之教育家亦尝以身心性命为学而乃曰身心性命不是学?"

刘尔炘的意思是说，主张西化的人不是推崇西学吗？而西学泰斗里斯多德却认为一个国家最最重要的就是教育国民让其具备良好的品德；马其顿雅里大德勒说理也分理、性、气、命；日本的教育家能荣势主张学生"自治"才是教育的目的，而"自治"的核心便是"治身"、"治心"。西方、东洋教育先贤们的观点与中国历代圣贤的理念如出一辙，所以"身心性命"不但是学问，而且是真学问、大学问，应该做长期坚定的守候。即便是中国人到外国留学，也必须坚守"身心性命"。

可见，刘尔炘虽经历了复杂的思想变迁，但终归没有"剪不断理还乱"而能与时偕行。有保守的一面，有故国的情感，但绝非单纯个人层面上的私情、得失。更难能可贵的是，以全新的姿态融入了民国，却绝不"投机"、蝇营狗苟，在临时议长的人选问题上，竭力推举年轻有为、有胆有识、见过大世面的李镜清做议长，而放下自己的身价全力支持其开展工作。在甘肃临时省议会成立之后的第一次议员大会上即号召全体同仁"所愿我在会诸君子存大公无我之孤怀，持坚苦卓绝之毅力。当时时思念必如何，而后可与他国争。不当时时负气，纷纷然与同居者争；尤不当处处见小，悻悻然与同类者争。同居相争，是自披其羽翼也；同类相争，是自残其骨肉也。是尤鄙人区区之心所欲贡之我汉满蒙回藏诸族之伟人杰士者也。"（《甘肃临时省议会开会规言》）在我中华民族存亡的关键时刻，刘尔炘关切的不是个人得失，而是各位同仁及各族同胞间的团结，同舟共济，共渡难关。告诫议会的各族精英们只有"存大公无我之孤怀，持坚苦卓绝之毅力"，才能"与他国争"。万不可同室操戈、同类相斗而"自披其羽翼"、"自残其骨肉"，而应"上下交孚，和衷共济"。

诗人王永清"壮岁还乡非慕隐，终身绝口不言官"的诗句，当是对刘尔炘的最公允的评价。

九、请设"尊孔社"

　　我国自魏晋以来即有专祀孔子之礼。清循古制,尊崇孔子。崇德元年(1636)在盛京建庙奉祀,以颜回、曾参、子思、孟轲配享。每年于春秋仲月上丁日行祭。清世祖定都北京,以国子监为太学,建立文庙。文庙之制,前为大成门,门内列二十四戟,石鼓十;东西庙舍各十一楹,两庑各三楹,并建有燎炉、瘗坎、神库、神厨及宰牲亭、井亭等。顺治二年(1645)定春秋上丁日遣大学士一人行祭"大成至圣文宣先师孔子",以翰林二人为分献官,国子监官祭启圣祠,先贤先儒配享从祀。

　　刘尔炘所作《兰州府文庙礼器碑》云:"咸丰、同治间,吾陇上烽烟起,干戈满地。数十年来虽重见太平,而以兰州首郡,每当春秋上丁日,青衿之子骏奔在庙,而不得睹琴瑟鼓钟之盛,思古者往往憾之。"说明由于战火干扰,甘肃的"祭孔"大典自咸丰朝起已荒废近半个世纪之久。至1906年,清廷颁令在全国范围内举行大规模、高规格祭孔,甘肃的祭孔大典圣场在兰州府文庙。兰州府文庙,又称兰州孔庙、圣庙,位于今兰州市第二中学内。据安维峻《甘肃新通志》载,兰州府文庙为元顺帝至正五年(1345)知州姚谅所创建,为州学。明代多次重修。乾隆三年(1738)改称兰州府文庙。宣统元年(1909),陕甘总督升允尊奉大祀体制,改为孔庙,现仅存大成殿。

　　正因为此次"祭孔"是相隔五十年之后的首次祭孔,故省、府官员都十分重视，明示要"讲求典制必伤必周"。刘尔炘被委以"议礼"之职。所谓"议礼"之职就是起草、修订与大典有关的一切典章制度。"于是俎豆之宜增者无不增，八音十二律之宜备者无不备，助祭佾舞者侁冠、裳、带、履之宜画一者无不整齐而画一，煌煌穆穆，可以观矣！"可见，当时祭祀礼器的置办不仅高档且种类齐全；不仅有文祭，也有佾舞助兴，显得肃穆而堂皇。《兰州府文庙记》中记述了当年的祭祀盛况："庙制则通覆黄瓦，神牌则金地青书，神幄案衣则制黄云缎，礼器则笾增二、豆增二，爵用玉，佾用八，乐则增武舞，崇圣祀则增牛一、增笾、豆各二。"更值得一提的是，甘肃的这次"祭孔"大典的规格，奏请皇帝得以恩准，并将此例"颁行各直省，使府、厅、州、县并同太学"，足以说明刘尔炘所主持的此次"祭孔"，具有示范和代表性，且在甘肃的历史上可

《甘宁青史略》记载

谓是空前绝后的。

在1906年"祭孔"大典之后，刘尔炘又继续承担起了陕甘总督升允、兰州道尹孙庭寿交给"改正庙制"之任。经过两年的苦心经营，用二万三千一百五十元换来整修一新的兰州府文庙格局。莘莘学子对此高山仰止，刘尔炘亦欣慰地自言："颂我国家推崇洙泗之旷典，盖至此而叹观止矣！"在修葺一新、威严肃穆的文庙里，配上刘尔炘撰书的四副隶书大对联，就更加气派了。

其一："超血气形骸与天同寿；以文行忠信为世之师。"

其二："五大洲第一位圣人笃生今日；十八省亿万年学子莫坠宗风。"

其三："只上下论语几句常谈，凭你是谁做不到；把删定赞修一支妙笔，顶天立地撑起来。"

其四："纳万世于礼乐诗书都忘教泽；倘一旦无布帛菽粟便受饥寒。"

在《兰州府文庙记》的最后，刘尔炘用日月、天地比作孔子，虽日月不待彰而自明，天地不待尊崇而始大，但在此晦盲否塞之秋，是非倒置、南北易位之时，亦须彰之、尊之。刘尔炘说：

> 孔子一日月也，一天地也。世之人不能有损于日月，而又何加于天地？然当晦盲否塞之秋，是非倒置，南北易位，或有疑日月之不明而有明于日月者，或有疑天地之不大而有大于天地者。人心之易惑，视听之易淆，苟不立之极，以为凡有血气者之标准，将纲常名教之防不于此而大溃耶？故日月不待表彰而始明，而有时必表而彰之者，示人以天下之明无有明于日月者也。天地不待尊崇而始大，而有时必尊而崇之者，示人以天下之大无有大于天地者也。不然孔子之道，不以匹夫之贫贱而损，岂以帝王之富贵而加乎！又乌有所谓升降之说

乎？吾党之士环门墙而来观礼者，尚其体朝廷之微旨，而各端
其趋向焉！则抱遗经绵绝学，庶不愧为圣人之徒也夫。

皋兰县文庙始建于清初，旧址位于今张掖路中段南侧延寿巷。
康熙时为靖逆侯张勇旧宅，乾隆五年（1740）改建为皋兰县文庙。
光绪丙午年（1906），刘尔炘在整理皋兰兴文社时，乘"祀先师，其
庙制则令各直省、府、厅、州、县通覆黄瓦"的东风，甘肃布政使毛
庆蕃也准拨五千四百余元专款，刘尔炘遂在延寿巷重修了皋兰县
文庙。文庙以大成殿、教谕署、训导署、尊经阁为两翼，以旧城通远
门为奎星阁，其规模在全国亦属罕见。1984年，兰州市政府公布
为市级文物保护单位，2002年移建于九州台南麓。

刘尔炘在《皋兰县文庙记》盛赞孔学的教化意义：皋兰不过是
一个小地方，就是把这个地方的读书人都变成有道德之人，也只是
一个角落的事情；然而孔子之道扩大到四海九州也不为大，缩小到
一乡一隅也不为小，更何况四海九州也是由一乡一隅组成的，倘若
世上的一乡一隅都走上道德之路，将会是一个什么样的情景呢？

与兰州府文庙和皋兰县文庙连带而建者是兰州修学社、皋兰
修学社，分别管理，其宗旨为开办教育事业。

民国伊始，刘尔炘即向曾为同榜翰林而今高居都督的赵维熙
呈上了《设立尊孔社陈请立案书》，其书洋洋洒洒近千言，从当前
"中原鼎沸，法纪荡然"之乱象，到孔孟立教之治世，西学乱教之根
源，推理出今日尊孔之必然：

慨自中原鼎沸，法纪荡然。举历古圣神之大经大法、精义
微言一概吐弃，而惟袭欧美皮毛，日求神似。推其原因，无非
为贫弱强弱之不同耳。以贫弱之故，竟致忘本背宗，岌岌乎将
有谓他人父、谓他人母之势。孔子有言："穷斯滥矣。"岂吾荟

莽神州竟合全体而入于禽兽之域乎？此则亘古亘今五洲万国
未有之奇耻，而吾四万万人所亟宜猛省者也。

这段话的意思是说，如今的中国，中原大乱，法纪荡然无存，令
人叹息！为什么将我历代圣贤的经法一概抛弃，而日益追求欧美
的表面富裕呢？原因就在于我们的贫穷。因为贫穷，便有认"富"
作"父母"的趋势，这岂不是类同于禽兽了吗？

夫欲惊回妖梦，唤醒痴迷，其道果何由乎？孟子言："逸居
无教，则近禽兽。"又曰："周于德者，邪世不能乱。"信斯言也。
非立之教以纳于道德之途不可。吾中国富于道德而立万世之
教者，非孔子欤？孔子之道，为地球之上终古所不能离、生人
所不能外者，以其就人性之根于固有、发于自然者立言耳，初
非增人以所本无，强天下而使之服从也。

这一段则阐明，想要"惊回""唤醒"国民的"妖梦""痴迷"，
必须以德立教，而我中华以道德而立万世之教者，除了孔子还能有
谁呢？孔子所倡导的道德，并不是强加于人而使之信服，只是对人
类固有自然天性发扬而使之光大。

人为什么会独具人性固有之德？刘尔炘进一步进行阐述："盖
天地生物之气，不外五行，故万物受生之后，皆秉五常。然仁、义、
礼、智、信之得于内者，惟人为独备。恻隐、羞恶、辞让、是非之扩充
于外者，亦惟人为独优。此其所以为万物之灵，而异于禽兽者也。"
正像《荀子·王制》中所谓："水火有气而无生，草木有生而无知，
禽兽有知而无义，人有气、有生、有知，亦且有义，故最为天下贵也。
力不若牛，走不若马，而牛马为用，何也？曰：人能群，彼不能群
也。人何以能群？曰：分。分何以能行？曰：义。故义以分则和，

和则一，一则多力，多力则强，强则胜物；故宫室可得而居也。故序四时，裁万物，兼利天下，无它故焉，得之分义也。"

至于谈到西学与孔孟之道的根本区别，刘尔炘看得非常明白："天下圆颅方趾之俦，其聪明材智大抵役于形骸以求逞。夫血气之欲，口之于味，目之于色，耳之于声，鼻之于臭，四肢之于安逸，皆有同情，谁能自足？若不就固有之良，自然之理，为立之教，以节其性而防其淫，则溪壑无底，洪水滔天，其极必至于上下相征，强弱相噬，而又挟其灵于万物之智巧，以济其奸。阳托爱物之名；阴逞利己之欲。刀兵水火，天地晦冥，其祸更有甚于禽兽之逼人者。"西学根于欲望，属气；孔孟之道发扬人性之善，为理。中西学术之别，昭然若揭。

西学挟物质丰盈之势，充斥国内，国人则纷纷被利欲熏心，纲纪丧失殆尽。当此之时，像刘尔炘这样的正人君子不得不发出内心的呐喊："亡教即是亡种，正不必死亡相继、靡有孑遗而后始谓之亡种也。虽然心则死，种则亡，而此理究未尝断绝，提斯警觉，葆此几希，以冀火然泉达，复我故吾，此则海内学人断断然群起而倡尊孔之说者也。"

正因为如此，刘尔炘才提出："我甘肃拟于省城文庙设立尊孔社，省外各县亦宜一律设立。兹特将拟定暂行简章抄陈送部立案，并乞分行各县，令即按章分设。"可以体味得出，刘尔炘对获批"设立尊孔社"是相当期待的，也是充满信心的、踌躇满志的。刘尔炘竟然用"风雨潇潇，鸡鸣胶胶"这样一句《诗经·风雨》中描写妻子咋见到久别丈夫时的比兴词来表达此时的心情，足见刘尔炘尊孔之情真意切。

其实，此时一个全国范围的尊孔热潮正欲兴起，其政治背景或许就是史学家们所谓的袁世凯欲为其复辟帝制营造舆论。但是今天我们倘若撇开政治不论，单就尊孔的理由而言，刘尔炘之论亦

是真知灼见。所幸慕寿祺在《甘宁青史略》第二十八卷中保存了
1914年袁世凯颁布的《祭孔令》全文,特别于孔学与"共和"、"自
由"的渊源之论颇为新奇:

> 近自国体改革,缔造共和,或谓孔子言制,大一统而辩等
> 威,疑其说与今之"平等"、"自由"不合,浅妄者流至悍然倡
> 为"废祀"之说。此不独无以识孔学之精微,即于"平等""自
> 由"之真相亦未有当也。孔子生贵族专制时代,悯大道之不
> 行,哀斯民之昏垫,乃退而祖述尧舜,删修《六经》。《春秋》拨
> 乱之后为升平、太平之世,礼于小康之上,进以大同。共和之
> 义,此其导源。远如颜、曾、思、孟,近如顾、黄、王诸儒,多能发
> 明宗指、择精语详,大义微言,久而益著,酝酿郁积,遂有今日
> 民主之局。天生孔子为万世师表,既结皇煌帝谛之终,亦开选
> 贤与能之始,所谓"反之人心而安""放之四海而准"者。

这即《祭孔令》的核心内容。这里的"小康",出自《礼记》。
《礼记·礼运》上说:"今大道既隐,天下为家。各亲其亲,各子其
子,货力为己。大人世及(贵族世袭)以为礼,城郭沟池以为固。
礼义以为纪,以正君臣,以笃父子,以睦兄弟,以和夫妇,以设制度,
以立(设置)田里……是谓小康。"故在儒学中,小康指的是在夏
禹、商汤、周代的文王、武王、成王、周公治理下出现的盛世。既然
孔子所倡导的是"小康"、"大同","既结皇煌帝谛之终,亦开选贤
与能之始",那么,在共和之下实行"尊孔"便是天经地义、理所当
然的事了。

慕寿祺也对此发表议论说:"道统何由而起也? 其始于画卦开
天之伏羲氏乎? 至春秋时,孔子生,举伏羲以来尧、舜、禹、汤、文、
武、周公诸圣人相传之道统,至孔子而集其大成。当时杏坛设教,

陇上石作子、壤驷赤之徒从圣人学,归而教其乡人。父诏其子,兄勉其弟,胥晓然于日用伦常之理,如菽粟布帛之不可一日无也。此风相沿,其所由来者久矣。自孔子之后,虽甚无道之世,破裂天常,堕坏人纪,视圣贤为刍狗,能使其道不行于一时,不能使其道不行于万世;使其道不行于国中,不能使其道不行于海外;使其道不传于新进少年之口,不能使其道不存于愚夫匹妇之心。甘为羲轩桑梓,风气朴厚,人心一日不死,孔道即一日不亡。尊孔社从而维持之,愈晦愈光,渐推渐远,而一切离经叛道之言,吾知免矣!"

其实,慕寿祺早在1913年就加入了同盟会,是甘肃承认共和的促进者。按其政治主张,理应是反孔,但上述议论则反映慕寿祺不仅不反孔,而且还是一个彻头彻尾的尊孔者。刘尔炘认为"甘为羲轩桑梓,风气朴厚",而中国的道统则"始于画卦开天之伏羲氏";所以,我们甘肃人"父诏其子,兄勉其弟,胥晓然于日用伦常之理,如菽粟布帛之不可一日无也。此风相沿,其所由来者久矣!"说得多好啊!特别是刘尔炘认为"自孔子之后,虽甚无道之世,破裂天常,堕坏人纪,视圣贤为刍狗,能使其道不行于一时,不能使其道不行于万世;使其道不行于国中,不能使其道不行于海外;使其道不传于新进少年之口,不能使其道不存于愚夫匹妇之心。"真是一语破天机啊!难怪慕寿祺在1917年作《尊孔论》,还请刘为其赐序呢!

随着袁世凯《祭孔令》的颁布,刘尔炘请设的"尊孔社"也顺理成章地成立了。《甘宁青史略》二十八卷载:"在籍翰林刘尔炘设尊孔社于省城","遵照大总统令,于省文庙设尊孔总社,外县闻之,多成立分社。"

大概入民国之后,"祭孔"大典则由"修学社"改成的"尊孔社"负责修缮孔庙、保管礼器等。后因久无活动,渐由乐善书局代行管理。

十、保护阁帖

在我国书法史上有一部颇具影响的法帖——肃府本淳化阁帖，系明朝肃王府翻刻，通称"肃府本"或"兰州本"，是现存时代较早、摹刻较精而又保存良好的一部法帖原石。肃府帖的祖本是宋刻淳化阁帖。宋太祖赵光义出内府所藏各代墨迹，于淳化三年（992）命翰林侍书王著编纂、摹刻在枣木板上，汇成我国历史上第一部大型法帖，世称法帖之祖。又因其秘藏宫廷，人间难得，又称"淳化秘阁法帖"。拓本仅供朝廷赏赐贵近大臣，加之刻板过早地毁于火灾，流传极少。历代虽多摹刻，却少见佳本。2003年上海博物馆斥资四百五十万美金从美国收藏家安思远手中购得祖刻本《淳化阁帖》，传为佳话。

淳化阁帖以集书法之大成而著称于世，卷帙浩大，内涵丰富，包括篆、隶、草、行各体，是研究中国书法史的一部珍贵资料。全帖共分十卷，第一卷为历代帝王法帖，收进自汉章帝至唐高宗等十九家帝王的书法，其中以章草和唐太宗、高宗的草书具有较高的书艺和史料价值。第二至第四卷为历代名臣法帖，收入自东汉至唐代六十七家的作品，几乎展示了从公元二世纪到八世纪七百多年间我国各著名书法家的名作。其中，被誉为"草圣"的东汉张芝的"一笔飞白"和有"银钩虿尾"之称的西晋索靖的隶草，对探索我省书法艺术的源流尤为可贵。第五卷为诸家古法帖，收有自仓颉至张旭等十七家的书法，虽然其中大部分有争议，但也有不少可

肃府本淳化阁帖　　　　　　　　肃府本淳化阁帖

供借鉴的佳作。第六卷至第八卷为王羲之书,第九、十卷为王献之书,大量的"二王"书法珍品,笔墨精湛,字字珠玑,是阁帖中的精华,为后世留下了宝贵的书法遗产。

　　肃府帖重摹于明朝后期。明太祖朱元璋封第十四皇子朱楧为肃王,赐宋本淳化阁帖一部。肃王以为传世之宝,秘藏内库,不肯示人。万历年间,洮岷道兵备张鹤鸣得李子崇藏枣木版阁帖,因求肃府内库藏帖校对,得见其"浓嫣遒劲,神彩泛溢,大不类世所藏本。如古法帖数段久已缺文,而兹独全,确为宋拓无疑"。遂请温如玉、张应召双钩,翌年肃宪王绅尧乃令温、张摹刻上石,未成而薨,世子识鋐踵成之。先后历时七年,用富平石(人称铜馨石)一百四十四块刻成,藏于肃府东书院遵训阁,视为珍宝。

　　肃府本刻石现存一百四十一块。石高27.4—34.5厘米,宽63.5—40.7厘米,厚5—8.9厘米。大都为两面刻字,也有仅刻一面的。笔势肥厚方整,奔放纵逸,如走龙蛇。倪苏门《古今书论》云:"淳化帖在明朝,惟陕西肃王府翻刻石最妙,谓之肃本。从宋拓原本双钩上石,所费巨万,今市本相去天渊。"陈奕禧《皋兰载笔》称:"初拓用太史纸、程君房墨,人间难得。拓工间有私购出者,值五十千。"今存肃帖初拓本,笔力遒劲,纸好墨匀,清新悦目。人称"新旧不爽,毫发俱在,与宋本无异",诚不过誉。在明朝摹刻阁帖中,居于首位。

　　肃府本的精妙,除得宋本真传外,摹勒的精工是一个很重要的因素。该帖由温如玉、张应召师徒二人精心摹刻而成。温如玉(1528—1569),字伯坚,姑苏(今苏州市)人。肃府帖刻石保存有温如玉的一篇自作自书的跋文,为研究温氏在翻刻肃府帖中可贵的"良工独苦之心"和呕心沥血的辛劳提供了线索。温如玉青少年时期曾游学吴越荆楚各地,喜好金石学,善于校勘、参订,雅好临池和双钩,在金石和书法上有高深的造诣,人称"工八法,直入山阴堂房,并其神情得之"(肃府帖徐元来跋)。张应召,生卒年不详,字用之,胶西人,精于镌镂,以善摹刻知名。明万历四十二年(1614)师徒二人西游秦陇,经张鹤鸣举荐,肃宪王遂令摹刻阁帖。"纸凡数易,石必再更,心血几呕尽",七年如一日,竭诚从事,终于完成了这一"砥行立名"的业绩。周愁相云:"温、张两生攻苦翻坚,与一片石朝暮作对,若面壁达摩,雪没胫不退也。"人称"中永(指张鹤鸣)能识宝,肃王不私其宝,世子不堕其宝,两生力成其宝"。(肃府本后帖)此评诚不为过。

　　阁帖兰州本自摹刻以来三百余年,屡经战乱,终获保全,实为幸事。明清鼎革之际,帖石损坏严重。清顺治十一年,洮岷道陈卓聘邀广陵陈曼仙、蒮泽毛香林补摹上石,帖文补全,复成完璧。康熙十三年（1674）十二月，陕西提督王辅臣响应吴三桂举兵叛清，十四年二月遣将赵士昇攻陷兰州，曾以帖石为马槽，发现有"马房光怪，枥马皆惊"之象。三月，清廷令甘肃提督张勇、甘肃总兵孙思克、西宁总兵王进宝进取兰州，驻军龙尾山，叛兵弹尽粮绝，欲毁帖石为炮子，赖徐某力救得免，但部分刻石已遭到破坏。

光绪末年，刘尔炘移刻石于兰州文庙尊经阁保存。抗日战争期间，为防备日机轰炸及驻军骚扰，曾一度移帖石于"丰黎义仓"地窖。此后，得刘尔炘之高足赵元贞长期保护。1966年交甘肃省博物馆珍藏。一件瑰宝，两代学人，千方百计，万般呵护，怎能不成就一段美谈呢？

宣统二年，刘尔炘鉴于阁帖中的草书难于辨识，不便普及，遂书释文，并成雕版四十块，拓印流布。我们知道，具有近现代意义的石印技术，产生于19世纪初，1834年已出现于广州。至19世纪中叶便有了铅字印刷术，不久也传到了中国，为何20世纪初的兰州还用雕版？原因很简单，刘尔炘欲用雕版印刷这一传统工艺，尽显书法之美，与阁帖一脉相承，体现出刘尔炘传承文化的良苦用心。

2006年前后，笔者初涉收藏，对古字画情有独钟，节假日都消磨在了兰州城隍庙的字画店里；若得感兴趣的书画出售信息，不论远近，必然前往。记得一个阳春三月的周末下午，相邀一位年轻的书画收藏爱好者一同前往青海西宁看一幅孔寿彭的山水画，尽管那位画主十分殷勤，还请客吃了顿饭，但画却因故未能成交，在即将快快而归之际。这位年轻的朋友却在画主的店里发现了二册"淳化阁帖"的释文拓片，经过几个回合的讨价还价，很快就成交了。在回兰的路上，我信手翻看，觉得字体眼熟，像是刘尔炘的"板桥体"，再细看"前言"，果不其然，就是相传的刘尔炘释文拓本，真是太高兴了！一路上轮换翻阅、欣赏、讨论，倦意荡然无存。

刘尔炘释文　　　　　　　刘尔炘释文

遂见刘尔炘简述其原委曰:"吾乡李介康先生所书淳化阁帖释文,
久已漫漶,不可识别。特重书一通,以为游戏。翰墨者,临池之助。
至卷中行草杂收处,今只释其草者,其行者但标目,书省而已。此
又异乎旧制而求简者也。宣统二年庚戌孟冬五泉山人果斋氏识。"
可见,此释文仅释草书。其秀美的书法,精细的刻工,精良的毡拓,
至今记忆犹新!

十一、出 力 城 防

1911年，武昌起义，陕西响应，甘军东进入陕镇压，兰州遂处于无政府状态，人人自危，社会治安非常混乱。刘尔炘受末任陕甘总督长庚的委托，招募志愿者三百人，号为"志果军"，以维持地方治安。刘尔炘在《延揽人才启》中这样写道："鄙人招募防军，以保卫地方，所有应用人才，不得不悉心选择。倘有英雄豪杰，勇敢有为，风尘埋没，抱负不凡，能合鄙人左（下）列数条之一二者，请自通姓名，鄙人愿降心求教焉。倘只存肥家利己之心，妄作升官发财之想，请勿赐教，以免虚劳。"究竟有哪些招聘要求呢？主要包括三个方面：一是"有精神者、无官气者、有胆气者"；二是"无私心者、能耐烦者、不怕死者"；三是"规范廓大者、气量宽广者、心志坚定者、见识高远者"。总之，刘尔炘想招聘的是勇敢、担当、想干一番事业的人，特别强调"倘只存肥家利己之心，妄作升官发财之想，请勿赐教"。

在此后将近一年左右的时间里，"志果军"发挥了积极的城防作用，使地方百姓得以平安生活，社会治安得以平稳过渡，待共和成立之后遂宣布解散。1913年，首任甘肃都督赵惟熙以刘尔炘办城防有功，特奖以四等嘉禾勋章，没有想到，竟然被刘尔炘回信拒绝了。刘尔炘在回信中说：

　　猥以炘曾办城防出力，奖以四等嘉禾章。兹复：蒙发给勋章执照，感惭交集，莫可名言。伏念炘穷老山林久矣，无心于人世。前岁烽烟四起，各保身家。炘亦未能免俗，聊复尔尔。事定之后，各处团防出力之人，纷纷求奖，炘皆责以大义，不许言功。今炘忽以乡人之群力，据为一己之奇荣，不惟五内滋惭，且恐此端一开，将有奖不胜奖之虑。况伐善施劳，古人所戒。居恒每诵韩魏公"须臾慰满三农望，收敛神功寂若无"之句，窃叹古君子襟怀浩浩，上与天同。即泽被九州，功盖天下，亦不过尧舜事业，过眼浮云耳！况乎三家村中事同儿戏，而又贪天之功以为己力者乎？在我公职司赏罚，自当以微劳必录，鼓舞群伦，而在炘别有旨归。

刘尔炘的这封信，对那些居功自傲甚至无功邀奖者不啻为当头棒喝！刘尔炘说，我已是"苟全性命于乱世，不求闻达于诸侯"之人，早已想归隐山林，无心出山做事。可是，自打去年以来，战火四起，人人力求自保，我也不能免俗。现事态已经平息，各处的组织者均纷纷要求奖励，我曾经还责备过人家，让大家深明大义，不要邀功。更何况我在当初的招聘启事中就有"倘只存肥家利己之心，妄作升官发财之想，请勿赐教"的声明。如今，我竟然贪天之功为己有，独获此奇荣，不但内心生愧，而且恐怕此风一开，人人邀奖，能奖励得过来吗？更何况夸耀自己的长处，表白自己的功劳，为古人之所忌。"须臾慰满三农望，收敛神功寂若无"，我们怎么就不能做一件坦荡、高尚的事呢？即便是功高盖世，也不过是为了苍生百姓，没有什么可炫耀的。从您的角度讲是不想遗漏别人一丝的成绩，而我却有我做人做事的尺度。

刘尔炘终以委婉而毋庸置疑态度拒绝了都督的奖励，都督也只好作罢。与刘尔炘同榜进士的都督大人，想必感慨良多，不禁对这位"同年"肃然起敬！在那个乱世之秋，人人追逐于功名，而刘尔炘却能视名利如粪土。

薄浮名，重担当，不正是儒家心系社稷安危，士大夫"修身、齐家、治国、平天下"的高尚情怀和落落风貌么？

十二、请命疏军

　　辛亥革命爆发后,如狂飙猛进,席卷全国,各省纷纷响应,尤以邻省陕西为最,革命形势如火如荼。早已退位的原陕甘总督升允和正在当权的陕甘总督长庚,效忠清廷,怕战火烧到甘肃,便先发制人,率回汉官兵赴陕实施镇压。

　　自1911年11月初开始,升允、长庚、马安良、陆洪涛、马麒、崔正午等率领的南北骁锐军、振武军,在陕西长武、邠州、冉店桥、永寿、乾州、醴泉、固关、陇州、汧阳、岐山、凤翔一带屡屡得手,使革命军遭受重创,但长庚、升允密谋的从南北两路夹击陕西军政府的目标功亏一篑。就在这时,全国形势日趋明朗,1912年1月1日,南京临时政府成立,2月,以孙中山为首的南京临时政府与袁世凯达成协议,全国统一,实行共和。2月12日,清帝溥仪下诏退位。消息传到西北,甘军军心动摇,无心再战,长庚、升允绝望之余,弃军出走,甘军东征至此无果而终。从邠州、长武、醴泉一带撤回的大批回汉将兵,麇集在兰州城郊,带着满腔的怨恨、满身的伤痛,整日无所事事,没准会无事生非。一方面回汉军队之间因历史的原因而发生摩擦,另一方面,因为军饷的不足会骚扰周边的百姓,引起社会动荡。刘尔炘得知这一消息,愁云立刻爬上了额头。他深知这一事态必将酿成严重的地方安全隐患,焦急地在书房里来回踱步。心想,当初甘军东征,金城空虚,社会治安一片混乱;主帅不知去向,只留下这么多伤残军人,军人们何罪啊!但长此以往,百姓又怎堪重负？必须要有一个稳妥的法子尽快予以解决。于是刘尔炘一面向刚刚就任民国大总统的袁世凯陈电请示，将各军队的人数状况一一向袁世凯作了汇报，分析了可能发生的种种危险，未雨而绸缪，恳切希望中央政府能洞察情形，合理调派布防，疏散兵力，以解地方社会之压力，黎民百姓之后忧；一面又紧锣密鼓地动员省垣商贾店铺，积极捐献银两，去财免灾。经过积极筹措，终以三十万两白银充饷，集结的军队才在接到上峰调令后快快离开。

　　在极其有限的时间内筹捐如此巨额的资金，不知要遇到多少狡诈之人的刁难，是刘尔炘的一片诚心感化了人们。王烜在《刘尔炘事略》中说："盖其至诚感人，虽狡猾不轨之徒，当机片言无不潜移默化，吾乡之频免于糜烂者此也。"可能指的就是这一事件。一场可能的灾难，靠刘尔炘的积极奔走与斡旋而幸免。

十三、建 局 刻 书

刘尔炘在《陇右乐善书局记》中说"自光绪丙午承事吾邑兴文两等小学堂时，即有志于陇右书局之设，号召同人勤呼将伯，于今盖六年矣！"但刘尔炘也许是忘了，早在1904年他任高等学堂总教习时，就致书好友王建侯（树中），说自己从京师返里，一想起这纷乱的时局就忧心忡忡，一晃已年届不惑却百事未成，如今又自觉"精神日衰，智慧日减，不复作出山之想"，可是我这些年来一直盘算要做的几件事情却尚未做成，不得不向同辈中的知己者说叨说叨。原来，刘尔炘想干而还没有干成的事中，首先就是"创建陇右精舍"。刘尔炘说："我甘僻处天末，书籍之运购为艰辛，序英特之士，往往以闻见不宏，弗克发志趣、扩胸襟而恢宏事业。窃尝私设妄想，苟合全陇之筮仕于各行省者，量捐鹤俸，月益岁增，取其息以广购书籍，创开精舍，以义理、辞章、经济三门，拔后起之才俊而陶淑之，渐推渐广，规模渐大。刊刻有用之书，廉其值以饷吾乡人，亦盛业也。"这段话是说，甘肃地处边陲，书籍的购买和运输都极为困难，导致学校的优秀学生见识不够宏大，不能够树立高雅的志趣和宽阔的胸怀而创造辉煌的事业。我曾暗暗设想，如果能够把全甘肃各行各业的官绅们力所能及的捐款集中起来，取其利息，用来广泛地购买书籍，创办一个学社，分义理、辞章、经济三个门类，以奖掖后起之秀，这种良好的局面，会"渐推渐广，规模渐大"，蔚然成风。同时，还可以出版刊行有用的图书，在本地廉价出售，也是一番大事业啊！可见，这封信，就是刘尔炘创建陇右书局和五泉图书馆以至省立图书馆的发轫之机。

然而，真正运作此事，就像刘尔炘所说的那样，是在1906年开始掌管兰州地方社团事务之后。"综计六年中所腋集之赀，并子母相权而孳息者，至今春始达万金，而事体宏大，聊以造端，因先购建房舍为立其基，并以余款置买产业，以期据有根柢，再图展拓。"可见，到1911年，所集资金连本带息已达万金。先购建房子作为根基，其余资金可行投资，待资金扩大再图发展。

对于这种因资金所限难以一蹴而就只能从长计议的做事方法，刘尔炘援引曾文正公的话说："凡物之骤为之而遽成焉者，其器小也，故以赴势甚钝，取道甚迂，德不苟成，业不苟名，勤勤错迕，迟久而后进铢而积寸，而累为作圣之基。"大凡物质的积累，快速做成的毕竟器量不大；所以做事势头不必太猛，要经过曲折，就像一个人的德行的养成以及事业的成功一样，皆非苟且之事。砥砺前行，百折不挠，才能积少成多，是为万世之基。刘尔炘确信，古代圣贤之辈所做的有名有用的大事，也都不只是一人、一时所为。古人说："椎轮为大辂之始。""涓涓不息，遂成江河。"有辐的大车也是从无辐的轮车衍化而来的，涓涓溪流日夜流淌不止，也能汇聚成大江大河。循序渐进并不只是治学的准则，乐善书局的设立，非一时的心血来潮，要持之以恒、不遗余力地做下去，将会让所有陇上学子拥有自己喜爱的图书。正如荀子《劝学篇》所说："不积跬步，无以至千里；不积小流，无以成江海。骐骥

陇右乐善书局之章

一跃,不能十步;驽马十驾,功在不舍。锲而舍之,朽木不折;锲而不舍,金石可镂。"因此刘尔炘说:"固不敢不以恒久自勖而赓续无已时,恢扩无尽境,尤不能不爇心香一瓣,默为吾黄河上下纵横数千里内继炘而起者,作大辂、江河之祷。"王烜谓"先生器识过人,凡有所为,不计艰阻,必底于成而后已。"刘尔炘对创建书局所具有的坚强决心可见一斑。

刘尔炘还为书局题写了格言:"遇事一烦,心头火灼,言既招尤,事亦差错。耐之一字,万金良药,任彼纷来,吾神自若。和气怡颜,人喜我乐,些些工夫,百事可作。"号召全体同仁务须"耐烦"。并立五条章程。

作为陇上第一家出版机构,陇右乐善书局月印千江,嘉惠学林,对甘肃地方文化的传承、普及,对教育事业的发展的助推作用是具有历史性的。高尔基说"书是人类进步的阶梯",刘尔炘的认识则更接地气:真正让我欣赏的人才,那是我们地方的精神支柱,也是国家的精神命脉,要想为我地方留下文明的种子,以孕育成将来的良才,就得讲求学术,而讲求学术则当务之急是广泛地储藏图书。

如今,我们虽无从确切知晓陇右乐善书局总共出版了多少图书,但可以肯定,数量和种类必定不少。因为在当时陇右乐善书局具有其唯一性,且贯穿了整个民国时期,先贤的传世精粹、当世文化巨匠的作品,都是一个巨大的数字。据刘宝厚老师讲,父亲著作的雕版就整整存了三间房子。在书局成立之后的第二年,即出版安维峻的《〈四书〉讲义》。据《安维峻年谱》载:"(1912)收到刘尔炘寄来的《〈四书〉讲义》刻板,回书致谢。"大概在十年前,笔者在兰州城隍庙书摊上看到一部八册完整、品相一流的《甘肃人物志》和《兰州五泉山修建记》,爱不释手,终以善价购得,那可都是该局出版的作品啊!总的来看,乐善书局出版的书籍,刻板还是很精致的,印刷也相当漂亮,所用的纸张为较薄的油光纸,柔韧性好,若是能得以妥善保存，现在仍不失为一定意义上的"善本"，唯有一点美中不足，就是书籍的装帧过于简陋，也折射出了当时经济的窘态。

还有一点让笔者不解，刘尔炘几乎给所有自己创建或工作过的地方都撰书了绝妙的对联，唯独找不到写在陇右乐善书局的，不妨诌一副以补其憾：

群资有数，群心无量，梓版雕明功德；
几度废兴，几道得失，素笺印着精神。

至1928年，刘尔炘欲卸任地方社团之事，遂将陇右乐善书局交由杨显泽任主管，张维任名誉检查，施周丞、陈泽世、孙炳元、牛厚泽、谈凤鸣、张月华、李兴伯为义务赞襄。1936年董健宇任主管，直至解放。

十四、实 业 救 国

　　三国时，诸葛亮在东吴舌战群儒，说的就是有关士人务实、务虚的话题："盖国家大计，社稷安危，是有主谋。非比夸辩之徒，虚誉欺人：坐议立谈，无人可及；临机应变，百无一能。"此即今之所谓"空谈误国，实干兴邦"之意。刘尔炘一生反对空谈，主张实干。《五十初度书怀》诗曰："谋国经纶何处是，苍生先要不忧贫。"老百姓若要摆脱贫困，发展实业或是其中的一条重要途径，因为有了实业，百姓才能就业，生活才有保障。刘尔炘自1913年起即着手兴办地方实业。是年，即实施了四项工作。

　　第一，对兰州本地的工商业，根据其资源、资金、技术、销路等状况作了深入细致的调查，形成了具有权威性的《统筹甘肃实业办法启》。指出："富国本源在于讲求实业。甘肃物产，其大者有金、铜、煤、铁、羊毛之类，其小者有烟草、药材之类。地非爱宝，人谋不臧，是以贫弱不能自振。近数年来，窑街设金铜厂矣，兰州设织呢局、劝工局矣，耗资本数十万金。而军事起，库帑空虚，难乎为继。今既重见太平，百端待理，急宜讲求办法，次第施行，以期日有起色。炘桑梓攸关，不忍漠视。数月以来，逐端研究，体察情形，将已办而须分别停办、暂办、急办及未办而须拟办者开列于后，尚希达人志士一力维持，甘肃甚幸。"

　　刘尔炘在实地调查后提出：（一）以往没有而现在应立即兴办者有纸烟业、煤炭矿业、火柴业、羊毛业、畜牧业、药材业等。

（二）已经开办但因投资大而效益少，或产品质量不过关而须停办者为金铜厂、洋蜡厂。（三）已经兴办，虽销路少但仍有一定的社会需求而须暂时停办者有制革业、丝绸业、织呢业。（四）已有而须紧急加强者唯有织布业。这是为什么呢？刘尔炘分析说："查甘肃产棉甚少，以言织布，似非知本之谈。然数年来，劝工局各货惟大布销路广而且速，亦有利可求，盖此品乃人人通用品也。若能推广扩充，使陇上九百万人所衣被者不事外求，则收回利权当不知数百千万。""故织布一端，乃甘肃万事之母。"而且还提出了具体的实施方案："以买纱织布为第一步，以买棉纺纱为第二步，以劝农种棉为第三步。将来罂粟禁绝，棉业自当盛行。果能持之以久，贞之以恒，百折千磨，有进无退，资本过数百万，则每年获利即数千万。"

第二，向海内的实业家、教育家请教方略。首先向江苏南通著名实业家张謇（字季直）请教统筹发展实业的办法。刘尔炘与之素未谋面，但十分敬仰张謇的"伟业"与"英名"。书函称："天涯远隔，未获一睹丰采，生平缺憾。然大名盛业，照耀乾坤，海内伟人，久已钦仰。"寒暄既罢，刘尔炘立即直奔主题："方今国势阽危，民穷财尽，惟注重实业，或者尚可救亡而图存乎？""陇上地处偏隅，山河阻塞，货多弃地，人不聊生。炘桑梓攸关，慨然思负担此事。然无米为炊，已属可怜可笑，而美锦学制尤惕惕焉！唯恐贻羞当世，反阻后来发达之机。凤稔我公实业名家，称雄海上，特遣王生二人致候兴居，藉以开拓眼界。先令至大生纱厂，加意研求。……能得其一二，略识径涂，亦未始非吾陇上之鸿宝也。"请教于人，必至恭至诚："我公民胞物与，视天下如一家，尚祈进而教之，指以南针，陇上九百万人民受赐多矣。所有统筹甘肃实业办法及章程，附呈伟鉴。还望不弃鄙远，示我迷途，时奉教言，不胜欣感！"刘尔炘对张季直之恭敬如此。就凭着这封信函，刘尔炘派去的技术人员在张季直的特批下在上海大生纱厂学习技术。

其次，就大兴教育特别是民族教育的调研问题，致信请"五族国民合进会"姚锡光（字石荃）会长协调安排。刘尔炘与姚锡光之前的交往情况没有记载，单就这封信而言，可以看出刘尔炘对姚石荃公提出的"五族合进"的政见、主张是非常赞同的；同时对姚公信中所谓的"人心不一，公德弗彰"之论，感同身受，真是心有灵犀一点通，故有"不觉俯仰乾坤，同声一哭也"之感。紧接着，刘尔炘向姚公介绍甘肃的民族状况及解决的办法："陇上种人错处，恒启祸端。志士伟人，每虞远虑。然欲化兹畛域，胡越一家，惟有大兴教育，期以百年，或者其庶几乎？然此所谓大兴教育者，又不能如愿以偿。财力困窘，人才缺乏，苦无凭藉，焉有弘图？现幸情义相孚，共谋安乐，只可坦怀相与，彼此两忘，徐与委蛇，以渐收默化潜移之效。若稍涉形迹，反不免因猜生忌，因忌生争。"除了大兴教育之外，自然还有发展实业问题："近来静观默察，觉中原大势须急从振兴实业入手，或者尚可救亡而图存乎？"从"特遣通家二人赴北京、津、沪，悉力调查，藉以顺候起居，畅聆明训。想我公不弃鄙远，当必能示我迷途，导以前路也。临书神往，不尽欲言"等措辞言论来作一大致的推断：刘尔炘与姚公颇有私交。至于所派出丁、郭二人，也不知为何许人也！只是有些许理由推测郭氏有可能是郭南浦：一是因为是回族官吏，一直致力于民族教育；二是据其后人讲，在民国二、三年郭南浦曾去过京、沪两地。

第三，上书督府，请求拨款支持。既然"织布一端，乃甘肃万事之母"，那么，织呢局就应是"已成而需极力维持者"；织布厂则属"已废而须认真整顿者"。但现实却是"织呢局每年领款三万四千两，织布厂今年预算三万三千余两。二共六万七千余两者。零星拨发，则款项虚靡，而事仍废弛。盖此等商业性质，莫要于乘时"。刘尔炘为什么说"零星拨发，则款项虚靡，而事仍废弛"

呢？因为各行各业的商机"莫要于乘时"。就"织呢"而言，"以毛价为大宗，而收毛以春初为得计。失此二、三月时期，价长而毛劣，甚至匠工间旷，袖手待毛，所成之品安得不货低价昂耶？故织呢局最要机关必于二、三月间将通年所用之毛全数采买，此款项之必须整发，而零星请领之无济于事者，一也。织布厂已派员赴沪矣，阴历二月初即可到彼，到即需款运纱，此则款项之必须整发，而零星请领之无济于事者，二也"。基于上述理由，刘尔炘致书当时主政甘肃的赵惟熙都督及主管实业的何见石司长，提请当局改"零星请领"为"整发"拨款方式，才能真正助推甘肃实业的发展。

刘尔炘的这一封建议书，自然分量不轻。一是因为刘尔炘说得在理，言不虚发；再者，刘尔炘从事实业，是为"尽力梓桑"，"自当一尘不染"；再次，刘尔炘的社会名望就是一层无形的压力，政府如置若罔闻，他将"忧患余生，心情灰冷；闲云野鹤，伴我残年"。

至1915年，刘尔炘利用"丰黎义仓"孳利之金，设立了"陇右实业待行社"。刘尔炘对"待行"二字解释说："振食众生寡之国，实业固急务，何以待为？限以地、限以时，则不得不待。既待矣，将遂无所事事乎？曰：'否！'吾将有事于此以待彼。"这段话的意思是说，既然振兴民不聊生的国家，是一件刻不容缓的事情，为什么还要"待行"呢？这是因为目前还有许多限制前行的因素存在；但是，这并不意味着无所事事，我们将干好目前的事，打好基础，以求将来更大的发展，这就是"以此待彼"。眼下的事业就是"丰黎义仓"。刘尔炘为"陇右实业待行社"题联云：

> 待其人而后行，发于实业；
> 有诸己之谓信，慎厥身修。

其实，"陇右实业待行社"之名，与当今的"实业发展公司"相当。此后,"陇右实业待行社"的事业果然得到了蓬勃的发展,名称也自然就改成了"陇右实业社"。1928年,刘尔炘将"陇右实业社"的管理工作交给了当年高等学堂的学生牛厚泽(牛载坤),并请甘谷魏绍武任名誉检查,王祥符、水季梅、李兴伯、陆阶平任义务赞襄。说起牛载坤,可是个响当当人物。牛载坤(1886—1934),甘肃康乐人。1903年考取狄道(临洮)县廪生,旋即入甘肃高等学堂,成为刘尔炘的学生,三年后外出,辗转于新疆、北京,入京师大学堂学习测绘。1913年回兰,兴办地方教育与实业。曾担任甘肃教育会长、甘肃省立图书馆馆长。于1917年筹办手工传习所,设毛编、制革、地毯三科,后改称省立工艺学校,系兰州理工大学的前身。牛载坤遂成为甘肃民国时期颇具影响的教育家、实业家,而他的辉煌事业的开创,又怎能说不是受先师刘尔炘教育思想的影响和实业救国精神的感染呢?

更值得说道的是,牛载坤与中央国医馆馆长焦易堂相善,在焦易堂的大力支持下,牛载坤于1932年在兰州成立"甘肃国医分馆",让出师于施今墨大师的侄子牛孝威火速归兰,与甘惠廷共同撑起了国医馆一片蓝天。不久,又一位经牛载坤资助而同出于施今墨门第的柯与参相继加盟,国医馆里真可谓高手云集!牛、甘二师,同是甘肃民

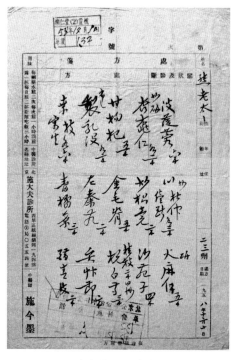

施今墨处方手迹

国时期的著名国医高手，若从成才背景上说，牛孝威借其伯父在北京的人脉，拜在有"北京四大名医"之称的施今墨大师门下精求医道，比起土生土长的甘惠廷来，师门似乎略为高些，但论年龄、资历，牛孝威确小。事实上，二位国手互尊互敬，不分伯仲，共为学界泰斗，为后世所尊崇。而柯与参则旋即成为刘尔炘忘年之交的杨汉公的乘龙快婿，1958年，参加"西医离职学习中医班"的刘宝厚教授所拜的老师正是柯与参，刘宝厚也经常得到牛、甘二师的指点。兰州大学中文系教授、著名民俗学者柯杨是柯与参的哲嗣，刘宝厚主编的《刘尔炘诗集》，其校释者正是他。山以岳为源，水以海为宗。以医学为载体，刘尔炘的仁义精神代有递传，历史果然有它特殊的密码。

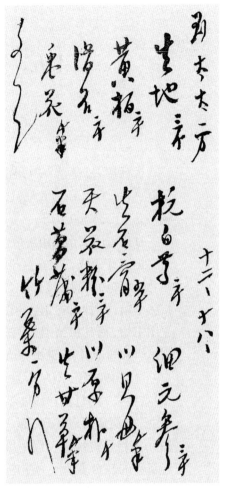

柯与参处方手迹

　　1933年，刘尔炘的另一位高足水梅（字季梅）接手"陇右实业社"而担任主管，曾开办小型工厂，生产洋烛、肥皂，同时投资同生火柴公司、陇右化学实业社，一直经营到解放。

十五、筹 建 省 图

　　远远望去,坐落在兰州市滨河路南河滩新老雁滩桥之间的建筑群,气势恢宏,蔚为壮观,这就是已经百年风雨的甘肃省图书馆,藏书总量已逾460万册。

　　甘肃省图书馆是由解放前的甘肃省立兰州图书馆与国立兰州图书馆合并而成。国立兰州图书馆创建于1944年6月,初名国立西北图书馆,中间一度停办,1946年九月恢复,1967年改名国立兰州图书馆;而甘肃省立兰州图书馆的前身是1932年改名的甘肃省立图书馆,而其祖馆则是创建于1916年的甘肃省公立图书馆,是刘尔炘和阎士璘、张继祖一道创建的。

　　早在1904年,刘尔炘致好友王建侯(树中)的信中就有筹建"陇右精舍"的打算。1911年陇右乐善书局投入运营,"刊刻有用之书"的愿望得以实现,而"广购书籍,创开精舍"的初心也终于在1916年始得绽放。因为维新思想就像有脚之阳春,不断催生着新兴的教育事业。为顺应时代潮流,当时的清政府学部(光绪三十一年置,掌管大学堂事)于宣统二年(1910)拟定了《京师图书馆及各省图书馆通行章程折》20条,提出:"京师及各直省省治,应先设图书馆一所。"此后不久,刘尔炘同榜(古人称"同年")进士又一同进入庶常馆的甘肃提学使(学政)陈曾佑,即奏请在省城兰州建立图书馆,得以批准,就在着手筹建之时,因到期卸任而被搁置。次年(宣统三年),比刘尔炘低一科(庚寅恩科)的翰林俞明震继任甘肃提学使,拨专款派人赴上海购置图书,以启图书馆筹建之役。只可惜这批图书运抵陕西时,适逢辛亥革命爆发,陕西民军起义,所购图书在兵乱中全部散失,致使图书馆筹建工作再度搁浅。1915年,教育部公布《图书馆规程》和《通俗图书馆规程》,同时,中央政府令各省征文,兰山道尹孔宪廷延请刘尔炘董其事,设征书局于陇右公社,编辑《甘肃历代文献录》《大清文献录》,三月而竣事,所征获书籍为创办甘肃省图书馆奠定了基础。1916年,刘尔炘召集的“闰欢雅集”,在五泉山的武侯祠频频活动,且持续了很长时间,从六月六日持续到初冬时节。身为甘肃省议会议长的阎士璘是诗社的十八位骨干成员之一,但雅集诗里并没有见到阎公的诗作,来而不赋诗,在干什么呢? 可能在干一件比赋诗更有意义的大事情,那就是与刘尔炘商量筹建图书馆的事情。结果,在金秋时候,诗社的雅集也划上了句号,刘尔炘与阎士璘筹建图书馆的事情也成了。

阎士璘是陇西人,是清代科举史上的最后一科进士,入庶常馆,散馆授翰林院检讨。1913年3月当选甘肃省第一届议会议长,在当时的甘肃政坛上也算得上是一位响当当的人物了,再加上刘尔炘的影响力,还有之前已有的创建图书馆的工作和舆论基础,省长公署自然大力支持。

当然除刘尔炘和阎简斋之外,筹建图书馆还有一位功臣,那就是张继祖,在此作一简要介绍。

张继祖(1872—1946),字绍庭,系中共甘肃特别支部创始人张一悟之父,榆中北关人。自幼孝弟仁爱,聪颖好学,勤于思考,未及弱冠便为庠生。乡试中举的同时,在“五经”科考中取为《礼记》第一名,称为“经魁”。因博学多才,通晓礼仪,清光绪二十五年(1899)受荐入京,次年破格出任礼部观政,并侍读摄政醇亲王载沣,在京从政共七年。回乡次年(1905),先即联合金县(榆中)

教育界同仁办起了全县第一所小学——金县小学堂。阎士璘任议长时,张继祖为其秘书长,故而有幸成为筹建图书馆的"三人小组"成员,也与刘尔炘相识、相知,后来在1919年刘尔炘修建五泉山时亦鼎力相助,在士林中传为佳话。

省长公署拨发建馆经费一万两银子。同年冬,呈请省署批准,将前提学使署东学务公所图书楼作为馆址(即原学院街5号,今武都路城关区人民法院)。馆舍有藏书楼五间,占地2.6亩,定名为甘肃省公立图书馆,隶属省长公署,并绘图报教育部立案。

甘肃省公立图书馆的馆长由阎简斋兼任,级别是够高的了,足见当时政府对图书馆的重视。建馆之初的图书主要是基于前清的兰山、求古两大书院。据载,兰山书院藏书丰富,图书由书院购置,总督、学政捐赠。书院还能雕板印书。乾隆时庋藏经、史、子、集共200多种,书板23种。咸丰四年(1854)七月,书库失火,藏书、藏板全部被焚毁。此后陆续购置,至光绪时藏经、史、子、集101种,藏板3种共33块。其中《西学大成》是介绍西方文化和科学知识的汇集,也是晚清甘肃士人了解外部世界的重要窗口。求古书院藏《御纂周易折中》等28部经典,大部分由总督谭钟麟和学政胡景桂所置。两大书院共计有各类图书9 913种,78 686册;杂志9 931册;报刊4种。同时还将前学务公所、军务厅所存陆军学校书籍也搜罗殆尽。前警察厅厅长王宗祐捐购书银洋一千元,并在省城选购刊版书籍。虽然如此,应备之书尚缺甚多,继由商务印书馆、中华书局、浙江图书馆、陕西图书育英社订购各种图书,加之省内外官绅捐赠,甘肃省公立图书馆馆藏图书日积月累逐渐增多。

应该说,建馆之初的甘肃省公立图书馆,只是设立了机构,二大书院的藏书也未摆脱古代藏书楼的模式,古籍线装书,也的确是中看不中用,读者大都望而却步,而且馆内机构、陈设极为简陋,仅在馆长下设庶务、文书、图书等工作岗位。

　　尽管如此,图书馆的创建,是一个具有里程碑式的事件,对地方教育事业的影响是举足轻重的。刘尔炘也专为图书馆撰联三副,兹录其中一副:"收全球东西四五千年中巨制零篇各分门径;俾大河南北七八十县内后生小子都有师承。"上联是说图书馆藏书之丰富,下联则预言图书惠及之广。

　　1918年6月起,张继祖出任甘肃省公立图书馆馆长,前后达10年之久。在任期间,贯彻以"保存国粹"为主的方针,曾多次从武汉、北京等地购进多种珍贵图书,又向社会各界征集资金,同时自己解囊购书充实馆藏。基于收藏初备,遂于1924年9月着手将所有图书分类编目,按序陈列,并对收入、购入及捐赠者一一核实填注,编订《甘肃省公立图书馆书目初编》,凡六卷六册。此时甘肃省公立图书馆藏书已达2千余种,4万余册,另有所刻四书五经和甘肃新通志版片4 498块。除此以外,张继祖还编订了《甘肃省公立图书馆保存类目录》等,为甘肃省公立图书馆馆藏图书管理和读者借阅奠定了基础。同时,张继祖进行了图书馆建章立制工作,几经努力,于1924年,经甘肃省政府批准颁布《甘肃省公立图书馆章程》,就甘肃省公立图书馆的宗旨、组织机构、人员、开放办法等作了具体规定。经过张继祖等前辈的不懈努力和完善,甘肃省公立图书馆初具规模。

　　1928年12月,省教育厅委任水怀智为甘肃省公立图书馆馆长。水怀智早年留学日本,到任后重订章则,编印书目,采购新书,使省公立图书馆的工作有了较大变化。馆内机构改设图书、阅览两部,每部各设主任和干事各一人。1928年张维任馆长时,曾提请省政府转令各县征集志书。1932年,牛载坤受命继任馆长,奉令将甘肃省公立图书馆改名为甘肃省立图书馆。1942年9月,甘肃省立图书馆又奉令改称甘肃省立兰州图书馆。1934年,曾接受当时国民政府考试院院长戴季陶捐赠的《古今图书集成》一部。

据1936年统计资料,甘肃省立图书馆藏书仅有2 236种,54 000余册。到1949年,省立兰州图书馆藏书也只有67 654册。

刘尔炘对图书的钟情并未就此而休止。在创建甘肃省公立图书馆之后,在修建五泉山时,又于文昌宫开设了"五泉书院",其实就是一个小型的图书馆,供游人在游览之余歇脚、消遣,当然也是同志者讨论学术和艺苑、诗坛爱好者雅集的会所。刘尔炘在《兰州五泉山修建记》中说:"五泉书院者,就文昌宫旧有楼台而建设者也。略储新旧图书,期与游人共为欣赏。借泉石清幽,发英贤志趣,或可免山灵恼客,花鸟笑人乎?"并题一副楹联:"云阶月路引人来,乐水志在水,乐山志在山,随处襟怀随处畅;学海书城延客入,见仁谓之仁,见知谓之知,自家门径自家求。"在"阅书楼"门上,刘尔炘感叹"登临一览,眼界大开。上而东西北三面之云山,下而河流之浩淼、城郭之参差,皆奔赴栏前,供人赏玩。"又题一联:"胸前排数十百里云山,图画天开,好趁闲情临稿去;眼底是几千万人城郭,英贤日出,共邀同志看书来。"借阅之处名曰"送仰馆",为阅书人出入必经之地,发票收票人即住此,以便酬接。再送一联:"不足供大雅流连,插架图书尤恨少;最难得高人来往,登门杖履敢嫌多?"图书馆就是专为高雅贤士开设的,在风景如画的五泉山,刘尔炘还是想到了文人们喜欢闹中取静的雅好,"借泉石清幽,发英贤志趣,或可免山灵恼客,花鸟笑人",图书馆岂不是一个最好的去处?当然,毕竟条件有限,"插架图书尤恨少",然而即使如此,怎"登门杖履敢嫌多"?

1922年,刘尔炘将五泉山上的书院(图书馆)搬到了贤后街的五泉书院,与兰州府所辖的五泉书院藏书、皋兰县所辖的皋兰书院藏书一并集汇,"五泉图书馆"的牌子就算正式挂起来了。五泉书院藏有《十三经》《古文渊鉴》等"四部"书籍80多种,以及《学唐渐通》书板46块。皋兰书院也有相当数量的藏书。三大块藏书合在一起,加上不断购进中外图书,图书馆已初具规模,借阅者日益增多,络绎不绝。

1928年,刘尔炘将社事移交地方人士管理,五泉图书馆则交其得意门生杨巨川主管,名誉检察水梓,义务赞襄廖渭笙、张维、杨汉公、谢仲文、许季梅、卢应麟、张绍庭、陈伯辅、陆恩泰、邓隆、施周臣。新中国成立后,政府将五泉图书馆的所有图书均划归于新成立的文史馆,而点检接收图书的正是与刘尔炘有过师生之谊的韩定山。

十六、祝枏别墅，
一座高档的园林式学府

　　祝枏别墅遗址，即今兰州市萃英门兰州大学第二医院西部，"静观园"为其一部分。东至原甘肃举院东龙门（现"至公堂"西侧），西至举院西城墙，南至西关北城墙，北至举院北城墙。占地面积约 16 665 平方米。

　　光绪元年（1875），由陕甘总督左宗棠主持修建成甘肃举院。1916年袁世凯复辟帝制后，由其亲信张广建改建成"子爵府"。1917年刘尔炘改建为"祝枏别墅"，寄寓培养优秀人才之意。别墅建成后，将皋兰县兴文学校迁移于内。同年成立全陇希社，设立国文讲习所，以兴办教育、培育人才为宗旨。

　　祝楠别墅中建有校舍101楹，有楼房7楹，教室3座。别墅北部为校圃，因此地深居幽隐，故悬匾"潜园"，寓学生潜心学习之意。潜园东侧正中建有"树人堂"，堂北建"百获轩"，轩北建长廊连接"湘阴祠"（清光绪时所建左宗棠祠）。祠南建一船型小亭，题额"溯洄艇"。艇西叠石垒山，称"拳石山房"。山北为湘阴祠牌坊，溥惠渠水流经此地，名曰"潇湘别浦"。"拳石山房"南转弯处建亭，题额"阿亭"。亭南穿过石门，建"拳石山房"。房南假山顶建亭，题额"可望亭"，登亭凭栏远望，龙尾山近在眼前，皋兰山隐约可见，白塔山殿宇清晰在目。俯瞰园中，殿楼亭廊，树木掩映，满园景色，尽收眼底。沿亭南下山尽处，建六角亭，上悬横额"闲闲亭"，亭南凿偃月池，用以灌溉四周所植桑林。池东数步折而向北，通过长廊，可达"树人堂"。向东通向"至公堂"，路中建牌坊，题额"大道为公"。城市中有如此幽雅的别墅小区，实为难得。刘尔炘在此亦创作了十副精妙的楹联，使别墅群文意盎然，别具一格。

可以想见，在民国之初经济凋敝、民不聊生的兰州，有一处富丽堂皇的别墅群，有一座在当时堪称高大上的园林小区，在市区一定是犹如鹤立鸡群，十分显眼，所有路过之人定会驻足观看，发出啧啧的感叹声，甚至专程参观者亦络绎不绝。但是，更让人惊叹的是，这座豪华的别墅群并不是当年的子爵府，而是培养人才的学堂；出入别墅的人群，不是莘莘学子，就是堂堂先生，绝没有官僚的足迹，更鲜有富商的身影；教室里弦歌畅朗，操场上英姿飒爽。足以印证当今耳熟能详的那句话：再苦不能苦孩子，再穷不能穷教育！刘尔炘竟然在一百年前就已经做到了！

建设如此庞大的别墅群，自然需要丰厚的资金支持，皋兰兴文社为了发展地方教育事业，慷慨解囊，花再多的钱也在所不惜。可是，还有更愿意花钱将此别墅群买下来的人。这是怎么回事呢？1918年初秋，即祝楠别墅建成的第二年，在刘尔炘的办公室里，来了四位不速之客，分别是祖籍为甘谷的王赞勋、任轩榕及会宁的秦望濂、榆中的罗经权。主客一落座，这四个人就直奔主题说："您老人家为皋兰的地方教育事业可谓是呕心沥血，筑此别墅专为培养人才，让我们十分钦佩！如果能筹款偿还筑园之资，可否将其作为全陇教育基地，吸纳全省各地的学子们到此学习？"刘尔炘闻此大喜，欣然许诺。不久，四位积极筹款，如数奉还筑园之资，在祝楠别墅内创立了"全陇希社"，成为全省的教育场所。千秋大业，教育为本。刘尔炘筑园是为教育，四位买园更为教育。这段感人的教育佳话，后来者不可不知啊！

十七、五泉山，一座 "借山还魂" 的儒家园林

　　五泉山位于兰州城南的皋兰山麓，山形地势颇为奇特，东西龙口的两处飞瀑间隆起一条缓缓的龙脊，山上丘壑起伏，古木参天，山环水绕，清静幽雅，更有甘露泉、掬月泉、摸子泉、蒙泉、惠泉等五眼清泉散落其间，故而得名。一山因何而生五眼清泉，传说自然是神奇而美妙的。汉武帝元狩三年(前120)，汉武帝派遣骠骑将军霍去病西征匈奴，曾驻兵于此，士卒因长途跋涉，饥渴求饮，但苦于无水，于是霍去病将军用马鞭在山崖上连击五鞭，顷刻山崩水涌，五泉喷出。

　　自古以来，五泉山就是金城兰州的著名地标。在西北边陲的"丝路"重镇，就曾有过"五泉县"、"兰泉县"等建制。五泉山庙宇的不断修建，一组组古色古香的明清建筑，依山就势，参错其间，有"嵯峨宫殿耸青云"的金刚殿，有"飞阁危楼驾碧空"的千佛阁，有"回环共抱若关锁"的文昌宫，有"柳烟花雾绕蓬莱"的"半月亭"等，布局各异，精巧玲珑，构成了一幅绚丽多姿的兰山风光；加之山泉景物的别致，尤其是中峰两侧为东西龙口，幽谷之中，林木葱郁，清流淙淙，悬岩飞瀑，亭台廊榭，游人至此，顿感清新幽雅，心旷神怡。这座大型的园林名胜享誉陇上，是旅兰者必游之地。多少年来，名山古刹，引来无数文人骚客，留下溢美华章。明代诗人黄谏曾有诗曰："水绕禅林左右连，萧萧古木带烟寒。共夸城外新兰若，自是人间小洞天。僧住上方为罨画，雨余下土应丰年。明朝

五泉山山门

再拟同游尝，竹里行厨引涧泉。"

　　五泉山修建最早的崇庆寺，始建于元代，而大部分建筑均出自明清两代。"文昌宫"为明洪武五年（1372）所建，"卧佛殿"、"大悲殿"、"武侯祠"，均建于明建文元年（1399）；其他如"千佛阁"、"三教洞"、"地藏寺"等，多系清同治、光绪年间陆续修建。而这些庙宇，因天灾及兵燹，绝大部分毁坏殆尽。"卧佛殿"即毁于同治六年（1867），"文昌宫"、"大悲殿"、"武侯祠"也都历尽沧桑，几经焚毁，为光绪年间重新修建。到民国初年，山上庙宇大部分已遭破坏，殿宇颓败，楼阁凋零，残存者仅十余处，且彼此互不关联。

　　作为兰州当地士绅领袖的刘尔炘，心忧地方名胜古迹之破损不堪，遂以个人名义向当时地方官绅和各界人士发起募捐，将欲整修五泉山。刘尔炘的这一倡议，广得社会各界响应，募得白银

48 000余两,从1919年夏开工修建,到1924年竣工,整整用了五年半的时间。刘尔炘呕心沥血,查资料于旧志,访精图于巧匠,依山取势,临水借景,精心规划,巧妙设计,现场督施。不仅重修了原有之殿宇,同时还增修了一批新的建筑,如太昊宫、皋兰乡贤祠、三子祠、万源阁、层碧山庄等十余处。经过修葺扩建之后,殿宇楼阁各抱地势,勾梁斗角;廊坊桥榭参错,桂殿兰宫互联,构成一组蔚为壮观的建筑群。同时还广植树木,栽花育草,使五泉山风景变得更加旖旎多姿,成为名副其实的游览胜地。每逢农历四月八日的浴佛节庙会,更是佳客云集,游人如织,盛况空前。

五泉山修建工程告竣,刘尔炘著《兰州五泉山修建记》以志其事。对重新谋篇布局的每座建筑及景点都进行了命名、提额、撰联,并详述其原委。

《兰州五泉山修建记》,不仅仅是一幅完整而全面的五泉山导游线路图,更是一部详尽的造园专著,刘尔炘虽不以"造园家"而著称,而实则是一位杰出的造园专家。

我国园林的建造,历史悠久,如果从殷、周时代囿的出现算起,至今已有几千年的历史,"虽由人作,宛自天开"的艺术原则,熔传统建筑、文学、书画、雕刻工艺等于一炉的综合特性,在世界园林史上独树一帜,享有很高的地位。我国历史上最早的造园专著《园冶·兴造论》就曾论说:"世之兴造,专主鸠匠,独不闻'三分匠、七分主人'之谚乎?非主人也,能主之人也。"说明欲修造一座成功的园林,"专主鸠匠"即只凭能工巧匠们的建造技艺是远远不够的,"三分匠、七分主人",关键还在于主人。"非主人也,能主之人也,""能主之人"就是指修造园林的设计者。

刘尔炘重修五泉山,他既是倡议者,自然也是园林的设计者。对原有庙宇及宫殿的修葺、改建、扩建使其相互关联,是本于传统的历史惯例,而刘尔炘重修五泉山的精神考虑,是要将儒家思想接入山林，欲"借山还魂"，而这个"魂"自然就是儒家精神，是五泉山园林的主题。

如何体现这个儒家园林的精神主题呢？刘尔炘巧妙地设置、增建了三处建筑群即太昊宫、万源阁、乡贤祠。

首建"太昊宫"，先哲精神传

1904年，刘尔炘在写给好友王建侯的信中就表达了要"表彰先哲"的愿望。至1919年修建五泉山时，这一愿望已在胸中又酝酿了十几年，因而太昊宫的增建是势在必行的，刘尔炘在《五泉山修建记》中将其意义说得很清楚："太昊宫之建，专为表彰陇上前古人才，以鼓舞后进者也。"

五泉山太昊宫三大门

太昊宫设一殿三祠，"伏羲殿"配祀者为女娲皇氏、黄帝轩辕氏，而以太昊伏羲氏为宗。

"壤驷子祠"配祀赵充国、金日磾、辛庆忌、王符、傅燮、盖勋、皇甫规、皇甫嵩、索靖、皇甫谧、傅玄等十一位乡贤，而以孔子弟子壤驷子为宗。壤驷子，姓壤驷名赤，字子徒，春秋上邽人（今甘肃省天水市清水县）。唐开元二十七年，追封为"北徽伯"；宋大中祥符二年，加封为"北徽伯"；明嘉靖九年，改封为"先贤壤子"；清又改称为"壤驷子"。他是孔门七十二贤之一，长于读书。

石作子祠配祀张轨、李暠、辛云京、李抱真、李抱玉、李愬、李晟、刘愿、吴珍、吴玲、刘锜等十一位乡贤，而以孔子弟子石作子为宗。石作子，即石作蜀，春秋时期冀县（今甘肃省天水市甘谷县）人，自幼好学，跋涉万里，就学孔子门下，为七十二贤之一。学成返乡，传播儒学和西周文化，淳教化，移风俗，自此三陇一带文教大兴，人文蔚起。

秦子祠配祀景清、王竑、段坚、彭公泽、周蕙、张万纪、邹应龙、赵良栋、王进宝、李南晖、牛树梅、傅培峰、吴可读等十三位乡贤，而以孔子弟子秦子为宗。秦子即秦祖，字子南，春秋上邽人，孔子七十二贤之一。秦子身通六艺。唐封少梁伯，宋为鄄城侯。秦州文庙设秦祖祠，祠联曰："圣绩怙行，眺百二河山，不碍春风时雨至；儒宗传学，数三千弟子，谁携关月陇云来。"

在太昊宫修建中，刘尔炘责成其弟子李九如、王国香、王文焕、水梓、李凤鸣、李蔚起等对三圣、三先贤、三十五后贤"将其生平事实，用白话体编为小传，书木牌箔祠壁，循宫墙而读者，可以为鉴矣！"这的确是一个方便游览者作深度之游的绝妙办法。因为对普通的游客而言，于列位圣贤的丰功伟绩或知之不多，甚至一无所知，不是观祠茫然，就是走马观花、一走了之。有了这些人物小传，游客自然会驻足观看，指指点点，若能发现一县一区之名人，其荣誉感、自豪感倍增，甚至还会奔走相告、欣喜若狂哩！使陇上圣贤的事迹人人皆知、愈广愈彰，进而成为风尚，则后进自能相互习染、相互鼓舞而自强。这些资料随之结集以《甘肃人物事略》出版，其主编者无疑是刘尔炘。

在该书中有"制九针，味百草"、创阴阳八卦的人文始祖，有聆听于杏坛，传播儒学的一代贤人，有经世致用的廉吏，学富五车的学人等等，譬如：

伏羲，华夏民族人文始祖，在当时经济极度落后的条件下，"伏羲画卦，所以六气、六俯、五藏、五行、阴阳四时、水火升降，得以有象；百药之理，得以有类，乃尝百草有药而制九针，以挺天枉焉。"八卦表示事物自身变化的阴阳系统，"始画八卦"为《周易》的形成奠定了基础，中医文化直接根植于《易经》，故"八卦"的创立，开启了中华民族中医药文化发展的渊薮；"尝百草，制九针"，开创了中华医药研究与针灸疗疾的先河。教民狩猎捕鱼，提高其生产能力；变革婚姻习俗，禁止群婚乱配，制定婚嫁制度，改善了人伦制度，为社会的进步，文明的传播，作出了不可磨灭的贡献。是人类从愚昧进入文明的重要标志。

襄驷子、石作子、秦子均为孔子弟子，位孔子七十二贤之列。祖籍甘肃天水，三人不远万里，奔赴东方求学，拜孔子为师，苦读孔学，得孔圣人之熏陶及教育，吸取儒学文化的精髓，倡导"仁爱"思想，主张"仁者爱人"，以德立教，传播儒家文化，实现了华夏文化自觉，呈现了文化使命的历史担当、文化传承，构成了儒家文化乃至整个中国文化持续发展的内在动力。己未、庚申时期，时局动荡，传统文化受西方文化的冲击。鉴于当时乱世，刘尔炘指出："亡教即是亡种，正不必死亡相继、靡有孑遗而后始谓之亡种也。虽然心则死，种则亡，而此理究未尝断绝，提撕警觉，葆此几希，以冀火然泉达，复我故吾，此则海内学人断断然群起而倡尊孔之说者也。"坚信孔学于当世虽被西学的强劲之势所抑制，但是"一旦人力奋兴"，便会"群阴四散，太平有象"；而"泰西诸邦之政教，导源于尊生，无论如何推阐、如何变迁、如何损益,而必以乐利为归宿"。体现了刘尔炘弘扬以儒为宗的思想以及寻找造福人类的途径和安定生活的渴望。

彭泽,字济物,甘肃兰州人,为陇学开山容思先生之外孙及学生,自小受其家族影响,跟随容思先生读书,在靠外祖父的言传身教,和自身的刻苦上进,学业有成,中弘治三年进士,官至辽东巡抚、右副都御史。彭泽体格高大,声音洪亮,威风凛凛,令人敬畏。在为官期间,地方权豪作乱,泽铁面无私,不畏强权,平定战乱。为官清廉,刚正不阿,得到乡民一致称赞;又革除弊政,修补学宫,修建书院,课读诸生,拔其优异者进入学府,倡导文教。

牛树梅,字雪樵,号省斋,甘肃通渭人,道光年间进士,愚山先生之后,有着良好的家风。少时家贫,刻苦力行,专以程朱之说为宗,为一代理学大师,重视文教。为官期间"以不扰民为第一要务","勤听断,少科派";为官清正廉明,为民请命,有"牛青天"之美誉。在资州任职期间,牛树梅不顾代疱之嫌,稽查税契,减轻民众负担,在沿路崖上可见"牛公到任,实心爱民,化行三月,俗美风醇,若得实授,万民沾恩"的美赞。其名垂史册,德泽乡梓。如今在全国大力推进反腐倡廉之际,挖掘牛树梅身上清正廉洁、爱民为民的精神元素,无疑是具有很大的现实教育意义的。

"以人为鉴,可以知得失;以史为鉴,可以知兴替。"历史造就了无数的英雄人物,而无数英雄人物又使这个地方平添了辉煌和自豪,也强调了先贤的教化作用。对我们现在的年轻人了解甘肃地方文化,弘扬地方人文精神,学习先贤的事迹和高尚品德具有重要的意义。

"灵秀郁盘应发泄,家家诞育好男儿。"正像刘尔炘所称赞的那样,一代代自强不息的陇原儿女,禀承黄天厚土之德,成为了子孙后代的骄傲。

刘尔炘以这三圣、三先贤、三十五后贤为基础,进一步组织弟子们继续深入挖掘甘肃人物故事，"编伏羲以来甘人之知名于世者，约四五百人，用历史列传体别为一书，已由皋兰李君九如、王君国香从《二十四史》中采辑，共为十二册"。这就是由张维任主编的《甘肃人物志》，是书的编纂与出版发行，刘尔炘既是始作俑者，也是强有力的推行者，1926年出版时刘尔炘特为此书作序，详述其颠末。

1921年底，太昊宫终以"一殿三祠"的恢宏巨制展现在世人面前。在六千余年的历史长河中，陇上英贤群星闪烁，足以昭示后人前行的方向。刘尔炘特撰《兰州五泉太昊宫记》曰："借山水名胜地，起危楼杰阁，点缀亭台，以表彰吾陇上三古以讫有清六千余载帝制时代之圣贤豪杰，以示游人。经营者阅两寒暑，募而支出者万八千四百余两。后之人，春秋佳日，挈榼提壶，歌于斯、啸于斯、登临瞻眺于斯者，当有以注其精神念虑而不致入宝山空回也！"刘尔炘在修建五泉山时首建太昊宫，就是要借五泉山这座宝山，来实现自己弘扬陇上先哲精神的愿望，这个"魂"就是先哲精神。

移建万源阁，尊儒信念坚

万源阁原是萃英门内旧举院的明远楼。明远楼是举院最高的建筑物，庄严肃穆。这是因为明远楼高达十来丈，而楼南北都是八尺高的号舍，楼东至公堂、观成堂、衡鉴堂均高约二丈许；城墙高三丈五尺，城墙外建筑物大致在一丈左右。因此，明远楼有鹤立鸡群之势，危乎高哉！每三年秋季举行一次乡试，考试时，监考官员登楼瞭望，整个考场内外都在目中，以监视考场秩序，稽查士子有无私相往来，执役人等有无代为传递之弊。1905年（光绪三十一年），清廷下诏自丙午（年）起，所有乡会试、各省岁考一律停止，持续了一千多年的科举制度就此寿终正寝，甘肃举院从此人去楼空，明远楼则更像一位遗世孑立的老人,飘摇在风雨如磐的岁月中。1920年刘尔炘将它移建于藏经楼的废址上,为全木结构,36根木柱支撑起楼体,层层飞檐伸向四方,殿脊中央琉璃花宝顶高高耸立,远望犹如宝塔。刘尔炘将第三层题名万源阁,祀太昊伏羲氏、周文王、宣圣周公、至圣先师孔子;中层为思源楼,祀濂溪周子、康节邵子、伊川程子、紫阳朱子。下层即望来堂,可容数十百人,为同人商量学术之用。

五泉山万源阁

　　刘尔炘为何要将历代圣贤请入远离世嚣的山林之中？刘尔炘在《兰州五泉山修建记》中说："吾国旧习：凡山水名胜地，皆僧徒、羽客居之，以奉释迦、老子，而奉释迦者尤多于老子，故昔人有'天下名山僧占多'之句，从无奉羲轩以来之圣贤以崇祀于林泉幽邃中者。盖圣贤治世者也，其栖神之处，当与廊庙朝廷为一致，今既无能治之世，又无能行之道，圣贤之入山林，时为之也。"原来，刘尔炘是借此以表达无法力挽狂澜却又无可奈何的矛盾心情。举世西学盛行，儒学式微，作为圣门嫡派的刘尔炘，对时人盲从西学而遗弃儒学的现象甚为担忧，故而在《五泉山修建记》中高声呐喊："科学化裁机器，实今日世界消祸图存之要务也，不此之求而茫茫然言政言教，日奔走于自杀之途，以自戕自贼相推崇，相夸诩，举世皆然，而以吾盲从之中国为尤甚。"而"孔子之学，乃立教行政以治世者也"，既与释、道之"非治世"之宗教不同，又与"泰西诸邦之政教，导源于尊生"者迥异。既然是"无能治之世，又无能行之道"，那就将古代圣贤迁入远离尘嚣的山林之中，同时连自身也一并遁入其中矣！"遗世任谈罗汉果；匡世须入圣人门。""自来山水供仙佛；从此林泉有圣贤。"镌刻在大雄宝殿东西门两侧的这两副楹联足以证明刘尔炘独尊儒术的态度，也深刻地反映出刘尔炘借山水名胜还儒学之魂的造园理念，也可以说是借明远楼、万源阁之体，还孔学之魂的精神追求，也是为自己打造一处心灵的归宿而独善其身吧！

　　刘尔炘对孔学与宗教、西学之间的不同进行了深入的分析，指出："孔子之学，修身也，齐家也，治国、平天下也，专重人事，不尚玄虚，内求诸心得，外证诸躬行，推之则修己安人，约之则修身为本。"所以是中华民族的修身信条和治世法宝。因为"吾国之政教导源于从理，故相推相阐、相变迁、相损益而始立之为纲常。既以纲常为范围，而又必加之以名教。名教者，所以驱策天下之人，而使之不敢出于范围者也。故无论如何推阐、如何变迁、如何损益，

刘尔炘篆书《自来从此》对联　　刘尔炘篆书《遗世匡时》对联

而有必不可出入之范围以为准。如治病然，血气不变，精神不亡，任病势如何危险，而终有就痊之一日。故数千年来每值人才消乏、道术不行之际，虽不免失之颓废、失之憨嬉、失之委顺，听天而不知振以人力，一旦人力奋兴，群阴四散，太平有象，海内熙熙，陶然有乐生之趣，以群游于自适之天，此其所长也。"刘尔炘坚信，孔学于当世虽被西学的强劲之势所抑，但是"一旦人力奋兴"，便会"群阴四散，太平有象"；而"泰西诸邦之政教，导源于尊生，无论如何推阐、如何变迁、如何损益，而必以乐利为归宿。既以乐利为归宿，自不能不以竞争为宗旨。数百年来济之以科学，助之以机器，天下之骄子遂觉造化机缄皆归掌握，随在辟锦绣山河、光明世界，挟机械力以吸人膏血者，坦坦然拥厚资以享天地间亘古未有之奇福，而天地间之奇祸亦由此而胚胎。处琼宫贝阙之中，日虑我之谋人、人之谋我，眼里天堂，心中地狱，相争相夺，相杀相残，率宇宙内无量数血肉之躯，奴隶于科学机器而不自知其究也！为癫狂，为破裂，为日月无光，为乾坤毁灭，此其所短也。"刘尔炘独具犀利之眼光，看透西学虽假科学、机器之势而来势迅猛，但因其"必以乐利为归宿"，"自不能不以竞争为宗旨"，"以享天地间亘古未有之奇福，而天地间之奇祸亦由此而胚胎。"可怜当世之人，不知"科学开物质之文明，机器夺生人之命脉。开物质文明者，非举世受科学之改造不可；夺生人命脉者，非全球遭机器之毁裂不可。故科学前途，机器来日，人类之祸福系焉！存亡系焉！"

至于宗教，刘尔炘说："宗教非治世者也，有救人之心，有劝人为善之志，有以祸福利害怵人不敢作恶之术，如释迦、老子辈，皆非常卓绝之才，洞彻天人，超然世外，后之人以慈悲、感应诸说立之门户，衍为宗风，历时逾久，派别逾多。""其说之中于流俗范围、愚夫愚妇亦不过风会习尚间事耳，无关于立教行政之大也！""若夫孔子之学，乃立教行政以治世者也，非宗教也。所言者乃至切至近之人道也，无迷信也。"凡佛家、道家皆以出家遁世为怀，不问人世，而孔学则崇尚"修身、齐家、治国、平天下"的治世思想。不过，孔学虽与出世的宗教不同，但也会遭逢"当为"与"不当为"之时，故而"达则兼济天下，穷则独善其身"。

面对西学之风日盛，儒学在当时显然是处于"不当为"之境，刘尔炘也就只能"独善其身"。然而，刘尔炘"独善其身"的方法仍旧与众不同。刘尔炘将举院的标志性建筑明远楼从萃英门移至大雄宝殿之后，改名为"万源阁"。万源者，盖寓所祀四圣、四贤为儒学之渊源。悬挂在万源阁上的诸多楹联都发挥着这一主题。如悬于万源阁檐内楹间者："向五大洲中静观，日后群伦那个能逃机器劫；在数千载上便忧，天下来世而今枉费圣人心。"题思源楼曰："为千秋绵绝学；留一线是微阳。"又曰："能昌明列圣微言，五岳三光垂古训；且收起传心大道，千秋万世待来人。"而题于望来堂"正学废兴关世运；斯文绝续在人才"之联，至今仍赫然在目。面对列强入侵、山河破碎、民不聊生的局面，刘尔炘甚至怀疑释氏的"因果"之说，而坚信儒学才是治世的定海神针，请看这二副对联：浚源寺"流水今日"门额的楹联："笑指河山问释迦，不知我千圣百王继志传心之地，种甚么因，结这般果；别开世界生盘古，好度那五洲万国圆颅方趾之俦，悟无为法，登自在天。"为"望来堂"所撰楹联："邀诸君来此谈谈，把亚欧非美澳政教源流，说与我略窥门径；请大众认真想想，那儒释老耶回精神传授，到底谁能定乾坤。"借名山胜景，弘圣贤精神，句句都渗透着这一儒家园林的建园宗旨。

设祠祀乡贤，树陇学开山

据《五泉山修建记》载："皋兰乡贤祠者，就已废之菩萨殿改立者也。山中供奉菩萨处，正庙、附庙随在有之。此既旷废失修，适吾文社有建立乡贤祠之议，遂出款补葺，因而成之。"文中的"文社"当是指皋兰兴文社。刘尔炘于1906年始掌管地方社事，皋兰兴文社的资产最为丰厚，且经过十五六年的有序经营，本利孳息，更加可观。有了一定的物质基础，才能有弘扬地方文化的坚强实力，故有"建立乡贤祠之议"。由于皋兰兴文社的资金充足，故而先贤祠修建得十分考究。刘尔炘感叹地处天末的皋兰，乡邦人才的造就实属不易，因而题联云："上下五六千年才成内地；纵横三四百里几个传人。"

乡贤祠设有两殿，正殿为"容思殿"，其西一殿题额"枌榆生色"，祀麹允、辛云京、辛京杲、辛谠、石执中、聊让、彭铤、岳镇邦等八位乡贤，其中，彭先生即彭襄毅之父，岳镇邦为岳敏肃之父。

"容思殿"以段容思先生为宗，配祀段容思先生以下三十三位乡贤。分别为：文志贞、赵英、陈祥、彭泽、田荆、殷叙、刘漳、陈锡、段续、颜锐、陆坤、葛廷章、邹应龙、胡执礼、段补、王道成、韩谦、曹守忠、张略、段字辛、岳升龙、萧光汉、李炳、梁济湹、秦维岳、段仿仁、陆升、曹煜、邵绳祖、吴可读、卢政、张国常。

为什么在皋兰历代乡贤中尊奉段容思先生为陇学开山之宗？刘尔炘解释说："既曰'乡贤祠'，而独以容思先生为宗者，在中华数千年学术史中求吾皋兰人，惟先生入长安冯氏《关学编》。先生非吾皋兰人讲学之开山者乎？"

段容思，即段坚（1419—1484），字可久，号柏轩，容思亦其号也，兰州段家滩人。"早岁受书，即有志圣贤"（《明史·廉吏传》）。明景泰五年进士，授山东福山县知县，迁莱州知府、河南南阳知府。段坚一生信奉儒家的"爱民"、"仁政"、"洁身"等正统思想。在任福山知县时，从发展教育入手，建社学、育童士，教以小学、四书；政教大行，吏不敢欺，士民仰戴。在莱州知府任上，"教化大行"。在南阳创立志学书院,召集诸生,亲自讲解"五经"要义。对官吏中的不法分子,毫不姑息。经过几年治理,"民风翕改观"。刘尔炘说:"天下无不可化之人,无不可变之俗。"并题诗:"天下有材皆可用,世间无草不从风"。有如此品行修养之人,自然一生清廉,离任时"行李萧然","仅有祭器、书卷十数箧"。士民遮道欢送,号泣挽留。卒后,死讯传到南阳,士民"敬做木主",建立段氏专祠,"塑像为祖"。著有《柏轩语录》《容思集》等。在兰州原东稍门外立有牌坊,前额书"段容思先生德教坊",背书"理学名臣",《明史·廉吏传》有传。

段坚在南阳为官九载,郡人敬之。后引病归里,以"奉先、事兄、教子、睦族、善俗"著称,在兰州东关段家台创建书院,授徒讲业,桃李盈门,许多名士如彭泽等都出于段坚的门下。后人称书院为容思书院。

段容思先生无论何处为官,抑或引病归里,均不忘办学以施教化,创金城讲学之先河,是为陇学之宗。在乡贤祠中特设"容思殿"而祀之,这不仅仅是段容思先生的荣耀,也是孕育容思先生的这方故土的荣耀,其实入选或不入选《关学编》并非是决定性的因素了,关键是段容思先生开创了一代学风,引领了一方学术。而"学术为万世本源,表而彰之,俾后之人由先生所学恢张扩大,蔚为伟才,邑之幸也,先生之光也。抑吾闻龟山杨文靖公为闽学开山,吾乡学者曾私谥先生为文毅,他日吾陇上学人蒸然辈出,以陇学成家,垂之天壤,又安知先生非吾陇上之杨文靖乎?是又不独吾皋兰一邑之幸,先生一人之光也。"这正是刘尔炘倡导建设皋兰乡贤祠的本源所在。乡贤祠也是刘尔炘"借山还魂"之所,而这个"魂"就是儒家的学术精神。刘尔炘一生崇敬段容思,在很多文章、诗作中皆有提及,如《兰州怀古》云:"天开地辟几多时,山自嶙峋水自奇。秦汉以还辛庆忌,羲轩而后段容思。"

刘尔炘于"修太昊宫后，复于五泉山立皋兰乡贤祠，奉祀吾皋兰前代人物之尤著者。因请王君烜、李君九如、王君国香分纂事实，用白话体标而出之，书于祠壁，以期游人一目了然"。

太上立德，其次立功，其次立言。建功立业，荣光桑梓，是谓乡贤。"在朝则美政，在乡则美德"，乡贤们在朝野用自己的德行才能报效朝廷和国家，在地方从事赈济灾民，创办义学，兴修水利，管理地方治安，为历代甘肃社会的发展作出了积极的贡献。在《皋兰乡贤事略》中，上述所列的三十三位的事迹都非常生动感人，前所提及的秦维岳、卢政、吴可读、张国常诸乡贤，都是值得后辈们永远铭记的。

募建大佛殿，藉此难民安

刘尔炘修建五泉山之际，也正是"易督风波"和海原大地震这两件人祸天灾交织在一起的时候。所以至1922年，经费短绌，工程进度举步维艰。但是，看到大批的难民流离失所，食不果腹，刘尔炘毅然决然启动了耗资巨大的大佛殿工程。这是为什么呢？请听刘尔炘在《重修兰州五泉山大佛殿募启》中所述的缘由：

> 兰州五泉山，省城名胜地也。自同治兵燹后迄今几六十年，灰烬之余，以次修复。只大佛殿一区，以工程过巨，无有能任其事者。民国初元，邑人陈君注颇有志于斯役，已募白镪数千金，以工费不赀，徘徊瞻顾。尝从余谋所以举其事者，谋未定而君化去，其孙曰畴曰昀，遵遗命将所募款交余规画，以薪竟乃祖未竟之志。余既谬承谣诼，方冀世运隆平，年丰民乐，再呼将伯，点缀山林，妥座上之菩提，即以弥地方之缺陷，似

亦吾曹所当有事者也。孰意烟云万变,人事日非,景运难期,而余已齿摇发秃,老病侵寻矣! 倘一旦遽填沟壑,遇陈君于地下,不将口荷荷而颜怩怩乎? 窃念昔者鹬侯有言:"天下方未定,故可因以就宫室。"今万方多难,而到处兴作不已,民之忍饥寒困顿以贴于危亡者,或反藉此以免流离而全生命。呜呼! 老佛慈悲,固常以拔众生出苦海为誓愿,则借营佛国之梵宫以救生灵之涂炭,其种因收果,视世之专造浮图、博佛天欢喜、以希福田利益之报者,其相去不天渊哉? 所愿各界伟人、四方善士,或代为提倡,或慨助兼金,倾囊底之余资,造无量之功德。人之好善,谅有同情,特爇馨香,望风拜祷!

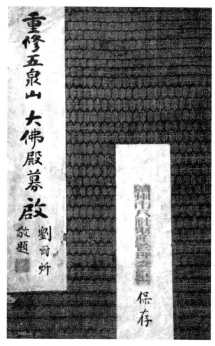

《重修兰州五泉山大佛殿募建启》册页

原来,刘尔炘募资重建五泉山大佛殿有几个不得已的原因。五泉山大佛殿毁于同治兵燹,因其工程耗资巨大,没有人能够当此重修重任。直到民国元年,有一个叫陈注的乡邦人士立志重修大佛殿,也募集了白银数千两,但就在与刘尔炘商讨主持修建的人选时,陈注撒手人寰。愿望未酬,其孙陈畴、陈畇便将所筹之款交予刘尔炘。《中庸》中说:"诚者天之道,诚之者人之道。"陈注立志重修大佛殿的愿望,像殷殷的嘱托,时

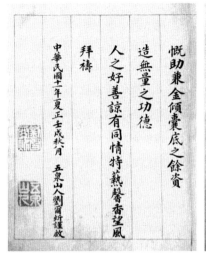

《重修兰州五泉山大佛殿募建启》局部　　重修兰州五泉山大佛殿募捐簿

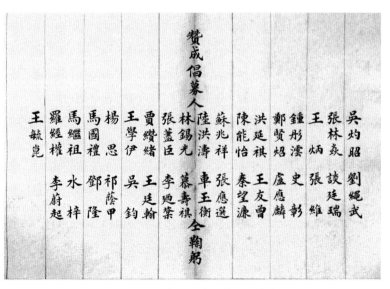

重修兰州五泉山大佛殿赞成倡募者

时回响在刘尔炘的耳旁。年逾半百的刘尔炘遂想,我若不抓紧时间把陈注的心愿了了,等我去了黄泉遇见陈先生,怎么给他交待啊?此其一。其二,刘尔炘自1906年起以兰垣总绅的身份接掌社事,从整顿皋兰兴文社至今已有十多年,各社事务风生水起,自觉有义务重修名胜古迹以告慰社会之信任。其三,也是最重要的一点。刘尔炘援引昔日萧何"天下方未定,故可因以就宫室"的典故,以论说在多难之时大兴土木的理由。乱世之中,百姓最苦,刘尔炘欲通过重修大佛殿而为老百姓创造就业之机,安抚流民,是以工代赈之法,佛教不是常以"拔众生出苦海"为誓愿吗?正好借建造佛殿而使百姓免于饿死,也算是佛祖所发的慈悲。至于所谓"种因收果,视世之专造浮图,博佛天欢喜,以希福田利益之报者,其相去不天渊哉?"刘尔炘是孔孟之徒,以"无所为而为"为任事标准,"先天下之忧而忧,后天下之乐而乐",其境界似乎要比"因果有应"略高一筹。

一次偶然的机会,笔者见到了这份弥足珍贵的刘尔炘《重修五泉山大佛殿募捐启》的手稿,于是乎,我们也就有幸了解这段史实。从这本册页中,我们还发现,刘尔炘发出捐款倡议后,赞成且捐资者有三十五人,皆为当时的达官显贵与社会名流,其中包括:吴灼昭、刘绳武、张林焱、谈廷瑞、王炳、张维、钟彤沄、史彰、郑贤炤、卢应麟、洪延棋、王友曾、陈能怡、秦望濂、苏兆祥、张应选、陆洪涛、车玉衡、林锡光、莫寿祺、张盖臣、李迺菜、贾缵绪、王廷翰、王学伊、吴钧、杨思、祁荫甲、马国礼、邓隆、马继祖、水梓、罗经权、李蔚起、王毓昆等人。募达官显贵之款,借重修佛宫之役,安穷苦百姓之业,一举而三得也!

打造小蓬莱,怡情觞咏园

刘尔炘重建五泉山,固然"借山还魂"、"借山还愿"、施以教化是其初心，但作为一处园林，其怡情、逸兴、赏美、取乐的功能也不能少，要不然怎能寓教于乐呢？刘尔炘作为杰出的造园专家，自然会有不同凡响的安排。将西龙口打造为人间仙境"小蓬莱"，就是刘尔炘的造园杰作。

五泉山企桥

刘尔炘将小蓬莱按"太昊宫之觞咏地"打造，则突出了其怡情、逸兴的造园主题。打造成功的小蓬莱，虽"飞瀑穿云，森林障日，为全山极胜处"，然毕竟与江南园林"虽由人作，宛自天开"的

刘尔炘隶书

造园模式略有不同，可以说是巧借山水之势而为之。小蓬莱的胜景是借西岩之上奔涌而泻的飞瀑为景眼而逐步展开的。飞瀑泻下而积水为潭，淙淙溪流之上"企桥"跨焉！飞瀑泻下而水雾成烟，绕绕云岚之中"仙岛"出焉！半山"小洞天"的凉意可人，桥东"绿荫湾"的杂花萦绕，还有那北尽头的半月亭、六吉亭、洗心池、问柳轩、石补簃，皆借东廊连成一体，并与太昊宫、清音阁、清虚府相接，直抵西岩飞瀑处；又"从小蓬莱门内西偏，架长廊二十余丈，曲折上升至其巅，则为嘛呢寺"。如此小蓬莱之胜景成矣！小蓬莱是在南北长不

足一里地,宽也只有几十步许的西岩峡谷中,建成的一个袖珍式的园林景观。著名园林艺术家陈从周说:"园有静观、动观之分,这一点我们在造园之先,首要考虑。何谓静观?就是园中予游者多驻足的观赏点。动观就是要有较长的游览线。二者说来,小园应以静观为主,动观为辅。庭院专主静观。大园则以动观为主,静观为辅。前者如苏州网师园,后者则苏州拙政园差可似之。"(《梓翁说园》,陈从周著,北京出版社2011年第2版)以此观之,小蓬莱即一小园也,当以静观为主,动观为辅。其实,据刘尔炘讲,观小蓬莱之胜景有三处。

一是在"企桥"之东。"有敞亭五楹,自桥上望之,杂花萦绕,石级崚嶒,如在画中也。"刘尔炘在这个美"如在画中"的"绿荫湾"题其壁云:"日暖风和,泉清石秀,这便是地平天成;草向荣,花索笑,槐榆滴翠,杨柳摇青,蛱蝶群来,燕莺对语,眼中图画,耳畔笙簧;游人则老者、少者、男者、女者、扶者、携者、保抱者,愉愉然,熙熙然,乘兴而来,兴尽而返,这便是万物得所。夫人当地平天成、万物得所之时,其亦可以怡神悦志,仰苍天而长啸矣!复何忧?"地平天成、万物得所,这便是刘尔炘对园林怡情、逸兴之能的完美诠释。

二是在清虚府院内的澄怀室楼上。刘尔炘说:"澄怀室为楼五楹,下视小蓬莱,万树浓荫,如聚千百朵绿云凝于釜底,皆昂头视楼上人,如在天外也。"可见,要造成一处胜景,其山、水、石、树、亭、廊、榭等元素是不可或缺的。

无独有偶,在清虚府对面的嘛呢寺,"寺之东偏,从观音殿后以至寺门,有楼凡二十余楹,俯临小蓬莱,树色泉声,皆在几榻间"。特别是在题额曰"绿海"处,"下临小蓬莱内,企桥、小洞天诸最胜处,人来树秒,万绿低含,随风荡漾,如摇舟放桨于翠云千顷之中,几欲凌空而去,故有此名。"此其第三处也。

匠心当独运，采笔撰妙联

题额及楹联是造园者对其景点的独特解说词。风花雪月，客观存在，构园者能招之即来，听我驱使，则境界自出。《红楼梦》"大观园试才题对额"一回（第十七回），描写大观园工程告竣，各处亭台楼阁要题对额，说："若大景致，若干亭榭，无字标题，任是花柳出水，也断不能生色。"由此可见题辞与对联能起到"点景"之作用。刘尔炘在五泉山园林的每一座建筑、每一处景观都撰有绝妙的应景题额与楹联，共计楹联一百三十余副。楹联和题额，与五泉山这座儒家园林是密不可分的一个整体，它以独特的形式凸显着园林的主题。先哲精神、儒家理念、乡邦文化，通过楹联和题额彰显得淋漓尽致。单就"劝世"、"向善"而言，兹举几联："我问你是谒庙、是游山？谒庙须恭，游山须雅；谁到此不花钱、不吃酒？花钱莫浪，吃酒莫狂。""能从那大天大地中创大规模者；不在这小山小水上开小玩意儿。""莫只贪身外虚荣，忠孝性天真爵位；倘能有眼前神悟，山川云水大文章。"其立意之高，构思

刘尔炘行书《要过休下》对联

之巧，堪称绝伦；加之书法之精湛，镌刻之精美，遂成五泉山园林一道独特的人文风景线。如今，我们从五泉山仅存的几副刘尔炘砖刻楹联中，就足以领略其清华朗润的精彩。"望来堂"所书楹联"正学废兴观世运；斯文绝续在人才"，笔力雄浑，内涵丰富，融入的碑学功夫深厚。书于五泉山"企桥"的行楷楹联"要过去么，过去便能通碧落；休下来了，下来难免入红尘"，此作化刚为柔，流丽婉转，字字相关，点缀妍媚，十分可喜。是颜面魏骨，略带行书味，宽博温厚，大有何绍基意趣。倘若刘尔炘的这些楹联书法手迹或拓片还在，哪该是多大的一笔文化财富啊！一位学者为一处园林撰题如此之多、如此之美的对额与楹联，这在中国的造园史上和楹联史上也都是绝无仅有的。为避免重复，有关刘尔炘在楹联创作方面的成就将设专篇予以介绍，在此不再赘述。

至此，刘尔炘修造园林的故事确也该到落笔的时候了，但笔者似乎仍觉意犹未尽，还想说说刘尔炘在修造中的"隐痛"。堂堂的一个大翰林，理应有一番大作为，干一番有利于家国、天下的大事业，可偏偏生不逢时，这不能不使刘尔炘心中充满了无限的惆怅与无奈。刘尔炘是一个大气象之人，胸中蕴有千山万壑，眼中尽是苍生百姓。且看刘尔炘为"笑笑斋"所撰的对联："能从那大天大地中创大规模者；不在这小山小水上闹小玩意儿。"就明显地表达着刘尔炘那博大无穷的胸怀；刘尔炘虽造此胜景，却反对一味游山玩水，如在"话月园"题联云："且随机种竹栽花，长倩菩提开笑口；倘有意贪山恋水，也成魔障扰禅心。"甚至刘尔炘还自嘲自己的造园行为："余平生不主张人修寺建庙，恶其劳费于无用之地也。今老矣，忽变平生旨趣，时为之耶？命为之耶？抑时命不犹被驱遣于运数之中而不能自已耶？每一思之，不觉失笑。因戏用白话体，题一联悬于醉梨亭，梨花开时，高人韵士之醉于斯者，当对之而更进一觞也：才叫冤枉呀！拿许多有用精神我来修庙；再说什么

十七、五泉山，一座"借山还魂"的儒家园林 | 143

哩？能做个正经事业谁爱游山。"更为自嘲的是写在"桑沿径"中的对联："我是无聊时节无聊人，且料理溪山，度当世无聊岁月；你趁有趣林泉有趣酒，快招邀俦侣，过大家有趣光阴。"披露了刘尔炘此时此刻的无聊、无奈的矛盾心态，也影射了刘尔炘半隐半出的现实状态，这都是时代造成的啊！

所以，刘尔炘虽在山中造园，但心中却忧虑国家安危。刘尔炘不愿过隐居的生活，因此对陶渊明亦无法产生崇敬之情，甚至还心生怜悯。刘尔炘曾在《嗳经日记》中说："陶靖节人品高逸，视激情邀名者固复乎远矣！然犹托于酒以逃，虽不得目之为怨，视圣人之坦然自得者，又不稍远异乎？甚矣！心境之难浑化也。"而在为"层碧山庄"的"悠然堂"提额作联之后，又大发感慨说："呜呼！余用靖节先生故事题此联额，不觉感触之纷披也。先生以箪瓢屡空，终于柴桑栗里，闲山林逸品，人仰白云已！吾生平所见王侯池馆、将相园林、商贾富豪之别业、骚人迁客不得志于时者之斋居，无不借先生语以自重。悠然堂之联额，其亦此类也欤！"也是对自己无情的自嘲！这便是刘尔炘心中的"隐痛"。

总之，刘尔炘之造园，并非只造实体之园，更想助世人造儒家文化之园；"借山还魂"、"借山还愿"才是刘尔炘修造殿宇的真正目的。造人间仙境，那只是刘尔炘的无聊、无奈之举罢了。

十八、平"易督"之风波

　　民国九年(1920)，由于皖系军阀在与直系的战争中败下阵来，甘肃都督张广建(安徽合肥人)也就失去了所依靠的后台，甘肃政、军界遂形势大变，一场"驱张易督"的风潮骤然兴起，掀起"甘人治甘"的自治运动。虽然赶走了皖系督军张广建，各界在继任督军的人选上仍分歧很大，地方实力派小军阀们都想夺取督军宝座。回族首领中先是马安良跃跃欲试，不料其突然病逝，回族各镇守使便极力将宁夏护军使马福祥推到了争督的前台，拥戴其出任甘肃督军；而在汉军阵营里，陆洪涛的部下张兆钾纠集陇东汉族军官，擅自通电全国，在电文中甚至讲到"甘省汉回世仇"，"愿身率六十营健儿相与周旋到底"的过激言论，双方兴风作浪，在"易督风波"之后又起"争督风潮"，双方剑拔弩张，一场厮杀即将上演。

　　这在千钧一发之际，为免无辜生灵惨遭涂炭，在回汉之间素有声望的汉绅代表刘尔炘和回教教主马元章、回绅郭南浦等，或信使往来，或登门拜访，积极磋商。分别电呈总统徐世昌，力陈实情，恳请快速妥善解决，以绝后患。马元章与郭南浦的联名电文今轶不存，郭南浦之子郭怀凤回忆说，当时我父亲就劝马福祥"退半步，风平浪静"，同时给北京政府的电文中即建议甘督由中央委派汉族官员，为表彰马福祥的政绩，也请中央酌情委以重任。

　　刘尔炘的电文，大致有以下几层意思：其一，甘肃驻军的基本构成是有本土军、有外来军，本土军又分回军、汉军。其二，社会状况是谣言四起，人心惶惶。其三，"争督"势必会由"主客之争"上升为"种族之争"，破坏民族团结，"争督"核心是权利之争。其四，"争督"结局，必重蹈其他省份之覆辙，导致其他外部势力的参与，卷入战乱的漩涡，对谁都不利，而深受其害的则是普通老百姓。其五，甘肃已是"权是已烂之权，利是将竭之利"，"尚纷纷焉此争彼夺，致陷全甘于不可救药之地"。恳请大总统能挑选一个"大公无我、威望素著之人，以解其结，以善其后"，再不行就对他们实行"裁军"措施，方能救百姓于水深火热之中。

此电到京后，徐世昌征询在京甘绅意见，大多数以陇东镇守使陆洪涛在甘治军严明，士兵爱戴，而一致主陆督甘，但对马福祥的政绩也应予以认可。为求平稳，于1920年7月先任马福祥为绥远都统，过渡一段时间后，至次年初才任命陆洪涛为护理（即代理）甘督，兰山道尹陈闿任护理省长。甘局暂得维持，转危为安。

易督、争督风潮虽趋缓和，甘肃政局暂得稳定，然回族各镇因拥马福祥督甘之目的未得达到，又以陇东张兆钾曾领衔通电北京政府反对马福祥督甘、且有过激言辞而愤愤不平，省垣甚至盛传各镇独立之说，诸如马廷勷部队前哨已开至河口一带等等，煞有介事。陆洪涛闻讯，恐诸镇守使反对，迟疑未入省城。经过商议，决定先遣魏绍武为卫队统带，率步兵一营、机关枪一队于农历十一月二十八日星夜赴省城。魏绍武于腊月初五首先抵省垣，以所部驻扎山子石皖江会馆。马廷勷闻陆部已到省，遂将河口之兵撤退。彼时孔繁锦因奉张督令已在省城，魏绍武与孔繁锦及各方接洽妥协，将所部分向白塔山、五泉山分驻，并电告陆省城安靖无事。陆遂于腊月十九日入省城，住皖江会馆。孔繁锦极力拥陆，主张立即任事。陆遂于二十一日接篆，即日迁至督府。唯此时诸马各镇拒不服从，对省方政令拒不执行。甘肃八大镇守使（陇东张兆钾、陇南孔繁锦、河州裴建准、甘州马璘、凉州马廷勷、肃州吴桐仁、青海马麟、宁夏马鸿宾)中,回汉各半,拥兵自重,欲割据称雄。陆洪涛统治地域有限,权势不固,只是名义上的督军而已。驻军粮饷"径由县属、税局直接提取"。陇南镇守使孔繁锦统治地区,"上自道尹,下至知事,各项征收委员,皆孔使私人"。陆洪涛无法施政,故时有"省令不出兰山"之说。陆愤愤不平,其部下黄得贵、李长清等主张用兵征服,先攻西宁,以武力解决。陆亦谓"炮火一响即便分晓"。在战争一触即发之际,作为甘绅代表的刘尔炘,目睹此情,更加担心起来,若不出面调停,定酿祸害。于是刘尔炘会同地方耆绅,拟就一份《致回教各镇守使书》,以探虚实。

至于刘尔炘的《致回教各镇守使书》写得如何的精彩,将在后面的章节作详细探讨。这里只想说明一点,在对当时的局势分析中,刘尔炘仍然对各回族镇守使们说出了和给袁世凯的电文中同样的担心,即"恐酝酿日久,招惹外界客军侵入甘境,则我甘不从此多事乎?"依然害怕这样的状况若持续不能得到妥善解决,会招致省外他人插手甘肃事务。另外,书信的最后刘尔炘不得不十分温柔地抛出"不能供养重兵"的"杀手锏",这和给袁世凯电文中的"裁军"建议没有什么两样。俗话说得好,外行看热闹,内行看门道。说"晓之以理",这大概就是刘尔炘告诉各镇守使最大的"理"。

华翰飞去,精诚所至,回族各镇守使虽未能如信中所言"轻骑简从,同莅兰垣",但形势为之缓和。相对于激奋的军情,刘尔炘"动之以情,晓之以理"的书信无疑是一剂有效的清凉剂,使各镇守使迅速回到了冷静的状态。士绅阶层上可以协调政府与社会的关系,下可以代表民众的呼声。而刘尔炘、马元章(此时马元章已在海原大地震中遇难)、郭南浦就是当时甘肃士绅阶层的代表。士绅阶层的意见,往往代表民意,假如谁继续固执己见,不听士绅们的劝诫,无疑是把自己推向了对立面,而各位镇守使正如刘尔炘所说的那样:"贵族诸将帅皆深明大义,功在乡邦。"谁都不会选择这种愚蠢的做法。果然不久,甘州镇守使马璘(玉清)首先来省,表示愿意尽和解的责任,并由他协调西宁、宁夏、凉州各镇,说明前次陇东电报措辞不当,系出自陆洪涛下僚所为,陆洪涛并不知情。各回族镇守使对此事遂涣然冰释,次第分电到省,渐通和好。接着,西宁马麒派弟弟马麟(字勋臣)也到省城,河州镇守使裴建准也相继晋省拜见陆洪涛。各处信使往还,甘肃统一之局渐成,时人谓"刘绅尔炘之一电与有力焉"!

十九、小西湖，一个
文人官吏的寻梦之园

　　民国以前的小西湖，位于兰州市七里河区，现兰州文科职业学校与兰州军区总医院一带。元代为莲荡池，明永乐年间，肃庄王朱楧建亭台楼榭，植柳栽莲，乘舟泛月，人称莲塘池，也叫莲花池。明末渐毁，清初亦废。康乾时，甘肃巡抚刘斗、陕甘总督吴达善重修。乾隆四十六年（1781）又毁于战火。光绪七年（1881）护理陕甘总督杨昌濬下令重建，且改名为"小西湖"。

　　为什么杨昌濬执意要在这毁废既久、百年荒芜之地下令兴造园林，并且还要将其改名？这里深藏着一个曾在跌宕起伏的宦海中苦苦挣扎着的文人官吏的梦境，而这个寻梦人自然就是杨昌濬。杨昌濬（1826—1897），字石泉，号镜涵，别号壶天老人，湖南省湘乡人。曾为左宗棠攻克杭州立下汗马功劳，同治四年（1865）八月，左宗棠上奏朝廷，称其"尽瘁驰驱，劳绩卓著。可否仰恳天恩，俯准将浙江按察使杨昌濬赏加布政使衔，并赏给该员三代二品封典，以示优异"。同治九年（1870）八月，杨昌濬正式担任浙江巡抚一职。不幸的是，同治十二年（1873）冬，余杭发生了"杨乃武与小白菜案"。杨昌濬轻信下级，屡屡误判，原告不服，一直讼至刑部而胜诉，太后震怒，将杨撤职。后因收复新疆筹饷有功，光绪四年（1878）四月，左宗棠再次上奏清廷，建议启用杨昌濬。杨昌濬在来甘途中写下《恭诵左公西行甘棠》诗："大将筹边未肯还，湖湘弟子满天山。新栽杨柳三千里，引得春风渡玉关。"，以铭左宗棠的知遇之恩。光绪五年（1879）九月，获二品顶戴，署理甘肃布政使。光绪六年（1880）杨昌濬护理陕甘总督，光绪七年（1881）八月，朝廷授甘肃布政使。杨昌濬在杭州征战、为官十余载，江南的湖光山色让他陶醉，尤其对西湖风光情有独钟，更重要的是由于自己的偏听偏信而受挫于西子湖畔，以至于在复出之后，在远在天末的西隅兰州，仍放不下文人对西湖山水的那份情。所以，修改小西湖，寄托着杨昌濬对杭州西湖胜景的无限思念。

至1924年，小西湖这座官建园林再度荒败，时任甘肃督军的陆洪涛鉴于刘尔炘已有建造五泉山而积累的丰富造园经验，故特请刘尔炘为造园高参而指导重修小西湖。刘尔炘原曾想，"余本江湖散人，造此游戏场，以与吾乡人士共偷欢倖乐于浑沌乾坤之内，亦消愁之一法乎？"所以，对于修建小西湖，刘尔炘似乎没有多大的压力，不愁钱、不愁工，专心筹划，精心创作，一时忘却烦恼之事，不亦乐乎！

小西湖完全是一个怡情的园林，就是要仿杭州西湖而建，达到"虽由人作，宛自天开"的艺术效果。所以，造园者须巧妙地借景以彰显西湖之韵。譬如将傍园而流的黄河比作钱塘潮，西湖有"雷峰夕照"胜景，可借白塔寺之塔拟之；西湖旁有"青山有幸埋忠骨"的岳王坟、岳王庙，而西去小西湖不远有彭泽将军之墓等等。且听刘尔炘所撰《重修小西湖记》如是说：

"光绪间湘乡杨公昌濬从两浙移督吾甘，增葺池台，添种树木，题门额曰小西湖，小西湖之名自此始。兹为益一门联云：印来明月一潭，青霭冥冥，此地上通星宿海；傍着大河九曲，黄流滚滚，出门如见浙江潮。"

"自小西湖之名著称于时，游赏者辄喜借西湖盛迹以比拟之。湖东数里外，大河之北，有巍然高耸者曰白塔山，山有白塔也。塔建于明正统、景泰间,历时仅四百余年,故犹特立独存,高出云表,题咏家往往以之拟'雷峰夕照'"。

"西湖胜迹有岳王坟,有苏小墓,英雄儿女各千秋,题咏家往往及之。""近数百年来,吾兰人才之以勋烈著闻于世者,彭襄毅一人而已!襄毅名泽,别号幸庵,济物其字也。墓在湖西,去湖约里许,土人呼为'彭爷坟'。后之人游于斯者,其亦闻前徽而思自奋也哉?"

然而,小西湖的胜处乃是原杨昌濬在湖心所建之"来青阁"。湖中垒石为舟,舟旁种莲花,叶露湛湛,荷风习习,当是乘舟泛月的好去处。湖南岸建"龙王庙",湖西岸建"临池仙馆",湖北岸建"螺亭",湖东建牌坊,题额"小西湖"。沿湖环栽杨柳。刘尔炘重修时沿湖筑栏,广栽垂柳,改"来青阁"为六角三层塔形亭,题额"宛在亭"。改临池仙馆为"羊裘室"。螺亭拓为高台,建回廊而上,可俯览黄河。龙王庙东西分别为两院,西院因朝霞最艳,题额"早红院",院内建"嘉雨轩"、"藕香馆"、"思鲈斋";东院因夕阳最佳,题额"晚红院",院内建"惠风轩"、"梦鱼斋"、"盟鸥馆"。前楼题额"也非台"。庙前有狮跑泉,用砖砌为半圆形,泉水喷涌,水量旺盛,后来在庙西陶公祠附祀陆洪涛,改称"二公祠"。祠西为"益社苗圃",轩南明长城上建"秋叶亭",祠前为"瀛洲坊",题额"柳浪闻莺"。湖北建"钓滩坊",题额"鱼天乐地"。坊前滩边布置黄河巨石,可以坐而垂钓。

不可或缺的仍是刘尔炘那绝妙的二十余副白话对联,又为此园林锦上添花。

小西湖是一个小型的园林,仍以静观为主,怡情、赏景是设计者的主旨,比拟西湖是匠心所在。建成后的小西湖,俨然是一个江南风格浓郁的袖珍式的陇上"西湖",也许杨昌濬还能梦游至此呢!

二十、赈灾扛鼎

　　1920年12月16日，北京时间20点06分09秒，在甘肃海原（今属宁夏）发生了震惊世界的8.5级大地震。极震区东起固原，经西吉、海原、靖远，西至景泰县。据《中国民报》等媒体报道，地震时"北京'电灯摇晃令人头晕目眩'，上海'时钟停摆，电灯摇晃'，广州'掉灰泥片'，汕头'客轮晃动'，香港'大多数人感觉地震'"。震感波及甘肃、陕西、四川、湖北、安徽、河南、山西、河北、山东、内蒙、青海等全国大部分省区，面积约一百七十多万平方公里。"甘肃省兰州市白塔山公园的三星殿《震毁重修记碑志》中称海原大地震为'全球大地震'。"可见此等规模的地震不仅在中国历史上屈指可数，在世界范围内也是罕见的。此次甘肃地震造成的损失之巨大前所未有。灾情发生后，时任甘肃督军的张广建第一时间把灾情上报中央政府，电云："计灾情至省城以西较轻，东路及东南北毗连各县较重，且连日各地仍震动不息，人心惶恐，几如世界末日将至。所遗灾民无衣、无食、无住，流离惨状，目不忍睹，耳不能闻。牲畜伤亡散失，狼狗亦群出吃人，实本年北五省灾旱情形为尤重。"这些记载虽有言过之处，但也是对海原大地震灾区惨景的一种记录。

　　在死亡者当中，有一位颇有社会影响力的人物，就是回族哲罕耶教教主马元璋。据著名回绅郭南甫之子郭怀风讲，地震发生后，他父亲即与马元璋之子马振武一道骑马日夜兼程地赶往马元璋的住地西吉，费尽周折才从震塌的窑洞里找到马元璋的尸身，待料理完后事,才回到兰州,与刘尔炘一起赈灾。

地震灾难突然降临到甘肃这块贫瘠之地,甘肃的地方政府正处在"青黄不接"的特殊时期。在1920年初,陇原大地便掀起了"易督"风潮,主张"甘人治甘",欲驱逐甘督张广建,但在由谁继任甘督的问题上,回汉将领各不相让。最终北京政府于1920年7月任命回军首领马福祥为绥远都统。但年底地震发生时,张广建还在支撑着。可能因为地震发生后张广建只想逃脱,才促使了中央政府对陆洪涛代理甘督的任命。在这种被刘尔炘称为"掌甘政者适又新旧代更"之青黄不接之际,赈灾之事自然就会被延误的。

灾害发生后,包括省内外、国内外的社会各界都产生了积极的响应,在地方政府方面,也成立了相应的赈灾机构。可是,当代理省长陈阊走马上任后,立马撤销了政府的赈灾机构,急切致函刘尔炘,恭请老翰林出山,以省垣总绅的身份全面负责赈灾事务。

陈阊(1883—1952),字季侃,浙江诸暨人。清朝光绪二十八年(1902)举人,徐世昌收为弟子,任京师大学堂教习。中华民国成立后,1917年陈阊任甘肃兰山道尹,任内禁止种植鸦片。民国9年(1920),代理甘肃省省长。临危受命的陈阊在给刘尔炘的信中说:"甘肃赈灾奇重,为近世所仅见。本人受事伊始,每念及此,忧心如焚,辗转筹思,非有名德朔望、熟谙民间疾苦之正绅君子主持其事,深恐无以善后。凤仰贵绅恺悌为怀,见义勇为,为全陇世民所推重,正拟从容商榷,迭接甘肃旅京赈灾各会函电,亦一致推公担当此任。"

为什么政府要撤销公办的赈灾处而请地方绅士总揽赈灾工作,陈阊的信中已经说到了这个问题,担心出现腐败,"深恐无以善后"。乾隆四十六年(1781)查处的甘肃冒赈案,就是一例。七年之间,113名官员以赈灾济民的名义上下勾结,肆意贪污,被追缴赃银281万多两。甘肃此案,上下勾结,侵帑剥民,盈千累万,法无可贷,被处决的官员有56人。

地方绅士赈灾,一般都能做到大公无私,收支清楚。其中最典型的就是清末民初的刘尔炘及其弟子的赈灾团队。

光绪三十四年(1908)甘肃自春至夏"天气亢阳,雨泽稀少","夏秋失种,所有各州县被旱、被雹、被冻"而"大饥"。次年宣统元年(1909),"二麦既未播种,节交夏令,又未得透雨,加以连年旱歉,户鲜盖藏,各处饥民至剥取草根树皮为食,乡间牲畜多致饿殍,哀鸿遍野,惨目伤心"。闻知甘肃大旱,海内外仁人义士慷慨捐款以赈灾民,凡款项出入,一部分归于官管,而交士绅管理者,公举张林焱翰林总管其事。

在社会各界的一致拥戴下,刘尔炘临危受命,别无选择。在之后的《辛壬赈灾记》中,刘尔炘回忆说,设立赈灾处,一方面是旅京甘人的众望,"吾乡人之旅于京者,闻变函电交驰,断断以倡捐救灾相敦迫,而尤以综理出纳之责嘱望于炘"。其二是"当是时,省署已设有筹赈公所,以省垣纸币推行于各灾区,诸多滞碍,而掌甘政者适又新旧代更,遂徇京电,撤销筹赈公所,赈务一归绅办。"原来,省政府虽然已经设立了"筹赈公所",政府发行的纸币在省城尚能流通,但在各地基层却仍用硬通货银元,更何况代理甘督、省长刚刚走马上任,一切情况尚不十分清楚,于是就根据上峰的旨意,撤销了原有的"筹赈公所",将赈灾的重任完全交给了百姓信任、各界期待、且能与政府沟通的绅士团体。之所以说是"绅士团体",是因为在刘尔炘周围,汇集着一批富有声望的绅士,如张林焱、郭南甫、杨巨川、水梓、邓隆、张维等等。因此,刘尔炘设立的"震灾筹赈处",立即成了连接全省、全国乃至全世界献爱心团体、人士和受灾百姓之间的桥梁。刘尔炘还将自己两位弟子王烜、李蔚起招来,具体实施赈灾工作。

据《辛壬赈灾记》所载,在此次赈灾中与"震灾筹赈处"有密

切联系的,在都门有王少鲁设立的"陇右公赈会",柴春霖设立的
"赈灾救济会",李克明设立的"赈款经理处";在沪上则有甘人设
立的"救济会"、公赈会分立的"震灾奖券局";在日本则有留学
诸子倡立的"同乡会"。此外,尚有"其他仁人义士闻风解囊者,
相望于海内"。刘尔炘特例记录了以个人名义捐款者:"徐大总统
捐兰平现银七千一百两","热察绥巡阅使王捐兰平现银七百一十
两","杭州督军卢省长沈捐兰平现银三百五十六两"。团体捐助
者除上述外还有:北京赈务处、北京华北救灾协会、汉口慈善会,
浙江省、广西省、黑龙江省、吉林省义赈会等等。

《辛壬赈灾记》记载了这些捐款的具体用途:其出急赈项有:
29个县,共兰平现银106 927两,兰平票银1 000两。其中海原下
发急赈兰平现银4 185两,兰平票银1 000两。隆德下发急赈最多,
竟高达4 000两。其出工赈项有:5个县,包括静宁、通渭、海原、榆
中、省城监场堡;共31 823两,主要用于修桥、修城、修河堤及疏浚
河道等。除此之外,这些款项中的少部分也捐给其他受灾省份,比
如江苏水灾,捐大洋两千元,以表甘人心系不同灾区人民。关于具
体散赈员的差旅开销、办公费用以及创立粥厂的具体费用等,刘尔
炘也都一一加以说明。

刘尔炘发现急赈项目已花去二十五万两银子,恐赈灾款难以
接续,刘尔炘便与陈閬代理省长一道致电大总统徐世昌、国务院内
务部以及旅京甘肃赈灾救济会并转各同乡、各救灾会、陕西督军及
省长、新疆省长,以求支援,其电文曰:

　　北京大总统、国务院内务部钧鉴
　　旅京甘肃赈灾救济会并转各同乡、各救灾会鉴
　　陕西督军省长、新疆省长鉴:
　　甘肃省地震成灾后,急赈虽已办毕,而人民荡析离居,未

能安定,其情可怜,其势可虑。现正接办春赈。阎受事后,体察情形,觉赈务重要,非有廉明公正、乡望素孚之人一力主持,不能得人心而收实效;适京外甘人连电公举皋兰绅士刘尔炘专办赈务。阎久知其人有为有守,因函请勉为其难。尔炘桑梓攸关,已难逊谢,已于兰州设立甘肃赈灾筹赈处,以绅士名义综理其事;所有张前省长设立之筹赈公所当即取消,以一事权。尔炘仍随时商同省长暨各官厅,和衷共济,以期款不虚糜,民受实惠,庶渐消地方之隐患。阎等窃查此次赈灾三十余县,急赈略为点缀,用款已将近二十万元,接续应办之赈甚多,需款甚巨。我大总统已有惠施,还望从优从速,其各处捐款已收者,望速汇;未收者乞速收;未劝者请力劝。不胜为纵横数百里灾区之民昂首尝鸣,迫切待命之至。

赈灾资金的短缺,无疑给赈灾工作增加了难度。刘尔炘的赈灾团队先将丰黎义仓等存粮、存款提出,开始急赈,在省城开设粥棚,向灾民施粥。

至1921年六七月间,震灾虽已暂减,而"外县之以雹灾告者又日有所闻,乃拍通电,统筹甘赈,不复拘拘以震灾为限,从此绵绵延延,至癸亥夏四月十有六日而始竣其事"。至于赈灾过程及赈灾款项的收支情况,《辛壬赈灾记》中均有详细记载。各地方绅士设立赈灾处、各方不同的救灾方式,最主要的是各省捐助金额及这些款项发放于地方的细目及用途等都有详细记载,确保了赈灾款项用途的公开化和透明化。

地震赈灾告一段落之后,刘尔炘将结余的赈灾款用于一项着眼于长远未来的防灾减灾工程,那就是在当时陇原颇具影响的工程——创设"丰黎社仓"。

自然灾害接踵而来,而防灾减灾任重而道远。王烜从此而专事赈灾工作十五年，因此成为民国史上甘肃省的赈灾名人。由于在赈灾中的干练、廉洁，王烜的威信与日俱增，终于成为继承恩师赈灾事业的优秀接班人，曾担任华洋赈灾会总办、甘肃赈务会主席。至1928年春，爆发河湟事变，战乱延及河西，加之河东地区大旱，灾民甚众。为了赈灾，设立甘肃筹赈会，王烜被选为会长。以刘尔炘及其高足们为代表的"乡绅"们为维护地方社会的安定，为解除地方百姓的疾苦，上接官府，下连巷间，创造了一个又一个人间奇迹，为甘肃的乡绅文化书写了最为华彩的篇章。

为什么旧时的绅士及其团体在管理社会事务中有如此大的能力而享有崇高的声誉？说起绅士，这个离我们当今社会生活较远的名词，有必要了解一下。

乡绅，即乡间的绅士，《警世通言》谓"乡绅是个厚德长者"。乡绅阶层是中国封建社会特有的一种阶层，主要由科举及第未仕或落第士子、当地较有文化的中小地主、退休回乡或长期赋闲居乡的中小官吏、宗族元老等一批在乡村社会有影响的人物构成。乡绅们近似于官而异于官，近似于民又在民之上。尽管乡绅们中有些人曾经掌柄过有限的权印，极少数人可能升迁官衔，但从整体而言，乡绅们始终处在封建社会的清议派和统治集团的在野派位置。乡绅的社会地位是封建统治结构在其乡村社会组织运作中的典型体现。乡绅阶层是近代中国封建社会中一个不可忽视的重要阶层，乡绅们的各种权力和社会地位，相当一部分是皇权默许甚至授予的。乡绅式的治理方式是历史的选择，它未必先进，但它相对合理。这种管理方式既可维护上层统治者的利益，也维护宗族利益，在两种势力的支持下，使乡绅们成为乡村民众的代表，构成封建统治在官府之外的又一股势力。

故事远去，余音绕梁。当地震的余悸渐渐远去，赈灾的事务也已尘埃落定，却发生了一件爆炸性的新闻。1924年春，甘肃省长公署为奖励刘尔炘办赈出力之勤,捐款布施之公,社会评价之高,特请民国大总统曹锟题颁"疴瘝在抱"匾额一方。面对如此高级的奖励,刘尔炘却拒不接受,第二天就致函省长公署,请示退回奖匾。函中说:"我应邀出来办赈,并不是因为要扬名和荣获嘉奖,而且当省长公署调取办赈人员履历时,我就声明不接受嘉奖,我不食言,不贻人笑柄。"省长公署误以为刘尔炘是故作姿态,所以没有如其所求,仍将奖匾送给刘尔炘。不料,刘尔炘却再次致函省长公署,坚持退匾。

这次,刘尔炘写的函文更加情真意切。原来刘尔炘坚持退匾,除了信守诺言,还有更深层的动机。那就是以实际行动,来矫正追名逐利的颓风。省长公署见刘尔炘退匾态度十分坚决,只好将匾额退回内务部并请求注销。内务部也只好收回匾额,准予注销。

"一身担道义,半世薄浮名"。试想,那可是人人唯利是图的军阀动荡年代!

二十一、创 设 社 仓

前已述及,"丰黎社仓"的创建是刘尔炘在海原地震赈灾后深思熟虑之大手笔。刘尔炘在《创设"丰黎社仓"记》说:"余既肩震灾重任,经历数月默察静观,然后知人类之造劫也为最易,而造福则独难。其始不过纵一二强有力者利己之私耳,未几而播为习尚,上下交征,又未几而蚩蚩者之生机遂索然尽矣。偶遇偏灾,疮痍满地,即合群力以施其补救,而受者之所得,固为数无几,况诛求征敛之数十百倍于所施者又相逼而来乎。如牛羊然,疾病之余,尫羸甚、惫甚,或方牧以一束之刍,而持剪刀环伺其旁者,眈眈焉怒而睨之,唯恐毛之不丰,不足以厌其无等之欲也。"这段话的大概意思是说,在我担当地震赈灾工作的短短几个月内,通过细心观察,明白了一个道理,那就是给社会造成灾难容易而造福于社会则难而又难。其原因就是利己者太多。起初是个别现象,很快就会形成风气,再到后来诚实纯朴之风便丧失殆尽了。如果遇到突如其来的灾难,眼前局面惨不忍睹,那就群策群力救灾吧!可是真正能得到救助的人却寥寥无几,因为得到的还不够征去的。正像一群有病的牛羊,本来就虚弱不堪,刚刚有人给喂了一把草,草还没消化呢,周围就挤满了剪牛羊毛的人,虎视眈眈,唯怨不能剪光以满足自私而后快。所以说造难容易造福难啊!这便是当时吏制腐败的深度写照。可以想见刘尔炘此时此刻极度忧虑的心情,难怪刘尔炘在《果斋遗言》中说:"人之称道者,数十年为地方所办公益事耳！我之于公益事也,其始视之如身心性命,既而时势变迁竟成逢场作戏,结果乃一无所成,付之一笑而已!"

可是,无可奈何呀!放眼望去,全中国二十几个省到处有遭灾,不独甘肃。"路漫漫其修远兮!吾将上下而求索",造福虽难也要迎难而上地做下去。刘尔炘说:"吾闻古君子之为国也,不惟不酿灾,而且能防灾。耕三余一,耕九余三,邦有常径,人有远虑。"而我们甘肃的情况又是怎样的呢?"全陇六七十县中向之常平义社各仓,盖十无二三焉!其一二幸存者,大抵亦徒拥空名,更无实际。而军费之惟日不足,预指用途以取之于民者,往往又寅支卯粮。"面对目前之状况,刘尔炘深感"怵目惊心,不寒而栗",故毅然决然节款设仓。

原来,在此之前就设有"义仓"。清宣统元年(1909),刘尔炘曾主持皋兰水灾的赈灾事务,等赈灾工作结束时,善款尚有结余,遂将其存入商行增值。到了1915年,成立"陇右实业待行社"时,即下设有"义仓"。刘尔炘回忆说,当时,国内在做救济时动不动就搞什么"实业",所以同人们在处理地震赈灾余款时觉得应尽快办实业。怎奈我们甘肃条件有限,又缺乏人才,所以只能从囤积粮谷做起。因为"民以食为天",有了粮谷,就有了生存的希望;有了社仓作保障,假如猝逢天灾,就能平粜粮价,有效地遏制粮价的飞涨;还可以直接施粥,救灾民生命于顷刻之间。譬如在地震赈灾期间,刘尔炘就在兰州黄河北、东稍门、雷坛开办施粥厂三处,以拯灾民。如此,刘尔炘遂将皋兰水灾的赈灾余款统归"陇右实业待行社",用地震赈灾所余之款用来建设新仓,将原有之"义仓"改为"社仓",名为"丰黎社仓"。因恐原有之仓储规模有限,不能大量地储积粮谷,便向官方申请将废弃之仓划拨以作修建新仓之用。

关于"丰黎社仓"的命名,刘尔炘曾撰写楹联:"丰年多黍多稱；黎民不饥不寒。""丰黎社仓"的管理制度十分严格，单就粮食保管而言，严格实行水地、旱地两种麦子分仓储存。从青海及河西等地购进的麦子麦粒含水分较多，麦粒断面色白，百斤出粉率较旱地麦少几斤。皋兰等干旱地区所产麦粒断面质地紧密，出粉率较高。水地麦不耐久储，巢旧籴新，因此仓储的麦子质量始终保持优良，正常年景倒仓时私人磨坊争相购买。丰年谷贱伤农，私商压价收购，而社仓则以合理价格买进，保障了农民之收入。若遇自然灾害，庄稼歉收，私商哄抬粮价，而社仓则平籴，稳定了市场。

"要在那大天大地中创大规模者；不在这小山小水上闹小玩意儿！"刘尔炘写在五泉山上的这副楹联正是刘尔炘此时此刻精神气象的写照。刘尔炘创设的"丰黎社仓"不仅在省垣增建粮仓屯粮，而且还"意在推之陇上"，从省总仓中拨款给全省各县，在各县"创建丰黎社仓"。拨款现银三千两、二千两、一千二百两不等，受惠县有西宁县（今青海省湟中县）、碾伯县（今青海省乐都县）、大通县、平番县（今永登县）、武威县、张掖县、狄道县（今临洮县）、靖远县、榆中县、会宁县、固原县、伏羌县（今甘谷县）、秦安县、武山县、武都县、临潭县、西固县等十七个县份。此外，省财厅也锦上添花，答应从赈捐项下借支，每县拨款二千两作为配套资金。

刘尔炘的拳拳之心，日月可鉴，可处在乱世中的地方官僚们却未必有此境界。当创设"丰黎社仓"之款下拨后，只有大通、西固、靖远、平番成立了"丰黎社仓"，值得赞扬的是狄道县不但成立了"丰黎社仓"，而且还"增筹他款，恢张扩大"。而其他地方如秦安、伏羌、临潭、会宁、固原、榆中、武山、武威等县，虽收了拨款而"丰黎社仓"却久未成立；张掖和武都连收款情况都没有反馈；碾伯县竟然官绅相争，拨款也不知去向；天水、导河（临夏）又鉴于前车而无人敢于承担；去函嘱其指定承办人而杳无音信者就有平凉和宁夏。

面对这种状况，刘尔炘内心的忧愤之情可想而知。刘尔炘在《丰黎社仓创设记》中感叹道："余于是而知，礼教之范围于无形、为万事之本者，不可一日而坠也。礼教放失，纲纪遂扫地无余，纳世人于任情自恣之途，如野马之失衔勒，而惟刍豆之求，于是强者劫夺，弱者窃攘，黠者且假公以利己。号称贤智者流，非委化任天、超然世外，即默移趋向，藉便身图血气之伦，罔不犯义犯刑，略无顾忌，谁复能操之、纵之、馨控之，以施其驾驭之方也欤？"这段话的大意是说，我通过创设"丰黎社仓"这件事情才深刻地体会到，社会纲常礼教虽似无形，然而却是统摄万事的根本法则，一天都不能荒废！倘若礼教沦丧，国之纲纪则一败涂地，世间之人都将涌入嗜欲之途，就像一匹匹脱缰的野马，只知贪求草料。于是乎，整个社会里，强悍者巧取豪夺，懦弱者鸡鸣狗盗，奸诈者损公肥私。而那些自诩为贤良聪明者，不是蜕化为不食人间烟火的世外之人，就是潜移默化为贪欲之辈，礼义纲常全然不顾。谁能对眼下这种乱象有回天之术呢？正像刘尔炘在《五十初度》诗中所发出的呐喊："神州莽莽尽烟尘，谁向中原救兆民！"

刘尔炘继续发表感慨说："呜呼！失衔勒则天下无能用之马，失礼教则天下无能用之人。既无能用之人，焉有可成之事？又何怪吾区区志业，如蜂蚁之经营于一枝之上、一隙之中者，亦荆榛满目、举足难行也哉！"哎呀呀！就像脱缰之马将会成为一匹废马一样的道理，在一个丧失了行为准则的社会里是没有多少可用之才的，既然无可用之才，哪能办成尽善尽美的好事？难怪像我创设"丰黎社仓"这样一件区区小事，也竟然像蜂蚁在一树枝上、在一缝隙里筑巢垒窝一样到处充满着荆棘而举步维艰啊！

"已矣乎！规矩亡则公输不能为巧，六律亡则师旷不能为音。礼教者，经纶天下之规、律也。世有求治之公输，想望太平之师旷乎，当知所先务矣！"刘尔炘最后只能无可奈何地说，只能如此作罢！失掉了规与矩，即使是鲁班在世也不能显示他巧妙的技术工艺，失掉了六律（即黄钟、太簇、姑洗、蕤宾、夷则、无射），就是师旷复活也无法谱写韶音华章。礼教就像工匠之规，谱乐之律一样统摄着世人价值观念。我们不是要追求盛世、渴望太平吗？那就得像鲁班、师旷有规律一样,恢复社会的礼教纲常则是当务之急。

诚哉斯言！在一个正常价值观被金钱、利欲扭曲的时代，少数人的善心就像皑皑雪原上的几点星火，顷刻就会被狂风暴雪扑灭。但是也有话说得好："离离原上草，一岁一枯荣。野火烧不尽，春风吹又生。"仁爱是不会绝种的，仁爱之士是层出不穷的。令刘尔炘欣慰的是，他开创的慈善事业后继有人。"丰黎社仓"1928年由水梓、王烜、李蔚起任主管，杨思任名誉检查，张维、罗子衡、魏绍武、慕寿祺、田成于、王廷翰、赵正卿、秦望莲、车子权、史嘉言、祁櫆门、王训庭、王少沂、郑哲侯、邓绍元、谢子明、阎隽卿等为义务赞襄。刘尔炘的慈善火种仍在他的学生们手中相传着。

1929年，甘肃大旱，50多个县受灾，饿死140多万人，病死60多万人。仅兰州地区就有13.8万灾民，凄惨景象触目惊心。私商粮店里，一百斤小麦售价由常年的二元飙升为二十元；"丰黎社仓"即在兰州木塔巷、官园开仓平粜，让每位灾民购买平价粮3斤。刘尔炘亲临监督施救，还协同警察厅，在兰州黄河北的庙滩子、东稍门、雷坛河设省垣粥厂，给灾民舍饭，救活了许多颗粒无收、无家可归的百姓。据兰大二院魏青莲老人们回忆，黄河北庙滩子西面王大成家的翻砂厂大院里，临时搭起的竹席大棚下砌着高大坚实的土坯炉灶，一字排开支七口特制的大毛边铁锅，每天后半夜炉火熊熊，人声喧闹。她的老祖母感叹：做舍饭的人真辛苦！天亮时七大锅饭按时做好。有一天是小米稠饭，有一天是荞面或豆面糁饭，有一天是白面、糜面混合蒸糕。太阳升起时开饭，领饭的人自动排队，秩序很好。饭场门口坐着一位穿长衫的管理人员，给领饭人各发小木牌一个。牌子二指宽,半尺长,一端削成三角染上红色。做饭师傅收下木牌,挖给稠米饭或馓饭。因为饭稠,衣襟也可以兜着。蒸糕很厚,大笼屉蒸一个晚上,开饭时香气扑鼻。吃舍饭只排一次队,不要什么证明,所以除外乡人,城里贫民也按时来吃。她家住沙梁子坡上,离舍饭场很近,居高临下张望,看到没有人排队时老祖母便打发她姐妹两个去领荞面馓饭。回来晾凉切条,调上辣子醋蒜,全家六口人每人一碗凉粉,吃得津津有味。有次去迟了,领牌后见锅里一无所剩,大师傅稍作踌躇,给她二人一碗小米,约有一斤多。奶奶曾一再叮嘱不要给爷爷讲,可凑巧碰上爷爷,爷爷以诧异的目光审视后,询问小米从哪里来的?姐姐坦白实情后,爷爷阴沉着脸厉声训斥奶奶:"让孩子去干这种既丢脸、又从饥民口中夺食的丑事,怎么见人!"从此以后她家再没有吃不掏钱的凉粉。小贩和苦力收入微薄,在舍饭场吃一顿合情合理。有一天舍饭场周围的人们议论纷纷,说刘大人带病来察看舍饭质量,刘大人的仁爱美德很感动人。

"入耳声声乞食难,且凭柔翰写辛酸。笔尖都是哀鸿泪,此纸成灰墨不干。"就是刘尔炘当年的伤痛之情。"先有事于积谷,以待时机之来也",丰黎社仓为赈灾发挥了十分积极的作用,也表现了刘尔炘的远见卓识。

自1931年起,"丰黎社仓"由王烜、张维、杨沛霖三人任主管直至解放,"丰黎社仓"以其独特的方式解救了特殊时期的灾情,已成为甘肃民国赈灾史上的经典范例而永载史册。

二十二、兴 国 之 梦

剥卦　　　　复卦

刘尔炘在1925—1926年间的《日记》中有云:"夜来梦天地晦冥之中忽有火光如电,此'剥'、'复'之象也。醒而志之,不觉惕然。群阴四塞,一线火光亦微阳耳,能使重华复旦乎?"

群阴四塞之际,忽有火光如电,这在《易经》中就是"剥""复"之卦的具象。刘尔炘在《嗳经日记》之《周易》中说:"剥以人事言,是小人剥君子之时。《易》不责小人之无道,而戒君子之轻进。此所谓'为君子谋,不为小人谋也'。然只曰'不利有攸往',而处'剥'之道,犹浑而未显。《程传》曰:'当巽言晦迹,随时消息。'得圣人未言之旨矣!《象传》曰:'柔变刚。'是卦之所以取于剥者,其在人心,义理属阳者也,刚也;利欲属阴者也,柔也。义理不敌夫利欲,则义理受剥矣!其在天下,君子属阳者也,刚也;小人属阴者也,柔也。君子不敌夫小人,则君子受剥矣!然义理之心有微而无灭,君子之道有晦而无亡,上九曰'硕果不食',以见人欲虽极其恣肆,世运虽极其晦冥,而天命之流行者究未尝息也。求义理者可以自奋;为君子者可以自坚。"在解读《易经》当中,剥卦即有所往则不利。剥卦五阴在下,逐次上升,一阳在上,面临着即将被剥落的危险,阴盛阳衰发展到了极点,象征小人得势,咄咄逼人,迫使君子处于极为不利的地位。然"不利有攸往",在这种形势下,作为以天下为己任的君子,应该懂得"顺而止之"的道理,采取明智的对策,着眼于拨乱反正的转化。这就是小人之势由盛而衰、君子之势一阳来复、各自朝反面转化的契机。但是,转化的契机仅仅存在于事物发展的极点,在极点尚未到来之前,其发展的势头是难以抑制的,此时不可贸然行动,盲目冒进,与得势的小人发生正面的碰撞,必须顺应客观形势,静以待时,韬光养晦,善于自处,保全实力。所谓物极必反、否极泰来、剥极必复,都强调一个"极"字,这个"极"就是盈虚转化的契机,而契机的到来有一个发展的过程,因而生活于剥落之世的君子应该有一个正确的剥落之道。一方面要对未来抱有乐观的信念,看到剥落之世不会长久,必有一个尽头;另一个方面,也要清醒、理性、细致地分析剥落过程的各个不同的阶段,针对不同阶段的具体情况采取适当的对策。

至于"复"卦之意,《嗳经日记·周易》解释说:"天地生物之心,阳也,孔子所谓'仁',周子所谓'太极'是也。无一时之或停,无顷刻之或息。当严冬闭藏,万物凋谢,人或疑天地之心于是而停息,而不知非停息也,特人不见耳!偶一发露,天地之心斯见矣!故曰:'复,其见天地之心。'"复卦之意即"通泰,出门、居处均无疾病。有所往则有所利"。复卦由剥卦转化而来,其在下之一阳固然稚嫩微弱,却是新生的力量,体现了"刚长"的强劲势头,蕴含着蓬勃的生机活力,其发展的前途无可限量,"利有攸往"。通过复卦,可以见出"天地之心",所以说"复,其见天地之心乎"!"天地之心"就是天地生物之心,是宇宙大化流行的基本的原动力,洋溢着活泼泼的盎然生机,与人性的恻隐爱人之心的仁息息相通,也可以说是一片仁心。复卦一阳初生于下,以具象表现了"天地之心"的哲学底蕴,是值得我们深刻领会的。复卦之下体震为动,上体坤为顺,震一阳动而进,坤群阴顺而退,"动而以顺行",其发展的远景是亨通的。然而,由于一阳初生,稚嫩微弱,发展到壮大强大有一个长期而艰难的过程，所以不必操之过急，拔苗助长，应该顺其自然，"出入无疾"。"疾"是急速的意思，"出入"是生长的意思，阳复生于内谓之入，上进于外谓之出。既然阳长阴消的势头业已形成，同类的友朋前来亲附为期不远，指日可待，所以应该抱有乐观的信念，"朋来无咎"，不会感到孤独，也不会有什么咎害。

所以，刘尔炘从"剥""复"的寓意中推断我中华民族肯定会有"重华复旦"的希望。重华即是虞舜的美称，中华民族已经饱尝了近百年的屈辱和苦难，尽管当时仍然政治黑暗、民不聊生，但否极泰来，新生的救国力量也许已经产生，将带领民众创造一个尧风舜天的新时代。

这就是发生在近一百年前的一个十分真实的"中国梦"。

然而，这果真就仅仅是一个士人具有远大预见性的梦吗？故事似乎还可以再放大一些。

1925年前后，和当时军阀混战的状况大同小异，甘肃也"乱成一锅粥"了。在甘肃军阀李长清发动兵变之时，甘肃电报局工人为争取增加工资参加了全国电报工人大罢工。1925年冬，甘肃最早的共产党组织——中共甘肃特别支部在兰州成立，它标志着甘肃人民在中国共产党的领导下，开始了有组织的革命斗争，中国共产党在甘肃开始了有组织的活动。

据原兰州师范退休教师李勇讲，他的母亲窦香娥女士，是中共甘肃早期领导人张一悟介绍入党的中共党员，也是中共甘肃特别支部的成员，支部活动的地点就在五泉山的嘛呢寺。刘尔炘自1924年重建五泉山之后，就一直在层碧山庄办公，著书立说，可以说五泉山的主人就是刘尔炘，五泉山上的风吹草动，刘尔炘不会充耳不闻的。中共甘肃特别支部在这种情形下，能在刘尔炘的眼皮底下活动，倘若不是刘尔炘"睁一只眼，闭一只眼"，是可能的事吗？再说了，张一悟的父亲张继祖，是刘尔炘和阎士璘创办甘肃省立图书馆的有力助手，之后又是省图的掌门人。刘尔炘与张继祖有如此密切的交往，张一悟的事，刘尔炘会一无所知么？刘尔炘是什么人？刘尔炘可不是普通的士人，而是痴心探求救国救民真理的人，我们从刘尔炘的诗文特别是写于辛亥革命时期的《杂感》就能明显感觉到刘尔炘对当时的治国方略是持怀疑态度的，所以国内政治思潮的动向和党派活动，刘尔炘的嗅觉应该是很敏锐的。恰恰在这个时候，刘尔炘有如此之梦，它意味着什么？或者说，用《周易》解梦之法，是刘尔炘对新生势力的默许，是机智的表达方式，因为《果斋日记》就是当时出版的，若不倍加小心，便会引火烧身。至1928年，特别支部的活动还是被当局发现了，窦香娥等党员和积极分子相继被捕。刘尔炘得知此事后，积极开展营救，与张维、水梓、慕寿祺等社会名流联名保释，慑于刘尔炘等名士们的社会名望和社会压力，当局很快释放了被捕的中共党员和积极分子。如果说刘尔炘对共产党在五泉山嘛呢寺的活动并不是有意在暗地里设法掩护而是得过且过的话，那对共产党员的联名保释则绝对是出于真情实意。可见，刘尔炘的那个"中国梦"以及那些天衣无缝的解卦理论背后，可能还暗暗地隐藏着对共产党的认可与支持。王烜在《刘尔炘事略》中言"其识虑往往出人意表，事前所言，事后多应如响"。这件事应该是一个例证。

俄国作家安东·巴甫洛维奇·契诃夫说："他有着天才的火花！你知道这是什么意思？那就是勇敢、开阔的思想，远大的眼光……他种下一棵树，他就已经看见了千百年的结果，已经憧憬到人类的幸福。这种人是少有的，要爱就爱这种人。"

二十三、"儒医精舍"与"同仁局"

教育开启民智，医疗关乎民生。清末民国时期，即便是省城兰州，医疗资源也极端贫乏。再加上军阀征战，连年天灾，百姓居无定所，食不果腹，病患也就纷至沓来，许多伤病常常由于无力救治而夭亡。刘尔炘心想，要使这种状况从根本上得到改变，非得从医疗人才的培养上抓起。于是在1926年，刘尔炘开始筹办医疗人才培训班，名称都想好了，就叫"儒医精舍"。简单而言，儒医即指医德高尚、医技精湛、深谙医道的医者，而精舍最初是指儒家讲学的学社，后来也指出家人修炼的场所，此处借指教学场所。

刘尔炘即是一位名副其实的儒医。古人云，上工医国，中工医人，下医医病。在刘尔炘的各类文章中，谈治国、治学、做人的弊端，屡用医理比喻，可谓入木三分。若不精通岐黄之理，怎能达到炉火纯青的境界？譬如："'学贵日新'之说，非第谓闻见日广、知解日富也。玩索之意趣不同，振作之精神各异。如服药然，疾病日消而元气日复者，是能取益于药者也。参、苓日进，故我依然，虽口谈《灵》《素》，手握刀圭，又何异庸医之抱病呻吟而诩青囊中多秘术哉？"（《劝学迩言·三》）《灵》《素》即是《灵枢》《素问》，合起来便是《黄帝内经》，而"刀圭"则是古代取药的工具。中医治病，贵在辨证，药证不符，虽然精通理论，虽然用参、苓补益，仍不能"取益于药"。治学亦然，不要片面地追求"学贵日新"，要从自身的意趣出发，方能获得实学。

"经世之学，不难于知天下之弊，而难于革天下之弊。纪纲法度，头绪纷繁，欲除一弊，必动全局。如人之受病日深，脏腑相为传染，非若新病之可以头疼治头、足疼治足也。讳疾忌医、因循不治者，固为误事。信古太过，浪言攻伐，亦未必即能奏效。静养元神，而博访良医，察其轻重，与时消息，庶几其有瘳乎？"（《劝学迩言·五》）世间最大的学问就是"平天下"，而平天下不光要知道天下存在的弊端，更重要的是要纠正这些弊端。天下之时弊就像机体患病一样，病程日久，脏腑相侵，或子盗母气，或母病及子，或乘其所克，或侮其被克。所以治疗既要实事求是，深知所患之病非大治不可，又须辨证精当，慎用攻伐之剂，方可缓缓图功。

"乡人有病痨瘵者，逢良医而告之曰：'清尔心，寡尔欲，慎尔起居，节尔饮食，庶几其有瘳乎！'而病者清之无术，寡之无方，慎之节之又不力，反笑其言之为迂。而就夫医之庸者焉，庸者曰'参、术可投也'，投之而不受；'硝、黄可攻也'，攻之而不支。时而头疼则曰'头之病也'，时而足弱则曰'足之病也'，迁延苟且，病不可为，究不悟向者良医之说为不可易之说也。"（《果斋一隙记》）庸医为什么头痛医头、脚痛医脚，就是因为不谙辨证之理，治国、治学也是此理。

"有病夫于此，固贵求医而世无和、缓，庸医乃相竞而来，参、附误投，硝、黄杂进，病夫之病遂愈笃，而求如向者之苟延残喘，不可得矣！清之亡，中华民国之日进而日乱，何以异于是？古人云：'有病不服药，是中医。'良然！良然！"（《果斋日记》）医和、医缓分别是春秋战国时期秦国的两位著名医生，而今已不复有此良医了。不得良医而庸医泛滥，病情自然会日趋笃重。早知如此，何必当初？刘尔炘仍是以此讽喻当时统治者治国方略之乖谬。"有病不治，便得中医"是中医界的一句古话。其意是说，如果得了病，与其让庸医治坏，倒还不如不治疗，即便如此，还能得到一个中等水平医师的治疗结果。

又如在《辛亥杂感》的两首诗:"中原国手渺岐黄,何处能寻续命汤。还是庸医才调大,争言海上有奇方。""几回采药到蓬瀛,元气翻亏血不荣。说是单方嫌力弱,大丹成后便长生。"

精通医理的刘尔炘,还有一定的施治医术。兴文社的职工们有个头疼脑热什么的,若遇上刘尔炘在社里办公,都会请他惠施一方,常常是药到病除。不仅如此,刘尔炘在长期的扶危济困中发现,因病致穷甚至因病返贫的现象十分常见。而有病没钱治和有病没人治的现状更让刘尔炘焦急万分、寝食难安。倘若能培养一批医术精湛、医德高尚的医疗人才来服务社会,或许能从根本上解决民生问题。为此,在1927年开春,刘尔炘便着手筹办医学讲习所。

在拟定一系列的工作章程和培养方案之后,刘尔炘计划五月份在道陞巷的养源别墅先搞一个沙龙式医学讲习所,汇聚本地区的医学资源,待暑假之后于秋季正式开班。为了配合"儒医精舍"的开办,兴文社也在道陞巷设立了"同仁施医馆",以便学员们能及时跟师临床实习。招生消息一出,各地的有志之士纷纷前来打探情况。

皋兰同仁局章

但刘尔炘万万没有想到,不仅符合进修条件的学员寥寥无几,而且医理通透、医技高超的讲学者也是凤毛麟角。况时局不稳,人心飘浮不定,"儒医精舍"终未能如期开班。壮志未酬,刘尔炘只好退而求其次,遂于1927年在"同仁施医馆"的基础上接管"兰州同仁局",其主管正是刘尔炘的高足、名中医蔺象祖。同仁局对鳏寡孤独、无依无靠者提供救助,所辖之"同仁施医馆"为贫民免费看病,体现了刘尔炘"一视同仁"之上更高的儒医宗旨。医馆特请著名中医关自廉、蔺紫仙等坐堂义诊,让当时年轻有为的甘惠廷任医务主任,负责日常工作。

甘惠廷(1900—1979)系皋兰县石洞乡蔡家河村人,出身于医学世家,三叔甘子明在清朝光绪年间做过兰州官医局局长,是当时很有名望的医生。甘惠廷幼年在家乡读私塾时便体弱多病,有几次险些命赴黄泉。受其三叔的影响和熏陶,立志承其家传、潜心学医。甘惠廷研习了三叔留下的大量医书、医案、医话,初步掌握了祖国中医理论与诊疗技术,但甘惠廷觉得还需要进一步提升自己的学识,于是又拜关自廉为师。关自廉曾任清末甘肃官医局副局长,想必是其三叔的下属、医道同行,当然也是兰州的名医。俗话说得好,名师出高徒。甘惠廷通过"勤求古训,博采众方",又得高师指点,终为甘肃近现代中医大师。

甘惠廷学成之后,游学江南,曾悬壶于河南、北京等地,曾任冯玉祥部队的少校军医。因主持"同仁施医馆"的出色工作而深得刘尔炘的器重,几年后任"同仁局"主任;中央国医

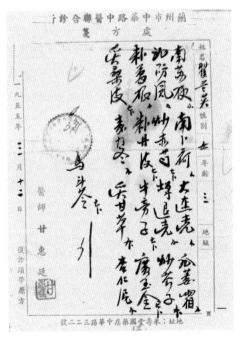

甘惠廷处方手迹

馆甘肃分馆成立后任副馆长、中医研究室主任等。解放后，积极响应党的号召，组织联合诊所并任所长。曾参与筹建甘肃省中医院、兰州市中医院等。是中华医学会第一批会员，甘肃省第一届人大代表，兰州市第四、第五、第六届人大代表，皋兰县第一届人大常委，皋兰县政府委员。行医五十余年，活人无数，善治伤寒、脾胃、妇科等疑难诸病。一生独创数十特效医方，如治疗外感伤寒的"灵宝汤"、"三清汤"、"柴豉汤"、"苏防杏仁汤"，调经的"加味逍遥汤"、"加味少腹逐瘀汤"、"荆炭柴胡汤"、"柴胡桂枝鳖甲汤"，安胎的"苏梗归身汤"等等，素有"平民医生"之美誉。"平民医生"即是仁义医生，即是儒医。这难道不是刘尔炘仁义行为的放大与延续么？

凡在"同仁施医馆"就诊的困难病人一律免收诊费，甚至还赠送中药，无家可归的流浪者由诊所义务煎药。当时奔走于大街小巷卖水的"水客子"，三九寒冬手脚冻裂血痕遍布，施医馆为他们治疗创伤提供冻疮膏，"水客子"们常常感激得泪水直流。说书艺人崔半僧潦倒多病，不修边幅，玩世不恭，但却熟谙古典小说，说书时能融会贯通，有时还夹杂方言，把故事说得绘声绘色，令听众陶醉。刘尔炘爱惜此人才华，通知施医馆精心给崔半僧治病，还特地送他一件新棉衣。崔是个独居者，当病故在道陞巷住所时，医馆给买了棺木，换穿寿衣，埋葬在红山根磏洼义地。有多少孤苦无助者病毙街头，是同仁局收敛安葬他们，让他们保持了一个人最后的尊严。这里的大片丘陵地带，荒冢累累，都是同仁医馆捐赠棺木寿衣掩埋的无家可归者。同仁医馆所用药品除购买外，也接受本阜药店、药材商的捐赠。本地著名大药店如安泰堂在夏天捐赠藿香正气丸、十滴水，以供治疗中暑等常见病，冬天赠送青果丸、参苏理肺丸，以供治疗感冒咳嗽等病，还捐赠冻疮膏，以医治苦力手脚冻疮裂口者。住在黄河铁桥东侧城墙根窑洞里的卖水苦力，整日不停地挑水，水桶摇晃，漾出的水溅湿鞋袜裤角，导致手脚肿胀或裂口流血，每次上医馆，都能拿到免费冻疮膏，这些受惠的穷苦人，其内心的感激是不言而喻的。精明的药材商人们以及大药店，向医馆赠药物，其善行义举，一方面为平民百姓们造了福，同时自己的产品也通过患者得到了义务宣传，扩大了销量，也算是一举两得了。

创办儒医精舍的壮志未酬，然刘尔炘的儒医精神却得到了传承，其哲嗣刘宝厚教授，在中西医结合领域中辛勤耕耘，硕果累累，获得"全国首届名中医"的称号。其实，在我们弟子和业内人士以及广大的患者心目当中，刘宝厚教授已是一位名副其实的国医大师了。

二十四、斡旋"雷马事变"

"雷马事变"是指在1931年8月26日，新编第八师师长雷中田、甘肃省政府委员马文车将上任不久甘肃省主席马鸿宾扣押之事。

先简要介绍一下"雷马事变"中的马鸿宾。马鸿宾（1884—1960），字子寅，甘肃省临夏县韩家集阳洼山人，回族，马福禄之子，马福祥之侄。马福禄（1854—1900）字寿三，1880年（光绪庚辰科）中第八名武进士，授职守备，告归在家。1895年（清光绪二十一年），二次河湟变起，陕甘总督杨昌濬令其募兵千余人，成立安宁营，委为督带，马福祥为帮带，归甘肃提督董福祥节制。1898年戊戌变法时，随董福祥调赴北京。八国联军入侵，调驻北京南苑安定门，旋奉令入城攻击英国使馆。侵略军进犯北京东郊，马福禄抗击于杨村、廊坊一带，英勇杀敌，《清史稿》称为"庚子之役中第一恶战"。联军进逼正阳门，马福禄据城楼与之激战，于六月六日天明中弹牺牲。

马福禄阵亡之时，马鸿宾年仅十六岁，还在家乡。因为家世习武，所以马鸿宾从小就学习武艺，并从同乡马良（字眉生，临夏西乡人，回族名秀才）读书学文化。其叔马福祥回到甘肃任靖远协副将时，令二人在署读书。马福祥任西宁镇总兵兼代青海办事大臣时，曾成立西宁矿务马队，由马鸿宾带领，从此起家，以后发展为马鸿宾的基本武装力量。1913年，随马福祥调宁夏后，改任昭武军骑兵中营营长，升任甘肃新军（骑兵约五营）司令，军衔升至陆军中将,勋四位,地位仅次于马福祥。经历了几次战役,显示出马鸿宾的军事才能和沉着勇敢,深为马福祥所倚重,有时令其率偏师,独当一面;有时令其代理使职,坐镇后方。1920年,马福祥升任绥远都统,马鸿宾也升任宁夏镇守使,自领一军,成为一方大员,1929年任宁夏省主席。1931年1月,经官居青岛市市长的马福祥推举,蒋介石政府任命其为甘肃省政府主席。

马鸿宾任甘肃省主席之后,地方势力各据一方,甘肃政令所及,不过兰州附近各县而已。时任冯玉祥部国民革命军新编第八师师长的雷中田,奉冯玉祥密令,发动政变;而蒋介石在甘势力的代表马文车也因在7月甘肃省政府改组时未能得到省主席或民政厅长职位而大为失望,欲利用雷中田的实力来改变甘肃政局,取得自己的地位,故而二人一拍即合。8月26日,雷中田动用兵力将马鸿宾扣押,自任甘肃省保安总司令,同时由马文车代理甘肃省政府主席。这就是发生在甘肃兰州震惊一时的"雷马事变"。

事变发生后,雷中田、马文车自然被推到了风口浪尖之上,面对的难题是雷、马二人始料未及的。一方面是雷中田并未对马鸿宾实施有效的扣押,而是辗转落到了公安局局长高振邦的手上;另一方面是这一事件引起了社会各界特别是回族将领界的强烈反应;更为重要的是蒋介石政府的强硬态度,最麻烦的是引来了吴佩孚自川入甘。最终,经过各方直接、间接的调节,事件得以和平解决,马鸿宾释放,回到宁夏,雷中田在定西防御失败,将残部交鲁大昌,鲁资送雷中田逃亡他乡。马文车随吴佩孚仓皇离兰,经宁夏往北平。孙蔚如进入兰州以后,以宣慰使署理省政。宣慰署,即宣慰司,是承上启下的一个地方区划内的军政最高官署。宣慰司最早见于金朝,元朝时在全国范围内普遍设立。民国时期仍沿用宣慰使这一官职称谓,不过为临时差遣,为临时派遣大员的名称。1932年5月,蒋介石正式任命邵力子为甘肃省政府主席,从此,蒋之势力逐渐控制了甘肃。当时兰州人将这一事件总结为："雷响了，马惊了，车翻了。"

事件的终结虽由多方因素促成，但在此期间，刘尔炘作为德高望重的地方名流，不顾个人安危，挺身而出，他费心斡旋的举动，成了一段流传至久的感人佳话。刘尔炘此时已是重病缠身，言行已受到极大限制，终日药鼎不倒，依枕呻吟。但事件的安危，比起病魔的折磨更加使刘尔炘揪心。时任《甘肃民国日报》编辑的张慎微在《雷马事件见闻》一文中援引回绅郭南浦（杰三）提供的资料说："兰州老翰林刘尔炘为释马问题，曾亲访雷中田，雷避未接见，刘愤而对其传达人员留言说：'我是刘尔炘，从没上过官家之门，从没找过官吏，今天为地方治安、人民福利，特来访雷兰波，望速转达。'次日雷往见刘，征询意见。刘晓以大义，催请即日释马。雷虽口头应允，但回去后因受左右包围，仍未释放。刘又致函高振邦，请以地方治安为重，呼吁和平解决问题。"（《甘肃文史资料选辑·马鸿宾史料专辑》，第21辑，甘肃人民出版社1985年4月）王烜所撰的《刘尔炘年谱》中也有记载："国民军师长雷中田拘甘肃省主席马鸿宾于公安局，谒先生，请示办法。先生言：'当率省城绅民恭迎马主席复位。'雷唯唯而去。先生乃致书公安局长高振邦，请以省垣治安为重，并派弟子水梓向雷、马呼吁和平。"这恐怕是刘尔炘在谢世之前的最后一次社会活动了。为了地方百姓免遭涂炭，为了回汉民间的团结，老翰林可谓是舍身取义，呕心沥血了！

事件最终得到了和平解决，马鸿宾当夜即"胜利大逃亡"，匆匆赶往宁夏。按理说，马鸿宾当时身陷囹圄，外面发生的一切无从知晓，特别是刘尔炘的举动，自然是事后听说。刘尔炘不久便遽归道山了，但马鸿宾并没有忘记刘尔炘在事件中的倾心斡旋之情。事隔四年之后的1935年秋冬之交，在五泉山下蝴蝶亭，矗立起一尊刘尔炘的铜像。场面上，虽然铜像是刚刚走马上任的宁夏省主席马鸿逵代表第十五路军将士的名义捐赠的,但实际上应是马鸿宾的报恩行为。老辈的兰州人都对此记忆犹新,对此津津乐道。杨巨川之孙杨文彬告诉笔者:"铜像揭幕的那一天,爷爷带我去了,人山人海,十分热闹,登台讲话的人有好几个,我爷爷也讲了话。"这尊铜像,是马鸿宾与刘尔炘情谊的见证,也是刘尔炘几十年来致力于调和回汉矛盾、促进民族团结的象征。直到现在,在兰州的书画收藏圈里,回族收藏家们对刘尔炘的作品情有独钟,其原因盖出于此。

刘宝厚老师讲,当年马鸿宾、马鸿逵不仅为父亲立了铜像,还给孤儿寡母相依为命的家里送来了一幅十分考究的艺术纪念品,以表示对刘氏家人的慰问。这幅艺术品是一组竹雕贴画,由兰花四屏及书法对联组成。兰花四屏为清中晚期著名人文画家蒋予检的作品,书法对联则是清代书法巨擘何绍基的手笔。史称何、蒋二公相交莫逆,极相友善,将二公之书画雕刻贴板,相映成趣,可谓珠联璧合。

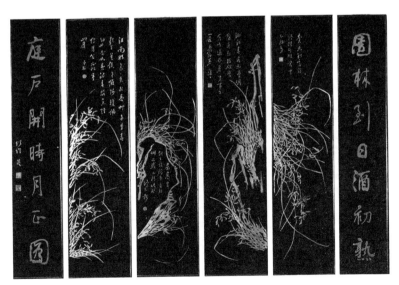

何绍基　蒋予检书画竹刻六屏

二十五、困 勉 廉 洁

"我之神悟，每越数年，必有一番猛进。"刘尔炘为什么自信地称自己"眼光之大，器量之大，担当力之大，志趣胸襟之不凡，进老而不衰"？和所有的成功人士一样，刘尔炘的"神悟"并非只是依靠天资的聪慧，而更多的是源于刘尔炘一生的困知勉行。

刘尔炘在《遗言》中说："我是人一己百、人十己千的一个困勉学人，生平无一日不在学之中，活一日求长进一日，未尝自止。"如何践行"无一日不在学"？刘尔炘在其《日记》里说得非常具体："余自三十志学后，昼夜六时中亲书卷者为多。近来人事日繁，不能专精读书，良用愧憾。尝默拟定程，以期不入于荒怠，兹书之以自警云：'早饭前、晚饭后读书工夫，三时要够。早饭后、晚饭前应作之事，私后公先。'守此定程，天不变，万事纷来，吾志莫乱。"三个时辰就是现在的六个小时，坚持每天读六个小时的书，不是一般人能够做到的。在《日记》中，"上下求索"的问道声不绝于耳，困知勉行的足迹清晰可见，严于律己的清规戒律胜过苦行僧。仅在1900年就有如下六则：

> 年来课札记之功，虽未必即能有得，视无所用心者，亦微有间矣。庚子夏感怀时事，世变为忧，意绪棼如，竟荒笔录，静夜猛省，自笑匹夫之愁闷何补于世，而已有害于心，两无谓也。爰理旧业，勉续前功。古人云：'一息尚存，此志不容少懈。'

三复斯言,能不滋愧!

如谓今日不学而待明日,试问今日何为乎? 如谓今日不暇而待明日,试问明日果暇乎?

日来因感怀世变,诚恐所学之无成,贪多务得,日无暇晷,心境匆忙,意绪促迫,不免时生烦恼。忽读朱子'严立课程,宽著意思,久之自当有味,不可求欲速之功'语,不觉爽然自失,始知欲速之心皆私心也。

读书不专,皆由贪多务得、徇外为人之念所致也。数年以来以此为戒,而至今如故,良可愧恨!

天下有苦境焉,有难境焉,数年以来所处之境苦矣! 而未敢以为真苦也! 惟所处之难,有非他人所能尽知者,然亦何必求他人之知哉? 然不必求他人之知,而此心若隐隐然,唯恐人之不我知也,是则余学道之不至也! 是则余之陋也!

闷哉! 杞人之忧,何其有极? 数十年来任人自强,听己自弱,其小人逞小忿而酿大乱,其君子务虚名而受实祸,无一人不昌言公愤,无一人能实力振作。事机迫矣,将如之何?

笔者曾做过粗略的统计,类似于上述内容的条文足有三十余款。《礼记·中庸》说:"或生而知之,或学而知之,或困而知之,及其知之一也;或安而行之,或利而行之,或勉强而行之,及其成功一也。"刘尔炘就是这样时时警示自己,时时反问自己,时时持之以恒,不达到目的誓不罢休。在困闷中求索,在求索中得到"神悟"而"猛进",获得了一次又一次的认识飞跃。就像王烜所评价的那样:"先生器识过人,凡有所为,不计艰阻,必底于成而后已。"

刘尔炘掌管着偌大的"八社"产业,资金可谓丰厚,特别是重修五泉山、小西湖,经手了大量资金。在常人看来,这正是发财的良机啊! 可刘尔炘在金钱面前慎之又慎。虽时时有大把的银子进出,账目却清楚到一分一厘一毫,同时建立严格的规章制度,约束工作人员,惟公是举。其中有一条,"八社"员工不得自置房地产,以免嫌疑。刘尔炘在《社章汇编》的序言中说的明白:"惟是桑柳虽微,蛀虫不免;蜗角虽小,蛮触有争。周官以翦氏除蠹物,庄周以游心于无穷者息其争。兹《编》所述,亦翦氏之莽草而戴晋人之'魏中有梁、梁中有王'乎?吁!盖有不得已者在。"

刘尔炘所经营的实业社团中从未发生贪腐丑闻,除了典章制度的严密外,刘尔炘本人严于律己的模范作用也是一个重要的方面,俗话说,上梁不正下梁歪。领头的带头做好了,制度的执行力度自然就加强了,下属也就不往那方面寻思了,廉洁奉公也就蔚然成风了。而刘尔炘为什么能做到严于律己呢?《道德经》说:"为学者日益,为道者日损。"从事经营者,越来越多的并不是金钱,而是欲望,所谓欲壑难填就是指这种心态。刘尔炘"以理驭气"的理学思想,也可以理解为用孔学来遏制金钱欲望,正所谓君子爱财取之有道。刘尔炘廉洁奉公的仁德就根植在"无所为而为"的儒学基石上。

至今,在兰州坊间还流传着这样一个故事,说在修建五泉山期间,一个盛夏的傍晚,工头来刘宅请示工作,只见刘尔炘光着膀子,穿着缠腰子(带兜背心),坐在台沿上吃浆水面,菜碟、油泼辣子盒放在台阶上,遂心中一动。次日,刘尔炘吃饭时,只见饭菜摆在崭新的小炕桌上。刘尔炘诧异不已,闻知系工头所送,当即大怒,饭也不吃,提起小炕桌直奔工场,找到工头,摔碎小炕桌,训斥了工头,并将其辞退。也许在常人看来刘尔炘的做法似乎有点不近人情,但正是这点不近人情,才使"八社"人人自警,如履薄冰,不敢为自己非分取得一点私利,刘尔炘也因此备受世人的敬重。

春秋时期的哲人管仲在《管子·形势解》中说:"能予而无取者,天地之配也。"能给予人家好处而不取回报的人,一定是个顶天立地的伟大人物。这句话,送给刘尔炘是当之无愧的!刘尔炘也正是这样要求自己的:"世界之人祸烈矣!非有顶天立地之人,焉能为世界造福?集古今圣哲之大成者,其顶天立地之人乎?微斯人,吾谁与归?"

二十六、关于"八社"

　　刘尔炘一生以谋求黎民百姓的福祉为要务，自1906年起以兰垣总绅身份接掌社事，从整顿皋兰兴文社为发端，到1928年将各社事务移交地方各界人士管理为止，历经二十余年。其间创设与整理的社会公益事业团体到底有多少？各类纪念刘尔炘的文章中均以"八社"称之，似乎已经成为定论，但据笔者一一查证，刘尔炘创设与整理的社会公益社团，并不止八个，加上想建而未建立的"陇右公社"，有十三个之多。"八社"之名也并非来自刘尔炘的笔下，在王烜所著《刘尔炘年谱》中也没有"八社"的提法。1920年秋刘尔炘所编的《社章汇编》中确有皋兰兴文社、兰州兴学社、陇右乐善书局、全陇希社、陇右实业待行社等八个社团，可丰黎社仓、五泉图书馆、皋兰同仁局等的设立都在此后；1928年刘尔炘将社事交由地方人士管的也仅有兴文社、陇右实业待行社、全陇希社、乐善书局、丰黎社仓、五泉图书馆、同仁局等七个，且名称也与《社章汇编》所载有较大出入。可能是由于一些社团的运行日益维艰，或自生自灭，或并入其他社团之中。譬如像兰州兴学社、皋兰新文社的账目本来就列在皋兰兴文社里面，兰州修学社的总账也在陇右乐善书局等等，而交由地方人士管的那七个社团倒是都有独立的经济核算。

　　新中国成立后，政府开始注意到刘尔炘创办各类社会团体对社会公益事业的作用，在兰州市政治协商委员会一届二次代表大会上，作出了《关于统一管理八社财产的决定》，并正式成立了"兰州市八社财产管理委员会"。

"八社"的名称极有可能就是这样诞生的。

无论怎样,现在看来,"八社"也只是刘尔炘公益事业的一个代名词,好听好记,便于流传。现将正文中涉及的各社名称、创建时间及其功用简列如次。

"兰州市八社财产管理委员会"印章

皋兰兴文社 是刘尔炘接办的第一个社团,也是诸社之母,实力也最为雄厚。原址在张掖路与延寿巷之间,清康熙时为靖逆侯张勇府邸。乾隆五年改建为皋兰县文庙。清乾隆四十一年(1776),皋兰县举人邵荣清、张晖武,以兰州府儒学所设修学社经营所得的盈利纹银一百两,请官府交商生息,以补贴历年赴京赶考举子,在皋兰县文庙内创立了皋兰兴文社。经嘉庆、道光百余年发展,集纹银基金一万余两。同治年间遭受"花门兵变",基金亏蚀殆尽。至光绪三十二年(1906)刘尔炘接管兴文社,集募资金五千余两,捐助赴京赶考举子,并创办"皋兰兴文社公立两等小学堂",先后创办中学一所、小学四所,毕业学生万余人。同时置办房产1 010.5间,地皮4.690市亩,田地1 152.57市亩。其中管理包括白塔山魁星阁、五泉山乡贤祠在内的庙宇房屋48间。2000年,拆迁至兰州九州台,建成兰州国学馆。

皋兰修学社 从"皋兰兴文社"的创办历史,可知皋兰修学社的创设还要更早一些。1910年刘尔炘重新整顿,其宗旨为开办教育事业。据《皋兰修学社记》记载,皋兰修学社"共建房屋七十五楹,其居延寿巷者,院落则一,铺面则十,以楹计之,则共二十有四。其居道升巷者,铺面则一十有八,以楹计之,则共五十有一,以其可以自立也。"可见皋兰修学社有其独立的财务账目。

兰州修学社 1909年刘尔炘在改建兰州府文庙竣工时,用"拾残砖剩瓦,旧木余材,循宫墙之北,成大小房屋百三十八楹,界为院落者六,仍前贤修学宗旨,立修学社"。主要负责管理孔庙的维修、祭礼和保管淳化阁帖石刻等文物工作,补助省教育工会支出。虽有独立的财务管理,但以年为结算单元,盈余部分无论多少,概交陇右乐善书局管理。

陇右公社 创设于1910年,几经周折,至1919年起,并入"全陇希社",全部资金"为作育人才之费,似于地方较有裨益也"。

陇右乐善书局 1911年创立,系甘肃最早的私立出版机构,为传承和发展地方文化事业做出了积极的贡献。

尊孔社 光绪末(1906),刘尔炘主持了在省府孔庙举行的盛大祭孔典礼。民国伊始,袁世凯颁发《祭孔令》,要求各省、府、县成立"尊孔社"。刘尔炘因此向赵惟熙都督提出了《设立尊孔社陈请立案书》,尊孔社成立后,社址就在兰州修学社。

陇右实业待行社 1915年创立,根据资源、资金、技术、销路等因素,统筹发展地方实业,派人赴大生纱厂学习技术,开办各种作坊型工厂、火柴厂、纺纱厂、水烟厂等,并向同生火柴公司、陇右化学公司投资,以振兴地方工业。

丰黎义仓、丰黎社仓 丰黎义仓创建于1915年,附于"陇右实业待行社"之下。至地震赈灾结束后,刘尔炘将赈灾余款用于扩建"义仓",并改名为"丰黎社仓"。丰年储粮,灾年放粮,平粜粮价,护佑百姓,维持社会安定。其财务应该是独立的。

皋兰新文社 1917年刘尔炘用"皋兰书院"本金而设。皋兰兴文社的财务账下另列一笔,利用其资金相继在官园及火烧崖开设初级小学两所。

兰州兴学社 兰州府原在临洮,所辖皋兰、榆中、临洮、临夏、渭源和靖远六县。从乾隆三年以后才迁至现今之兰州。五泉书院亦属兰州府所管。"民国初元,军事起,生徒云散,堂舍一空,旋借为兰山观察使署,继又为兰山道尹考院,继又借为城防统领公所,今又为筹歉局。六七年来,沧桑多变,荆州不还,而屠、秦两先哲所筹集之书院本金,在当日为六千有奇,迄改办学堂时已逾万有千余金。学堂既废,而此万有千余金者经教育司提归省立第一中学。"1918年,刘尔炘终于要回了"五泉书院"本金,可是"璧虽归赵,鹊已失巢,是犹荡子回头而竟无家也。乃别立兰州兴学社,附于陇右乐善书局,俾司出纳焉!"虽无财务专管,但其资金专门资助兰州府所属学生赴外省学习深造,专款专司,不得挪用。

全陇希社 于1919年创立,先后开办"国文讲习所"、"国文专修馆"。这是刘尔炘的一个创举,本书中有专篇可参阅。

五泉图书馆 1922年创办。其图书除了五泉书院的旧藏之外,还将五泉山的图书合并,又从社会上收集了大量中外图书,以供学人研读。因为光是五泉书院的藏书,不仅数量有限,内容陈旧,且不便开放性地借阅。1928年,由刘尔炘的高足杨巨川接管。新中国成立后,其藏书均归于新成立的省文史研究馆。

皋兰同仁局 光绪初年,皋兰地方人士募款创立同仁局,以施舍义棺掩埋荒野枯骨为宗旨。1924年刘尔炘接办同仁局业务,大加整顿,募获捐款及旧存资金一万余元,为社会劳苦群众及无依无靠之人救济棉衣、棺木。1926年,增设施医馆,免费治疗无力就医的贫民。

儒医精舍 即中医医师培训班,创设于1927年,终因时局动荡,人心惶惶,报名人数无几而作罢。

二十七、文 以 载 道

　　甘谷翰林王海涵曾致函刘尔炘，希望刘尔炘将来以文章名世，而刘尔炘却谦逊地认为其"生质脆薄，学殖又复不丰"，虽然对历代文学大家文章的雄深和雅健也能模仿一二，但刘尔炘还是担心时间一长，"方寸之志趣意向已寖寖乎有不近里之势，名利之念，不觉自动，终不若求之义理之可以敛吾气而悦吾心"。"世有第一等人或不能为第一等文者矣！未有第一等文而不出于第一等人者也！""文辞之道，品学其本也，义理其干也，字摹句拟则末矣！"（《劝学迩言》）学品即修养，义理则道统。所以，刘尔炘的文章，必是"文以载道"。

　　刘尔炘对"桐城派"大文豪姚鼐的文风推崇备至，心向往之。因为姚鼐虽自叹才弱而学识则纯，天下有识之士将其文章推为正宗，其原因就是文章体现了义理之学。刘尔炘曾说："姚姬传氏之言曰：'必以义理为宗，而后辞章有所附，考据有所归。'可谓知要矣！"可谓是近世"文以载道"之典范。

　　当然，要实现"文以载道"，将学品、义理赋予神韵，妙趣横生地呈现出来，字摹句拟也是必要的。刘尔炘说："神、韵、机、趣四者，为文之所必讲者也。然无实理、实事、真情、真景，则四者亦易蹈于虚而不能言之有味，故理、事、情、景所以蕴味者也，神、韵、机、趣所以发味者也。发味者可虚，而蕴味者必实；发味者可幻，而蕴味者必真。"可见，神、韵、机、趣四者与学品、义理的完美统一，是

实现"文以载道"的必要因素。"未有第一等文而不出于第一等人
者也",此一等人必是学品、义理、辞章兼具者,"世有第一等人或
不能为第一等文者",或许就是在神、韵、机、趣方面有缺憾者。

　　刘尔炘追求学品与义理的修造,但于辞章的神、韵、机、趣修
养亦颇具功夫,可谓是义理与辞章的完美统一者。大量的理学评
论文章自不待说,能使古奥、晦涩的义理明朗生色,深入浅出,没有
笃厚的文字功底和娴熟的语言驾驭能力,何以成之? 而其文学作
品如鸿篇巨制的《兰州五泉山修建记》《李叔坚传》《清记名道安
徽太和县知县王君行状》等,皆以儒家精神贯穿始终,而小家碧玉
似的《听篁邬记》《蕉雪山房记》《天逸说》《花好月圆人寿说》等,
神、韵、机、趣中都闪耀着道义的光芒。

道义、担当

　　刘尔炘的《善长孟翁祈雨记》,记述了兰州皋兰马莲滩"行旱
水者"的祈雨故事。此地的祈雨,主持者一人,年龄须界六旬,并
经占卜求得神灵许可,称为"捧水",待沐浴事毕,头扎乌巾,身着
白衣,从此不进水谷。首先是到各处拜谒神庙,向各位尊神发愿
文,称为"下请书"。如此这般七天之后,再去六十里之外吧咪山
金花仙姑池取水。在去取水的路上,一路口诵佛号,一步一拜,整
整花上一天的时间才能到达仙姑池。取水时,棒水者背对池水,
将用黄蜡封口、系着红绳子的瓶子倒着放入池中水,片刻之后,瓶
底得些许为吉,过或不及均为不祥之兆。取水回来,将水瓶供于神
前,全村人跪拜之后,就虔心等待上苍赐雨了。屈指算来,主持者
已有近十来天未进食水了。

　　清光绪二十四年(1898),永登马莲滩久旱不雨,村里人有个

年过六旬、名叫守元的老人，妻子原配，子孙皆有，行为规范，符合主持的要求，自己也愿担此重任。结果在取水归来的当晚，就因劳伤过度而去世了，大雨也从此三天未停。

也许有读者认为刘尔炘所记之事，颇为"荒诞"，甚至是在宣扬迷信。其实这里大有文章。

其一，天旱求雨是甘肃民间流传甚广的一种宗教习俗，确有其事，是靠天吃饭的农民面对自然灾害而采取的无奈之举，若在平原地带，有水灌溉，旱涝保收，有谁愿意为此？

其二，刘尔炘所作《善长孟翁祈雨记》一文，不仅仅是记述皋兰马莲滩"行旱水"一事的神奇，也不仅仅是说明"精诚所至，金石为开"的天理，更重要的是阐释了义行和担当的价值观。求雨者都是德行为民众所认可之人，非人品完美者不能担此重任，这就是一种无形的教化作用，教人修德，教人向善。主事者虽为一介草民，自知担此重任的后果，却"明知山有虎，偏向虎山行"，绝食水十余天，经历千辛万苦，最终以身殉雨，这就是一种道义和社会担当。谁说小民无大志？以一人之身，而换取一方民众之安康，是何等的惨烈，又是何等的至高无上！

救世、救人

辞章之精彩而感人至深，古今每誉为"惊天地，泣鬼神"。文章果然能使天地震惊，让鬼神哭泣么？恐无人验证，但文能救国、救人、扭转时局的传奇却在中国的历史上中屡屡上演。刘尔炘笔下的这篇《致回教各镇守使书》，堪与《谏逐客书》媲美。

关于易督、争督风波的来龙去脉，前文亦有论述。此《致回教各镇守使书》有刘勰《文心雕龙·论说》所谓的"顺情入机，动言中务"之妙。刘尔炘开篇即言"我甘政潮渐息,长吏更新,省会观听为之一变",就是要明确告诉回族各镇守使,甘督已经换定,这是谁都无法改变的事实。其实这一状况回族各镇守使都心照不宣,这就是"顺情"。紧接着又话锋一转:"然静参默察,隐患方长。"便是镇守使们关注的问题,极想听下去。"即就财政一端言之,早已入不敷出,加以此次震灾,区域至三十余县之多,精华灭绝,元气凋伤,田赋征收,势必锐减。而灾民荡徙离居,又非巨金不能使之安定,官银号不能兑现,停闭已逾半年,商民交困,市廛相继罢业。凡此安危所系,即全甘生死关头计,惟有客主汉回和衷共济,以维持现状,以徐谋出险之方,或者能补救于万一乎?"这就是"入机"。"逞一己之偏私"的结果会怎样呢?作正反比较,"竞争"的错误就明显了。

转到谣言之事,又另起波澜。"我甘汉回相习,久如一家。汉族多文士,而贵族多将才。现值武装时代,为人民造福全赖军人。军人之名誉日隆,地方之祸患自息。素稔贵族诸将帅皆深明大义,功在乡邦。近日,此间谣传谓:贵族诸将帅因前次陇东有发电反对易督之举,故于陇镇守使之奉命护督亦心滋不悦。夫前电之措辞不当,如市井小儿之口角,稍有知识者,皆能辨之,则非出于发电之人之本心,可断然矣!"这就是"动言中务",点到了引起争端的要害。接下来又指出"恐酝酿日久,招惹外界客军侵入甘境,则我甘不从此多事"的严重后果,不禁使渴望和平、安宁者惊出一身冷汗!

刘尔炘在晓之以理之后,又动之以情:"鄙人等或残年衰朽,或人微言轻,只以桑梓攸关,九百万人生命财产所系,不得不妄发狂言,倘蒙加察。"甚至是恩威并施,如若不此,将"详电中央,痛陈甘肃不能供养重兵情形",这不啻为一把杀手锏也。这样波澜起伏,又借以对比、排比、反问等多种修辞手法,正是"飞文敏以济辞"(刘勰语),使得文章有如长江大河,一泻千里,有着不容置辩的说服力。斯后，各镇守使虽未能如期赴约，但刘尔炘的书信犹如一剂"清凉散"醍醐灌顶，使镇守使们的神志得以清爽，剑拔弩张之势得以缓解，各处信使已恢复往还，甘肃统一之局渐成。这一局势的形成，时人谓之"刘绅尔炘之一电与有力焉！"一封书信胜似千军万马，"不战而屈人之兵"，再现了"文以救世"的传奇，更是刘尔炘为促进民族团结呕心沥血的历史见证。

济世、惠民

《答王镜潭书（二）》是刘尔炘写给甘谷翰林王海涵的一封信，就王海涵问及"建水车"一事作了详细解答。就文体而言，这是一篇纯粹且水准极高的科技文章，为何能写得如此精彩？全赖于作者的实践和细心观察以及扎实的辞章功夫。之所以能将技术的核心绝密传诸他乡，须是道义使然。让水车惠及更多、更广大的地区和民众，造福人类，这便是天下最大的"道"与"德"！

水车的建造，其关键在于"得其地利"。刘尔炘是从兰州沿河两岸之所以适宜水车轮转的客观环境和条件说起的，并且从河岸高低、河水深浅、水性急缓、河底刚柔、水势涨落以及水边宜多粗沙大石、境中宜多茂林大木、民间宜有铸冶铁工等八个方面回答了对方的提问。应该说，在以往各类描述水车的文字里，刘尔炘对兰州水车解说的视角独特，与通常描述水车的文献不同，刘尔炘透过水车轮转的表象而直抵实质，其描述有如教科书般的精确。刘尔炘特别强调："凡此八端，皆极切要"，对于仿制兰州水车，对方应"悉心查勘"，"万不可使未经阅历之人，冒昧而学制也"。非经过一番阅历和体验的人，说不出以上这番话来；同时，非具深厚文字语言驾驭能力者，亦无法让一个枯燥的话题变得龙飞凤舞、津津有味。

二十八、"平情畜德"而为诗

子曰:"兴于诗,立于礼,成于乐。"修身明志,让人生充满激情,当以诗成之;如何立身处世,如何与社会和他人相处时知所进退之道,当以礼成之;养成高尚情操与艺术品质,当以乐成之。此三者,历来被看作是为儒者修养工夫的三大法门或三大次第。修身明志,当从读《诗经》起。

"诗以言志",早在《左传·襄公二十七年》中就记载了这一伟大的命题,《尚书·尧典》中记舜的话说:"诗言志,歌永言,声依永,律和声。"《庄子·天下篇》则谓:"诗以道志。"《荀子·儒效》篇云:"诗言是其志也。"班固在《汉书·艺文志》中说:"《传》曰:'不歌而诵谓之赋,登高能赋可以为大夫。'言感物造端,材知深美,可与图事,故可以为列大夫也。古者诸侯卿大夫交接邻国,以微言相感,当揖让之时,必称诗以喻其志,盖以别贤不肖而观盛衰焉!故孔子曰'不学《诗》,无以言'也。""诗言志"是古代圣贤对诗歌精神的经典概括,受到历代学者的高度赞扬。如清初杰出诗人王士祯说,"此千古言诗之妙谛真诠也"(《师友诗传录》);晚清学者刘毓崧说,此是"千古诗教之源"(《古谣谚序》);现代文学家朱自清说,这是中国古代诗学"开山的纲领"(《诗言志辨序》)。还是《毛诗序》说得好:"诗者,志之所之也。在心为志,发言为诗,情动于中而形于言。"的确,"志"的内涵应是"情"、"志"并重。诗歌既应反映现实,为教化服务,重视其社会作用,"赋诗言志"

即诗人的政教怀抱、思想志向；而应感物吟志，使情物交融，情志并重。

《周南·关雎》："关关雎鸠，在河之洲。窈窕淑女，君子好逑。参差荇菜，左右流之。窈窕淑女，寤寐求之……"此为《诗经》之首篇，《论语》谓"乐而不淫，哀而不伤"，是表现中庸之德的典范。

1903年前后，刘尔炘在高等学堂讲授《诗经》，其《哎经日记·诗》中记载了讲授《诗经》的心得体会。在高度概括《诗经》的主题方面，刘尔炘特别赞同明代学者陈第（字季立）的观点："凡说《诗》者多解释辩驳，然绌绎辞意之功不可无也。平情畜德，其为益深矣，其为用大矣！"因此刘尔炘说："《诗》也者，辞可歌，意可绎，可以平情，可以畜德。孔门所以言《诗》独详也。""窃欲以季立此论，为治此经者权焉！"

"平情畜德"，是《诗经》的真正魅力所在。"平情"即是抒情，旨意尚明；"畜德"之"畜"（读xù），通"蓄"，与"修"、"积"的意思相近。要深入了解"畜"的本意，还得从《易》之"大畜"卦说起。刘尔炘在《哎经日记·周易》中说："先儒谓'畜'有两义：一曰'蕴畜'，一曰'畜止'。卦之义取乎'蕴畜'，爻之义取乎'畜止'。然天下惟能'畜止'者，乃能有'蕴畜'，亦惟不能'蕴畜'者，亦必不能'畜止'也，是又当会通观之。"平情畜德即是"情"、"志"并重。

关于诗文的创作，刘尔炘自谦"无深造之功也。生平所为，偶遇之，偶得之，亦未尝容心于其间。""无深造之功"是因"未尝容心于其间"之故，而"容心于其间"的是视为身家性命的"崇德广业"之事。刘尔炘甚至觉得在1916年间组织"闰欢雅集"，把酒吟咏，寻欢作乐，因此而耽误了修德之功，故在1917年的日记中无不惭愧地说："夫子言：'乐骄乐，乐佚游，乐宴乐，损矣！'前岁'闰欢雅集'之设，回头猛省，适犯夫子之训，德之不修，其以此欤！"细心的读者也不难发现，刘尔炘诗作自1919年以后便逐渐减少，其因或出于此。

尽管如此,除却《闺欢雅集》所收的诗作而外,载于《果斋前集》《果斋续集》者尚有七十余首。刘尔炘也说:"四十岁以前之作,大抵散亡,兹之所存者,四十岁以后者耳!"特别是写于清光绪十四、十五两年(1888、1889)的《北游诗草》集在刘尔炘在世时就已丢失而不复存世了,甚为可惜。今由刘宝厚老师主编、柯杨注评的《刘尔炘诗集》所收录的140余首诗作,概不及总数之一半。

刘尔炘虽不以诗人称,亦不于格律韵脚间而字斟句酌,然其诗作却足以言其志、寄其情。在此,我们不妨撷取其人生不同阶段"偶遇之,偶得之"的作品来印证之。

第一阶段的诗作,即刘尔炘青年时期的作品,自上京赶考至翰林院供职三年而辞官返里。虽有《北游诗草》集,只可惜这本集子没有随刘尔炘回到兰州,而是早早地散亡了,只留传下一首七绝《渡滹河》和"乘时勉报严君德,毕世难酬大母慈"的佳句。

渡滹河

水光净处接云罗,唤起舟人欸乃歌。
烟景四围天欲暮,秋风秋雨渡滹河。

柯杨在《刘尔炘诗集》中评述这首诗时说,清光绪十三年(1887),刘尔炘24岁,腊月初八由兰州启程赴京会试,第二年二月四日到京。考试完毕后还在京住了一段时间,于1888年秋返兰,途经滹沱河时写了这首诗。其实,考证这首诗的写作时间并不难,只需看看《刘尔炘年谱》就能辨别清楚。刘尔炘在1886年至1897年间,于京城三进三出。1886年(光绪丙戌)是第一次进京,先年腊月初出发,二月初到京。此次会试未第,即归。往返皆不在秋天。第二次进京在1989年,出发的时间仍在冬季,而中进士后便入庶常馆学习,直至次年(1890)"闻王太宜人讣,即归","八月六日出都旋里,十月十二日抵家"。可见这次渡滹沱河时已届深秋。而第三次进京复职虽不知时序,但"起复进京"的心境不该在"秋风秋雨"中,至1897年辞官返里之时也在"是夏出都"。所以,《渡滹沱河》的背景是:1890年在庶常馆学习期间,得闻王太宜人逝世而返兰,途经滹沱河,诗作与心境、时序都丝丝契合。

滹沱河,是一条古老的河,历史久远。发源于山西繁峙县东之泰戏山,穿太行,入河北平原,在献县与滏阳河汇合为子牙河,至天津入北运河入海。滹沱河是一条见证过无数历史事件的河流,历史上的一些重量级名人也曾在此留下了诗篇。如诗仙李白就在《发白马》中对滹沱河有过这样的吟哦:"将军发白马,旌节度黄河。箫鼓聒川岳,沧溟涌涛波。武安有振瓦,易水无寒歌。铁骑若雪山,饮流涸滹沱。"南宋民族英雄、爱国诗人文天祥更为滹沱河赋诗二首:"过了长江与大河,横流数仞绝滹沱。萧王麦饭曾仓卒,回首中天感慨多。""风沙睢水终亡楚,草木公山竟蹙秦。始信滹沱冰合事,世间兴废不由人。"特别是"始信滹沱冰合事,世间兴废不由人",道出了诗人对历史盛衰的感慨和对时局的无奈,早已成为名句而在滹沱河流域广为传诵。

秋天在我国文学多带有悲凉肃杀的色彩,自古逢秋悲寂寥,素有"春女思,秋士悲"之说。宋玉《秋兴赋》以"摇落"而叹秋,欧阳修《秋声赋》以"萧杀"而悲秋,李清照《声声慢·寻寻觅觅》"怎一个愁字了得"也是哀秋,秋瑾烈士更借陶澹《秋暮遣怀》中的"秋风秋雨愁煞人"句作就义前的遗言,更说明"秋风秋雨"是悲伤的代名词。刘尔炘的这首《渡滹沱河》七言绝句诗,自第一句"水光净处接云罗"以其短暂的欢快起兴之后,"唤起舟人欸乃歌"就已经让愁云笼罩"水光净处"了。"欸乃歌"即船歌,如宋代项安世所作《欸乃歌》曰:"欸乃出深树,湘山日落时。若非尧女哭,即是楚臣啼。"第三句"烟景四围天欲暮",则进一步营造惆怅氛围:夜幕即将降临,渡溥河四周烟雾笼罩,这便是风雨来临的先兆,衬托出了"秋风秋雨渡溥河"的哀戚。所以,整首诗是层层递进的忧伤和哀愁。

刘尔炘在京闻知亲人故去的消息之后,归心似箭,匆匆启程,秋风秋雨中的溥沱河引发了诗人思亲、思乡的情愫。《渡溥河》与其说是一首凄凉的诗,倒不如说是作者在溥沱河上的失声哭泣。然而,刘尔炘毕竟不同凡响,后人必定能从《渡溥河》诗中读出弦外之音。"以意逆志"(用自己的想法去揣度别人的心思)是历代解诗的法宝,所以,笔者认为,刘尔炘在宣泄个人悲伤的同时,更在描写中国的时局。渡溥河亦可指代国家。"烟景四围天欲暮,秋风秋雨渡溥河",是刘尔炘对现实中国的写照,是途中的所见所闻让他有如此觉悟。1888年前后的中国,正处在中日甲午战争的前夜,"风雨欲来风满楼",帝国主义磨刀霍霍,"烟景四围天欲暮",即暗合当时外国列强对中国的虎视眈眈,"人为刀俎,我为鱼肉",风雨飘摇中的中国命运堪忧。朝廷帝后党争日趋白热化,内外交困,民不聊生,渡溥河可不正处在"秋风秋雨"之中吗?渡溥河两岸的变化正是中国时局的现实缩影。"雨季水势一望无际,旱季沙洲浅滩罗织,沿河渡口轻舟横渡,上下游则风帆相济。"曾几何时,溥沱河泊船如龙,波光如鳞,灯火星流,往来吁号,行业繁多,铺面林立,热闹非凡。河内鱼虾鳖蟹成群,水面天鹅鱼鹰游弋,两岸飞禽走兽栖息,河滨之地绿草繁茂、间杂牛羊。如今这种景象已经不复存在。山河破碎,国将不国,即使金榜题名,又有何用呢?

民国时期著名学者马一浮说得好,诗其实就是(人的生命)"如迷忽觉,如梦忽醒,如仆者之起,如病者之苏"。诗就是人心的苏醒,是离我们心灵本身最近的事情,是从平庸、浮华与困顿中,醒过来见到自己的真身。刘尔炘的这首诗所表现的就是一种觉醒，是儒学士人对国家命运的觉醒，是其一生忧国忧民思绪的起源。

第二个阶段的诗作，即壮年时期（辛亥革命前后）的作品，大多收在《果斋前集》和《果斋续集》中。从刘尔炘的年龄层面上讲，已年届半百，是人生感悟的收获时期；另外，从国家、社会层面上讲，正处在新、旧制度的交替时期，大清王朝已经寿终正寝而民国肇始，给知命之年的刘尔炘带来了莫大的思想冲击。因此，这一时期的作品，强烈地反映了诗人对国运民生的深度思考。代表性的诗作有《四十九初度》《五十初度抒怀》《辛亥杂感》《咏春》《落花》等，尤以《四十九初度》《五十初度抒怀》最为典型。

四十九初度

白驹滚滚隙中过，老我光阴疾似梭。
回首当年春是梦，惊心来日睡为魔。
神游世界空三古，泪洗乾坤泻九河。
四十八年无个事，灵台高处月华多。

五十初度抒怀（二首）

一

弹指光阴似转轮，茫然忽作再来人。
露珠空滴花间泪，尘网难逃物外身。
五夜幽怀名利淡，半生微尚性情真。
而今问我同庚者，一岁婴孩小国民。

二

神州莽莽尽烟尘，谁向中原救兆民。

天意酿成千古恨，人心打破一腔春。

西欧新学珠还椟，东鲁微言火断薪。

谋国经纶何处是，苍生先要不忧贫。

在《四十九初度》诗中，刘尔炘对自己的前半生进行了回顾，慨时光流逝之快，叹自己成就之少。惜壮志之未酬，恐世事之日艰。适遭改朝换代之乱世，更慕三圣三古之太平。纵使泪洗乾坤，泻成九河，亦不能尽诉心中的忧伤。最末"四十八年无个事，灵台高处月华多"二句，来自元人史九敬先《庄周梦》第一折"散诞清闲无个事，卧吹凤管月明秋"句。灵台，《晋书·天文志》载："明堂西三星曰灵台，观台也。主观云物、察符瑞、候灾变也。"这里指诗人的灵魂寄托之处；月华，可以借喻为诗人的梦想、理想。"老当益壮，宁移白首之心？穷且益坚，不坠青云之志。"虽遭时变，仍存报国之志。为《五十初度抒怀》埋下了伏笔。

《五十初度抒怀》的二首七律，似乎已从迷茫中走了出来。心仍在"滴泪"，身却难逃尘网，但愿淡泊名利、性情纯真，而能与时偕行。谁能救民于水火之中，孔孟之道已被丢弃，而国人崇尚西学则已是"卖椟还珠"，非适用于我中华。最后诗人虽抛出了"谋国经纶何处是"的天问，但答案似乎早已成熟于胸中，"苍生先要不忧贫"，便是诗人实践儒家"经世致用"的用武之地。何谓"诗以言志"？答案就在这里。

创作于这一时期的诗作如《辛亥杂感》《咏春》《落花》等皆集中反映了诗人的这一情怀。我们不妨再看几首。

1.《杂感》组诗。这首组诗最早刊于《果斋前集》中，编辑《刘尔炘诗集》时，柯杨将题目改成了《辛亥杂感》。此组诗由三十首七言绝句组成，因篇幅较长，不便呈现，读者可参而阅之。

辛亥巨变给刘尔炘这位前清遗老带来了很大的冲击。这种思绪，在组诗的小序中就已经充分地暴露出来了："胸怀郁郁恒不能自畅，其天偕友人散步郊原，蕲以解闷，乃登高远眺，愁绪纷来，归而赋此，以写我忧，正不知忧者何事，写者何词，拉杂之书而已。"虽然自谦为"拉杂之书"，不明言"忧者何事，写者何词"，但透过诗人所用的隐喻故事，其诗旨是对国运、时政的忧心和愁郁。

　　第二、三首是写革命派向西方、日本学习救国之路。"中原国手渺岐黄，何处能寻续命汤。"一语道破了当下局势混乱却无人能力挽狂澜安定局势之现状，但在诗人看来，我们的祖先不乏治病的良方，而当局者却熟视无睹，不过是"争言海上有奇方"的崇洋媚外的庸医罢了。至于向日本学习变法一事，虽然"几回采药到蓬瀛"，努力良多，但结果依旧是"元气翻亏血不荣"的徒劳，改革、变法后国势依然颓唐的现实就已证明了向外国学习救国之路是行不通的。这两首诗以寻医问药作比，写法简明新奇，别有趣味。

　　第三、第五、八、九首是从不同角度对当权者进行的辛辣讽刺。春秋两季的社日，农村都要进行热闹的祭祀活动。但奇怪的是，在祭祀的民众中，"多少聪明丈夫子，也施粉黛着红裙。"作者表面上是在写民间热闹的祭祀活动，但实际上讥讽了当权者执政如同演戏的荒唐行径、虚伪不堪的丑恶嘴脸。

　　第四、第八、九首分别以"天冷穿单衣，天热穿棉衣"和"渡水用车，行路用舟"的怪诞行为入诗，讥讽了执政者不顾国情、民情，胡乱施政的荒唐行为。甘肃著名诗人常振励评曰："炎夏穿棉而秋凉着葛；陆行撑船，入海坐车；如非痰迷心窍，高热神昏，定是阴谋作恶，存心倒行逆施，兴风作浪，以售其奸。审情度势，自当属于后者。而更可悲者，乃是流毒难清，遗祸至今，可奈何哉！"

　　第五、第二十首写羲黄子孙生活在"小桥流水绿杨村"般的世外桃源中，好不惬意。每日"锄罢晓烟贪午睡"，竟"不知人世有黄昏"。诗人以悠然的笔调描绘出了一个不遭战祸的宁静之世，仿照陶渊明构建了一个不知外界变化的"桃花源",从反面更体现出诗人对和平的渴望,对安定生活的期待。

第六、第二十一首以"女娲补天"的神话开篇,巧妙设问,补天之石巨大无比,哪个英雄能一手扛起呢?就在无计可施之时,女娲忽然出现,轻轻松松便用襟袖裹挟着大石渡过了长江。相传女娲为炼五彩石以补天,断鳌足立四极作为擎天的大柱。值此纷乱之际,诗人渴望有女娲这样的英雄人物出现,力挽狂澜,振国兴邦。眼见国势衰颓,无可奈何的失意总是涌上心头,反映在这组诗中,不是"四顾苍茫何处说"的无奈,便是"回首尘埃只自悲"的悲凉。然而当这组诗即将写完,诗人忽然开颜,将所有的杂念游思一笔删去,竟随着唤人的鸟儿出门,于晨光熹微处远望青山去了!愁思之下事无可为,只能暂且逃离,这对于一个充满爱国情怀的传统文人来讲,既是悲哀,又是在"无可奈何花落去"的惨淡中寻求解脱之法。

西北师范大学的路志霄、王干一教授是最先研究刘尔炘诗作的学者,其主编的《陇右近代诗钞》收录其诗四十一首,曾对其诗有过如此的评价:"晓岚为诗,立意清奇,新颖别致,情趣横生,可谓不傍人篱下,不拾人遗唾矣!即经见之题,亦多落想奇警,能推陈出新。而联系现实,关切国计民生之篇章,尤具社会价值。"所指者盖是此类之诗。1980年4月30日,王干一在《兰州学刊》发表"刘尔炘及其诗"的专论说:"刘尔炘的诗,写得极其清奇,读之令人耳目一新。""在兰州诗坛上,刘尔炘并不是一位陌生的作家,而他的诗立意这样清新,可谓创造了一种境界。这种不傍人篱下,不拾人遗唾,而再伐山林,重辟天地的精神,读刘尔炘诗的人,似乎从来还没有发觉到。这种精神,表现在他的创作中,即使是一个经见的题目,他也赋以新的情意。""刘尔炘的诗就是写愁的、写恨的,分明也不是'闲愁'、'闲恨',他们都和现实有关联,都与国家的灾难、民生的疾苦紧密地结合在一起。'明珠的的落尘埃,但到人间便可哀! 此地要从情海入,有船都向爱河来。烟云任尔飘然去,烦恼曾谁解得开? 难怪东西仙佛辈,只愁无计脱凡胎。'(《有所悟》其一)'四围山色拥晴峦,万绿丛中独倚栏。有酒难寻天下乐,无怀且觅古人欢。浮沉事业谁千载? 多少英雄误一官。得失盛衰云过眼,男儿只要此心安。'(《五泉山雅集·步问芳老人韵》)'古今罕有事,竟而此躬亲。天地难为我,江山太误人! 忍将千载恨,了却百年身。且唤屠苏酒,同寻醉里春。'(《除夕》)'晨兴理书策,小坐轩窗幽。忆我入尘网,四十七春秋。人事无一忻,万虑抑何稠。烟云几变幻,岁晚西风遒。计日冰雪至,还为来者忧。傍徨起绕屋,时复一搔头。'(《秋怀》其一)像这几首诗中的'愁''烦恼''恨''忧'以及'难寻乐''且觅欢'都与时代现实是分不开的。这一点很重要,使他的诗的现实意义大大地加强了。"

2.《咏春》组诗。这也是一组篇幅较长的诗,也是七言绝句,有二十首之多。

春天是最美好的季节,万象更新,赋予希望;但春天毕竟孕育于隆冬,脱胎于严寒,故时时处处都有风云变幻。诗人巧借"春"作人生、世事、社会、现实的隐喻,表达其在改朝换代之际,面对种种乱象,在迷茫、徘徊中思索,且若已有得的复杂情绪。要不然,读者会觉得,说是"咏春",但诗中并不多见描绘春天自然气息的句子,即使有,也是诸如"杏花园里问桃花"、"枕上流莺唤碧桃"、"满眼桃花旧主栽"、"梦里池塘草未生"之类假借春物来映衬现实社会者。前十首《春意》《春怀》《春思》《春愁》《春梦》《春色》《春信》《春声》《春光》《春怨》之"意"、"怀"、"思"、"愁"、"梦"、"色"、"信"、"声"、"光"、"怨",其实反映的就是春态,而春态怎一个"杏花园里问桃花"般的"乱"字了得? 又如:"灿尽舌莲终不解"、"天涯地角梦魂劳"、"情绪缠绵只自知"等等。后十首之《寻春》《探春》《迎春》《游春》《怀春》《买春》《惜春》《留春》《送春》《忆春》，分别用"寻"、"探"、"迎"、"游"、"怀"、"买"、"惜"、"留"、"送"、"忆"等十个动词，充分体现诗人在乱象丛生的社会现实面前，有过对旧时光"夕阳剩有落花红，流水垂柳尚晚风。多少楼台歌舞地，不堪回首月明中"的迷恋，有过对当下"云山犹在梦难存，燕子归来也断魂"的迷茫，也有过"多少落花人不管，殷勤独向月中埋"；"打破苍天须要补，人间何处觅娲皇"的徘徊，但最终能面对现实，积极探寻救国救民之道，似乎已看到一丝曙光："我欲扶筇门外去，遍携余泽洒江湖"；"偶向梅花窗里坐，天心还在读书灯"；"我向山灵开口问，夷齐门径是耶非"；"愿将一种缠绵意，为上通明殿里书。"不难想象，这一丝曙光，就是那《四十九初度》中所说的"灵台高处"的"月华"，与《五十初度抒怀》中的"五夜幽怀名利淡，半生微尚性情真"相通，"苍生先要不受贫"才是真正的"救国经纶"。普通人眼中的寻常季节，落在诗人眼里心中，便生发出如此多的感叹，诗人的才情由此可见一斑。

柯杨这样评价刘尔炘的诗：综观刘尔炘的全部诗歌，用典故以便隐喻，取浪漫以利抒情，这两个方面，可说是诗人在艺术表现手法上的显著特点，有必要在这里略加分析。

"援古事以证今"和"取旧辞以譬义"，是我国古代诗人惯用的手法，这在刘尔炘的诗歌中也有突出的表现。刘尔炘的诗与他所撰的许多白话楹联有一个明显的不同点，那就是神话、传说、历史故事等典故使用较多，白话入诗较少。这既与刘尔炘当时所处的政治环境、社会现实有关，也与刘尔炘有意通过诗歌曲折地表达自己对时事、政局和社会问题的是非观、爱憎观密不可分。刘尔炘所处的时代，是我国历史上封建政体由衰落到解体、民主革命风暴风起云涌的社会大变革、大动荡时期；而刘尔炘所居住的兰州，则是当时西北地区封建残余势力、北洋军阀和地方军阀多股势力相互倾轧、争斗最严重的地方。作为一个正直知识分子和清末遗老的刘尔炘，面对当时那种风雨如晦、战乱不停的局面，在思想和感情上所受到的冲击之大，是不难想见的。困惑、失望、郁闷的心情需要发泄；对普通老百姓苦难生活的同情需要表达；对自己所热爱的教育事业的重要性需要强调；对传统儒学遭到忽视与贬斥需要纠正。但如果直叙胸臆，写得太具体，则有可能受到当权者的迫害而遭遇不测。因此，刘尔炘不得不采用曲折迂回的手法，用大量的历史典故来表达自己的思绪和情怀。如"龙山落帽"、"王戎钻核"、"南柯一梦"、"庄周梦蝶"、"盘古开天"、"女娲补天"、"嫦娥奔月"、"夷齐采薇"、"尼山孔丘"、"子陵垂钓"、"隆中诸葛"等神话、传说、历史故事，以及道家炼丹、佛家禅语、巫婆作法等等，都被刘尔炘信手拈来作为比喻，熟练地加以应用，确切而又含蓄地体现了刘尔炘的心意，真可谓"思接千载，视通万里，卷舒风云之色，吐纳珠玉之声"。

刘尔炘的诗歌中，还有不少是在浩渺的宇宙境界里展开自己浪漫思绪的表述。刘尔炘所写的"天孙不我语，送我登昆仑"（《秋怀》）、"从此登灵台，宇宙一弹指。回头观天地，天地尘芥耳"（《排闷》）、"偶探只手摘星辰，风马云车电作轮。昂首试从天外望，浩无边际寂无人"（《辛亥杂感》）、"愿化身为四万万，分行天下作雷公"（《雷》）等气势恢弘的诗句，可以说是"神驰八极，心怀四溟"（晚唐诗人皮日休对李白诗歌的评语），充分表现出刘尔炘的诗人气质。刘尔炘这样写的目的，就是为了畅酣淋漓地表现自己天马行空式的独立人格：我就是我，既不会为了一己的私利而取媚于权势者，也不会因外界的压力而改变自己的行事准则。这类作品容量很大，感情奔放，是哲理的沉思与心灵深处的呼号。

3.《落花》组诗。1912年，清王朝正式寿终正寝，就像花叶一般，经历了色彩斑斓之后，萧瑟的秋风，使众芳摇落，一派凋敝之象。刘尔炘曾在旧朝中进士、任翰林，虽短暂在京为官，但也十分风光！即使因内忧外患、义不当为而辞官返里，然而当这一旧制一夜之间土崩瓦解、灰飞烟灭的时候，对其思想情感的重创是不难理解的，产生对旧日时光的留恋更是人之常情。这十首七律组诗就是诗人在这般情景下吟诵而就的。"落花"就是失落的心情。

唐诗爱好者都知道，伟大的现实主义诗人杜甫因战乱而频年漂泊，颠沛流离的生活使其愈加怀念其在朝廷任职的时光，因此写下了《秋兴八首》这组千古传唱的悲壮华章，成为诗人的代表作品。其内容也是以秋起兴："玉露凋伤枫树林，巫山巫峡气萧森。江间波浪兼天涌，塞上风云接地阴"的秋景，触动了诗人离别京城的忧伤，勾起了对京城的无限思念。诗人曾经历"几回青琐点朝班"的辉煌，如今却只能面对"奉使虚随八月槎"，"白头吟望苦低垂"的惨局。其实，除了《秋兴八首》之外，诗人还留下了不少反映这一情结的作品，读来比前者更加揪心。譬如《至日遣兴奉寄北省旧阁老两院故人二首》。其一："去岁兹辰捧御床，五更三点入鹓行。欲知趋走伤心地，正想氤氲满眼香。无路从容陪语笑，有时颠倒著衣裳。何人错忆穷愁日，愁日愁随一线长。"其二："忆昨逍遥供奉班，去年今日侍龙颜。麒麟不动炉烟上，孔雀徐开扇影还。玉几由来天北极，朱衣只在殿中间。孤城此日堪肠断，愁对寒云雪满山。"

杜甫有秋兴，果斋吟落花，遇境堪比，情思类同。诸如："回头不敢忆昭阳，满地残红梦一场。""东皇老去美人归，瞥眼韶华事事非。""昔日流光能倒转，抽戈欲倩鲁阳挥。""回忆笙箫歌舞地，凤凰池上有啼鸦。""桃李无言对夕阳，不堪回首旧门墙。"等等，无不体现出诗人的怀旧、恋旧情结；从"回首不须悲薄命，满腔心事一天知"，"春从林下还山去，风到人间满地香"的诗句看，诗人对未来也充满希望；可"寄语白云门外客，东风莫扣野人扉"句却透射出隐逸倾向。最有意思的是，最终"东皇若有重来日，再与儿童护海棠"一句，似有一丝重回往昔的梦想，这是多么真挚的内心独白啊！然而，留恋归留恋，徘徊归徘徊，"青山遮不住，毕竟东流去。"刘尔炘终归是非凡之人，无愧于与时偕行者，"而今问我同庚者，一岁婴孩小国民"。进入民国之后的刘尔炘，以拳拳之心播撒人间大爱，全身心地投入到社会公益事业中去了。

近体诗素以律诗最难，能者自然成就最大。刘尔炘一气呵成七律十章，洋洋洒洒，皇皇巨制，若非妙手绝难成之。除却意境之隐深、情感之真挚，其诗体韵律之准确、对仗之工稳、用典之恰当，皆令人叫绝。当属刘尔炘的代表诗作之一。

第三个阶段的作品，是刘尔炘在其生命的最后时光所发出的感慨，作品虽只有寥寥《忧患》和《绝命诗》二首，却具有鲜明的代表性。

忧　患

入耳声声乞食难，且凭柔翰写辛酸。
笔尖都是哀鸿泪，此纸成灰墨不干。

是诗作于民国十八年（1929），甘肃连年大旱，颗粒无收，灾情极重。刘尔炘忧心如焚，虽已届暮年，且在病中，仍扶病奔走呼号，筹措赈粮，以济世活人。这首诗以简练的笔触，充分表达了作者对流离失所、到处乞食的灾民的同情，充分展现了诗人的苍生情怀。常振励评曰："先生宅心仁厚，慈悲为怀，恫瘝在抱，关怀民间疾苦；忧乐以之，不忘天下苍生。"

绝命诗

回头六十八年中,痛痒相关与世人。

今日抛开躯壳去,权将热血洒红尘。

1931年11月,刘尔炘临终之前,门人们去探望他,他在病榻上吟咏了这首绝命诗,由门人谈凤鸣记了下来。"痛痒相关与世人"这句诗,高度概括了诗人与民众苦难相关、休戚与共的一生,也是刘尔炘人生之志的集中体现。常振励评曰:刘尔炘诗,明和雅驯,一如其人。而宫商协畅,属对工切,自不待言。但仅以风神潇洒,词藻华赡求先生之诗,则犹失之皮相耳!先生怀兼济之志,而生当乱世,知天下事有不可为者,"世间多少当为事,不及池塘草上春。"(《感事》)形诸吟咏,往往有壮志难酬之无奈。故抒怀遣兴,必系感慨于世事;模山范水,亦寄幽情于林泉,斯之谓风人之旨也。刘尔炘之诗,读之者不惟赏心悦目,可以陶冶性灵;而于世道人心,将有助于正邪僻、挽颓风,其裨益社会,可估量哉!

刘尔炘的诗作确以壮志胜,以气势胜。虽自谈"于诗文自愧无深造之功",若仔细推敲,此话亦并非谦辞。出生于辛亥革命第二年的刘子荫,是甘肃著名书法家、诗人和灯谜创作家,对果斋先贤是很尊崇的,终身称为"刘大人",从不改口。他喜爱刘大人的诗文,情有独钟,能够大段背诵其中的篇章。刘子荫说,刘大人的《题岳鄂王书诸葛武侯出师表后》四首诗,立志高洁,神采飞动,是刘尔炘诗作中的上乘之作。如其中的"惹得鬼神窗外语,有人提笔扫中原"句,酣畅淋漓,确实是传神点睛之笔。可惜刘尔炘毕竟是理学先生,致力重点不在于此,词句锤炼上还有可再斟酌之处。如第一首的首句"天心难问九重霄"中的"霄"字,改为"高"字则更好。因为天和九重都是一个意思,在这儿明指上苍,暗喻朝廷,

"霄"也是一样,有些重复了,若"霄"改为"高",不单重复之嫌立减,而且产生了距离感,诗的本意就发挥得更加到位了。第二首第二句"墨沈淋漓血泪翻"中的"沈"字,若读为"chén"下平声,韵在"十二侵",意为"色深而泽",于意尚可,于律不协。如果读作"shěn",上声,韵在"二十七寝",意为"汁",律协而意难畅。"墨沈"二字若改为"酣墨",则既协律而又收字顺意畅之效。第三首前二句"天把英雄当墨磨,英雄磨墨当挥戈",使用回环修辞手法,在诗中也是常用之格。最有名的是宋人林洪的"山外青山楼外楼",但是七绝五绝字数太少,除用特殊修辞手法外,要尽量避免重复字出现。七绝二十八个字,恰如二十八个仙人,要衣帽神采各异才有趣味,要一个不重复才好,重字出现就会直接影响整体效果。而且这首诗两个"当"字特别显眼,而"当"字是多音字,有几个声调,含义也不尽相同,用来麻烦很多,不如把这两句改为"天把英雄作墨磨,英雄磨墨待挥戈",或后一句改为"英雄磨墨似挥戈",读起来更顺畅,诗情毕现。还有最后一首第三句"乾坤有恨天无语",乾是天,地是坤,乾坤就已包含了天在内,再来一个"天无语",就有叠床架屋之嫌,若改为"人无语",这些都可尽免,效果就会更佳。

二十九、陇上联圣

　　"最喜楹联三百副，浅酌禅理说人情"，是著名诗人袁第锐对刘尔炘楹联成就和艺术特点的概括。刘尔炘于楹联创作确有不同凡响的造诣，可谓是其文学艺术成就的代表。2016年5月，甘肃省楹联学会为了表彰刘尔炘在楹联艺术创作上所取得的辉煌成就，确立刘尔炘在楹联创作上的历史地位，决定为刘尔炘冠以"陇上联圣"之名，并设立"刘尔炘楹联艺术奖"。

　　刘尔炘之于楹联，绝非是自娱自乐，而是以联记志，以联寄情，以联劝世，最终达到以"艺"明"道"的目的。

甘肃省楹联学会"陇上联圣"命名仪式

刘宝厚教授主编《刘尔炘楹联集》所载楹联253副,"主要来自《兰州五泉山修建记》,部分选自《兰州小西湖重修记》《果斋别集》以及尚未发表过的家藏遗作"。仅于1919—1924年重修五泉山时,按每座殿宇楼阁的内涵和每一景观的情景,撰书的楹联多达135副;1924年重修小西湖时也撰书楹联22副;祝楠别墅楹联今存10副;白塔山楹联2副;其他宫殿、庙宇6副;学堂、孔庙题写22副楹联,其中甘肃高等学堂8副,存古学堂4副,两等小学堂5副,大成节5副;甘肃省公立图书馆3副;公益团体9副,包括皋兰兴文社2副,陇右实业待行社4副,陇右公社2副,丰黎义仓1副;己亥春联4副;自寿、自挽联4副;挽故人联34副;其他2副。

从楹联的句式上看,以长联居多。253副楹联中,超过十一言者有188副之多,"螺亭联"长达五十四言。就其内容而言,涉及公益、教育、国计民生、时局政治、风景名胜以及挽悼故友等,数量众多,题材广泛。特别是为五泉山、小西湖等金城名胜题写的楹联,联语隽永,书法精湛,蔚为壮观,堪称二妙。尤其以五泉山130多副数量超群的楹联,以白话入联,以儒学立意,浅显易懂,妙趣横生,打动了不少来自四面八方的游客。一位学者为一处名胜古迹题写如此多、如此妙的楹联,在中华楹联史上也是绝无仅有的,"陇上联圣"的殊荣,当之无愧,在中国楹联史上亦占有一席之地。

主题鲜明,尊儒爱国

纵观刘尔炘的所有联作,是以弘扬儒学、忧国爱国、望才育才为主线,向世人、社会传递着绵绵无尽的正能量。

刘尔炘在《五泉山修建记》中说:"余孔子徒也。""若夫孔子之学,乃立教行政以治世者也,非宗教也,所言者乃至切至近之人道也,无迷信也。"因此,刘尔炘撰联,无论何时何地、何人何事,其主题立意无不彰显儒家文化的精髓,即所谓的仁义道德;即使是在佛教寺院里,也在大张旗鼓地宣传儒学,此类联语甚多,先来欣赏浚源寺大门联:

> 笑指河山问释家,不知我千圣百王继志传心之地种甚么因,结这般果?
>
> 别开世界生盘古,好度那五洲万国圆颅方趾之俦悟无为法,登自在天。

这是一副切时楹联。上联设问:眼下之中国,饱受西方列强之凌辱,满目疮痍,作者心中自然愤愤不解,因为按佛教"因果轮回"之说,我华夏民族代代继传仁义心志,不可能横遭此劫难啊!下联寻找到问题的根源,既然不是"因果报应",那就是西方的"物竞天择""适者生存"的世界观让"五洲万国圆颅方趾之俦"发狂的结果;欲使世界太平,必须让中国的"无为"之法大行天下。《道德经》云:"为学者日益,为道者日损,损之又损,以至于无为,无为而无不为也。"无为即是无私欲,只有扫除了心中所有的私欲,才能无所不为。体现了作者对时局的忧心,更表明了对中国文化的自信。

在大雄宝殿通往外处的西门上赫然撰有"立人要道"的门额,并配楹联曰:"自来山水供仙佛;从此林泉有圣贤。"东门的门额则直书"必归于儒",联曰:"遗世任谈罗汉果;匡世须入圣人门。"都是旗帜鲜明的尊儒思想的体现。

书于"万源阁"之"望来堂"门面的楹联云:"正学废兴关世运;斯文绝续在人才。"望来堂在万源阁一楼,为同人商量学术之用。"正学"即儒学,当下西学盛行,儒学遭谴,但刘尔炘笃信孔学

刘尔炘楷书《正学斯文》对联

是治世的法宝,指出:"吾国之政教导源于从理,故相推相阐相变迁相损益而始立之为纲常。既以纲常为范围,而又必加之以名教。名教者,所以驱策天下之人,而使之不敢出于范围者也。故无论如何推阐、如何变迁、如何损益,而有必不可出入之范围以为准,如治病然,血气不变,精神不亡,任病势如何危险,而终有就痊之一日。"然而,要保持"精神不亡"、"斯文绝续",必须以培养人才为第一要务。因为"数千年来每值人才消乏、道术不行之际,虽不免失之颓废,失之憨嬉,失之委顺,听天而不知振以人力"。"一旦人力奋兴,群阴四散,太平有象,海内熙熙,陶然有乐生之趣,以群游于自适之天。"

"望来堂"内还有三副楹联,都是纯粹的儒家精神:"从图书内察古今治乱兴衰,救世经纶全在道;为天地间衍圣哲精神命脉,后贤责任重于山。""真学问无多言,不自利,不自私,修己安人盟素志;大工夫在内省,去吾骄,去吾吝,仰天俯地矢丹心。""邀诸君来此谈谈,把亚欧非美澳政教源流,说与我略窥门径；请大众认真想想，那儒释老耶回精神传授，到底谁能定乾坤。"

正由于刘尔炘是"孔徒"，当看到西方现代文明对中国传统文化的冲击时便痛心疾首，忧心忡忡，故于"崇德广业"额题联云："向五大洲中静观，日后群伦那个能逃机器劫；在数千载上便忧，天下来世而今枉费圣人心。"

再看"文昌宫"联："莫只贪身外虚荣，忠孝性天真爵位；倘能有眼前神悟，山川云水大文章。"

刘尔炘说，文昌宫为"当年缙绅学子所共建，以祀文昌者也。文昌司禄之说出于道家，而读儒书志科第者无不祀之，习俗相沿，人云亦云而已。其门前近水远山，高低空廓，而门无联语，未免负此胜境。"上联是想告诫世人特别是想通过科考取仕者，功名只是身外虚荣，而真正的爵位是"内求诸心得，外证诸躬行，推之则修己安人，约之则修身为本"。下联是说如果你能在此登高望远，"仰观宇宙之大，俯察品类之盛"，心智日开，必定在这大天大地中有所作为。

书于"大成节"者自然是儒学正宗："尧舜禹汤文武周孔所传，何可废也；诗书礼乐易象春秋之道，其在斯乎？""自圣门四科造士以来，曾分德行、言语、政事、文学；惟中国三代教人之法，不外格致、诚正、修齐、治平。""合九州内千古以来，四百兆人皆归陶淑；当万世下八月节后，二十七日都要歌讴。"

1909年刘尔炘在文庙主持祭孔典礼，共撰五副楹联，此为其中三副，充分体现了"大成节"的主题。明嘉靖九年（1530），朝廷下旨尊奉孔子为"至圣先师"；清顺治二年（1645），又将孔子尊为"大成至圣文宣先师"，后多省称为"大成至圣先师"。因孔子生于农历八月二十七日，故而将其生辰定为大成节以志纪念。第三联之上联从地域之广、时间之长以及众人得到陶冶的结果，说明了儒学无可替代的重要性和极大的影响力；下联则写出不论千秋万世，都要在八月二十七日纪念孔子。刘尔炘在当时的时代背景下，仍然不遗余力地坚守和宣扬儒学的重要性及孔子的圣人地位，绝非出于保守，是深入骨髓的信仰使然，是超越群伦的远见卓识！

强烈的爱国情怀，是刘尔炘楹联的又一主题，且与尊孔、崇儒一脉相承。1900年八国联军攻占北京，中华民族受到帝国主义者的侵略和凌辱。消息传至陇上，群情激愤，刘尔炘义愤填膺，挥笔撰联："我都是黄帝子孙，俯仰乾坤，何堪回首；你看那白人族类，纵横宇宙，能不惊心？"

"悼念孙中山先生"联："抵制外夷，打击侵略，谋求幸福自由，废除不平等条约于光天化日之下；振兴中华，创造共和，从事国民革命，挽救受压迫民众于危急存亡之秋。"1925年3月，孙中山逝世的消息传至陇上，兰州各界民众在万寿宫（现通渭路兰州市政协所在地）举行悼念大会，刘尔炘撰此联以志哀悼。孙中山于1895年提出了"振兴中华"的口号，这种强烈的使命感是建立在忧国忧民的忧患意识上的，与儒家传统经世致用的思想一样，忧患意识也是中国传统文化的精华。在这一点上，孙中山的主张与作为传统文人的刘尔炘产生了强烈的共鸣。这副楹联以高度凝练的语言总结了孙中山一生的革命功绩，赞扬了中山为国为民艰苦奋斗的精神。刘尔炘对中山先生的崇敬和赞美之情发自肺腑，溢于言表。作为满清遗老的刘尔炘对民主共和的认识和态度在清政府倒台前后也不尽相同。1911年，清政府致电各省征询对国体的意见，时任甘肃咨议局副议长的刘尔炘曾联合议长张林焱致电南北议和代表，强烈反对民主共和。然而民国刚一成立，刘尔炘即愿作"一岁婴孩小国民"，对共和表现出认同之意。到1925年为孙中山作这幅挽联时，对共和制度的赞成态度已不言而喻。从这一事件可见刘尔炘在政治思想上的"与时偕行"，这正是这位晚清遗老的难能可贵之处。

除此之外,刘尔炘的楹联还无时不在劝人向善,传递爱心。他奉劝人们,五泉山虽然是供人游乐之地,但不要沉迷于山水之间,以免影响了正经事业。譬如"话月圆"联:"且随机种竹栽花,长倩菩提开笑口;倘有意贪山恋水,也成魔障扰禅心。"太昊宫"此中有真意"联:"我问你是谒庙? 是游山? 谒庙须恭,游山须雅;谁到此不花钱? 不吃酒? 花钱莫浪! 吃酒莫狂!"类似的楹联还有"渐入佳境"联、"行云流水"联:"他说是他约了些朋友,要赌酒、要闹诗钟、要品茶、要商量画意;你管着你领来的儿童,莫涂墙、莫撕窗纸、莫摇树、莫搬弄石头!""这里面栽了些新树新花,要流连风月烟云,过客游人都爱惜;那上头有的是真山真水,且点缀楼台殿阁,前贤往圣或归来。"

联意切题,哲理浅说

联意切题无疑是楹联创作的核心要素之一,切题则包括切人、切事、切物、切地、切时、切景。刘尔炘的楹联十分切题,更深寓哲理。如"仙凡界"联:"进去乃游神境内;出来便到戏场中。""千手千眼佛"联:"眼不宜多,眼多则偏观那人世间困苦颠连,徒增难过;手尤要少,手少则专抱我自家的精神念虑,免得乱抓。""千佛阁"联:"登斯楼危乎危哉,敢存妄想,焉有妄为,能这般面壁十年,入定便成尊者相;到此处高则高矣,且莫自矜,也休自喜,忘不得悬崖万丈,临深长抱惕然心。""小蓬莱"联:"关住两扇门,自然无烟火尘襟,谁是关得住的? 找着一条路,便可到蓬莱仙境,你还找不着么?""企桥"上行联:"想过去么? 过去便能通碧落;休下来了,下来难免入红尘。""企桥"小巧玲珑,为石拱单孔桥,在小蓬莱的"惠泉"之下,通过此桥,向上可通往山间诸庙宇,下行便可走出山门;桥下溪水潺潺,清澈见底。作者题额"企桥"者,含企望之意。"伏羲殿"联之一:"在当年玩河洛,理星辰,俯察仰观,思创出文明世界;到今日驾风云,走雷电,醇离朴散,悔打开混沌乾坤。"此联寓意当时社会之乱象,若伏羲有知,会后悔他当初开凿天地的举动。

当然,在刘尔炘的楹联中,最切景且深寓人生哲理的楹联还是"云梯关"联:"高处何如底处好,下来还比上来难。"在五泉山修建工程告竣后的1930年,武侯社于"万源阁"正后方高耸、陡峭山坡之上建一牌坊曰"梯云关"(20世纪80年代著名书法家舒同题名"青云梯"),攀登之阶梯既陡且高,险峻非凡,上山不易,下山便难。刘尔炘因题额曰"若登天然",并撰此切情应景之联,是刘尔炘白话楹联中最难得的艺术佳品,堪称绝妙,将人生、世事刻画得入木三分。而且此处的牌坊、匾额、对联至今仍完好地保存着,百年沧桑,更增典雅风韵。富涵哲理的联语,浑厚高妙的书法,足以让人流连忘返。同时,此联也是至今所见刘尔炘楹联书迹中唯一横写叠挂者。

袁第锐在中国现当代诗词界有着不小的名望,曾任中华诗词学会副会长、顾问,自然是甘肃诗词界之翘楚。2008年,笔者的导师刘宝厚教授开始分类整理其父刘尔炘的著作。《刘尔炘楹联集》脱稿后,欲请诗坛名宿袁第锐为序。记得是国庆节刚过,时序已至

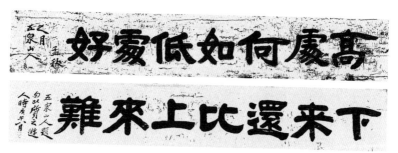

刘尔炘隶书《高处下来》对联

深秋,省干休所小区花园里菊花怒放,路上已是冷风飕飕。我陪着刘宝厚老师在干休所很不起眼的楼房里叩响了袁第锐的房门。此时,袁第锐已经患了中风,语言謇涩,行动不便,所幸思维尚健。通过书写交流,知道来访者是刘尔炘的后人,且是请他为《楹联集》作序时,袁第锐的表情一下子变得丰富起来,高兴与激动交织在一起。没有任何的推辞,爽朗地答应了。一个身患重病的耄耋之人,还能为书作序么?除非这本书的作者令他无比钦佩!两周之后,序已作就,尽管是徒弟执笔,尽管篇幅简短,但字里行间也浸透着袁第锐的心血。"戊子深秋,刘宝厚君来,携其所著《刘尔炘楹联集》,云即将付梓,浼余审定作序。刘尔炘是陇上知名耆宿,余夙所景仰,因诺之。"当我看到这段话时,真切地感到了袁第锐发自内心的热度。

在袁第锐的序言里,对于刘尔炘的楹联,他肯定了两个特点,即白话文入联和寓意哲理。袁第锐说:"尔炘先生之楹联凡二百五十多副,涉及范围广泛,内容丰富,语言生动活泼,自然贴切。先生擅长以白话文撰联,语虽浅近,其义则深。上自缙绅,下至闾巷,读之皆可通晓。如白傅谈诗,老妪亦能参妙解。然而先生高才博学,独微卓识,乃至于白话联中,往往见其典雅蕴藉之丰致。真所谓'粗服乱发不掩国色',又所谓'天资近道,学问使然'者。细勘先生楹联,则无论浅显通俗,抑或是典雅含蓄,均为呕心沥血精心撰构。皆极富人生哲理,说理明确,衡情恰当。寓意规箴,用劝用惩,亦庄亦谐,妙趣横生。足可以振聋发聩,唤醒万众而匡扶世运。"

大白大雅,落落洒脱

以白话文入联,且能臻大白而大雅者,是刘尔炘楹联创作的一大特色。1932年,顾颉刚教授来兰州考察时,对刘尔炘的白话文楹联甚为叹服。时任甘肃省主席的邵力子在为颜刚甫所集《兰州楹联汇存》作序时写道:"我到兰州不久,颜刚甫同志来见,以所集兰州楹联相示,阅读一遍,最使我叹服的是五泉山人刘晓岚先生的白话作品。我从前有位朋友刘大白先生,最能用白话文作联语,曾写有《白屋联语》数篇。刘大白先生是旧学极有根柢,却用全力提新文学的人,晚年几乎非白话文不作。刘晓岚的思想,似乎没有那样激进,但他作楹联,却一样的以白话文为主,这就可见白话文最适于实用,而同时仍不失其美学价值了。我极希望读《兰州楹联汇存》的人,能效法刘晓岚先生建设五泉山的精神,而能随着时代的演进,以创建新的事业,新的文学。"

在刘尔炘创作的楹联中,大都通俗易懂,读来朗朗上口,活泼有趣,丝毫不显晦涩,常常以最浅近的语言表达出深奥的哲理,总能给人以启迪,引发思考,言有尽而意无穷。譬如"笑笑斋"联:"能从那大天大地中创大规模者;不在这小山小水上开小玩意儿。""醉梨亭"联:"才叫冤枉呀! 拿许多有用精神我来修庙;再说甚么呢? 能做个正经事业谁来游山。""大雄殿"联之一:"山即是空,水即是空,花花草草亦即是空,到此恍然空诸所有;天不可说,地不可说,人人物物都不可说,既然如此说个甚么?""步巘寻幽"联:"人都要挤着进来,便闹得纷纷扰扰乱乱哄哄,我劝你缓些儿好! 既然你游了出去,回想那曲曲弯弯高高下下,他教人看个什么?""紫云关"联:"若要来这里面找仙境清幽,莫走错路了;只管在那下头混戏场热闹,能过得关么?"

最有趣的还算"卧佛殿"联,真是诙谐至极:"还不起来么? 此等功夫怕是懒人都藉口;何妨睡着了,这般时代倘成好梦亦欢心。""摸子泉"联:"糊糊涂涂将佛脚抱来求为父母;明明白白把石头拿去说是儿孙。"摸子泉是五泉山五泉之一,位于旷观楼下的摸子洞中,洞深两丈有余,两侧皆为佛龛,洞底有一泓清泉,泉中杂有瓦砾、石子。昔日无子之人为了求子，在佛前虔诚祈祷后，便闭目在泉中摸取，若摸得石子则可生男，摸得瓦砾则会生女，故曰"摸子泉"。作者以风趣的语言对迷信的做法进行了讽刺，以调侃的口吻写出了求子之人的无知与无奈，发人深思。

长联风趣，短联灼灼

刘尔炘创作的楹联，无论长短，都恰到好处。长联铺陈，景色错落有致，事情前后纷呈，人物详略适当，依韵而出，妙趣横生，虽长减不了一字；短联精妙，千锤百炼，字字珠玑，再短也容不得一词，可谓是天衣无缝。

长联的精彩，此前已多有领略，现再举例如"武侯祠"联："在三国中论时会，论遭逢，壮志未酬，天运早归司马晋；从两汉后数经纶，数学识，真才难得，人间只有卧龙岗。""旁观亭"联："烟霞一抹好楼台，任他摸子，随你求财，云影降祥泉兆瑞；风月四时闲境界，有客读书，几人载酒，山容含笑鸟腾欢。"小西湖之"螺亭"联："奇愁敢说酒能消，当初一画开天，传之尧舜禹汤，文武周孔，萃列圣真精神、真脉络，授受五千年，遇继起儿孙，都看成那秋后黄茅，风前白苇；春梦偶从花外觉，溯自三皇治世，到了秦汉隋唐，宋元明清，经累朝大豪杰、大英雄，维持四万里，被无情造化，尽付与这霜中红叶，水上青萍。""螺亭"位于小西湖钓滩坊东的湖边，盘旋而上，状如螺，故名"螺亭"。刘尔炘重修时，将此处拓为高台，上建回廊，可俯瞰黄河，并为其撰联三副，此其一也，也是刘尔炘现存楹联中最长的一副。此联的特色在于上下两联中前半部分都讲史，后半部分叙时下国家之乱象，以历代伟人和朝代更替来寄托对当下乱世的感慨。世道至今，军阀割据，混战不断，民生凋敝，满目疮痍。五千年圣贤之道被视为"秋后黄茅、风前白苇";几千年的山河传至今日,内忧外患、满目疮痍,已是"霜中红叶、水上青萍",一派末世景象,实在令人痛心。此联对仗工整,内涵深刻,将中华几千年历史浓缩在一副楹联之中,借景抒情,追古述今,实为佳作。

短联的精妙,让人称奇:"既济宫"联:"翠霭千山雨;苍生万灶烟。""清虚府"联之一:"眼中皆绿野;头上是青天。""万源阁"联之一:"以阴阳消长;定世界安危。""显诸仁"联:"天心当复见;人道此几希。""藏诸用"联:"如布帛菽粟;是河岳日星。""致中和"联:"通天四管笔;长夜万年灯。""赞化育"联:"承天开道统;救世有心传。""太平机关"联:"为生民立命;与造化同游。""半月亭"联:"天开消夏地;人在广寒宫。""仙凡界"联:"进去乃游神境里;出来便到戏场中。"仙凡界在孰乐台与浚源寺之间,此联既写实境,又隐喻社会现实,是对皈依与还俗的生动写照,出家入寺便是神境,还俗回家就只能是凡人一个,只能浪迹社会这个大戏场中。"仙凡界"之名切景,联语可谓一语双关,让人叫绝。

匠心独用,对仗杰作

至于对仗,刘尔炘还有两对绝美的流水对,须得嘉飨读者。"西碑亭"联:"愿将当世事,告与后人知。""东碑亭"联:"但存垂后意,莫杂好名心。"所谓"流水对",是指上下联在意义上有连贯、因果、条件、转折等关系,如王维之"行到水穷处,坐看云起时",王之涣之"欲穷千里目,更上一层楼",杜甫之"且看石上藤萝月,已映洲前芦荻花"等,不胜枚举。流水对在对联中最受人欣赏,艺术性较高,创作难度也是比较大的。

又如,"丰黎义仓"联:"丰年多黍多稌;黎民不饥不寒。"这副楹联匠心独用,颇有旨趣。作者巧妙地将《诗经·丰年》"丰年多黍多稌"句与《孟子·梁惠王上》"黎民不饥不寒"集而成联,体现了"丰黎义仓"的主题。集联最能体现作者深厚的历史文化底蕴和创作技巧,本联的艺术特色便是句内的重字自对,而"丰年""黎民"即为领衬字了。如此,上下联的对仗即由不工而工了。

再如,"高处何如底处好;下来还比上来难"联,此联的对仗特点为句内自对,上联"高"与"底"对,下联"下"与"上"对;上下联虽不相对,但上下联各自句内成工对,故整体楹联便属工对。在唐诗中就不少属于句中自对的联句,譬如王维的"江流天地外,山色有无中",杜甫的"即从巴峡穿巫峡,便下襄阳向洛阳"等。

联精墨妙,传世佳作

其实刘尔炘一生创作的对联绝对不止上述这些,有相当数量的对联则是以书法作品的形式流向了陇上的千家万户,它的思想艺术特点与上述者类似,但作为表现形式的书法风格则更加丰富多彩、美轮美奂。"但愿淋漓挥洒去,千门万户有云霓。"镌刻在五泉山上的几副对联,其书法的情形前文已有交待,而《刘尔炘楹联集》所刊载的对联则更能让人感触到联精墨妙、楮墨芸香。

在有清一代特别是清中晚期,因为大批取得进士、翰林功名的文学者的推崇和参与其中,对联书法艺术逐步迈向辉煌,最终因为皇帝和宫廷王公大臣的钟情而登峰造极,形成了所谓六尺八言、手绘蜡笺、馆阁体的标准定格。尤其是能在蜡笺上作联,即显示书家的身份,也是收藏者的荣耀。这种风尚历久不衰,一直风靡到了民国时期。

不仅如此,对联书法还有一个特点,就是大多数的文人书家,个个都是满腹经纶的饱学之士,对联书法皆出自现场创作。相传书法大师何绍基一生没有写过相重的对联,且都是现撰现书,一挥而就,联书俱妙,已成佳话。对撰联圣手刘尔炘而言,现场撰联,定非难事,堪与名满海内的何氏相媲美。

刘尔炘传世的对联佳作还有:"遇石不拜为之揖,拟酒以圣胜于贤","更得新诗写珠宝,想当逸气吞江湖","群然和者幽兰曲,快哉当之修竹风","名花自问闲中老,浮世原宜淡处看","于人何不可容者,凡事当思所以然","常爱此中多胜事,更于何处学忘机"书联等。

刘尔炘隶书《遇石拟酒》对联　　　　刘尔炘楷书《更得想当》对联

刘尔炘隶书《群然快哉》对联　　刘尔炘隶书《名花浮世》对联

刘尔炘隶书《于人凡事》对联

刘尔炘隶书《常爱更于》对联

三十、书品原因人品高

千年古镇遗墨韵

在甘肃民间,提起刘尔炘的名字,老辈人们都会不约而同地说:"刘尔炘,知道,大书法家!"要说刘尔炘至今在甘肃各地还有很高的名望,与其书法在民间的广为流传有关。

刘尔炘长期从事教育工作,来自不同地方的无数学子在获得刘尔炘教诲的同时,连同刘尔炘的书法也带到了故乡或工作的地方,这就使得更多的人得以闻其名、爱其书,久而久之,便成广为流传之势。正像甘肃著名书法家何裕所说的那样:"书法本来是读书人应具的本领,而对于一位功在黎庶的学者来讲,书法便是末节之事了。然而正因为有了书法,使后人观其书而想见其人,更增加了对先生的钦仰。"另外,刘尔炘书法的流传还有一条途径,那就是应地方绅士之邀,游历、考察、讲学时所书。

刘尔炘自京师辞官而归,便置身于繁忙的教育工作和社会公益事业之中,焚膏继晷,呕心沥血,无暇外出游历,一生曾游历过甘肃的哪些地方,现已无从考证,只是笔者自打记事时起至今,家乡的老辈人中就一直流传着一个脍炙人口的故事,那就是刘尔炘曾经到过我们滩歌镇。

滩歌镇坐落在武山南部的崇山峻岭之间,群山环抱出一块神奇的盆地,有南山林海作屏,雨量充沛,气候适宜,土地肥沃,人文兴盛,故有"金盆养鱼"之美誉。古镇又地处茶马古道之要冲,来来往往的商贾和络绎不绝的马帮给小镇带来了经济的繁荣和文化的交流。

万花寺坐落在滩歌镇南的双龙山之北麓,依山势层叠而上,系唐代名刹,属大乘教佛寺,始建于武则天当政之时。历经五代、宋、元,屡遭兵燹,多次修复。明万历十六年(1588)修葺扩建,颇具规模,又经清道光、咸丰、同治、光绪及民国各期的重修增建,方成释、道、儒三教合一,上、中、下三寺联壁之格局。清代己丑科武山籍进士陈廷鉴(字沚明)曾赋诗赞美:"巍巍万花寺,遍地碧水泉。古松苍柏树,绿茵满山塬。奇花并异草,红白且相间。吸引他方士,游人共赏览。"又有"伟哉万花双龙山,美哉八楼十二殿。陇上名山知多少,隋唐古刹千百年"的诗句。上寺亦称"四方景",为正方形四合院。大雄宝殿则重建于民国五年(1916),就在宝殿破土修造的先一年(即1915年,乙卯),滩歌镇的能人们设法请来了众多硕学俊彦为这一文化盛事助兴、添彩,其中有陇西进士祁荫杰、武山进士陈廷鉴、陇西书画名家柴学孔、甘谷名流何鸿吉等,而最具影响力的贵客当然是大翰林刘尔炘。

硕学鸿儒们当年的滩歌之旅,确是当时古镇空前的文化盛事,也成了古镇人百年盛传不衰的美谈。邀请刘尔炘者可能就是被古镇人尊称为"王老爷"的王鸿绪。王鸿绪字瓒臣,号梯坪山人,光绪十四年(1888)中举。还有可能的人物就是当时古镇首富杨家掌柜杨守知。杨守知,字景西,号南川,生于光绪二年(1876),卒于民国三十六年(1947),于宣统元年(1909)举孝廉方正,富甲一方,但富而仁义,于地方教育和公益事业亦不遗余力,为万花寺的整修和宝泉寺学堂的创建倾注了大量心血。

时间是乙卯年(1915)农历十一月间,天公作美,古镇以入冬以来的第一场大雪迎接来自金城的贵客。街面张灯结彩,热闹非凡。无论是社会名流,还是乡绅学究、高僧富商都闻讯而来,争先恐后,轮流坐庄,高朋如云。交流的主题自然是书法,家境稍稍殷实者,都想得到墨宝,一则可藉此光耀门庭,二来也为家族请回了传家之宝。大户之家则恭请为长者书寿联,为即婚儿女写"喜条"。万花寺的高僧、道长们也纷纷走出山门,迎请刘尔炘上山,谈经论道,为寺院、道观题匾撰联。如今时过百年,刘尔炘当年泼撒在古镇大街小巷的墨迹,至今仍弥漫着沁人的墨香。

刘尔炘题写的"妙有真境"巨幅匾(240 cm × 120 cm),在大雄宝殿落成之后就高悬在大殿的正中,足以说明古镇人对刘尔炘的敬重。巨匾的上款为"乙卯冬十一月即日",落款:"赐进士出身,庶吉士,翰林院编修刘尔炘敬书"。匾额的下五分之一处是一行敬献者的人名,竟有四十多位!

据滩歌镇的老辈人回忆,宝殿前檐柱挂有两副板联,为陇西进士祁荫杰所撰,刘尔炘书。其一:"无边功德观乎三昧,许大神通度尔四方。"其二:"昙云密布三千界,花雨缤纷四月天。"

2008年前后,时任滩歌学校校长的王靖宏和致力于家乡文化研究的杨建全老师,发现了那方"妙有真境"巨匾,虽腐蚀不堪、千疮百孔,但仍不失其精神光芒。还从校舍顶棚拆下的长木条中拼凑成一联:"佛为弗乎? 弗人焉有相? 情尘尽净,贝书梵偈亦空文。"十分鲜明的书体为刘尔炘之作无疑。可惜楹联的上联仍不知藏在哪座校舍的顶棚上,抑或早已不复存在于人间。由六根长木条拼凑而成的这一则孤联,历尽了沧桑,虽经解体,而今又能破镜重圆、重见天日,可谓不

幸中之万幸也。笔者暂依其韵律、联意,姑且配出上联,勉强成对:

禅即单也,单示岂无真? 智慧源圆,石刻坛经方实用;

佛为弗乎? 弗人焉有相? 情尘尽净,贝书梵偈亦空文。

2018年5月1日,应笔者之邀,刘宝厚老师与其夫人韩老师一道,欣然前往滩歌镇一游。人间最美四月天。雨后天晴,花雨缤纷、清香四溢的古镇,祥云霭霭,气象万千。满山遍野的油菜花盛开怒放,一片金黄。刘老师此行的主要访寻胜地是万花寺。八十八岁高龄的老人迈着稳健的脚步,仔细打量着这里的一草一木、一砖一瓦,似乎在用心寻觅和体味着先人百年前留在这块土地上的文化踪迹。当看到那方用绳子捆在一起的板联和巨匾残存的"尔炘敬"三个字时,老人难掩内心的喜悦,一口气拍了好多照片,感慨地说:"滩歌镇真是一个人杰地灵的好地方啊! 这里地形独特,气候适宜。有建于唐代的寺院,有古寨,有商业街,说明历史悠久、文化昌盛、经济发达。我父亲自京返里,不要说游历全国,就是甘肃本省也只去过为数不多的几个地方,能够造访滩歌古镇,说明这里独特的历史、文化、经济氛围在当时已名扬陇上了。现在虽已过整整一个世纪的时光,却还能隐约体会到当年的盛况。我在有生之年能到此一游,真切感受到我父亲当年留下的文化遗存,倍感亲切,也倍感欣慰。感谢古镇人对我父亲的厚爱,也感谢我的学生对我的一片真情。"是啊! 不迟不早、不偏不倚,就在这个桐花万里、黄花遍地的四月天里,刘老师踏着先人的世纪足迹而至,画圆了这个百年文化之旅的句号。

历史有它特殊的密码,信哉斯言!

黄河岸边宿二贤

甘肃中医药大学的吴正中教授,出生于靖远县平堡乡金峡村。这里地势平阔,土地肥沃,黄河水缓缓流过,世代富庶,人文荟萃,是一个名副其实的人杰地灵的风水宝地。吴先生曾对我讲过:靖远的老人都知道,靖远的文化在西区,西区的文化在平堡,平堡的文化在金峡,金峡的文化在吴家。我老吴家在清朝同光间出了两个贡生,分别是我的七世祖和五世祖。当地人分称大吴老爷、小吴老爷。小吴老爷即吴绳祖(?—1916),字永立,善辞章,工书法,仁德友爱,名重乡里。小吴老爷生有四子,分赠志道、据德、依仁、游艺的堂号。小吴老爷素与刘尔炘、安维峻相友善,大抵在清末光绪年间(从安维峻和刘果斋二位夫子的年谱中推测,大概是在1900年至1908年之间),小吴老爷为保黄河河清水晏,沃野千里,永泽桑梓,便在河边修造一座龙王庙镇守之。庙宇竣工之日,特邀德高望重的大翰林安维峻安大人和刘尔炘刘大人至靖远一游,并为龙王庙题写匾额。二位夫子从兰州的金城关出发,乘牛皮筏子,在黄河上顺流而下,直达金峡村。当日,金峡村万人空巷,纷纷来到黄河岸边,一睹金城名宿刘太史和"陇上铁汉"安御史的风采。二位夫子就在吴家下榻,吴教授的祖父当时就侍候二位夫子。安夫子的举动令人难忘,坚辞不穿机织的洋袜子,始终对家里人缝的布袜子情有独钟。连日来,吴家的大厅堂里,谈笑有鸿儒,往来无白丁。除了给龙王庙书赠匾额外,还为吴家及当地的贤达、名门留下众多的书翰墨宝。二位夫子为龙王庙所题的匾额内容如今已无人记得,吴教授只记得祖父说,刘大人的题匾悬挂在庙的正堂中央,而安大人的题匾则挂在了过厅里。

刘尔炘为《重印
靖远县志》题签

祖辈们还记得,有一天清晨,刘尔炘在黄河边漫步,看到络绎不绝前往龙王庙进香的善男信女,脚步不由得慢了下来,略作停顿,便吟成一联:

你说敬神与奉亲都是天意,
我看行善比叩首更近仁心。

刘尔炘的这副对联很有劝世意义,神灵就在自己的心中,孝敬父母,善待他人,胜过有形无心的顶礼膜拜。

此次刘尔炘与小吴老爷的交游,恐是众多靖远士人与刘尔炘相交中的一例。1925年,靖远旅兰人士陈国钧、李梦庚、赵文举等欲重印《靖远县志》,特请刘尔炘为之作序,刘欣然允诺。

吴教授还对他在孩提之时,逢年过节焚香磕头每每见到的刘尔炘书写的大中堂记忆犹新,只可惜这幅大中堂在"文革"期间被无情地破"四旧"了。其他人家收藏的刘尔炘的墨宝,其命运也都大致如此,烧的烧、卖的卖,保存至今者已属凤毛麟角。吴教授上世纪五十年代毕业于兰州大学中文系,在文字学、医古文及中药学文化等诸多方面皆有很高深的造诣,而今其孙吴文远又赴德国留学,足以见证金峡村吴氏家族近十代学人的文脉流长。

鬻书卖字有尊严

刘尔炘的书法名望,一则是因为他的修养卓尔不群,学识誉满陇上。胸有大气象,腹中满经纶,下笔如有神。又钟情于此道,着力经营，专心打造，故能渐入佳境。二则是缘于刘尔炘的社会声望。辉煌的公益事业造就了刘尔炘的公众形象，是名符其实的社会名流，而书法自然就成了名人书法，必然受到世人的追捧而竞相收藏。但刘尔炘如此大的书法名望，整个金城却没有多少刘尔炘题写的商号匾额，即使刘宝厚老师也只知道给"致兰斋"题过匾额，为何给一个糕点铺题匾？据"致兰斋"的后人讲是刘尔炘重建五泉山时曾解囊相助之故，再就是给"兰州水烟厂"和"马保子牛肉面馆"写过楹联。当时的兰州水烟已是陇上知名品牌，其工厂规模大，实力雄厚，是捐修五泉山的功臣，刘尔炘为其撰联自然在情理之中。至于为规模尚小的马保子牛肉面馆撰写楹联，其原委今已无从考究。这两副楹联的具体内容均已佚失，十分可惜。

刘尔炘自民国二年起因弃绝官场而失去了政府的薪水供给，不得已才勉强接受各社的车马费，并开始鬻书以维持生计。从甘肃省楹联学会副会长兼秘书长王家安收藏的两帧当年刘尔炘的书法"待价表"中可以看出，刘尔炘的书法作品在当时也是价格不菲的，再看看表明刘尔炘鬻书原则的三首诗：

（一）

万变烟云静里看，江湖阔处地天宽。
手中斑管潇湘竹，聊当严陵一钓竿。

（二）

奚童磨墨润前溪，休怨先生价太低。
但愿淋漓挥洒去，千门万户有云霓。

（三）

过客休嫌价太昂，将来声价要腾翔。

不如及早来收拾,到手云烟四壁香。

人们就会明白,书法家看透了这"万变烟云"的社会现实,便选择了以诗书自娱的退隐生活,至于鬻书卖字,也只是姜太公钓鱼"愿者上钩"之事,不能强行强卖。即使卖不出高价,也是一种性情的挥洒,即使鬻书卖字,也不失儒学士人的尊严。

人们更从《结翰墨缘斋待价表补遗》中发现,索书者须先在陇右书局预约登记,"不交陇右乐善书局登号者不写"。这说明刘尔炘在其书法的润格中将要抽出一份给陇右乐善书局,相当于上交个人所得税。时时处处不忘为其热心的公益慈善事业增砖添瓦。

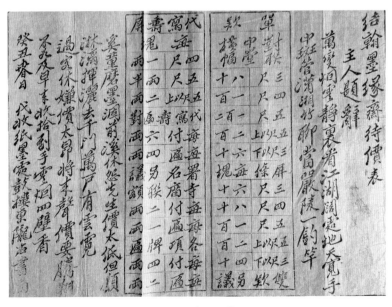

刘尔炘书法润格

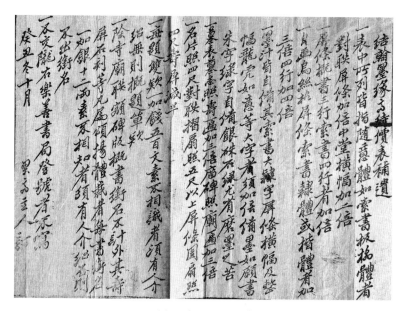

刘尔炘书法润格补遗

儒家箴言借书传

刘宝厚老师主编的《刘尔炘书法集》,收录了刘家藏及社会各界友人收藏的刘尔炘书画作品共八十余幅,这当然只是刘尔炘书画作品的一个缩影而已,但就其书法内容而言,则无不折射出刘尔炘博览群书的盛景和他的志趣爱尚。

刘尔炘所读典籍广涉"五经"、"四书"、诸子百家,每到会心之处,必录而书之。如《周礼疏》中的片段,《诗经》传说及评论的文字,儒家理性源流、历代理学大师的语录等,还有《晋书》《隋书》《道德经》《离骚》《荀子》《淮南子》《县令箴》《五箴》以及《白石诗说》《西清诗话》《竹林诗评》等书的内容。有一副板桥体六屏的内容就是《四库全书》子部儒学经典中宋代西山学派真德秀的《儒学源流论》:"道之大原出于天,其用在天下,其传在圣贤,此子思子之《中庸》所以有性、道、教之别也。……迨至宋大儒继出,以主张斯文为己任。盖孔孟之道至周子而复明,周子之道至二程子而益明,二程之道至朱子而大明。"

刘尔炘行书《儒家道统》句六屏

在古代诗人中,刘尔炘独喜陶渊明,《饮酒诗》及上述三种《诗话》中对陶诗的评价都有书作,如"《西清诗话》曰:'陶渊明意趣真古,清淡之宗,诗家视渊明,犹孔门视伯夷也'"。"《竹林诗评》曰'陶潜之作,如清澜白鸟,长林麋鹿,虽弗婴笼络,可与其洁,而隐显未齐,厌欣犹滞,直视乎此而不能忘隘乎彼者耶!'""《白石诗说》曰:'陶渊明天资既高,趣诣又远,散而庄,淡而腴,断不可作邯郸步也。'"摘抄自撰《劝学迩言》是刘尔炘的书法内容之一,如:"君子事天之学,课之此心而已,癏寐独知之地,未必真能无愧。不此之务而徒文饰于言行之间,仍是好名之念不化、为己之心不

刘尔炘隶书中堂

刘尔炘隶书中堂

刘尔炘隶书横批

刘尔炘草书《劝学迩言》句四屏

真。……"但不太常见，非知己者不轻为之。

书作内容以摘自吕坤《呻吟语》者最丰，在《书法集》就有二十余副，占四分之一，分草、隶书两种。如："心要实，又要虚。无物之谓虚，无妄之谓实。惟虚故实，惟实故虚。心要小，又要大。大其心能体天下之物，小其心不偾天下之事。""情不足而文之以言，其言不可亲也；诚不足而文之以貌，其貌不足信也。是以天下之事贵真，真不容掩，而见之言貌，其可亲可信也夫！""立身行己，服人甚难也。要看什么人不服，若中道君子不服，当早夜省惕。其意见不同、性术各别、志向相反者，只要求我一个是也，不须与他别白理会"等等。

凡此等等，不一而足。然而无论是出于历代的名家、名篇，抑或是自家心语，其内容文章，总不离向好、向善的醒世、劝人、劝世之语。就《呻吟语》而言，吕坤就是明代的大理学家。该书立足儒学，积极用世，关乎治国修身，处事应物，言简意赅，洞彻精微，影响很大。刘尔炘之良苦用心可见一斑，醒世箴言借书传，这种书法品味和价值取向，不就是书为心迹的又一种表现方式？

后学书家有盛赞

刘尔炘在《遗言》中说："我是人一己百、人十己千的一个困勉学人，生平无一日不在学之中，活一日求长进一日，未尝自止。即以写字一端言，无日不亲笔砚者数十年，年近七十还日在求进之中，再活几年，也须能登大家之堂而入其室。然实指、虚掌、提肘、悬腕皆一一实行，而尤必弦毫，不出力之天然力，使执笔挥洒时，天机活泼，自然流露，不事安排造作，方是大成之候，迂回曲折，所历之途，亦太艰辛矣！"可见，刘尔炘于书法的临习与创作是很下

刘尔炘隶书中堂

刘尔炘草书

刘尔炘隶书横批

了功夫的、是认真对待的。对于自己的书法水平还是自信的，"也须能登大家之堂而入其室"，甚至断言"将来声价要腾翔"。何裕说："先生的书法在当时已经誉满陇上，几乎读书人家庭，以得到先生的墨宝为荣。""中国的传统观念，历来是人品与书品共论的，而大部分学者是更注重人品的。刘尔炘的道德文章令人倾倒，故而书法为世人所重。"

说"字如其人"、"书品即人品"，是言其书法的"大道"，若要深稽点画之来源、出处，探明传承创新之轨迹，则非行家里手不可。何裕在为《刘尔炘书法集》所作的序言中写道，刘尔炘的小楷精美绝伦，所书《离骚》长卷已是杂糅了颜鲁公厚重的笔意了。

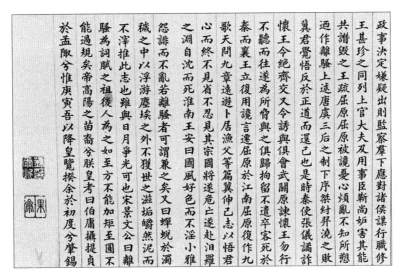

刘尔炘楷书《离骚》卷局部

同样为《刘尔炘书法集》作序的著名书法家林经文也认为早期墨迹是下足了"馆阁体"的基本功，但后来刘尔炘取法张猛龙、郑文公、张黑女等形成的魏楷书，结体稳健宽厚，用笔多取圆势，行

刘尔炘楷书《大护善知》对联　　刘尔炘楷书《人雅鸟鸣》对联

笔舒畅,兼融篆书的婉转精健和隶书的古朴宏逸,譬如《书法集》中"大护法不见僧过,善知识能调物情"、"人雅不关居有竹,鸟鸣疑唤客提壶"书联等。到了1919年先生修建五泉山时,为"望来堂"所书楹联"正学废兴观世运;斯文绝续在人才",笔力更为雄浑,内涵更为丰富,溶入的碑学功夫愈显深厚。尤其是在魏楷中揉进了早年所学颜鲁公的筋骨与"二王"妍美流便的风韵,以晚清以来金石学派利用地下出土的《好大王》碑,创造出一种婉展圆通、笔姿翩翩、宏逸流美、茂密洞达、颜底隶面、兼融楷隶的新书风。如

蘭州五泉太昊
宮記
借山水名勝地

起危樓傑閣點
綴亭臺以表章
吾隴上三古以

訖有清六千餘
載帝制時代之
聖賢豪傑以示

遊人經營者閱
兩寒暑募而支
出者萬八千四

刘尔炘《太昊宫记》

百餘兩後之人
春秋佳日掣檻
搉壺歌於斯嘯

於斯登臨瞻眺
於斯者當有以
注其精神念慮

而不致入寶山
空回也
中華民國十年

夏正辛酉冬十
一月既望
寒蘭劉爾炘

刘尔炘《太昊宫记》

刘尔炘榜书

辛酉年五十七岁时所书《兰州五泉山太昊宫记》以及"五泉山"山门榜书,字大盈尺,气势雄浑,追魂摄魄,这便是刘尔炘最具功夫、最具化境的个人面貌,近百年来不断赢得游人驻足赞叹,人们形象地称其为"金刚体"。

何裕与林经文二位书家一致认为,刘尔炘的隶书是一生用力最勤、成就也最丰的书体。何裕说,刘尔炘对汉碑所下的功夫甚多,诸如礼器、史晨、张迁等碑,特别是《西狭颂》用力更勤,虽然也

刘尔炘隶书《许树爱山》对联　　　　刘尔炘隶书《大江佳客》对联

兼有曹全、刘勋秀丽一路，然而主流仍是厚重一路，尤其是邓石如的隶书，更使刘尔炘倾倒。受甘肃书坛前辈唐琏、朱克敏的隶书影响亦甚明显，这是刘尔炘前期隶书作品的特点。但刘尔炘后期隶书作品似乎有意变法，而走向狂放的一面，特别夸张撇捺的部分，这似乎是受杨岘山隶书作品的影响。林经文则谈得更具体，认为刘尔炘的隶书风格可分为两类，一类属汉碑风格，取法《西狭》《张迁》《好大王》《经石峪》等。作品集中在丙辰（1916）至丁

刘尔炘隶书《圣人心上》四屏

刘尔炘隶书《观当要能》四屏

刘尔炘隶书《英气最害》四屏

卯（1927）期间，这类作品大多是以自己之意重新临写碑拓。刘尔炘尤其对享誉海内的陇上瑰宝《西狭颂》情有独钟，几乎整个丁卯（1927）都在临创《西狭颂》。另一类作品是受邓石如以隶作篆的影响，表现出融会贯通、潇洒沉静、方圆合度的独特风格。如写于五泉山"青云梯"的"高处何如低处好，下来还比上来难"联，笔力沉雄，血肉丰满，兴味酣足，富有金石趣，比邓体更为自然苍厚，浑厚灵动，有高古朴质的阳刚之美，为晚清以来书坛不可多见的精妙之作。如《书法集》中"许树出头墙故矮，爱山当面竹从删"书联，"大江东去月西走，佳客南归风北来"书联及"圣人心上"四屏等。除此之外，刘尔炘还

刘尔炘隶书《爱唐友乡》对联

有一种隶书则是取法唐隶，增加了行书趣味，波挑势妙，轻松活泼，闲雅婉媚，显示出刘尔炘熔合诸家，又汲取清人郑谷口笔意，从而创造出刘尔炘自己独特的隶书风格，婉转圆通，清灵活跳，给人一种愉悦的享受，后人诙谐地称它为"一脚蹬"体，虽则有失文雅，倒也十分形象。如《书法集》中"英气最害事，浑涵不露圭角为妙"及"观书要自出见解，处世无过善体人情"及"县令箴"三幅四屏、

"爱唐宋来名书古画,友乡国中异士高人"书联等。

　　林经文说,刘尔炘的行书取法郑板桥,这类作品颇多,皆为精心之作,其润格也最昂贵。刘尔炘为什么对"板桥体"情有独钟?一是清代前期"八怪"群贤所共有的那种近乎"孤傲不羁"的生命气节所散发出来的人格魅力在深深吸引着刘尔炘;二是"板桥体"结构精严,笔力凝重,运用自然,点划不矫饰,平视其并时名家,"盖未见骨重神寒如先生者焉"(启功语)。"板桥体"的书法对刘尔炘而言真是天人暗合,其审美心态,文化性格互有映照,其多种书体、多种艺术技法的有机渗透为特征的通融性技法,以风流雅谑为特

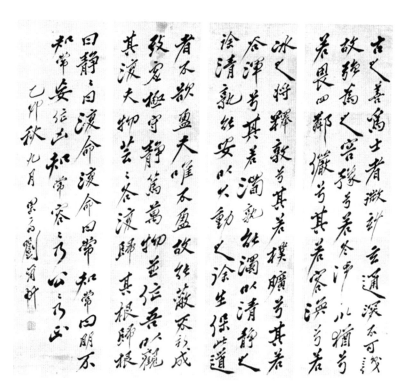

刘尔炘行书《道德经》句四屏

征的幽默情趣,在彼此的诗文书作中都可见神采。刘尔炘与郑板桥不同的是:郑板桥把真草隶篆四种书体,以真、隶为主综合起来,用作画的方法去写。而刘尔炘则避开了这些,用草、行、魏的笔法,增加了字的动感,其笔力更为沉雄,章法结字上也别具一格。如《书法集》中"道之大原出于天……"及"古之善为士者……"二幅六屏,就是刘尔炘板桥体书作中的精品。

至于刘尔炘的草书,缠绕盘旋,笔走龙蛇,落笔粗重,亦颇具气象,当是取法颜鲁公,人送雅号"龙蛇体"。应该说就龙蛇体草书而言,刘尔炘还在初创阶段,笔法未臻复杂而雷同较多,刘尔炘自己也未必十分满意,因而"年近七十还日在求进之中",但对将来的发展充满了信心,"再活几年,也须能登大家之堂而入其室"。

何裕说,刘尔炘的篆书大部分是小篆,写得工稳圆润,基本是《峄山碑》的流派。在魏碑部分是以郑文公为基调,而杂以《张玄

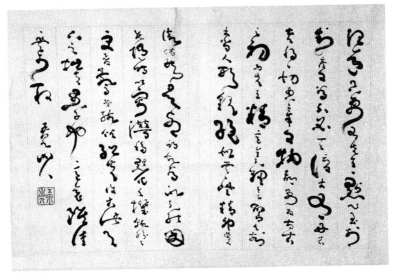

刘尔炘草书

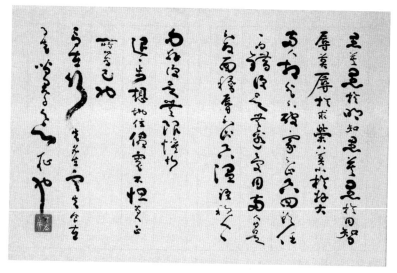

刘尔炘草书

墓志》及《张猛龙》碑意。

　　赵孟頫在《兰亭十三跋》中说:"书法以用笔为上,而结字亦须用工。盖结字因时相传,用笔千古不易。"其意是说,书法以用笔为第一位,而字的间架结构也需要用心安排。因为字的结构体势,会随着时代的变化而有所发展,但是用笔的方法,自古以来就没有什么根本的改变。刘尔炘书法的神韵在于用笔,而博采众长的真草隶篆结构体势,世人给它以各种雅俗共赏的名号,正说明了刘尔炘能与时俱进,能满足当时人们的审美情趣,故而在民间广为流传,楮墨芸香,深受人们的喜爱,正像刘尔炘所祈盼的那样:"但愿淋漓挥洒去,千门万户有云霓"。

　　刘尔炘能在书法方面取得巨大的成就,还有一个重要的原因,就像何裕和林经文二位书家所说的那样:"正因为刘尔炘学识渊博,艺术修养全面,因而刘尔炘的书法艺术气度高雅,是清末民初甘肃近百年书坛上最具神力公德的一代大师。"赵孟頫谓"右军人品甚高,故书入神品",刘尔炘亦是书品缘因人品高啊!

在近百年的甘肃书坛上,魏振皆和韩定山堪称一代书家,而他们俩确都出自刘尔炘门下。特别是魏振皆,不仅在甘肃高等学堂从学于刘尔炘,相传曾为习书法而给刘尔炘研墨、铺纸,也是一段墨林佳话。著名书法家及书法艺术评论家秋子曾撰文称魏振皆为"一代巨擘",认为魏振皆之所以在书法上取得辉煌成就,主要得益者有四:"……三是于晚清进士、书法家刘尔炘那里得益最深。刘尔炘原为翰林院编修,因厌恶清廷险恶和腐败,长假归里,兴办教育,发展地方实业,1913年受聘为魏振皆当时在读的甘肃高等学堂校长、总教习。刘尔炘的书法敢于打破乌方光之馆阁习气,着力于钟鼎碑版,特别是在楷隶交融中探索求变,形成颇见个性的刘氏风格。作为刘尔炘的学生,魏振皆从中获益极大,认识到了书法的真谛:只有创变出新,形成自家风格,才能够达到较高的境界。"

刘尔炘书画部分印章

三十一、耽嗜画道

画道修养

刘尔炘的书法，在当今的书画流通界依然能见到其精品力作，可是刘尔炘的画作却绝难见到，无论是花卉抑或山水。即使是花卉作品，也只有《刘尔炘书法集》里刊载的那五幅兰草、劲竹与古梅，而山水之作，连刘宝厚老师也不曾见过。这说明，刘尔炘当年作画纯属其所谓的自我"娱乐法"，极少为他人而作，流传至今的《结墨缘斋待价表》中也不见有"绘画润格"。然而，刘尔炘之于绘画，确有非同寻常的造诣，《画论》手稿便能给予充分的答案。

此《画论》稿本用白麻纸行楷书写就，活泼灵动，潇洒自如，赏心悦目。尤其是稿本手迹，能保存至今，尤为难得，因而显得弥足珍贵。手稿每开为二十五公分见方，计三十六开，近八千言，内容丰富、完整。

古今品画，皆不外以南齐谢赫之"六法"绳之，然而刘尔炘在《画论》稿中，于"气韵生动、骨法用笔、应物象形、随类赋彩、经营位置、传移模写"六法之上，从中国绘画的最高处——意境着手，逐渐触摸到了画道的源头——心源，再慢慢落实到"六法"层面，足见刘尔炘的画道修养即是对"志于道，据于德，依于仁"的心源印证，实为刘尔炘"画论"的过人之处。《画论》稿的面世对世人的确是一个惊喜，让人们了解到了刘尔炘的又一个精彩的世界。在"画论"结尾，刘尔炘表明了自己作此"论"的初衷："余于画道有癖嗜，奈资质钝劣，又遭变乱，三十余年如沂急流，用尽力气不离旧处。今年过五十，似于画道略有所得，然于古大家神化之诣，仍茫乎无据也。不知二三十年后又当何如耶？画家学之难如此，愿与世之讲求斯道者共勉之。"刘尔炘有志于画道者久矣！自青年起便嗜画成癖，三十多年来虽屡遭变乱，在"如沂急流"之隙仍不改初心，"不离旧处"，于画道孜孜以求，终于能在"知天命"之后集腋成裘，厚积而薄发，以成斯篇。现就《画论稿》中主要内容作一简要梳理。

性情修为

宋郭若虚认为绘画是"得自天机，出于灵府"、"本自心源，想成形迹，迹与心合"的艺术，故谓"画为心印"。这种注重主体内在精神表现的理论是有别于西方绘画偏重外在形体的模仿之说理论一个重要的标志，究其根源在于中国文化中的艺术精神修养。一方面是孔孟儒家所显现的仁与乐合一的典型，乐为仁之形式，仁为乐之内涵，艺术与道德在其深层次，也即是其最高境界中融合统一；另一方面是由老庄道家所显现出的忘却一切功名利禄，超越了自然具象的束缚，追求一种超物质的精神本源。刘尔炘发挥王原祁的话说："画以理、气、趣兼到为贵，非是三者不入精妙神逸之品。如偏于理必失之板滞；偏于气必失之粗野；偏于趣必失之佻巧；惟三者兼到，乃始神明于规矩，而层次分明，切贯通夫心手而机神洋溢，合之则无美不臻，分之则诸弊迭出。"为什么当今之人画不出高水平的画作，刘尔炘一针见血地指出："盖古人之画以性情，今人之画以工力，如专尚工力而不本性情，即不解此意，东涂西抹无益也。"

意在笔先

中国画家以高度的笔墨技巧和画家对自然的感悟和自身品德修养合二为一,不仅使国画可以超越时空限制,又可以借助物象充分表现画家的内心世界,它是意象的,这是中国画很重要的特点之一。且听刘尔炘如何作解:

"古大家笔精墨妙,方能为山水传神,当其落笔时,不过写胸中逸气,虽意不在似,而形与神已跃跃纸上。……太史公(司马迁)之于文,杜陵老子(杜甫)之于诗,画道亦犹是已。"

"意在笔先为作画第一要诀,觉古人千言万语尽于此矣!树木山石、人物屋宇、桥梁舟楫以及禽鸟一切,必要先有谱格精熟于胸中,然后发抒腕下,方能称心而出。不脱不粘神明于规矩,绝无一毫拘泥之迹,所谓胸具全形,随笔涂写,自无瞻前顾后之病。""作画须襟怀高旷,空空洞洞,随意落笔,全于毫尖上领取古大家神逸之致。"

"六法"必备

具备了仁德修养,心中才会孕育绝妙的意境,"六法"的运用才能施展开来,诸如:

在"气韵生动"方面,"画家气韵各有分别,大家气韵魄力雄浑,骨格劲逸,气韵从沉着中透露;名家蹊径幽秀,姿态生动,气韵于轻逸处发现。""画到纯熟入化时,方能脱尽畦径,随笔所至,自成结构。疏落处虚灵澹宕,隽永有味;整密处精神团结,融洽无痕。……求之气韵,气韵则浮动无迹。谓为无法,——皆中绳度;即谓为有法,处处脱尽形模。"

然而,气韵之生动,必须赖以"骨法用笔、应物象形、随类赋彩、经营位置、传移模写"的功夫而实现,《画论稿》中论述最多的也就是这些内容。

先说"骨法用笔",刘尔炘亦引王时敏之言:"画不在形似,有笔妙而墨不妙者,有墨妙而笔不妙者。"刘尔炘认为如果能深刻领会这句话的含义,才能称得上是个画家。有道是,"钩勒纯熟,神韵未能苍润浑厚,即是有笔无墨而墨不乱也;皴染周至,骨格未能刻露灵秀,即是有墨无笔而笔不妙也!"

再看"应物象形",刘尔炘在《画论》稿中用大量的篇幅详尽地论述了山水画面内的各种应物象形的绘画心法,面面俱到,不胜枚举。诸如画山应注意"清光"、"得势"、"勾勒"、"皴染"、"虚实"、"点苔"、"体段"、"垒叠"、"层次"之别;画树要讲"串插"。画小景赵大年擅胜,画"舟车"、"器皿"王石谷最妙,可以师法。

关于"随类赋彩",刘尔炘论曰:"淡设色亦要用笔法,与皴染一般,方能显笔墨之妙处。如随意涂染,漫无法纪,必至红绿火气,可憎可厌。""青绿设色,贵有逸气,方不板滞。石谷青绿,色色到家,颇尽其妙,真从静悟得来,可以师法。惟逸韵不足,终不免为识者所议耳!"

至于"经营位置",说白了就是指绘画的章法,刘尔炘似乎对此尤有深刻的体会。刘尔炘说:"作画,构局最为紧要。……林木串插,屋宇布置,桥渡往来,山峦起伏,一切钩连映带,一一以气行乎其间而贯通之,虽千丘万壑,自然精神团结。杜老云'五日画一石,十日画一水',非真五日、十日方成一石一水也,不过极形容其构局之惨淡经营,不肯草率落笔。良工苦心,钝根人乌得而知之?"又说:"画之结构局,如善棋者落落布子,声东击西,渐渐收拾,遂使段段皆赢,此弈家善用松也。画家亦莫妙于用松,疏疏布置,渐次层层点染,遂能潇洒深秀,使人即之有轻快之喜。则棋之作用不与画之关捩同一理哉?"刘尔炘还用通俗化的语言说明了绘画章法的难度:"画要近看好,远看又好,始能尽画之妙。盖近看看小节目,远看看大片段。画多有近看佳而远看未必佳者,是他大片段难也。"那么,怎样的布局算是画中上品呢? 让刘尔炘给您答案:"作画密不如疏,浓不如淡,近不如远,多不如少。大作家正似不到家者,乃为逸品真面目。然非绚烂之极直归于平淡不能臻此境界,此画品中最上乘也。"

画 道 心 印

了解了刘尔炘深厚的画道修养,再去欣赏刘尔炘的绘画作品,也许就能体味出刘尔炘"画道心印"的个中三昧来。

《墨梅图》中堂

纸本水墨,纵 134 cm,横 65 cm(四尺整纸),辛未(1931)夏至作品。

此幅图式名为"倒挂梅"。画中老梅斜刺横出,如蛟龙探海,呈倒虹吸水之势,万玉虬枝,冰肌铁骨,冲寒斗雪;梅树老干以大写意笔墨为之,皴擦点染,老辣劲挺,错节之处,黑白分明;新枝用淡墨中锋,沉着厚重,力透纸背,冰清玉洁;梅花尤似铁线圈成,再以浓墨细线勾点萼蕊,清润疏朗;枝头缀满繁密的梅花,或绽瓣盛开,或含苞待放,或残英点点,正侧偃仰,千姿百态,如万斛玉珠撒落在银枝上,突出了梅花不畏严寒、凌寒怒放的英姿;最后以焦墨点苔,笔简神足,完美收官,更衬托出白洁的花朵与铁骨铮铮的干枝,清气袭人,深得梅花清韵。

画中题诗及落款密密麻麻均被老梅新枝所包围,宛如石上刻字、绝壁题诗。外侧则空白满纸,再无一字,起到了留气韵、增内涵的整体协调效果,深得中国画章法布局"疏可跑马,密不透风"之

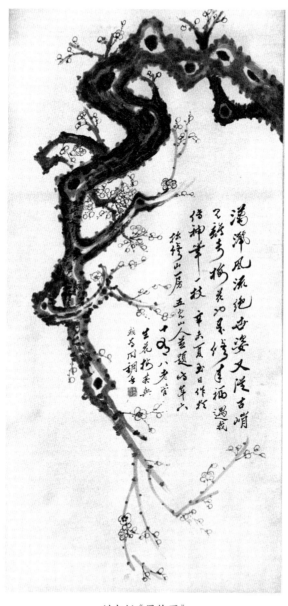

刘尔炘《墨梅图》

真谛。"潇洒风流绝世姿,又从古峭见离奇。梅花也是修来福,与我传神笔一支。"全诗以画作真,诗情画意融合无间,意蕴深邃,耐人寻思,不仅反映了所画的梅花的风格,也反映了刘尔炘淡泊名利的胸襟,诙谐幽默的深厚学识和豁达的人生态度,将画中梅花与我之神笔化而为一,物我两忘,赞赏墨梅虽无耀人眼目的色彩,却极富清新高雅之气,以此表达不愿媚俗的独立人格理想。

落款:"辛未夏至日作于拙修山房,五泉山人并题,时年六十有八。老管生花,梅其与我为同调乎?"钤印:白文"刘尔炘印"。

《墨兰立石图》中堂

纸本水墨,纵125 cm,横47 cm(小四尺整纸),辛未(1931)春三月作品。

画面立石居中耸立,立石上下各绘墨兰二株,大小各异,一呼一应。画中兰叶饱蘸浓墨,中锋长线,运笔柔中带刚,笔断意连。呈放射状的长叶参差错落,分合交叉,俯仰伸展,有几笔甚至逸出了画外,更感画外有画;花朵及兰草叶均一笔点划,土坡用飞白笔轻拂,略加点苔;兰叶皆用浓墨,兰花淡墨清润,花蕊重墨醒目。叶、花、蕊形成墨色对比,含蓄淡雅。此画虽为水墨,但格调高雅,远胜着色。

刘尔炘《兰石图》

画中立石左侧自题跋曰:"辛未春月,暖风入座,偶动画兴,提笔写此,觉幽香拂拂,萦绕于几案间也,写之欣然。"岁在暮春之初,惠风和畅,刘尔炘雅兴偶动,信手写成,细赏之下,觉有清风徐来、幽香萦绕之感,故欣然自得也,颇具兰亭之遗风;良辰美景,有余闲、好心情,岂能不有佳作乎? 这幅画真实记录了刘尔炘难得的一天好心情,所以这是一幅非常抒情的文人写意水墨画。刘尔炘借笔墨纸素抒发胸中逸气,笔下的兰草野逸,甘于寂寥,孤芳自赏,无人花自馨,正是自我品格的写照。

落款:"五泉山人,年六十有八。"钤印:白文"刘尔炘印"、朱文"五泉山人"。

《墨兰立石图》小中堂

纸本水墨,纵73 cm,横36 cm,辛未(1931)春三月作品。

此图与前一幅《墨兰立石图》立意章法,如出一辙,属于"喜画兰"。一笔长,二笔短,三笔交凤眼。兰叶相互交叉,用笔沉稳舒畅,婉转富有变化,表现了兰叶挺拔、富有韧性、刚柔相兼之质。浓墨写兰叶,淡墨描兰花,重墨醒花蕊。石上仅绘一丛兰花,其风姿潇洒,神态风流,似乎迎风而动。立石用"蘸墨法"侧锋写之,挥笔一鼓作气,墨分五色,华彩自现,几

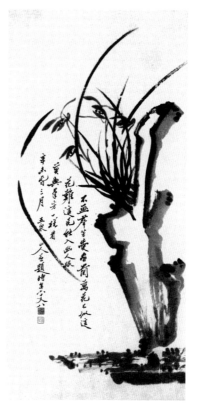

刘尔炘《兰石图》

乎不加渲染,所以画面显得干脆而有气势。

画幅左侧有作者题画诗一首:"不画群芳爱画兰,万花不似这花难。这花能入幽人眼,莫与群芳一样看。"题画诗通过书法表现,使诗、书、画三者巧妙地结合起来。再钤以朱红的两方印章,相互映发,更增强了画面的形式美感;或因画不能达意,再藉诗以名其意,诗画互相补充,互相阐述,"画写物外形,诗传画中意"。

兰生幽谷,清雅幽香,质朴无华,有"不知而不愠"的君子风格,是刘尔炘喜爱的题材,故不辞其难,屡屡写之。

落款:"辛未春三月,五泉山人并题,时年六十有八。"钤印:白文"刘尔炘印"、朱文"五泉山人"。

《竹石图》横披

纸本水墨,横110 cm,纵38 cm,辛未(1931)春三月作品。

画面正中突兀耸立一块秀石,左昂右低,石后修竹数竿,一疏一密,形简而意足。疏处竹叶上挺,谓之"晴竹"。密处竹叶下垂,谓之"低头叶"。画时下笔须略带逆势藏锋,然后以中锋重按掠去,至叶尖处疾挑而出。梢头结顶,挑出时尤须注意左右顾盼,姿态生动。应用书法中的"撇",用笔多是自右上而向左下,须自下

刘尔炘《墨竹图》

而上、向左右两向撇出。

综观全局，画面气势俊朗疏散，卓然不群。竹姿疏落，顾盼有情；石则平地直耸，瘦硬挺拔。笔调灵动疏爽，竹浓石淡，浓淡辉映，妙趣横生。此画笔法工整，沉着雅致，笔墨守拙，不求形似，别具古朴风格。

古人爱竹，因其有节而寓意气节，文人更是借竹以立身，品竹以养性。竹子常被文人高士用来表现清高拔俗的情趣，内蕴与哲学意理融为一体，形式上与书法表里生发。墨竹也就与文人画结下了不解之缘。画墨竹始于文同、苏轼，后者甚至有"宁可食无肉，不可居无竹"精神追求。宋元之间，墨竹之风大盛，名家辈出，如赵孟頫、柯九思、吴镇、倪瓒，以及元末明初的王绂、夏昶等。经清初石涛、八大（朱耷），至郑燮诗书画三绝而为集大成者。郑之书法亦特立独行，隶、楷参半，世称"板桥体"。"板桥体"结构精严，笔力凝重，而运用出之自然，点画不矫饰，以风流雅谑为特征的幽默情趣，对刘尔炘而言真是天人暗合，刘尔炘青年时期曾对"板桥体"下过一番功夫，兼或对"板桥竹"亦心向往之。"虚心竹有低头叶，傲骨梅无仰面花"，竹子虚心自强、劲直向上的品性，是刘尔炘自我追求的目标。

画面左侧空白处自题诗一首："石不能言竹有神，两家风味一家春。千秋万世写知己，好伴羲皇以上人"。此题诗书法有明显的"板桥体"，正斜相依、大小错落、疏密相间、灵巧有致地排列起来，达到了所谓"乱石铺街"的艺术效果，起到书画互参、平衡画面的作用。

竹石图上的题画诗，作者咏的是竹石，但已不是对自然界竹石的一般描写，而是蕴含了作者深刻的思想感情。以物喻人，实写竹子，赞颂的却是人——知己者也。

落款："辛未春日，五泉山人，入世之六十八年，作于拙修山房。"钤印：朱文"太史氏"，白文"尔炘之印"。

《墨竹图》横披

纸本水墨，横110 cm，纵38 cm，辛未（1931）孟夏作品。

此画中的一枝墨竹，先自天际左上方下垂至地而没，再从右下方攀缘而上，突破了画面的界限，中间看似断，实则连，寓屈伏中隐有劲拔的生机。刘尔炘竟用诙谐的构思、奇绝的构图、写意的笔法，绘成了"一把大大的扫帚"。他是陇上学界泰斗、大书法家，画竹其实就是写竹。竹干是篆书，竹节是隶书，竹枝是草书，竹叶是楷书。笔法谨严有致，前后有别，摇曳多姿，一挥而就，所以才使得这幅画淋漓利落，满纸清风。

画面正中自题跋曰："自天而来，从地而出。天地之间，清气洋溢；便扫除了污浊，现出了那光天化日！"。题跋落款采用上齐下不齐，齐而不齐，用近似倒三角形的章法，书画互参，融为一体，达到了出奇制胜的效果。

中国画从来就有寄情寓意的特殊功用。古人讲究怒画竹子喜画兰，怒，是一种不平的忿恨之气，通过以竹为题的水墨画，可以一泄不平之气。"心中有个不平事，尽寄纵横竹几枝"（元吴镇语）。此幅《墨竹图》正是刘尔炘忧国忧民，希望扫除黑暗污浊，期盼光明正义，一泄胸中不平之气的真实写照。

刘尔炘《墨竹图》

落款:"辛未首夏,戏作于拙修山房并题,五泉山人,时年六十有八。"钤印:"五泉山人"。

历经沧桑、幸存下来的刘尔炘五帧遗墨"四君子",弥足珍贵,因为"书画清高,首重人品。品节既优,不但人人重其笔墨,更钦仰其人"(清松年《颐园论画》)。不过,书画之于刘尔炘,确是"娱乐法",比起悲天悯人的胸襟抱负和家国、天下的担当与事业来,实为末节之事了。

《浅绛山水》中堂

《浅绛山水画》小中堂,纸本水墨设色,小三尺整张(86 cm × 46 cm)。刘尔炘于1929年(己巳)夏创作,1930年(庚午)题跋赠给杨巨川(字济舟)。

这幅山水小中堂,系仿"元四家"之一的倪瓒"一河两岸三段"式的平远布局手法。上段为远景,以淡墨涂抹的远山和突兀的山丘峰峦相继展开。远山以不对称三角形的姿态连绵不断,山外有山,给人以江山无尽之感。留白的湖水在远山的衬托下,超越于画面之外的无尽空间,更有一种"言有尽而意无穷"的境界。山丘峰峦取势居中偏左,既突出主体,又避免呆板。山麓处用近乎方形的数块大青石垒石叠山;坡脚碎石略施皴擦,且用干笔淡墨,转折处迅捷有力,在表现山石干削枯涩、棱角分明特质的同时,也体现出了作者孤傲自负的性格。

中段为中景,不着一笔,以虚为实,权作渺阔平静的湖面。中国画讲求"无画处皆成妙境",大量空白形成一种平淡冲和的气质,使得画面意境既开阔、又萧疏,充满了空灵疏远之美。留白是画家用心经营的结果,通过对画面恰到好处的留白,达到虚实相生的美学内蕴。

下段为前景,由坡石、板桥、茅屋、劲松、枯木、杂树、翠竹构成。

刘尔炘《浅绛山水》

斜坡之下,山石堆叠,山坳避风临水处,设茅屋轩窗数间,以"层轩面水"画法写之;茅屋之侧,瘦劲挺拔的松树高入云端,直处坦率,弯曲内含,四季常青;旁有枯树一株,铁线勾勒,辅之以皴擦,枯枝以"蟹爪"、"鹿角"写之,枯树无叶,透出一种苍凉而寂寥的感觉;劲松与枯木一后一前,枝干穿插,与低矮的杂树浓淡相间,和数竿翠竹掩映出茅屋的幽寂;"画不点苔,山无生气",近景树木、坡石用圆浑重墨点苍苔,以丰富物象,为画面提神。硕大的山石逼仄出狭小的空间,一架低矮的板桥通往画面之外,似有幽径可循,引发人无限的遐想。劲松如端人正士,具有一种耸峭之气,凛凛难犯;枯树比喻宁折不屈的品性,而翠竹则象征清高的气节,正所谓"梅寒而秀,竹瘦而寿,石丑而文,是三益友"。这种比兴之法,是宋、元、明、清以来文人画家借物寓志的一大特色,刘尔炘亦不例外。正如《芥子园画传·山水篇》所言:凡画松者,宜存此意于胸中,则笔下自有奇致,虽不见主人,亦向往其高致矣!

这幅画简中寓繁,小中见大,远景、中景、近景,章法疏密得当,充满了韵律与节奏之美。平远法构图原为明代画家倪瓒所创,看似平淡无奇,实则奇正相生。斜坡山石几乎占去左侧大半空间,而这种倾斜,有一种动感,给人一种力量,造成一种气势,是为奇;山丘小岛与远山衔接自然,四平八稳,则为正。"奇"与"正"相辅相成,互为生发。其布局经营无不完美地体现出刘尔炘《画论》中的观点:"作画密不如疏,浓不如淡,近不如远,多不如少。大作家正似不到家者,乃为逸品真面目。然非绚烂之极直归于平淡不能臻此境界,此画品中最上乘也。"

这幅画的设色技法,是在钩、皴、擦、染的基础上,墨色足后,再以赭石、花青为主色的淡彩略加渲染,素雅清淡,明快透澈,谓之为"浅绛山水"。

画面上方空白处自右至左题诗一首:"山外青山似瞰人,树头树老与天亲。板桥过去知何处？当有桃园可避秦。"

落款："己巳夏作于拙修山房，越庚午，题赠济舟老棣雅玩，五泉山人并题，时年六十有六。"钤印："果斋"长方形朱文印一方。

题跋位于远景之上，加强了画面近景与远山的分割，使画面更加完整，而有空间感。字形不大，采用"上齐下不齐"落款之法，从而对比出山水空间的广阔无垠；字体则介于行、楷之间，其书法的气韵亦与山水画的气韵相协调；在"一河两岸三段"构图的层次上，字、画相衬，呼应了远山和近坡的横向趋势，使画面无形中又增加了一个层次。

刘尔炘将诗文和题跋作为绘画的语言巧妙地加以安排和经营，使之与画面中的构图和用笔相得益彰，使这幅山水画作品成为诗、书、画、印不可分割的一个整体。

此幅画作的受赠者杨巨川（字济舟，1873—1954），系刘尔炘的学生，在书画提款时，古人唯有将其弟子称作"老弟（棣）"。刘尔炘在晚年常与济舟以诗书画自娱，"游戏人间鬓已凋，前程如梦任烟消；老来别悟开心法，笔有峰峦墨有潮。"这幅画作能流传至今，怎能不让人感慨当年两代学人间地久天长的情谊呢？

值得关注的是，刘尔炘题画诗中"当有桃园可避秦"应用典故之句似有所指。"避秦"，语出晋陶潜《桃花源记》："自云先世避秦时乱，率妻子邑人，来此绝境，不复出焉"。后世以"避秦"暗指避世隐居或躲避战乱，所以有必要回顾刘尔炘当时创作这幅山水画的历史背景。

1925年10月，刘郁芬以代理甘肃军务督办的身份来到兰州，替代冯玉祥在甘肃的统治，对本来贫瘠的甘肃极尽搜刮榨取之能事，更加激化了甘肃的社会民族矛盾，直接导致了惨绝人寰的"河湟事变"，历时六载，祸及甘、青、宁、新四省，死伤数十万人，这是民国时期甘肃最大的一次动乱。

　　1928年至1930年间，西北地区又发生了特大旱灾，甘肃则是受灾最重的地区之一。袁林在《西北荒灾史》中有对灾情的概述："民国十七年至十九年，三年为毁灭性大旱。期间夹杂有水、雹、霜等灾害，而兵匪之害尤烈，大大加重了灾害程度，造成了空前大饥荒。"大旱灾不仅造成了毁灭性的大饥荒，还引起了瘟疫的流行，"死亡甚众"，饿殍遍地，惨不忍睹。

　　这时刘尔炘已届垂暮之年，积劳成疾卧病在榻，但是仍然牵挂灾民，定期过问救灾事宜。身体刚刚恢复，就亲临粥厂检查施粥情况。刘尔炘还在病榻上吟咏了一首感人肺腑的诗："入耳声声乞食难，且凭柔翰写心酸。满眼都是哀鸿泪。此纸成灰墨不干！"所以，题画诗可与前诗互为印证，作为点睛之笔，在题画诗中反映的正是这一时期残酷现实中截然相反的美好愿望。刘尔炘老矣，无力改变这种现状，只能借助诗画创作来抒写情怀，塑造一个与污浊黑暗社会相对立的美好境界，幻想通过画中的板桥到达"桃花源"中的世外净土，而这方世外净土只可于无意中得之，而不可于有意中求之，借以寄托刘尔炘天下太平的美好祈愿，也无不透露出刘尔炘终生的归隐思想。

三十二、鉴 赏 怡 情

在《画论》中，刘尔炘在详尽论述"画道"之外，还附带地记述了自己对书画鉴赏的高见。刘尔炘说："士君子立身行事不可不宽，惟鉴赏书画则不可不严。古大家笔墨各有精诣，断非后人所能模仿。即题款书法，各人自有真面目，亦断非他人所可貌似。且时代有远近而气息不同，纸素有新古而色泽不同。即图章一切，均各有真趣，不能蒙混。鉴赏家须平心审定，勿因名重而眩惑，交臂以失之；勿因价高而艳羡，必倾囊以至之。此中早有衡断，不肯轻于迁就。人即谓我过严，而实称物平。施行乎心之自然，无成见也，非矫情也，又何有乎宽与严之见存哉！况古大家有此盛名，即各有精诣，有一端不惬意于心，断非真品，屡试屡验，不爽毫厘。唐宋大家无论已，如元则倪（倪瓒）、黄（黄公望）、吴（吴镇）、王（王蒙）；明则文（文徵明）、沈（沈周）、王（王履）、唐（唐寅）、董（董其昌）；本朝则四王（王时敏、王鉴、王翚、王原祁）、恽（恽寿平）、吴（吴历），各有精诣，即各有真面目，模仿所不能，貌似所不得，即有好手，岂能书法画笔尽与古人相同？即能同之，而时代之远近，纸素之新古，气息色泽复能一一吻合耶？鉴赏家毋眩惑，勿艳羡，自抒独见，则奚囊所蓄尽是珠玑，夹袋所收均为球璧已。"

当然，刘尔炘能具此独到的眼光，不惟熟谙理法，也有鉴赏实践，过目辄录，评价中肯。如《画论》所记：

"痴翁（黄公望）画仅见一帧，细秀沉古，满纸灵光，始知奉常翁来路。云林画见有两帧,一帧上题'断桥无覆板,卧柳自生枝'者,尤极超逸。烟客、麓台于倪、黄两家均煞费苦心,各得其妙。"

"梅道人(吴镇)见一巨帧,墨汁淋漓,古厚之气扑人眉宇,文、沈画所从出也。当代王廉州时时仿之,惬心之作颇能神似,麓台则但师其意耳!"

"黄鹤山樵(王蒙)见一小卷,沉古超逸,全是化工灵气,不可以迹象求之。时时悬想,笔墨渐有入处,惜如渔父出桃园,径途不可复识矣!"

刘尔炘亦详列九龙山人(王绂)、姚云东、杜东原、刘完庵、莫云卿、奉常翁(王时敏)、廉州(王鉴)、麓台(王原祁)、南田翁(恽寿平)、吴渔山(吴历)、吴梅村(吴伟业)、方邵村(方亨咸)等十余位清初画坛巨擘们的画风及笔墨特征。

刘尔炘深谙书画之道,又于历代诸家的画风、取势及用笔特点了然于心,加之刘尔炘在士人中的显赫声望,过眼的名人书画和文物古件自当不计其数,有绝佳的收藏际遇,应当留给后代丰富的藏品,也应该有所谓价值连城的"镇宅之宝",才符合世俗的道理。可实际上正如同其在《遗言》中所说的那样:"你们见我一生除了买书外,买过一个好砚台吗? 买过一张好字画吗?"今天我们能见到的刘尔炘收藏的名家名品确实寥寥无几,只有一幅清雍、乾名臣汪由敦的楷书立轴和一幅大书法家刘墉的行书小中堂而已,其余几件皆为本土画家的写赠之品。

可以想见,刘尔炘这几件少得可怜的藏品,也绝非是刻意所求,而是随遇而留。刘尔炘真正留给后人的"镇宅之宝"是不朽的思想以及有口皆碑的公益慈善事业。

古樂府云鳳凰出自門旬楊梅可藏
郭作沈水香臺作博士山煙太白
云喧楊花尖酥自妻家博山煙中
沈香火葛煙 一氣凌紫霞

刘墉

屢醫收風川后靜波馮夷鼙鼓女媧清歌騰父魚以鼙乘鳴玉
鸞以侍遊六龍儼其齊首載雲車之容鯢鯢踊而夾轂水禽
袖而為衡於是越北沚度南岡紆素組迎清陽動朱屑以徐言陳
交接之大細恨人神之道胖怨藏年之莫當

松泉汪由敦

刘尔炘藏汪由敦书法　　　　刘尔炘藏刘墉书法

张文焕赠刘尔炘画作

三十三、官 绅 交 游

　　与现代人所谓"广交朋友,增其人脉"的理念截然不同的是,刘尔炘于交游十分谨慎,刘尔炘在《日记》中说:"慎言语,寡交游,处乱世尤当如此。"在《遗言》中也叮嘱后人:"我死后,家中来往的人,无论男女,越少越好。你们不会择交,当先寡交。"由此可见,刘尔炘所交往的人,都是经过刘尔炘认真选择过的。

　　古人云,道不同不相为谋。交游,必是志同道合者。即使这样,刘尔炘门前依然车马喧然,鸿儒白丁往来不绝。自刘尔炘成名之后的几十年中,甘肃政坛风云人物都和刘尔炘有过不同程度的交往。同治、光绪两朝的甘肃布政使如崇保、李裕泽、杨昌濬、谭继洵,总督左宗棠、谭钟麟都是刘尔炘的老师。陕甘总督崧蕃"素重先生,聘为高等学堂总教习",升允让其修订庙制,主持祭孔大殿,长庚将省城的城防重任交给刘尔炘,而身为方伯又升护督的毛庆蕃,则更委刘尔炘以重任。民国以后,历任督府都对刘尔炘敬重有加。"张勋伯巡按来甘,重其名,遇事多所咨询",张勋伯就是甘肃第一任都督张广建。"陇上大地震,陆仙槎督军至兰,请先生办义赈","时人服其高义,陆督尤重之,称为逸民,有大事每就见"。陆仙槎即第二任都督陆洪涛。护理省长陈阊则"夙仰贵绅恺悌为怀,见义勇为,为全陇士民所推重"。按察使白遇道曾称刘尔炘之《果斋一隙记》"以程朱为宗,旁贯百家,折衷一是"。凡此等等,在甘肃的官绅阶层,不论是当年熟识进士、翰林或后来在陇为官者,还是陇上的军政要员甚至是地方大小军阀，都"重其名"而尊其人。当然，这其中有道义之交，有同好之来往，而更多的可能是不得已的应酬。只可惜承载这些史实的资料十分有限，后面介绍的这些故事，是笔者从只言片语的文献中细心搜寻而来的。

同 年 之 谊

毛庆蕃（1846—1924），字实君，江西丰城人。同治十二年（1873）中举，随后游学各地。在扬州，与刘鹗（《老残游记》的作者）同投于"泰谷学派"嫡传弟子李龙川门下，学问大进。"泰谷学派"创立于清代中后期，被学术界称为"中国最后一个儒家学派"，门下名士辈出。毛庆蕃的理学立足程、朱，不杂阴阳之说。

光绪十五年（1889），毛庆蕃和刘尔炘同榜进士及第（古人将这种关系称为"同年"之谊），并一同通过朝考而选入庶常馆为庶吉士，散馆后同授翰林院编修。此后，毛庆蕃在京城、天津、江苏等地做官。从毛曾致书刘尔炘云"执事于安溪之学，服膺者二十年"来看，即使相别京城，天各一方，仍互有书翰往来，至光绪三十四年（1909）毛公赴甘肃任布政使，可不就是整整二十年么？倘若没有交往，毛公怎么会对刘尔炘的理学渊源以及所从事的事业了如指掌呢？至于毛公到了甘肃，二人交往就更不待言了。

布政使之位仅次于督抚，相当于一省之长。影视剧中所谓的"藩台"正是这一职位，书面上称之为"方伯"，掌管一省之财政大权，可谓炙手可热。以"藩台"赴甘的毛庆蕃，不久又加"护督"（代理总督）一职，更加权倾陇原。

毛庆蕃对于甘肃，有两件事足以称道。一是正时黄河铁桥的建设正举步维艰，资金问题自然是难中最难。次年八月，毛庆蕃致电朝廷,申请经费资助,并多方筹措资金和材料,使几有夭折之虞的工程起死回生,终得竣工。毛庆蕃不仅积极筹措建桥资金,还在工程中建议设置"牌厦",成为具有中国特色的桥头堡的雏形。毛庆蕃是中外桥梁专家合作建造的"天下黄河第一桥"的有力促成者。二是有关敦煌遗书的抢救。自光绪二十六年五月王道士发现藏经洞后,敦煌文物遭到外国文物贩子的巧取豪夺,流失严重。中国学者发现后,敦煌文献已遭重大损失。学部官员乔茂楠和罗振玉火速电告已是护理陕甘总督的毛庆蕃,请他务必将敦煌遗留文献全部收购,并开列数万元预算。毛对此极为重视,立即停下手头在做的刘鹗遗著《老残游记》的整理(毛庆蕃女嫁刘鹗第四子,其时刘已流放客死于伊犁),派兵将王道士控制起来,并从转经桶中搜出剩余经卷8 000余卷,全部解运进京,所用钱款仅3 000元,令学者们大喜过望。

毛庆蕃能成为一位有作为的大官,归根结底是因为毛庆蕃是个大儒,"崇德广业""经世致用"是圣贤传递的精神信念。朝廷命毛庆蕃去甘肃为官,两位圣门嫡派便有了屈膝交流的机会。此时,刘尔炘的《劝学而言》《嗳经日记》早已出版,新出的《果斋一隙记》正散发着油墨的异香,三本书自然成了刘尔炘回赠藩台大人的厚重礼品。

毛庆蕃身为藩台,又兼护督,重用刘尔炘这样的人才,可谓天赐良机。其时朝廷方兴尊孔之风,命各省城修茸、兴建孔庙。毛庆蕃举才不避亲,毫不犹豫将此"祭孔"重任交付给了相知已深的刘尔炘。《刘尔炘年谱》有载:"光绪末,以大祀崇祀孔子,护都毛庆蕃以重新文庙事,聘尔炘董其役"。刘尔炘"经营擘画,详稽典制,一时礼乐咸备,识者韪之。更以余资立修学社垂久远"。文庙竣工及"祭孔"大典结束后,刘尔炘特作《兰州府文庙记》《兰州府文庙礼器碑》及《筹备祀孔典礼表》以志其事。

毛庆蕃还与刘尔炘合作干了一件大事。清末之季,西学渐兴,孔学式微。为保圣学之种,各地纷纷开设"存古学堂",尤以洋务领袖张之洞在湖北汉阳之设为最早、最著。毛庆蕃对刘尔炘说:"时流骛西学,仅得其形貌,而于固有之国粹反多遗弃。"这话真是说到刘尔炘心坎里去了。宣统三年,毛庆蕃以督抚之名设甘肃"存古学堂",聘刘尔炘为学堂监督,主讲经学。可惜没过多久,毛庆蕃被诬陷而丢官。在天高皇帝远的兰州,两个同榜进士,又曾在庶常馆学习过的同窗,一个已是接近封疆大吏的朝廷命官,一个是地方绅士的领袖,曾设想为当时的甘肃社会留下尊孔的基业和种子,然而真是计划赶不上变化,刚刚起步的存古学堂也因此而寿终正寝,永远地退出历史舞台了。

赵惟熙(1859—1917),字芝珊,江西省南丰县人。和毛庆蕃一样,都是刘尔炘光绪十五年的同榜进士、翰林院编修。自光绪二十六年起,赵惟熙历任宁夏知府、甘肃省巡警道、代理甘肃布政使等职。民国元年(1912)任甘肃省都督兼民政厅长,主持甘肃军政,1914年卸任。刘尔炘与赵惟熙相识很早,但可能志趣不同,相知并不很深。刘尔炘辞官返里,而赵惟熙辗转各地为官,估计也不一定有往来。刘尔炘之交,多以道义、学术之故,而赵惟熙并非此道中人。赵惟熙主政甘肃之后,与刘尔炘的交往只是场面上的事情,并不会像毛庆蕃那样的一见如故。刘尔炘更不会枉驾去攀附赵长官什么的,至今所见刘尔炘的文存中涉及赵惟熙者仅有两处,都是公事公办的书信。

1912年,刘尔炘为振兴甘肃经济,致书赵芝珊都督、何见石司长,认为现在应该"极力维持者织呢局也",既然如此,政府的拨款就不应"零星拨发",宜适时资金到位,好钢用在刀刃上。这是因为,第一,"织呢局以毛价为大宗,而收毛以春初为得计。失此二、三月时期,价长而毛劣,甚至匠工间旷,袖手待毛,所成之品安得不货低价昂耶? 故织呢局最要机关必于二、三月间将通年所用之毛全数采买"。其次,"织布厂已派员赴沪矣,阴历二月初即可到彼,到即需款运纱"。刘尔炘最后说,偌大的一个甘肃省,拿出这么一点资金来投资办企业,还要撒胡椒面式的面面俱到,真不怕人笑话! 刘尔炘在老同学面前也毫不留情,若"二公主持大计,造福全甘,倘能为力,炘亦无辞以谢,只好勉担重任,尽力梓桑。否则忧患余生,心情灰冷,闲云野鹤,伴我残年。此又月余以来,静观默察,觉万事皆休,自当一尘不染,又何必妄寻苦恼,作茧自缠乎?"如能行,我还得尽力而为,否则我也就无所牵挂了;依现在的形势,谁还在自讨苦吃、自寻烦恼呢?

给赵芝珊写第二封信是为退却四等嘉禾章的事情。1911年,武昌起义爆发,陕西响应,甘肃部队开拔至陕西后,兰州城防空虚,社会治安混乱,总督长庚请刘尔炘负责城防。刘尔炘遂招募"志果军"三百人维持地方治安,历时三个月后解散。刘尔炘圆满完成了三个月的城防任务,社会各界对此评价甚高。1913年,甘督赵惟熙以刘尔炘负责城防有功,奖以四等嘉禾章。刘尔炘力辞不受,给都督回了一封言辞恳切的信。信的具体内容,前文已叙,此不赘述。客观地讲,政府表彰对社会做出贡献的人是常理,而刘尔炘却辞而不受,不得不说是件奇闻。通过这件事,我们见证了刘尔炘"不为人知"的盟心要语和"无所为而为"的行事宗旨,可钦可佩,倒是不知道赵都督当时作何感想?

杨增新(1859—1928),字鼎臣,云南蒙自人。清光绪十五年(1889)与刘尔炘同榜中进士。任甘肃天水县知事、河州知州,政绩突出。光绪三十四年(1908)入疆,先后在阿克苏、乌鲁木齐、巴里坤等地任道台。光绪三十六年(1900)任甘肃提学使兼武备学堂总办。1912 年被北京政府任命为新疆督军、省长。1928 年 6 月,被南京国民政府任命为新疆省主席兼总司令,同年 7 月 7 日被下属樊耀南刺杀身亡。其灵柩绕道苏联运回北京,葬于昌平区南沙河畔。著有《补过斋文牍》《补过斋日记》《读易学记》等。

就在杨增新任甘肃提学使兼武备学堂总办之际,光绪二十七年(1901)八月,清廷诏令各省创办大学堂,各府及直隶州创办中学堂,各县创办小学堂。陕甘总督崧蕃遂任命杨增新为提调(所谓"提调",即提举调度的意思。清末各新设机构常置此职,系协调处理相关事务的政府高级人员),创办甘肃大学堂,并令杨增新先后赴北京、天津及东南各省考察创办大学堂的情况,将大学堂校园的建筑、教学、管理等情况一一记录,返回后仿照办理。同时在北京等地聘请俄文、法文、日文教习(即授课教师)。光绪二十八年(1902)正月,清廷又诏令各省缓办大学堂,将各省办大学堂的款项提交朝廷,以合力创办京师大学堂。因此,甘肃大学堂遂改为甘肃高等学堂。在甘肃大学堂时的总教习刘光蕡因积劳成疾而去世后,刘尔炘遂成了改名甘肃高等学堂之后的唯一一位总教习。刘尔炘与这位有同年之谊且在甘肃地方为官既久的政府特派员的交谊自然非同一般。

入民国以后,杨增新去新疆作了封疆大吏,但他们的交往并没有因此而中断。其中有一件很有意思的事情:在 1920 年,杨增新从新疆寄给刘尔炘一本刘永亨编辑的《小学弦歌节抄》,捐资让刘尔炘负责出版印刷。刘尔炘对此事极为重视,很快付梓,并在《重刊小学弦歌节抄·序》中大发感慨说:"光绪间,吾师秦州刘子嘉,以侍郎官京朝,尝就平江李氏原本重订体例,结为兹编,意在便童蒙之读,培养正之基耳!时余假居乡里,迄不知先生之有是书。越十余载,先生久归道山。同年友蒙自杨鼎丞督军邮一编自新疆来,且捐资属为广其传。时则我中华已为民国之夏正庚申也。余为付梓、校刊,讫不觉俯仰乾坤,有浩然太息而不能已于言者。""同年友"三字在刘尔炘的其他文章中未曾见过,非相知极深,刘尔炘这样的"寡交"之人是不会如此措辞的。

为什么杨增新手上会有刘子嘉的《小学弦歌节抄》,而且还自愿出资重新出版呢?说不定杨增新在中进士之前就在京城拜见过刘子嘉,或者是杨增新在做天水知县时对这位大乡贤十分倾慕,更有可能是因为刘尔炘在杨增新面前屡屡提及而加深影响的。杨虽是云南人氏,却长期在甘做官,同年之师也就是自己之师。而对于刘尔炘来说,这件事既是挚友相托,自然格外用心,尽力之余,仍难掩能为挚友办事的兴奋之情,当仁不让地作《序》一篇,叙其颠末。足见其对挚友之诚。

1928年7月7日,杨增新在新疆遇难,消息传到金城,对刘尔炘而言不啻是晴天霹雳。此时,刘尔炘已卧病在床,好友横遭不测,无异于雪上加霜,也许刘尔炘连强打精神作一副挽联的气力都没有了。今笔者忝为一联,可否补缺?

四十年前梦筑京华,终情系白塔,谁笑俺?
三千里外噩传巷间,始泪奔黄河,我哭君!

陇 绅 之 交

安维峻(1854—1925),字晓峰,晚号柏崖、槃阿道人,甘肃秦安县人。安维峻是一个幸运的人,1875年秋,在安维峻考举人的时候,正赶上陕甘总督左宗棠奏请陕甘分闱后的首次乡试。新落成的甘肃贡院,肃穆庄严,三千学子报名应试,盛况空前。左宗棠以监临身份,在至公堂监察考试。思贤若渴的左宗棠曾经踏着月光散步,仰天默祷:"乡试为国求贤,安维峻考中第一名(解元),恐怕没有问题吧?"到了发榜时,从第六名唱名,一直唱到最后一名,都没有安维峻的名字。左宗棠有些不自然了。然后又从第五名倒唱上去,当唱到第二名亚元时,还是没有安维峻的名字,左宗棠真有些坐不住了。最后当左宗棠听到第一名解元是安维峻时,不禁掀髯大笑说:"宗棠的老眼还不算花吧!"左宗棠高兴地称安维峻为"陇士之杰",从此安维峻名噪陇上。

中举之前,安维峻是兰山书院的学生,老师正是兰州进士吴可读。安维峻读书勤奋,有才识胆略,深得左宗棠的赏识。左教导安维峻要摆正读书与科举的关系:"读书当为经世之学,功名特进身之阶耳!"这使安维峻的胸襟大为开阔。安在读书时家境贫寒,左每于年底均寄银资助。光绪六年(1880),安维峻考中进士,十九年(1893)转为福建道御史。次年,甲午战争后中国割地赔款,安上书弹劾李鸿章和李莲英,直指慈禧太后。其《请诛李鸿章疏》中写道:"窃闻和议之说出于皇太后,而太监李莲英实左右之。皇太后既归政皇上矣,复遇事牵掣,何以上对祖宗上天之灵,下对天下臣民?夫李莲英是何人斯,敢干朝政乎?"其胆量之大,言论之激烈,性格之耿直,青史罕见。慈禧大怒,将安革职,发送张家口军台效力。乌里雅苏台参赞大臣志锐亲自为安维峻治印,刻"陇上铁汉"四字相赠。光绪二十五年(1899)释还,三十四年(1908)在兰州主编《甘肃新通志》。宣统二年(1910)出任京师大学堂(今北京大学前身)总教习(清末掌管教学事务的学官),后回原籍秦安。

若要追溯安维峻刚正之气的形成渊源,应该与老师吴可读以及左宗棠的教育密切相关。吴可读注重用言传身教来磨砺诸生的品操,使之成为刚直不阿的人才。老师以身进谏,学生前仆后继,堪称中国士人正气传承的典范。

安维峻相貌堂堂,热爱读书,而且阅读广泛,书写也一丝不苟,工整规范。正如天水进士任承允在其《墓志铭》中所说:"公貌魁梧,神宇肃静而和,道气伟然。生无俗嗜,穷达以读书为志业,自经、史、子、集,及天文、地理、兵战、奇门、青鸟、医卜诸书,无不淹究。作字必正楷,无一时或苟,至老弗衰,其端谨之性然也。"《清史稿》也称赞安维峻"崇朴实,尚践履,不喜为博辨,尤严义利之分。归后退隐柏崖,杜门著书,隐然以名教纲常为己任"。无论是作为一名铁骨铮铮的谏官,还是作为颇具传奇色彩的诗人、学者、教育家,安维峻在晚清之际有着巨大的影响。

刘尔炘对吴可读和安维峻师徒二人均极为敬仰。吴可读的故居在兰州市城关区金塔巷91号,其故居坐南朝北,为典型的清代兰州民居。1921年,吴可读族人欲出售此宅,刘尔炘即以皋兰兴文社的名义赎回,补修后归"兴文八社财产管理处"经营。门额上双钩镌刻着刘尔炘"吴柳堂先生故宅"隶体手迹,款镌"民国十年岁次辛酉,皋兰兴文社赎回",以待其有担当的后人接管。

安维峻与刘尔炘的交游可能始于1907年受陕甘总督升允之邀总纂《甘肃全省新通志》前后,因二位夫子在1908年重阳节后一日应教谕王可亭学博的招邀而共登金山寺。金山寺于清康熙四十四年修建,在兰州白塔山西侧之金城关山上,已在"文革"中被毁。金城的文人学士于重九日多在此登高,分韵掰笺,饮酒赋诗。酒酣之后,刘尔炘一气呵成四首七言绝句,其中吟道:"俯仰乾坤万事休,西风吹散杞人忧";"渔郎纵有桃源路,忍对黄花慰白头"。借酒浇愁愁更愁,面对西学泛滥、国学式微的局面,安维峻的忧虑已无济于事,只能像秋天的黄花一样一天天地老去。

安维峻即"和刘晓岚太史九月十日登金山寺补醉重阳之作",有七律二首。安夫子也感同身受,"百拙无能老便休,杜康何解此心忧?""试凭高处眺神州,叹息民劳讵可休。何日衢樽欢共饮,更无余事挂心头。"不过安维峻也倒是想开了,"笑傲樽前聊纵目,几人彼岸早回头？""题糕得步诗豪后，见说金山且卧游"。

据安维峻《望云山房文集》卷下《寄刘晓岚太史书》云："前收到《四书讲义》刻板等件，即奉复一缄。"这一年是民国元年（1912），安维峻五十九岁，安维峻收到刘尔炘寄来的信及《四书讲义》刻板，回书致谢。过了些日子，安维峻又托人给刘尔炘带去了《四书讲义》的出版费，在附带的信中，除了交待经济账目之外，更多的篇幅是说本地的民情乱象："弟山中伏处，农圃之隙还读我书，一切理乱，以不见不闻为幸。""弊邑情势节外生枝者，其心术不堪问，美其名曰'汉回联和会'（此地汉回向来本极和睦，又何联和之为？），实则劣绅贪官狼狈为奸，将为鱼肉乡民之计，而与正经绅士处处为难。幸上峰窥见底蕴，以临时议事会权仍归之旧日自治局绅，是一大转机"，"弟虽局外人，然地方利害安危不容漠视，望大君子有以维持之也"。可见书翰的中心议题是向刘尔炘反映本地

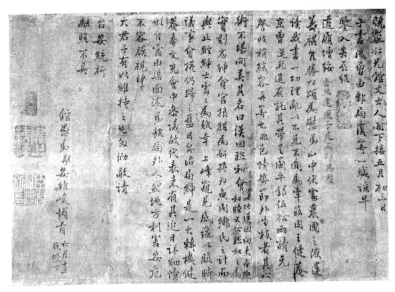

安维峻手札

方的回汉关系问题。自民国以后,安维峻归隐于秦安老家,虽闭门谢客,专心学术,但作为一位声振遐迩的乡绅,地方的安危无刻不在安维峻的心上。对于那些"劣绅贪官狼狈为奸,将为鱼肉乡民之计,而与正经绅士处处为难"的情形更是忧心忡忡。"虽局外人,然地方利害安危不容漠视,望大君子有以维持之也"。不能不为百姓做主、撑腰。

这封手札如今保存在天水的一位藏友手上,是截止到目前为止,笔者所见到的唯一一通写给刘尔炘的书翰手迹。多亏兰州收藏圈里的朋友帮忙,没费多少周折,便得到了手札的图片,多少弥补了这方面资料的空白。

刘尔炘为安维峻《四书讲义》作序云:"吾乡前辈晓峰先生掌教都门,尝著《四书讲义》四卷。炘受而读之,立心之方,经世之法,古今中外盛衰得失之故,皆寓于此。呜呼!斯道之不重于天下久矣!先生尚欲以斯道觉斯民而望天下之太平也乎!"表达了刘尔炘对安维峻学品、学术的高度赞赏。

王海涵(1858—1922),字镜潭,号南坡,甘谷县西坪乡南坡山人。考取秀才之后,王海涵慕名奔赴陇南书院。当时主讲陇南书院的是被尊为"陇南文宗"的著名天水学者任士言(其昌),巩昌(陇西)、秦州(天水)、阶州(武都)三郡的青年才俊,都以能在任山长门下聆听教诲为荣。王海涵深受任士言赏识,学问大有长进,文章道德益发醇美。光绪十六年(1890),蟾宫折桂,考中进士,选为翰林院庶吉士,散馆后授刑部主事,旋改陕西高陵知县,从此开始了仕途生涯。

据《高陵县志》载,王敬谭"性情孤傲,孤芳自赏,独来独往,落拓不羁"。在高陵任知县十年,政简刑轻,所辖境内犯罪案件几近绝迹,官民之间亲如家人。王海涵重视农桑,常巡视山野村庄、田间地头,与百姓为友,和农夫稚子同食同饮,轻徭薄赋,努力减轻百姓负担。1910年5月调署泾阳,到任不满三月其母病逝,返家守孝。从此脱离了宦海。

王海涵虽脱离官场,但忘不了对故里的深情,对家乡的热爱。回乡赋闲后,王海涵一直热心地方公益事业,凡地方民生大事,无不尽心尽力办理。这在刘尔炘的文字中有充分的显示。

刘尔炘与王海涵的交往,并非是纯粹的学术之交。1905年前后,二位夫子曾经有过至少三个回合的书信往来,均刊载在《果斋前集》中。

第一封复函,刘尔炘对王海涵"谆谆以文章相期勖"表明自己的心思。"文章相期勖"就是期望刘尔炘将来能以文章扬名天下。刘尔炘对此甚是感动,因为"非相知之深,不能相勉"。如果两人的感情不到一定程度,怎么会如此推心置腹呢? 刘尔炘虽明白"言之不文,行之不远"的道理,然而,一方面"弟胜质脆簿,学殖又复不丰",另一方面,"司马之绌,庄之诡,唐宋及本朝各家中韩、柳、梅、曾之雄深而雅健,非不能窥见其一二,然欲仿而为之,则不免畏难自阻者,以胸中所有之物往往不足供吾驱使也。且涉猎于此,甫未三月,方寸之志趣意向,已寖寖乎有不近里之势。名利之念,不觉自动,终不若求之义理之可以敛吾气而悦吾心,故仍以《六经》及有宋诸儒之书为主,而以前所举数种者纬之,驽骀下驷,妄羡骐骥之追风千里,遥遥踽踽蹩躠,亦可谓不自量矣!"其意大致是说,司马相如文赋的细腻,庄子寓言中的诡辩,唐宋以及有清一代的韩愈、柳宗元、梅曾亮、曾国藩等人文章的深邃、雄健及其雅致,虽也能知其大概,但若要着意摹仿,则往往会力不从心,其原因在于自己的积淀不足。而且刘尔炘还发现,刚刚涉及创作,就感觉到一点小小的志趣,渐渐地接不上地气,却孳生出名利之念,最终不如从事义理之学能使我愉悦! 因此,我仍旧着力于研究"六经"

王海涵行书《与人应世》对联

以及宋代诸儒的著作。现在看看我以前所写的那些文章，就像赶着一群劣马，去追赶千里马，虽竭尽全力却望尘莫及，太自不量力了啊！

我们再来看看刘尔炘在《劝学迩言》中所说的"为古文辞之道，品学，其本也；义理，其干也；字摹句拟，则末矣。世有第一等人或不能为第一等文者矣；未有第一等文而不出于第一等人者也"这段话，就更能理解刘尔炘为何弃文而专研义理的原委。

第二封复函，是刘尔炘对王海涵所询"水车之制"的答复。若不是这篇复函，后世之人很难知道刘尔炘不光是一位通彻义理之人，而且还是一个于水利技术亦颇有研究者。曾闻刘尔炘在高等学堂为学生讲授数学之传，实难相信，读一读这封书翰，你就什么都明白了！

甘谷县城周围的水势地形的确像兰州一样，渭水穿城而过，两岸高出，一马平川，极其适宜用水车汲水浇灌农田。所以王海涵才向刘尔炘请教。刘尔炘遂毫无保留地向王海涵传授"水车之制"的秘笈："求之木工者易，得其地利者难。其法，从水底用巨石叠成两坝，高出水面，施木架其上，以架车轮。车轮横置两坝间小港中，入水二三尺。港间空阔，下流畅利，不可有阻碍。港之上流近车处,安一遏水坎,坎在水底如门限状,水至港中束水急,又有坎以跌宕之,车轮因而运转。"王海涵向刘尔炘请教造水车的方法,是为了改善民生,不愧是一位受民众拥戴的乡绅。

第三封复函,刘尔炘更加推心置腹,向王海涵表达了两个愿望:一是想为后世著书立说。"袁简斋《答程鱼门书》曰:'但使有一卷书传后,则幽冥魂魄长逝无憾,功勋子嗣,都无所关。'简斋以辞章言耳,犹能如是,况乎圣贤之学之乐之贵自得者乎?"古人云:"太上有立德,其次有立功,其次有立言,虽久不废,此之谓不朽。"刘尔炘曾在1902年的《日记》中写道:"古人三不朽,今我一无成。"想"有一卷书传后",就是要"立言"。这个愿望后来终于实现了,就是在《拙修子太平书》中提出的"以理驭气"的理学思想。刘尔炘还为王海涵抄写了新作《劝学迩言》,请王海涵务必"出实心加笔削,示以是非,定以当存与不当存、当印与不当印之准,亦藉以达数年来心期志趣于二三知己前,非敢遽言著作,妄希标榜也。"如果不是对王海涵的学品人品有高度的认同,是不会有如此深厚的信任的。

二是刘尔炘想走出兰州,寻找"自适其适"之所:"尝念古君子遨游数千百里,观名山大川,与海内伟人杰士相往还,扩胸襟,恢识量,孰能郁郁久居、对儿女挫英雄气乎?""畴昔所歆慕而不克自遂者,税驾他乡之说,实获我心,第不识陕中能有一枝可借否?足下能代为筹之否?彼苍能许脱此桎梏而翱翔容与否?否则何以能自适其适乎?""一枝可借"之典盖出于《庄子·逍遥游》"鹪鹩巢于林,不过一枝",刘尔炘希望王海涵能帮他在陕西境内觅得"自适其适"的栖身之处,并能一同前往。也许就像王维诗中描绘的那样:"幽寻得此地,讵有一人曾?大壑随阶转,群山入户登。"刘尔炘有出游的打算并不意外,因为自古以来的文人雅士皆想通过"读万卷书,行万里路","与海内伟人杰士相往还,扩胸襟,恢识量"。但把如此重要的心里话告诉王海涵，而且委托他亲自办理，还邀请王海涵一同前往，更加证明了刘尔炘对王海涵的无比信任，二位夫子关系已经到了推心置腹的地步。在陕西境内寻觅栖身之处，也许正是因为王海涵曾在陕西高陵任过县令而对陕西地域较为熟悉之故，至于是去三原寻祖，抑或是关学觅根，如今均已无从知晓了。但可以肯定的是刘尔炘的这一宏愿并没有实现，是刘尔炘因事不得抽身，还是王海涵没有寻觅到佳处，所有的疑惑都将交还给历史了。

二位夫子不但在学术上坦诚相见，而且在频繁的学术交流中结下了深厚的友谊，袒露心声，要事相托，堪为知己。遗憾的是，1922年王海涵逝世，唯不见刘尔炘的挽联。笔者欲弥此缺，勉强凑成一联：

> 三生有幸，尝听教诲飞三翰；
> 一世无忧，为报黎恩造一车。

李叔坚与刘尔炘的交往资料十分有限，这里只能简单地说一说。

李于锴（1863—1923），字叔坚。甘肃武威人。光绪八年（1882）举人，二十一年（1895）进士，选翰林院庶吉士。二十四年（1898）散馆任山东蓬莱知县。后代武城、泰安知县，调任山东大学堂监督，升沂州府知府。辛亥革命后，曾担任过短暂的省会警察长，旋即归里，著书立说。

李叔坚系名门之后，其父为清末著名学者、史学家李铭汉。李铭汉（1809—1891），字云章。一生科考不利，40岁时才考中副贡生，因此未能入仕。平生以教书为业，先后主讲凉州雍凉书院、甘州甘泉书院。致力经学研究，经史之外，旁及天文、算术、舆地、军事、农业。尤其精于训诂学，著有《尔雅声类》《说文谐声表》，二书虽未刊行，但已在学界广为流传，声名远播。特别是李铭汉与其子李叔坚穷数十年、积两代人之力完成的《续通鉴纪事本末》一百一十卷的皇皇巨著，确立了其史学家的稳固地位，也成就了史学界的一桩美谈。

李叔坚略长于刘尔炘，其中举比刘尔炘前一科，而中进士的那一年，刘尔炘已第二次进京复职正在翰林院供职！为什么李叔坚早在十九岁就中了举人，而中进士却是十年之后的事情，原来是李叔坚"以亲老，愿侍左右，益读有用书"之故。1995年李叔坚进京，刘尔炘的大名早已知晓，登门拜访理所当然，而刘尔炘未必认

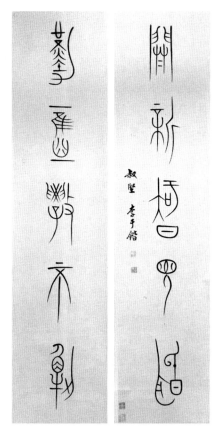

李叔坚篆书《开新勤奋》对联

识李叔坚，但李叔坚父亲的大名却如雷贯耳，就这样一来二往，二位夫子的交往就开始了。再后来，李叔坚辗转在山东各地为官，二人仍保持着书信往来，一直到1923年李叔坚逝世。

李叔坚逝世后，刘尔炘作《李叔坚传》以示纪念。综《传》所言，可从以下几个方面认识李叔坚：

李叔坚之任事。李叔坚是个奇才，有胆有识，独异于时。当地百姓长期为"盗"所患，李叔坚一上任，蓬莱、武城、泰安等地的

盗患便一扫而光,在全国各地匪祸成灾之时,"蓬莱独不受匪患"。即使是沂州的盗贼团伙"沂防营",李叔坚亦能"汰其人,利其器,鼓舞振奋其精神,乃悬重赏购盗魁"。"追之,获数十人,诛情罪重者半,盗由是莫敢窥沂"。又比如惩治"拳匪"。李叔坚任蓬莱知县时,"按察使某使抵蓬莱求善拳者,叔坚谓使者曰:'拳之善不善,不试何以知? 吾与子试而后遣,可乎?'乃相与坐堂皇,召善拳者曰:'若能御炮乎?'顾左右取炮来,举而拟其胸,善拳者叩头流涕,谢不能。叔坚数之曰:'不能而敢惑众,是匪也!'杖而收之狱。乃对使者拱手曰:'似此,蓬莱无善拳者矣! 请复命。'越日,叔坚出,或习拳于守备衙前,叔坚望见,即其地杖责之。守备怒,为左祖,叔坚不顾也。"再如支持百姓"开矿",发展地方经济。李叔坚虽为儒士,但善于接受新生事物,和刘尔炘发展实业的目的如出一辙。在地方人士"开辄丧其资,群相戒,不敢复尝试"的情况下,李叔坚"神不摇,志不惑,一意孤行。矿既成,沂民数十万户炊烟改色,无向者采樵不继之忧,耆耇荐绅先生辈,无远迩皆欢然歌叔坚、戴叔坚,低首佩叔坚能。"体现出李叔坚不屈不挠、坚韧不拔的刚毅秉性,《论语·泰伯》曰:"士不可以不弘毅,任重而道远。"此之谓也。

李叔坚之仁德。李叔坚貌严威而内仁慈。"在沂州久,兴学、治盗,动辄费数万金,从不取民一钱,亦以矿故也。""居恒衣不兼采,食不兼味,而赈灾恤贫,不遗余力。周戚友,无虑数千金,犹歉然自以为憾。"在归隐老家武威之后,继先人之志,于地方公益事业不遗余力。

李叔坚之治学。李叔坚一生博览群书,但于理学独尊谢山学派全祖望,"于濂、洛、关、闽书无门户见,纳为一冶,练取精金,尝著《全谢山传》",赞其"深博无涯,浼然常守昔贤立乎其大之言,力戒玩物丧志,不以探迹索隐为能,搜奇嗜琐为博"。此外,因其父为著名学者张澍之高足,李叔坚自然就成了张澍的再传弟子,最终完成了先人未尽之业,《续通鉴纪事本末》得以面世,《尔雅声类》行将付梓。

刘尔炘在《传》文之末感慨地说:"余闻叔坚卒,不觉涕泗之横流也。余尝谓:人才有存亡,学术无存亡,今竟不然。叔坚丁末造,不获发舒志略,以竟干济之才,故可悲!叔坚之学非犹是吾国之公器欤?自泰西学说倡言逐利,我黄帝子孙尽弃六千年神圣之精义微言、礼俗政教,而一化于欧化,谁复识海以内如叔坚辈所抱之学术为何如而一思流衍之欤!嗟嗟!学术者,我之精神命脉也;学术亡,则我之貌存,我之魂死,何异沦中华为异域,化四万万人为异物乎!此予之所以仰天长号而不独为叔坚悲者也。"刘尔炘视能任事、有仁德、精学术的李叔坚为人生知己,和王树中对刘尔炘的感受一样,李叔坚逝世,刘尔炘老泪横流,悲恸万分。原来,刘尔炘一直秉承的"人才有存亡,学术无存亡"之古训,如今随着西学的盛行,像李叔坚这样的人所拥有的学术即将烟消云散了,"我黄帝子孙尽弃六千年神圣之精义微言、礼俗政教,而一化于欧化","学术者,我之精神命脉也;学术亡,则我之貌存,我之魂死,何异沦中华为异域,化四万万人为异物",能不令人伤心吗?刘尔炘之悲伤,伤在友人之亡,亦伤在学术之亡。这一点,我们从刘尔炘写给李叔坚的挽联中也能明显地感觉到:

祝黄河上下数千里内后生,为经学家、为古文家,长继此读书种子;
愿青史搜罗六十年来往事,入循吏传、入高士传,以彰吾名教完人。

王树中(1868—1916),字建侯,号百川,又号梦梅生,皋兰长川村人。19岁入邑庠(秀才)。就在刘尔炘考中进士的光绪十五年（1889），王树中中了举人，二十年（1894）进士及第，出任安徽太和知县。"在官十余载，勤政爱民，皖人长呼之曰'王青天'"，是王树中一生最辉煌的时刻。"二十九年（1903）充江南乡试同考官，1912年充皖北防军营务处，次年辞归。1916年，奉命往甘凉。春暮往宁夏。秋初到陇东泾川、庆阳、宁镇各县，勘聚众事。不到一年中，历陇上七十六县之大半。所至藤葛纠纷，或结私仇，或撄公忿，此皆智巧之士所深避而不肯为者，君独慷慨赴任，一一办理。凡认为有关陇上大局之事，不图理殊今夕，道有屈伸，拗志拂心，幽怀遏郁。东归而后，渐次失眠。失眠日久，转为虚弱，吐红未已，泻泄继之。缠绵十余月，竟以不起。"刘尔炘如此记载王树中的经历，对其一生了如指掌，可见二人之间的交往非同一般。

刘尔炘比王树中长四岁，算是同龄人也是师兄，在书院读书时就应该是伙伴关系了。取得功名后，王树中远在安徽太和县任县令，担任高等学堂总教习的刘尔炘曾致书王树中说："言半生之事有不克遂者，不能不望之同侪。一创建陇右精舍，二建常平义仓，三表彰先哲。"年届不惑的刘尔炘在向好友吐露着心声，也在向好友们发出共创大业的愿望。事实证明，刘尔炘创建陇右精舍、常平义仓以及表彰先哲这三件事都办得有声有色。

光绪乙巳（1905），王树中将刘尔炘的理学著作《劝学迩言》在太和县重刻，并为之作序，对刘尔炘及其著作均给予极高的评价，称刘尔炘"辛勤积学，真实励行，志士也、达人也"；称赞《劝学迩言》"言言笃实，悉当于理。有前人所已发者，并有前人所未发者，救时与卫道与诚哉！""欲求'六经'之蕴，于此可问津焉！""读是编者，其亦近而验诸心身，推而见之行事，明体达用，皆在是也。"

1913年王树中归陇以后，与刘尔炘的交往就更加频繁了，成为刘尔炘推心置腹的"道义之交"，在刘尔炘的文字中这个称谓是绝无仅有的。刘尔炘起初"与君以学术相增益,遇事辄规君。君或怒而去,怒已而喜,喜复来,来或复怒。二十余年中,相见辄相诤,相违辄相念。"进入晚年,"每相对辄无言。即余有言,君辄数数点头,相视而笑"。到了1916年,虚羸的王树中终于病倒了,虽笃信佛教亦无济于事,连闻欢雅集都没能参加。约在古历七、八月间,刘尔炘在"闻欢雅集"时还曾为"梦梅生"写下一首祝愿诗:

> 起居眠食近如何? 法力应能伏病魔。
> 烦恼防从欢喜出,精神休被爱憎磨。
> 空潭月静风难扰,大地春来气自和。
> 记得莲花台上佛,满身惟有笑容多。

至初冬时节,刘尔炘的诗中即有"石头主人、梦梅生连年凋谢"句,说明王树中于八、九月间就逝世了。王树中逝世后,诗友杨巨川、邓隆等皆以诗志念。刘尔炘为其作《清记名道安徽太和县知县王君行状》,记述其家世、身世、宦海沉浮、孝道诸事,以表达对这位生前好友的无限追思。

刘尔炘称其"立心之厚,任事之勇,器量之大,智慧之深沉,为侪辈所不常有"。"君之卒,余不独为君悲。慨念人才,不觉对桑梓山川失声一哭。"人生难得一志同道合的知己朋友!或因于学术,或因于人事,王树中常与刘尔炘意见相左而愤然离去,但一旦想通了便喜形于色再来,来了又免不了争辩,而争辩或又生气。如此相伴二十余年,真可谓是"见不得也离不得"啊!王树中的去世,使刘尔炘失去了一位净友,失去了一个得以听到自己过失的耳朵。所以,人不复在,不仅是逝者自身的悲哀,也是知己者的悲哀,更是社会的极大损失。王建侯去世一年之后,刘尔炘仍深深感叹道:"王建侯之亡,吾不复得闻己过,思之惘然。"(《果斋日记》

1917年）

王树中逝世后,刘尔炘用血泪为自己的"道义之交"撰成八副挽联：

一

存心之厚,视财之轻,可以励薄俗矣；

独为其难,能见其大,何处觅斯人乎？

二

人容负我,我不负人,经这番富贵冷灰,显得男儿惟血性；

佛即是心,心原是佛,遇如此家国天下,且将身世寄虚空。

三

不愧为良有司,热血丹心,能使苍生呼父母；

毕竟是奇男子,空拳赤手,只将白水付儿孙。

四

君真善解脱乎？壮年富贵,老境儿孙,于此时光何必寿？

我所最伤感者,昔日交游,故乡人物,求之尘世已无多。

五

在宦途到处称扬巷舞衢歌,今尚循声谈往昔；

问吾族阿谁继起祖功宗德,我挥老泪望将来。

六

一点妙明心还之天地,

半生未了事付与儿孙。

七

是廉正热肠者,便不永年,天意可想;

在聪明绝顶人,原无遗憾,世事皆空。

八

又何须瞻仰昊天,万里风烟秋亦老;

想此际欢联旧雨,九原侪辈日增多。

张林焱,生卒年不详,字筱坞,自号卧云生。甘肃兰州府皋兰县(今兰州市)人,刘尔炘之师张国常之次子。光绪二十年恩科三甲进士,同年五月选翰林院庶吉士,次年授翰林院检讨,后迁国史馆总纂、武英殿提调、文渊阁校理。以亲老归里,被聘为兰山书院山长。书院改学堂之后,任甘肃优级师范学堂总教习、甘肃谘议局议长。1912年,与刘尔炘一道被选为甘肃省议会副议长,后又因李镜青被刺事件而一并辞职。后任教于甘肃省立第一中学、甘肃省立第一师范学校。著有《蚁艇山房诗稿》《北游偶吟》《人伦道德讲义》等。

张林焱出身于书香门第,尽得父辈仁德滋养,终于功成名就。一门两进士,两代被皇恩,这样高的门第,在当时的甘肃只有兰州张国常、张林焱父子和天水任其昌、任承允父子以及会宁的苏耀泉、苏源泉兄弟。

张林焱的生卒年不详,但因与刘尔炘中进士的时间相去不远,故年纪似应在伯仲之间。祖上世代友善,子孙必是通家弟子,故二人在青少年甚至孩提时期就是伙伴。光绪三十四年,二人协同创立的陇右公社义赈处,在抗旱救灾中发挥了重要作用。民国成立之初,二人又电告南北代表,反对共和,称"倘力持共和主义,则某等虽至愚极弱,实万不敢随声附和,肝脑吾民。亦惟有联合陕甘新三省及他省同志,共图保境,遥戴皇灵,决不承认共和主义。"(金其贵、丁孝智、张霞光主编《甘肃近代史话》,甘肃人民出版社1995年7月第一版,160页)反对当然是徒劳的,但对于两个前朝遗老来说又能如何呢?

刘尔炘一直有一个愿望,就是想完善老师张国常所著的《重修皋兰县志》,"与筱五太史思补其阙,以竟先生之志"。缺什么呢?原来"舆图一卷,仅列目,撰按语,欲物色精勾股、八线学者分历其境,实测详绘,以期有裨实用"。无奈三十年后的兰州,"海田今昔,举目沧桑。城郭犹是也,而疆域中之红水分而为县矣,衙署中之以督、藩、臬、道、府称者,不惟无其名,而规模亦变矣!贡院、书院之久废,文庙之改修,都非旧观,岂独小西湖之池台、杨柳不复为当年风景也乎?"但二位夫子反复考虑,"陵迁谷变,旧梦迷离,近今谈测绘者,又日趋新法,与先生所定图例格不相入,彼此迁就,将不免续凫断鹤之讥,反不若无图之为愈也。然则是书也,岂遂以无图而竟废哉?"不能因为这点缺陷而让其他有价值的史料失传,遂经二位夫子的努力,《重修皋兰县志》终于在1917年得以付梓。

二人的酬唱作品,今亦有存。民国四年(1915),刘尔炘作《水洞楼看河》七绝一首:

到此能教万虑空,登临人在白云中。
黄流为泻神州恨,怒卷狂澜直向东。

张林焱依原韵和七绝三首,今摘抄两首欣赏一下:

一

一角危楼倚碧空,残山满目乱流中。

绿杨堤外田歌起,不唱《南薰》唱《大东》。

二

昨宵骤雨洗晴空,楼外山光入镜中。
十八滩前风浪稳,步兵我亦号江东。

第一首中"绿杨堤外田歌起,不唱《南薰》唱《大东》"句中《南薰》即《南风》,为舜帝所作。《礼记·乐记》载:"昔者舜作五弦之琴,以歌《南风》。"《孔子家语》亦云:"昔者舜弹五弦之琴,造《南风》之诗,其诗曰:'南风之薰兮,可以解吾民之愠兮;南风之时兮,可以阜吾民之财兮。'"可见《南风》是太平盛世之歌。而《大东》即是《小雅·大东》。据《左传·庄公十年》所记"齐师灭谭",公元前684年齐国因为谭国的"失礼"而出兵灭这个小国。这篇长诗,运用对比和暗喻,由现实的人间而虚幻的星空,展开东方人民遭受沉痛压榨的困苦和诗人忧愤抗争的激情。其中一段写道:"东人之子,职劳不来。西人之子,粲粲衣服。舟人之子,熊罴是裘。私人之子,百僚是试。"其意是说,东方国的臣民啊,一味受累没有人前来慰抚。西部诸侯国的王公贵族啊,个个穿着鲜艳华贵的衣服。就是那些摆渡为生的舟子,人五人六地披着熊罴裘服。还有那些家臣奴隶的子弟,随便什么官位都可以补录。在张林焱的眼里,当前的这个世界并不太平,中华民族正在经历着前所未有的苦难。忧国忧民,借古讽今,所引《南薰》《大东》之典,至为贴切。

第三首中"十八滩前风浪稳,步兵我亦号江东",亦是妙手偶得。"步兵江东"是西晋文学家张翰的别称。张翰是江东人氏,父亲是三国孙吴的大鸿胪张俨。张俨死后不久,东吴就被西晋所灭,作为亡国之人的张翰虽然有才华,善于写文章,但是身受亡国之痛,佯狂避世,不愿意受礼法约束,很像曹魏时放荡不羁的阮籍,因为阮籍曾经担任过步兵校尉,世称"阮步兵",故称张翰为"江东步兵"。张林焱由阮籍而张翰,由张翰而自己。已无心于乱世,应当像放荡不羁的往贤一般,去过闲云野鹤般的生活了。

1915至1916年间,刘尔炘组织"闰欢雅集",张林焱以"卧云生"、"卧云仙子"的雅号列在刘尔炘所谓的"十八公"中。只可惜张林焱的行动过于迟缓,眼看就到他主持雅集的时间了,还不见人影儿,一首《催妆诗》诙谐而风趣,刘尔炘说:"催妆者,何有所催也?何言乎有所催?催卧云生、游华山人也。闰六雅集,两人主之,到期无信,如之何不催?"

太华归来止卧游,卧云仙子更悠悠;
两人高卧多人怨,怨尔妆台性格柔。

次日一早,张林焱便登上了五泉山,在武侯祠内盘桓,眼前山岚蔼蔼,百鸟啼鸣,不由思绪起伏,当即吟成《续闰欢雅集,和五泉山人作》七绝八首。其中一首曰:

水碧山青年复年,前尘如梦亦如烟。
只今重访榴花洞,追逐蓝樵作地仙。

从此张林焱甚是勤勉,和唱刘尔炘的诗作不少,非常有趣的是,张林焱还善于"集句",诗中的每一句皆出自一首古诗中。古人说,熟读唐诗三百首,不会作诗也能凑,说的大概就是这种情况吧!请看张林焱集"松月"诗:

空山不见人,静者心多妙。

张琴和古松,明月来相照。

1908年,张林焱与刘尔炘一起募建"陇右公社",1922年刘尔炘倡导募建五泉山大佛殿,张林焱也在赞成倡建之列。儿时的伙伴,读书的同窗,宦海中的支持者,事业上的响应人,生活中的同乐者,这就是他俩相交的特殊之处。

1887年,有一个13岁的少年赴甘肃泾川应童子试,获童试第一名。当时的督考官甘肃学政蔡燕生慧眼识才,在其卷首亲笔点批"甘之俊人也,必速飞矣"! 这个少年就是慕寿祺。

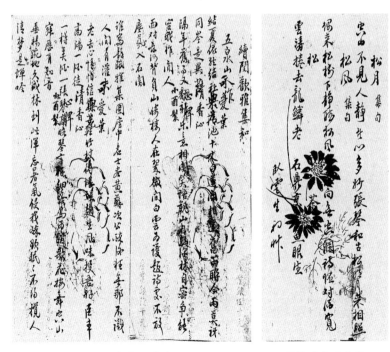

张林焱书法手迹　　　　张林焱书法手迹

慕寿祺（1874—1947），字子介，号少堂，镇原县平泉镇古城山人。慕寿祺是甘肃民主革命的领袖人物，更是博古通今的知名学者。1903年，慕寿祺考中举人，次年被甘肃高等学堂聘为历史主任教员兼经学分教。1908年赴京考职，以"二等试用"签分四川试用盐大使，未赴任。回到兰州后，慕寿祺曾弃教执法，也曾为建立甘肃省临时议会多方奔走，竭力呼吁"黄钺起义"的和平解决，经过了反袁复辟之后又复归教学，最后任甘肃通志局总纂，出任甘肃省政府顾问。著作等身，有《甘宁青史略》等30余种。

刘尔炘与慕寿祺的人生交集，概始于1903年间的"甘肃高等学堂"，刘尔炘是高等学堂的总教习，兼经学主讲；而慕寿祺则是一位历史学教员、经学分教。两个人同时讲授一门课，则免不了相互切磋、交流，友谊与日俱增。而第二次合作，则是在临时议会期间，刘尔炘为副议长，慕寿祺是议员。再到后来，刘尔炘谢绝了官事，专事地方公益事业和著书立说。慕寿祺亦回归学术，以一部《甘宁青史略》而名垂青史。

从慕寿祺的经历来看，他是一个典型的激进派，和作为遗老的刘尔炘完全不同。然而，慕寿祺与刘尔炘在"尊孔"方面可谓志同道合，这大概与二位夫子在高等学堂时共同讲授过经学有关。民国伊始，政府颁令全国祭孔，慕寿祺在其所著《甘宁青史略》中写下了对"尊孔"的态度，对刘尔炘的祭孔提案，在当时的政治环境下不失为有力的舆论支持。慕寿祺说："道统何由而起也？其始于画卦开天之伏羲氏乎。至春秋时，孔子生，举伏羲以来尧、舜、禹、汤、文、武、周公诸圣人相传之道统，至孔子而集其大成。当时杏坛设教，陇上石作子、璞驷赤之徒从圣人学，归而教其乡人。父诏其子，兄勉其弟，胥晓然于日用伦常之理，如菽粟布帛之不可一日无也。此风相沿，其所由来者久矣。自孔子之后，虽甚无道之世，破裂天常，堕坏人纪，视圣贤为刍狗，能使其道不行于一时，不能使其道不行于万世；使其道不行于国中，不能使其道不行于海外；使其道不传于新进少年之口，不能使其道不存于愚夫匹妇之心。甘为羲轩桑梓，风气朴厚，人心一日不死，孔道即一日不亡。尊孔社从而维持之，愈晦愈光，渐推渐远，而一切离经叛道之言，吾知免矣！"

1917年慕寿祺著成《尊孔论》一文，延请刘尔炘作序，刘尔炘非常爽快地应允下来。写道："痴心子游于乌何有之乡，见夫芸芸者相与掷机毁梭，拔苗燔种，日以布帛之束我形躯者为可厌，菽粟之养吾口体者为甚庸，必欲断绝，使不复见于人间而后快。痴心子愕然惊、戚然忧，大声疾呼，腾口说以与芸芸者争，唇焦舌敝，讫不见听。居亡何，其乡之人死于饥寒者日有所闻，久之以冻馁死者相枕藉。其父老子弟忆痴心子之言，瞿然而起，一丝一粟必贵、必珍，不百数十年，其乡之重布帛菽粟更甚于他乡，而痴心子不及见矣！寿祺殆痴心子之流亚欤？"刘尔炘这段序言的写法很是特别，把坚持"尊孔"的慕寿祺称作"痴心子"。痴心子对"掷机毁梭、拔苗燔种，日以布帛之束我形躯者为可厌，菽粟之养吾口体者为甚庸，必欲断绝，使不复见于人间而后快"的芸芸者传播圣道，而芸芸者却充耳不闻，待"其乡之人死于饥寒者日有所闻，久之以冻馁死者相枕藉"时才想起痴心子苦口婆心的话，遂"瞿然而起，一丝一粟必贵、必珍，不百数十年，其乡之重布帛菽粟更甚于他乡"。刘尔炘欲借此而告诫世人，废除儒学、"打倒孔家店"是万不可取的！

二位夫子能相互交往，必定有一个共同的兴奋点，那就是对儒学根深蒂固的情愫。或许是慕寿祺逐渐从残酷的现实中悟出了真谛，幡然醒悟，对刘尔炘愈加敬佩，愈走愈近。毕竟都是学苑巨擘，惺惺相惜，慕寿祺对陇学泰斗刘尔炘自然是高山仰止，备加崇敬。

慕寿祺为刘尔炘所作的诗作仅见二首，现录于兹，以供欣赏。

第一首诗是二人同在高等学堂时写的。

赠刘晓岚太史

宾客欢娱地,文章著作林。

梓桑公望重,渊海道心深。

蓁阁书重校,杏坛花有阴。

幽兰在空谷,使命莫相寻。

第二首诗是民国元年写的。

闻刘晓岚太史迁居学宫

斯文废坠尽愚冥,一殿岿然仰鲁灵。

家住杏坛新得地,薪传蓁阁旧谈经。

清标世比松梅竹,正论光争日月星。

借问山人何处乐,五泉门对雨余青。

马福祥(1876—1932),字云亭,甘肃河州韩家集人。累世务农,幼年在私塾读书练武,1897年(光绪丁酉科)考中甘肃武举第二名。自兄长马福禄在1900年为抗击八国联军而阵亡于北京正阳门之后,其简练军由马福祥继续统领。马福祥统其部众护从慈禧太后、光绪帝逃亡至西安,加总兵衔阶。从此开始了三十余年的政治、军事生涯,成为甘肃三大系地方回族军阀集团的头面人物之一。

马廷秀是一位与"宁马集团"相知较深的人物。马廷秀"早年曾在其(马福祥)绥远都统公署任职书记官(秘书),又在其担任蒙藏委员会委员长期间,任简任秘书,以后又曾在马鸿逵任宁夏省政府主席时,担任秘书长兼代民政厅长。对马氏父子的政治活动及个人生活接触较多"。(《甘肃文史资料选辑·马鸿宾史料专辑》,第21辑,甘肃人民出版社1985年4月)所以,马廷秀的记述有重要的参考价值。马廷秀在《马福祥事述》中说:"辛亥革命,陕西革命军起义响应。清陕甘总督长庚想在甘肃组织反革命武装,扑灭陕西革命,即在兰州召集官绅开会商议对策。有回族老将甘州提督马进祥(马鸿逵、马廷贤的岳父)首先反对说:'我在南方多年(曾任广西、广东提督),看清目前形势,这次民军起义,是革命性质,不是过去的一般变乱,要慎重应付。'马福祥也认为:'甘肃财政困难,民生困苦,不宜再从事战争,目前的措施,唯有保境安民而已。'"(《宁夏文史资料·马鸿宾专辑》,第14辑,内部发行)说明马进祥、马福祥等皆是极具政治眼光的不凡人物。

谈到马福祥的处事待人时,马廷秀记述道:"马福祥好读书,善书法,留心时政,喜欢接近汉族中上层人士。幕府中所延揽的人中,有擅长时文的,有长于研究金石书画的,也有专写电文书札的,温文典

马福祥行书《花气卿云》对联

雅,蔚然大家风范。马福祥自称'戎马书生',相识之人,诩为'儒将'。晚年,自署'贺兰舞剑,青山立马,沧海濯缨,长江观潮'叙其经历。马福祥长于交际,善于游说,清朝的翰林、进士,北洋的督军、省长,以及国民党的显要如戴季陶、何应钦、陈果夫等人,相与往还,或订为金兰,或亲密接交。常语人:'生平无不可言之事,天下无不可交之人。'这在马福祥一生的政治生涯中,也取得了不小的帮助。马福祥的处世哲学,崇尚黄老'祸福相倚'、'知足不辱,知止不殆'之说,尝亲书《黄石公素书》并以之规劝朋友,激励部属,训诫子弟。马福祥熟习历史掌故、封建礼俗。"

"马福祥一生致力于民族团结,兴学育才,在宁夏创立了蒙回师范,在北京资助成达师范、西北中学,在兰州、临夏、包头等地设立学校三十余处。对其中较优的学生,送往外地留学深造,以期提高民族教育文化水平,达到民族团结的目的。平时很注意培养人才。马福祥的遗作有《磨盾余墨》《蒙藏状况》《先哲言行类钞》《训诫子侄书》等。为了供研究儒、释、回、耶各种宗教的需要,曾刊印回教名人所著《天方典礼》《天方性理》《五功释义》《清真指南》等十余种行世。"

关于马福祥与刘尔炘的交往,在刘尔炘的著作未曾涉及,但民间有所流传,如今能见到的文字记载也是马廷秀的记述。马廷秀在《雷马事变扣押马鸿宾侧记》中说:"刘尔炘是兰州人,清末翰林院编修。民国成立,专办地方公益事业,对地方政治概不过问,也不和任何人来往,但与马福祥特别友好。如马福祥的《吉咀墓表》碑文,是刘尔炘写的;马为母亲做寿,刘写'五世同堂'匾额祝贺;马在兰州住宅内的西花亭建成,刘题赠'只谈风月'横额。刘修五泉山,向官商募款,官商们想借捐款、附送联以留名,但刘尔炘只收钱、不要匾对。所有五泉山的匾联,由刘尔炘自拟自书,一手包办。独留出东龙口'半月亭'让马福祥挂了两副楹联。这是因为马福祥的二兄马福禄是清朝的武进士，庚子年在北京阵亡，刘尔炘惺惺相惜，誉为'忠臣'，所以在马鸿宾被扣之后，刘尔炘挺身而出，亲自去见雷中田、高振邦说：'马子寅是忠臣后代，系回族众望。'要求释放，马福祥全家引以为荣。因此，马鸿逵以第十五路军全体军官的名义，在五泉山麓为刘立了一座铜像，以报知遇之恩。"而这些，也已是二位夫子邃归道山之后的1935年秋冬之交的事了，也极有可能是马福祥临终时对子侄们的遗嘱。立铜像虽是以马鸿逵的名义，但源端还是出于马鸿宾的报恩，只是当时马鸿逵已就任宁夏省府主席和十五路军司令，自然就没有马鸿宾的名分了。

马福祥为何以"忠孝"门第为荣？原来马福祥的父亲马千龄早在清同治年间聚集地方团练协助清政府有效防止了陕西回民反清起义的反扑。马福祥及其二哥马福禄皆为正统行伍出身。马福禄，生于清咸丰四年（1854），1875年考武举，1880年（光绪庚辰科）中第八名武进士，授职守备，最后以身殉国，可谓尽忠，这一史实遂成为马福祥家族的莫大荣誉而引以为豪。"忠孝"是儒学的基石，身为儒学士人的刘尔炘自然对忠臣门第敬重有加。因此，刘尔炘和马福祥的友好交往便是情理之事；再者，马福祥虽是行伍出身，1897年（光绪丁酉科）考中甘肃武举第二名，戎马一生，但自幼勤读诗书，精通儒学，善辞章、工书法，又致力于民族教育及公益事业，自然对曾为翰林且品望极高的刘尔炘甚是崇敬。

1919年至1924年，刘尔炘主持修建金城名胜五泉山，资金全部来自社会各界的无私捐助。基于刘尔炘在回族人士圈中极高的人脉资源，回族人士捐款踊跃，且数额可观，刘尔炘深受感动，遂在五泉山特辟一处，作为回族人士的活动场所，并特在半月亭上悬挂了马福祥书写的楹联，以示回报。

马福祥和刘尔炘，一个是"宁马集团"的中流砥柱，在西北军政界几能呼风唤雨，一个是名冠陇原的耆绅大儒，他们之间的交游,从互敬、互慕而互信互通,诗书唱和,更重要的是对关乎社会稳定的重大事件,始终保持着信息的通畅和磋商,对民族的团结、社会的稳定产生了积极的影响。

"易督风波"、"雷马事变"的有惊无险不就是最好的例证么?

甘肃是一个多民族集居的地区,在少数民族中以回族所占的份额最大,地域广,人口多,且分布相对集中。因此,回汉之间的关系,必将对甘肃地方的政治、经济特别是社会稳定产生重要的影响。就在清末民国时期,回汉矛盾依旧十分突出,但在回汉绅士阶层的交流与互信却已经逐步建立,而这种交流与互信对政府政策的制定产生了积极的影响,从而避免了极有可能发生的一场又一场伤及无辜的灾难。回汉绅士阶层的代表就是郭南浦与刘尔炘。

郭南浦,正名福金,南浦为其副名,字均三(杰三)。同治六年(1876)生于化平厅(今宁夏泾源)黄花川杨家店子村。家庭虽然贫困,但父亲却是一位知书达理之人,且粗通医理;母亲也有不凡的身世,系伊斯兰教哲赫忍耶派教主马化龙的侄孙女。郭南浦幼承庭训,得以饱读儒家经典,又笃信伊斯兰教。光绪二十年(1894),郭南浦到平凉应试,中首名秀才。回乡后,看到在化平张家大户的势力范围内没有自己的立锥之地,于是徒步到沙沟(西吉沙沟乡)面见马元章教主。马元章见其衣衫破旧,但气魄非凡,是个有志之人,十分赏识。在其资助下,郭靠行医糊口,并开始学做买卖,家境逐渐宽裕起来。至光绪三十年(1903),郭南浦因替老师马元章打官司而到兰州,后便定居于此,开始了行医、从政、兴办回民教育、致力社会公益事业、调节民族纠纷、促进和平统一等等事业,成为一位卓越的社会活动家。

1949年秋,解放军兵临兰州,时任西北军政长官的马步芳准备逃往海外,邀郭南浦、马振武(马元章之子,伊斯兰教哲赫忍耶

道统记载甚详但恨诠述未终而身
先物化爰检其笔录搜集遗篇不使
水如先生一生苦心翰墨落于烟尘淘
腔心血漂没于东流商同
教主宾公将水如先生笔记搜集
宇宙
一鹰遂令水如先生之信徒田大壂
整理而录成之永垂不朽将未有志
移教者阅其遗篇
先圣之教日益
昭明诵其贻训後人之门径不至错
入迷途援笔而敬其梗概以识不忘
云尔
中华民国二十三年四月吉日郭福金南浦谨序

郭南浦书迹

教派沙沟教主）等一同前往。郭南浦以"老朽无用，不能乘飞机，有生之年不多，想在故土埋身"为托辞而没有一同前往。同年8月26日，兰州解放，郭南浦等欢迎人民解放军进城。他受彭德怀司令员之托，与在兰州的回族开明人士一道前往宁夏说服马鸿宾（西北军政长官公署副长官）、马敦静（马鸿逵之子，宁夏兵团司令），劝其认清形势，早日率部起义，以免宁夏人民遭受战祸。郭等到银川后，马敦静把以郭为首的代表团人员软禁在旅馆里，不让外界任何人与之相见。后来，马鸿宾来看望郭南浦等人，郭耐心劝服其率八十一军起义。9月23日，宁夏解放。因郭南浦等代表团人员为宁夏解放做了一件大好事，得到人民解放军十九兵团首长的奖励，并赠送给郭南浦"和平老人"锦旗一面以资表扬。甘肃省人民政府成立后，郭曾任省政府委员、省人大代表、甘肃省政协常委等职。1950年夏天，郭南浦随省代表团去北京，受到毛主席亲切接见，并合影留念。1958年，耄耋之年的郭南浦在宗教改革中蒙不白之冤而归真（即俗语之所谓"逝世"）。

自1903年郭南浦来到兰州，至1931年刘尔炘谢世，二位夫子相知、相交近三十年，为回汉民族争端的和解，为陇原大地的安宁做出了贡献。可是在史料中不见记载，所幸郭的后人还在，年届古稀的郭怀凤是郭南浦的小儿子，从兰州市体校退休，问起他家老人与刘尔炘的交往，郭怀凤会把父亲当年告诉他的一些往事向你娓娓道来。这种口述的史实，在文学领域就叫作"非虚构性写作"。

原来，郭南浦能在甘肃立足，还是依靠其高超的医术。时任甘肃新军督操官的陆洪涛，女儿患有脚疽病，久治不愈，家中颇为烦恼，于是决定帖告示求医。郭南浦凭借祖传治疽疮的绝技而"揽榜"。陆洪涛立刻接见郭南浦，问了郭南浦的家世出身、行医资历。郭南浦说："治疗疽病我确有把握。"陆遂付郭白银百两暂作买药之资。经过一个来月的治疗，陆女的脚疽病即告痊愈。陆没有食言，除赏给银两，还将其擢为副官。郭南浦不仅一举成了有名的外科良医，生活逐渐富裕，而且还步入了甘肃政坛。因为深厚的文化修养和人格魅力，郭南浦和刘尔炘在兰州金城一见如故。

民国之初，赵惟熙任甘肃首任都督，设立省临时议会，郭南浦向都督力荐刘尔炘担任议长，觉得刘尔炘成熟稳健，德高望重，最宜担此重任。遗憾的是刘尔炘委辞不就，力推李镜清担任议长。郭南浦向议会提交的"回族宗教案"，在刘尔炘等汉族精英们的支持下，得以顺利通过。此议案的核心内容就是强调"回汉"平等，消除歧视，增进团结。议案还提出了"回汉"可以自由通婚的建议。此提案犹如一把钥匙打开了"回汉"之间矛盾的症结，得到地方最高权力机构的通过，有力地促进了民族和谐的进程。

1917年，郭南浦请老师马元章游历兰州。在与甘肃政界高层接触的同时，也向老师引见了刘尔炘。果然老师和刘尔炘相谈甚欢，互叹相见恨晚。事后刘尔炘对郭南浦说："再不可能见到像马元章先生那样有学问的人了！"

1920年，在甘肃军政界发生"易都"风波，其事态的平息，郭南浦和刘尔炘的联手努力也功不可灭。郭南浦重点做马福祥的思想工作，劝其"退一步海阔天空"，如果一意孤行，将落下"回民造反"的罪名，若放弃"争督"，将被举荐为绥远都统。果然和郭南浦预想的一样，陆洪涛被北京政府任命为甘肃督军，而马福祥则掌控宁夏，成就了以后的"宁马"格局。

《甘青宁史略》记载

"雷马事件"的和平解决又是郭南浦与刘尔炘联袂努力的结果。史料中有关马鸿宾逃脱的说法有好多版本，而据郭怀风讲，8月25日下午3时许，马鸿宾察觉有异常动静，便从后院越墙而走，沿南墙东行至"五福巷"（今兰州三中）附近的郭府，马鸿宾在惊慌逃跑中一只鞋丢失却毫无察觉。郭南浦看到马鸿宾一副狼狈不堪的样子，忍俊不禁，担心地对马鸿宾说："万一让散兵游勇遇上了可怎么办？"为了确保马鸿宾的人身安全，郭南浦想到了一个万全之策，立即请刘尔炘，还有张维、杨思、喇世俊等社会名流到场作证，将马鸿宾交付公安局长高振邦，这样雷中田与马文车就对其奈何不得了。同时，向南京政府和社会各界发布事件真相。为防不测，马鸿宾的饮食亦由郭府专供。当时兰州人将这一事件总结为"雷响、马惊、车翻了！"刘尔炘拖着病身，斡旋在雷、马之间，留下一段老翰林在生命的最后时光还关心时局稳定的感人佳话。此事不但引来了吴佩孚，还惊动了蒋介石。最终，事件得到和平解决。遗憾的是，1931年11月刘尔炘遽归道山，与郭南浦的交往也就戛然而止了。

在二位回汉绅士交往的故事中还关联着一位重要的回族人物马耀南。马耀南是声名显赫的回族老将军马进祥的长孙，与马福祥之子马鸿逵、马元章之子马振武、马安良之子马廷勷合称西北回族"四大公子"，民国元年曾任民国大总统府高等谘议，后又当选甘肃省临时议会议员，曾任省实业厅厅长等职，一生为官清廉，一尘不染。"三代荣恩"的马进祥将军长刘尔炘三十余岁，一生多半时光在南方为官，民国前后在"甘肃提督"的荣耀中退养金城兰州，旋归固原撒门故里。马将军爵高位崇，刘尔炘登门请教也是常理，但史料中未见有记载，而出生在这个钟鸣鼎食之家的孙儿马耀南与刘尔炘的相识、相交，正是因为郭南浦的引见。郭、马二人"结为金兰，生死相随"（《马进祥将军》201页），情同手足，马自然会进入郭、刘的交际圈。估计马耀南与刘尔炘的交往最迟应始于甘肃省临时议会成立之时，除了在时局政见上的商讨，还免不了在书法艺术上的相互切磋，因为马耀南也善书法。在笔者收藏的刘尔炘的书法作品中就有一幅写赠给马耀南的手绘龙凤红蜡笺六尺八言行楷对联："元气为舟，微风为柁；清酤如济，浊醪如河。"上署：耀南三兄雅属，落款：皋兰刘尔炘。刘尔炘集东汉诗人仲长统之"元气为舟，微风为柁"与左思《魏都赋》之"清酤如济，浊醪如河"成联而赠马耀南，应是有其特殊用意的，在清浊尚不分明的形势下，是否应该保持自己的定力？这幅书法精湛、品相绝佳、神气十足的原装老裱对联，或可成为二人友谊的见证。

"雷马事件"之后，作为回吏、回绅的郭南浦就和马福祥商量，要对刘尔炘在促进回汉团结中的大德有所表示。不料，在刘尔炘逝世后的第二年马福祥也随之归真，好在马福祥的子侄马鸿逵、马鸿宾都对此事特别上心。郭南浦向他们建议说，对儒学者的敬重，莫过于造像。于是在刘尔炘逝世后的1935年10月20日，在五泉山为刘尔炘立了铜像，10月21日的《甘肃民国日报》对此作了大幅报道，据说铜像还是在香港铸造的。

郭怀风深情地回忆说，从记事起，就一直与父亲睡在一起，突然有一天午睡起床后，父亲闷闷不乐，我再三追问，他才告诉我："梦中在五泉山见到刘尔炘了，相对无语，只是伸手一摸我的胡子，胡子就全没了，可能是不祥之兆啊！"不久家中果然接连出事，直至父亲含冤去世。如果不是相知至深，怎能在冥冥之中传递信息呢？

阎士璘（1879—1934），字简斋，号玉彬，自号"首阳山樵"，巩昌府陇西县人。光绪三十年（1904）进士，选翰林院庶吉士，散馆后授翰林院编修、国史馆协修。光绪三十二年（1906），阎士璘及杨思、范振绪、田树楦、万宝成五人作为甘肃第一批留学生远赴日本东京法政大学学习。在日留学期间，阎士璘逐渐接触到同盟会，受到民主主义革命思想的影响，并于1906年同范振绪、杨思等参与创办《秦报》《关陇》等刊物。回国后致力于甘肃教育事业，以

"提倡科学，振兴教育"为己任。先后任陇西县临时议事会议长、甘肃省议会议长、甘肃省图书馆馆长、省教育厅厅长等职。阎士璘是陇中地区走出的最早的新知识分子，坚定支持辛亥革命和民主主义革命事业，尤其对甘肃教育文化事业贡献极大，有诗赞曰："阎公长教厅，陇上桃李遍地生。"阎士璘也为家乡陇西办了一件惠泽后世的大事，就是将甘肃省立第五师范设在了陇西，即陇西师范学校，其弟阎士相为首任校长，这位虎弟于同年10月被选为第二届甘肃省议会议员。

民国二十三年（1934）秋，阎士璘病逝。传说出殡之日，巧遇天降"浓霜"（凌霜），全城花草树木一片冰白，至午时尚未消融。人谓苍天有情，不忍斯人早逝，令花木含悲致哀。

刘尔炘与阎简斋的交往，一是联手创建甘肃省立图书馆，前文已有较为详尽的记述，此处不再赘述。其次，阎简斋还是刘尔炘的诗友，遗憾的是"闰欢雅集"并没有见到阎士璘的诗作，可能像前文所说的那样，和刘尔炘正忙于筹建图书馆的事吧！幸好有一副刘尔炘为阎简斋所作的祝寿联，聊可作为二公友谊的见证：

> 敦诗说礼，孰可为此？
> 种德收福，永流无穷。

三十四、闰 欢 雅 集

民国五年（1916，丙辰）盛夏六月六日，在消夏胜处五泉山，武侯祠居高临下，金城风光尽收眼底，十几位满腹经纶的学者，身着长袍，手摇折扇次第落座，他们将在这里举行诗文雅集——"闰欢雅集"。雅集的发起人就是德高望重的刘尔炘，参加雅集的诗人皆为学界耆宿、社会名流。将王烜所著《刘尔炘年谱》与刘尔炘所列的"丙辰闰欢雅集同人次第"相参照，可知前一年（1915）参加者，已有三人不在"十八痴罗汉"之列。白宝千（石头主人）已经作古，王建侯（梦梅生）卧病不起，而王烜外赴四川任事。因此"十八公"的组成，除了刘尔炘与《年谱》所列的张林焱（卧云生）、阎士璘（首阳山樵），杨巨川（个中人）、高炳辰（一渔翁）、邓隆（胡芦主人）、王兆辰（问芳老人）、秦望澜（屈吴山人）、曹兆镜（潇洒人）、谈凤鸣（游华山人、倦游人）、练克勋（紫衣老人）、陆介平（铁罗汉）、卢应麟（竹禅）、邸应南（崑仑子）、史嘉言（梦云生）、颜鹭廷（醉霞生）、段筱垣（第十一峰道人）之外，还只知姓氏与别号而不知名或字的漠游山人杨、山石居士陈。连同刘尔炘本人，实际参加雅集者先后共得二十二人。

这次雅集一直延续至初冬方止，反响强烈，堪称金城诗坛之盛事。雅集所得诗作二百三十余首，尚有诗钟、对联、谜语若干，仅刘尔炘的诗就有近四十首，其次为王兆辰、杨巨川、秦望澜、卢应麟、邸应南、邓隆，再次为史嘉言、张林焱等，而其他诗人或有零星之作，

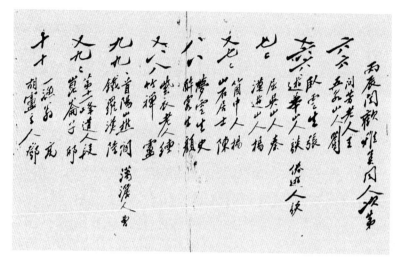

闿欢雅集同人

《闿欢雅集》稿本

或未成一首。古今雅集都是如此，历史上最负盛名的雅集莫过于晋代右将军王羲之组织的"兰亭雅集"，四十二位参加者中，亦仅有十一人赋诗二首，十五人仅作成一首，而十六人虽搜肠刮肚也终未能落笔，其结果只能是吃了罚酒，大醉而归。丙辰岁末，闿欢雅集遂告一段落，所有诗作手稿裱成厚厚一沓《闿欢雅集诗钞》册页，由刘尔炘编辑且署端。长期以来，学界只知其名而不知其身藏何处，或以为早已佚失。其实《闿欢雅集诗钞》的稿本至今保存完好，就收藏在甘肃省图书馆的善本库里。笔者有幸曾获欣赏,篇篇诗作精彩绝伦,件件书笺优雅隽永,清华朗润,不忍移目。

"四时佳日成吟事,百里文星聚德邻。"这是刘尔炘的高足王烜唱和老师诗作中的一句。"德邻"一词由《论语》"德不孤,必有邻"而出。这不仅体现刘尔炘的人格魅力,同时说明刘尔炘的诗意境高致,有不少的崇拜者,至少参加过闺欢雅集的诸位诗人,都是刘尔炘众多诗友中的核心成员。

白鉴真,生卒年不详,字宝千,号葆谦,别号石头主人,兰州府皋兰县人。光绪十四年中举,工诗词歌赋,与黄毓麟、周应沣并称"金城三才子"。从刘尔炘1916年的"把酒论交五十年"诗句,我们可以推测刘尔炘与白鉴真的年龄基本相仿。因为是年刘尔炘五十三岁,或长或晚都不能这么说。年过半百之时,二位夫子的遇境也差不多。民国三年,二人相聚会,当论及二人目前皆膝下无子、都只有一女儿时,白公作《自广诗》自慰(可惜原诗没有记载),而刘尔炘犹嫌其立意不广,故和《自广诗》,遂有《广自广诗》两首,并在小序中说:"宝千老友与余同赋《小星》,同歌弄瓦,作诗自广即示以广,我犹嫌其不广也,故再广之。"诗中写道:"读罢香山后裔诗,满怀情绪忽纷披";"相期放眼红尘外,一任乾坤自转移"。刘尔炘劝白公应看透一切,登高望远,放眼红尘之外,摆脱人世的羁绊,就会自我解脱,活得潇洒痛快。最后两句"洪炉点尽人间雪,造化惟余一小儿"很有点意思,刘尔炘说,咱俩虽然在学问上都有收获,但这辈子有没有造化就看能不能生个儿子了。刘尔炘虽劝白公要想开,但实际上自己对儿子也很期待。

白鉴真后来抑郁成疾,于1915年离开人世。岁月不居,次年诗人们再聚五泉武侯祠时,目睹壁间石头主人的题诗,恍若昨日,怎能不引起诗友的无限追思呢?与白公相知最深的刘尔炘首先吟成"重开雅集忆石头主人"一章:

> 香山才子有前缘，把酒论交五十年。
> 动我笑声君到后，惊人诗句客来先。
> 能谐流俗和而介，屡遣愁怀断复连，
> 今日白云都入座，飞鸾难觅洞中仙。

随后，王兆辰、张林焱、邓隆、卢应麟等诗人或依刘尔炘诗原韵，或选用词牌，抒发对诗友白鉴真的怀念之情。

王兆辰（1857—?），字紫垣，一字葆吾，号昆根，又号得芋、问芳老人，兰州府皋兰县优廪生。在闰欢雅集的众多诗友中，独王兆辰长于刘尔炘，已是近花甲的老者了。平时他与刘尔炘的唱和之作今已无从考籍，但就"闰欢雅集"来看，王兆辰才思敏捷，诗作甚多，似与刘尔炘在伯仲之间，其行楷书体清新隽永，别有一种韵趣。

"丙辰六月六日重联雅集，同饮五泉山寺"，王兆辰难掩兴奋，情不自禁：

> 朱楼一览惜晴暾，壁上新诗半有痕。
> 崖削千寻连远嶂，河流万里泻重源。
> 中原文献今还在，垂老风情我尚存。
> 且喜同人联旧约，绿杨影里洒盈樽。

刘尔炘立即作《朝暾》（"用问芳老人韵"）以示唱和：

> 西墙日日映朝暾，那个能留昨日痕。
> 万古流光兹可见，百年岁月又何论。
> 只余心性终难灭，但有形骸便不存。
> 悟得虚空皆幻妄，一回憨笑一开樽。

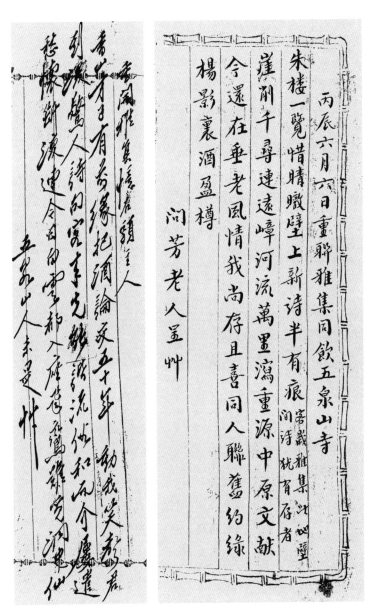

丙辰六月六日重聯雅集同飲五泉山寺

朱樓一覽惜晴職壁上新詩半有痕
客歲雅集於四壁間詩犹有存者

崔削千尋連遠嶂河流萬里瀉重源中原文献

今還在垂老風情我尚存且喜同人聯舊約緣

楊影裏酒盈樽

闻芳老人呈艸

春風雅集憶耆賢主人

春芽多有奇緣把酒論交五十年動我笑輪君

引袖驚人詩句窗萆先鈔語流竹和石今靂達

悲傈鑌滦進令日白雲都入座苍艿鸞鶴覚洞天仙

五泉山人李受卅

刘尔炘忆白鉴真诗　　　王兆辰诗作手迹

　　雅集中，常常有唱有和，也有命题诗、诗钟、对联。看看王兆辰在命题诗方面的水平。

松　风

雄风激怒涛，疑是苏门啸；
万籁寂无声，竦然听古调。

松　月

光明澄若水，雨霁空山里；
高卧有潜龙，抱珠徐一起。

代牛郎赠织女

人说新婚好，何如久别情。
今宵无限味，多谢水盈盈。

代织女答牛郎

一年一结姻，意欲诉酸辛。
恐触阿爷怒，无端又罚缂。

皋兰山怀古

青峦碧嶂控西州，扼定中原据上游。
鏖战有人来绝塞，防边自古少奇谋。
云阴志洞封残碣，水绕梁泉咽旧流。
闲倚朱栏高出望，商音犹带汉时秋。

金城怀古

地接秦关唱大风，开边毕竟是英雄。

孽藩无命空留迹,名将多才屡立功。
四壁河山新雨后,万家城郭夕阳中。
衣冠文物今犹盛,耕牧难忘矍铄翁。

此后,每有集会,王兆辰总是思如泉涌,佳作纷呈,如:

七月七日雅集张园同游红泥岩

欢集园林兴不穷,屐声又到静岩中。
良宵一会烦灵鹊,古洞同来访志公。
树接危崖垂碧影,草萦曲水净芳丛。
闲云岫里空舒卷,倩语为霖趁晚风。

九日登高

闲倚朱楼望帝乡,清飙此日应金商。
频思轮铁凌河伯,谁遣帆风助马当。
黄菊丹萸逢晚节,青山红树峦斜阳。
悠悠身世浑如梦,聊向南皋醉一觞。

九日雅集

佳节年来意最欣,况逢雅会侣仙群。
欢携红友投三径,瘦比黄花又一分。
戏马台荒思旧迹,滕王阁迥有奇文。
浮生赢得清闲味,笑指纷纷出岫云。

十月十日,时光已进孟冬,闰欢
雅集却掀起了和唱高潮。刘尔炘作

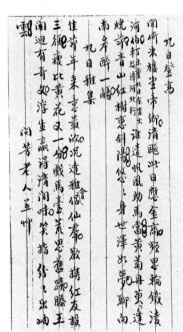

王兆辰诗作手迹

《孟冬雅集感怀》,并"录视月岩、子衡两观察暨同欢诸君子即希正和":

一

初冬天气是深秋,趁此风光上酒楼。
侪辈渐如霜叶落,山川还为夕阳留。
当年车笠皆黄口,今日壶觞半白头。
难得尊前逢旧雨,一回欢笑一忘忧。

二

少年队里昔年游,意气能消万古愁。
天地无情春易老,云烟虽变月长留。
晚来诗酒娱黄发,此去勋名让黑头。
我对黄花惟劝客,白云心事一无忧。

刘尔炘的这二首七言律诗一出,和声如潮,王兆辰先声夺人,一气呵成八首,现录其中二首:

一

黄河今日不防秋,岂待筹边妃倚楼。
白雪添吟情欲诉,紫英虽瘦韵还留。
颜思邀客虚前席,谁管题诗在上头。
盼得新晴无限好,天公谅亦解人愁。

二

卅载风尘已倦游,酣歌那复计余愁。
频年聚会真难得,晚节光阴尽可留。

王兆辰诗作手迹

云退时穷千里目，梅开又上百花头。

人生到处须行乐，不学杞人枉用忧。

对一首诗三番五次地唱和，不是对作诗者无比崇敬，就是因诗作打动其心，或者两者兼而有之。王兆辰与刘尔炘诗书情谊可见一斑。

在雅集中，王兆辰还以"崑根主人"署名，作《任拟陶渊明〈饮酒二十〉之八原韵》八首，其书体与问芳老人迥异，疑是他人抄呈者。不知世间尚有老诗人的诗作专辑否？倘真的散失无传，应录之为老诗人存此遗珍。

一

邈矣怀葛民，今难复见之。
为问此何世，慢慢长夜时。
圣贤启心精，顷刻念在兹。
富贵邯郸枕，韬光复何疑。
黄花新酿熟，陶然一杯持。

二

薄田临碧水，茅屋对青山。
有时宾客至，晤坐两忘言。
呼童扫菊径，煮酒话丰年。
颓然醒醉后，梦寐悟衣传。

三

处士青门迹，香山白社情。
钟吕聋喑久，将隐焉用名。
商末夷与齐，采薇不辱身。
周社成丘墟，首阳气如生。
相期惟道义，宠辱不足惊。
仰视苍冥冥，何独玉汝成。

四

缟鹤冲霄去，黄鹄入云飞。
岂无稻粱意，恐雁弋矰悲。

我生丁不辰，神京非所依。
心既与世忤，踽踽胡不归。
桑榆娱晚景，霜鬓星星衰。
携幼欢入室，樽酒愿不违。

五

筑室居栗里，门无车马喧。
结纳少黄金，非关地僻偏。
挈壶出庭户，悠然见远山。
林禽相娱乐，麋鹿共往还。
忽悟清净理，欲辨已忘言。

六

君子居乱世，无非亦无是。
明哲保其身，谁誉更谁毁。
此言难免俗，聊复云尔尔。
谩诮苏模棱，施博而守约。

七

霜威造秋节，群卉落残英。
菊花开笑色，犹有故人情。
西方盼彼美，不惜千觞倾。
何来故国思，抚膺剑欲鸣。
方壶仙在否？采药觅长生。

八

万花当春发，摇曳争妍姿。

山川忽改色,霜叶辞故枝。

羡彼松与柏,挺然标清奇。

士穷见节义,云胡不勉为。

惭我未亡臣,敢教斗米羁?

邓隆与刘尔炘的关系可不一般:通家之好、志同道合、超级诗友。

邓隆(1884—1938),字德舆,号玉堂,又号睫巢子、壶庐主人,临夏北塬仲家人。时知州杨增新为兴办河州教育,重建凤林书院,又建爱莲书院、龙泉书院,并在城关及四乡建义学28所,考选优等生入衙,聘请天水周务学督课,有时亲自教授。邓隆、杨清、金树仁、徐谦、张建、陈继善等均被选入衙署。邓隆又与金世清、张建共租显庆寺僧舍,下帷苦读,遂学业日进。光绪二十九年(1903)乡试拔头筹、得解元,翌年中进士。以知县分发四川任用。宣统三年(1911)春归里,在兰州南郊构筑"拙园"定居。民国时为甘肃省议会议员,历任甘肃官银钱局坐办、甘肃权运局局长、夏河县长等职。离开政界后,潜心实业与赈济。耽于佛学,研究西夏文。此外,在文学、历史、地理、水利、民族、宗教等方面也成果颇丰。邓隆还主持编修了《甘肃民族志》和《甘肃宗教志》,对甘肃的民族宗教作了全面翔实的记述,为后人研究清末及民国时期的民族宗教留下了珍贵遗产。1938年为施药抢救华林山感染疫病的壮丁而不幸染病去世。

邓隆与刘尔炘是"通家"之好,这是刘尔炘的文中所载。所谓"通家"即指双方世世代代交谊深厚,如同一家。刘尔炘家在兰州,而邓隆祖籍临夏,至于如何成为通家,现已无从考证,但有一层关系可以合情合理地推测,那就是邓曾是河州知州杨增新的高足,而杨却是刘尔炘的同年好友,这样的话,邓亦应称刘尔炘为老师。邓隆对刘尔炘人格自然是崇敬的,对刘尔炘的理学成就亦有高度的评价,邓隆说:"皋兰刘尔炘始治程朱之学,而能融宋明学术归于实用,所经营地方事业,率能实惠及人,其局量扩远,常以天下为己任,非空谈性命者所可比拟。"(《甘肃通志稿·民族志》)这是迄至见到的最早的评价刘尔炘理学成就的文字了。

邓隆与刘尔炘自是志同道合之人。邓隆可谓是刘尔炘赈灾的得力干将,是关心民间疾苦、热心慈善事业的追随者。刘尔炘去世后,邓隆与王烜、杨巨川等一道继承刘尔炘的阳光事业,仁爱济世,直至以身殉职,可谓是鞠躬尽瘁死而后已!邓隆是刘尔炘地地道道的超级诗友,二人唱和甚多。事实上,1916年夏六月才开始的重联闰欢雅集,邓隆在开春时节就开始发声了,见无人吱声,就外出做事去了,等邓隆回到兰州,已到了中秋。邓隆无不遗憾地说:"甲寅、乙卯之交,五泉山人创设闰欢会,追随诸先生后,诗酒甚欢。丙辰春,隆倡续欢之会,客尽不来。旋因事他去,比回,则会中新诗盈帙矣!每次限题分韵,惜难尽补,谨抄游山近作,聊以塞责,且供诸先生卧游。"邓隆遂录外出见闻诗如《导河故城感怀》、五言诗二首、《揽家庙盛夏望雪》《马崖》等供同人分享。

邓隆回兰,适逢诸君子中秋雅集,"中秋玩月,率发狂歌,录呈闰欢会诸公斧政":

一

赫赫白日光,远胜月皎洁。
羲轮不停驰,团栾无圆缺。
洵为无价宝,万祀光不灭。
人胡不知珍,诗酒惟玩月。
物以少为贵,识心妄分别。
倘使日如月,数旬光一发。
饱尝应如何,岂不骇奇绝。

我持平等观,万物皆相垺。

万物无尽期,心赏无休歇。

物物太极图,日日中秋节。

不必衔金樽,不必望瑶阙。

破碎假虚空,只求真快乐。

慧日常光明,性月无出没。

求心不可得,此乐不可说。

二

寂寂寥天净,茫茫百感生。

人从忙衰老,月向静中明。

朗照纯阳镜,如游不夜城。

更无尘半点,即此是蓬瀛。

十月,邓隆和青城进士高炳辰主持了"十十"雅集活动。天下没有不散的宴席。虽然持续近半年的"闰欢雅集"曲尽人散,但仍觉余音绕梁,留下一段金城士子们的风雅韵味。

邓隆亦有《致和五泉山人〈初冬雅集感怀〉韵》二首:

一

瑞雪迎寒到九秋,送秋迎雪快登楼。

忽看驹隙惊人老,聊把红泥借爪留。

谈笑自由挥麈尾,功名仅让烂羊头。

汾榆情谊林泉乐,对酒那堪再写忧。

二

拟作御风汗漫游,独来独往不知愁。

随心诗句忘长短,过眼浮云任去留。

白雪似催人醉酒,红尘应笑我埋头。

同来况有东西客,对饮果然解百忧。

邓隆诗作手迹　　　　　　邓隆诗作手迹

　　除此之外,尚有《拟陶元亮饮酒诗》十四首,限于篇幅,不再抄录。

　　时光一下子跳到了1930年中秋节后一日,甘肃旧贡院内热闹非凡,就像王羲之在《兰亭集序》里所描述的那样:"群贤毕至,少长咸集。"原来,时任甘肃官银钱局坐办的邓隆在此举办一次盛大的诗会——"鹿鸣私宴",与会者有以刘尔炘为代表的兰州名士数

鹿鸣私宴雅集（1930年，三排左起五为刘尔炘）

十人。所赋诗章，汇成《鹿鸣私宴集》一册，并附诗会嘉宾摄影，弥足珍贵。

"鹿鸣宴"是科举制度中的一种宴会，起于唐代，明清沿此，于乡试放榜次日，官府宴请新科举人和内、外帘官等。因宴前必歌《诗经》中《鹿鸣》篇，故称"鹿鸣宴"。"重鹿鸣宴"又称"重赴鹿鸣宴"，是清代对考中举人满六十周年者的庆贺仪式。举人于中式满周甲之期，再逢足科乡试，经奏准得赴为新科举人所设之鹿鸣宴，谓之重宴鹿鸣，以庆贺曾中举而享高寿。

为什么邓隆要举行所谓的"鹿鸣私宴"？邓隆在《鹿鸣私宴启》中所说："岁庚午，隆忝允造币厂监督，办公室固考院大堂，而监督室又左文襄公题'鱼跃龙门'处也。溯当年之领解，迄此日之从公，丹桂黄槐，恍寻昨梦。清风明月，时触幽情，辄欲礼爱饩羊，情牵幕燕。爰于放场之日，复作烧尾之筵，恭约同年，同话旧雨，奉行故事，聊当梯云。首推乡先生，所以尊前辈也；旁及诸益友，所以证同心也。缅重宴之旧章，尚待时周花甲；创私宴之新例，恰欣人聚，谪仙所冀。桂殿遗民，认前身于金粟；琼林耆宿，谈轶事于玉堂。数曩时同学少年，大半腾蛟起凤，循《小雅·嘉宾》乐事，相与鼓瑟吹笙，譬犹房老阿婆，忆年少东涂西抹；颇类堂头和尚，论当初行脚打包。拟白乐天之会耆英，则吾岂敢；效苏玉局之悟春梦，聊乐我云。才子多情，别裁风雅，顽仙未化，犹恋皮囊。悯衰世枪林弹雨，枉为蛮触之争；喜当筵酒赋琴歌，如在羲皇之上。发大海之潮音，定知鱼龙入听。续漆园之好梦，自有蝴蝶飞来，各赋佳章，以成雅集。"

刘尔炘为《鹿鸣
私宴集》题签

邓隆的这篇《鹿鸣私宴启》写得很美，读来有王勃《滕王阁序》之遗韵。其意思大概是说，我邓隆不才，今年权任造币厂监督，办公室正是当年举院的考院大堂，而监督室则正在左文襄公所题'鱼跃龙门'的位置。回想起我当年在此得"解元"，在槐花黄后的季节乡试登第，都恍如昨天！在这风清月高的"秋闱"之时，不由得触发我对旧事的感怀。所以，就选择了在旧时的发榜之日，特又做"鹿鸣宴"中的"烧尾"席，邀请当年的同榜举子，共同来此地叙旧话新。恭请像刘尔炘这样的"乡先生"以示对长着的尊崇，旁及各界新老友人，是见证我们的友谊。说白了，也就像老太太们回忆青春时光，和尚们想起僧侣生涯。怎敢与白居易会耆英、苏东坡悟春梦相比拟呢？只是聊作快乐罢了！在这枪林弹雨的乱世之秋，独发感慨，还不如乐而忘忧。

"乡先生"一词，盖出自《仪礼·士冠礼》："虽已挚见于乡大夫、乡先生。"郑玄注曰:"乡先生,乡中老人以卿大夫致仕者。"可见"乡先生"是辞官归养的卿大夫们的代名词,是极其受人尊崇的老人。作为乡先生而被恭请的刘尔炘此时已有病在身,但邓隆的盛情不能不让刘尔炘拖着虚弱的身体欣然前往,即兴赋诗。刘尔炘在序中说:"庚午中秋后一日,邓隆通家藉旧举院开鹿鸣私宴,邀余重赴,率成四绝,为添风趣。"笔者不忍略去,全录于此:

一

丹桂飘香会众仙,必须周甲始开筵。
今朝不分邀天幸,为我提前十五年。

二

谁信当筵鹿又鸣,密宗幻术主人精。
弄将伏虎降龙手,坐使呦呦发一声。

三

放怀且咏旧霓裳,万变烟云醉里忘。
任是虚名都粉碎,海田何惜小沧桑。

四

偶为蟾宫辟草莱,嫦娥重见秀才来。
羽衣队里群相贺,旷典从头例又开。

刘尔炘的诗写得诙谐有趣,意味深长:我是期待着中举六十年重宴鹿鸣的那一天,可没有想到深研密宗的邓隆神通广大,居然使这个愿望提前十五年实现了。时过境迁,一切的功名都成了虚幻的泡影,世界的格局将重新形成。

邓隆赋七绝十二首,其中一首云:"草草安排玩月羹,饱经风火望升平。借公苏海韩潮笔,力挽银河洗甲兵。"

1936年古历闰三月,邓隆重开刘尔炘所倡导的"闰欢雅集"诗会,在拙园赏花饮酒,赋诗交友,亦为诗坛盛事。此正所谓"江山代有人才出,各领风骚数百年",邓隆也是继刘尔炘之后的甘肃诗坛风云人物。"风月因缘结四时,骚坛牛耳任君持",用这一句当年诗友们盛赞刘尔炘的诗来评价其通家之好,刘尔炘大概也是可以允诺的。

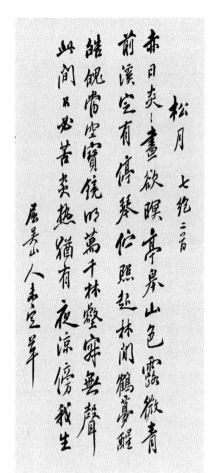

秦望濂(1875—?),字幼溪,自号屈吴山人,甘肃会宁人,进士秦望澜之弟,优贡生,民国时期任甘肃省税务局局长,工诗文、擅书法。因诗而与刘尔炘结缘,最充分的证据依然是1916年的闰欢雅集。秦幼溪在此次雅集中异常活跃,诗作堪称高产。先看看秦望濂的命题诗作:

松 风

一

南来古刹翳云烟,谡谡清飔气万千。
陶令当年亲手抚,龙鳞长欲拂青天。

二

空山鹤老夕阳明,万壑涛声入耳清。
莫笑岁寒霜雪后,行人犹说大夫名。

秦望濂诗作手迹

松 月

一

赤日炎炎昼欲暝，亭皋山色露微青。
前溪定有停琴仁，照起林间鹤梦醒。

二

皓魄当空宝镜明，万千林壑寂无声。
此间不必苦炎热，犹有夜凉傍我生。

代牛郎赠织女

旧怨新愁兴两浓，光阴转瞬叹匆匆。
年前约语曾忘否？七七佳期再重逢。

代织女答牛郎

十二珠帘锁嫩寒，相逢无语倚阑干。
年来织就鸳鸯锦，月上星明细细看。
镇心特剖青门种，洗羽新排碧汉圆。

积雨转晴登五泉山即景

一

云开雁路送新秋，秋雨秋风湿画楼。
无限斜阳明小阁，横桥流水羡浮鸥。

二

山青松翠冷侵人，雾敛云收晓色新。
昨夜蕉窗残梦醒，满天薄霭化清尘。

三

万家烟火满城中,风度蝉声忆汉宫。
薄雾收林残滴坠,青山红树看征鸿。

四

行行雁影度长空,出岫浮云入画中。
林际钟声初到耳,山僧倚杖踏秋虹。

中秋玩月

一

一样团栾月,今宵分外明。
冰壶澄万里,玉笛弄三更。
翘首吴刚兴,襟怀谢朓情。
荒庭频散步,到处奏箫笙。

二

碧汉清无际,霜澂夜静天。
光华千里共,皎洁十分圆。
城外河声涌,篱边菊影悬。
举杯酬令节,昂首倚阑干。

兰州怀古

一

兰皋隐隐雨濛濛,寂窦园林是故宫。
碧血残碑余烈气,红颜芳草护香风。
一抔青冢秋风里,百尺高楼晚照中。
太息河山犹似旧,难随成败定英雄。

中秋玩月五律

一樣團欒月今宵分外明 冰壺澄萬里
玉笛弄三更 魁首吳剛興 襟懷謝眺情
荒庭頻散步 到處秦簫笙
碧漢清無際 霜濃夜靜天光華千里共
皎潔十分圓 城外河聲湧 籬邊菊影懸

秦望濂诗作手迹

積雨新晴登五泉即景

雲閒雁路送新秋 秋雨風溫畫橋無
限斜陽明小閣 橫橋涨水蒸鴈
山青松翠冷侵人 霧歛雲收曉色新 昨
夜蕉聰殘夢醒 滿天薄霧化清塵
萬家煙火滿城中 風度蟬聲憶漢宮 薄
露收林殘滴隴 青山紅樹看征鴻
行、雁影度長空 出岫浮雲入畫中 林
深鐘聲和遠耳 山僧倚杖踏秋紅
屆吳山人韋是草

秦望濂诗作手迹

二

参差雉堞旧金城，傍岸红桥第一名。

万古关河边塞路，千年战垒汉家营。

黄流滚滚波无定，白塔青青势不平。

且向兰山聊啸傲，泉声鸣咽水声清。

大高日晶，大雁南渡。秦望濂不禁想起会宁老家秋天的田园景色来，一口气吟成《田家秋兴》四首：

一

秋风歌报赛，稻黍快登场。

秦望濂诗作手迹

秦望濂诗作手迹

稚子来三径，胡麻晚饭香。

二

日暮雁南飞，儿童牛背归。

亲朋聊聚首，相问著寒衣。

三

快乐野人家，秋成美酒赊。

柴门迎远客，相对话桑麻。

四

投闲入市城，携酒约良朋。

今岁秋成否? 仓箱早满盈。

刘尔炘《孟冬感怀》既出,秦望濂即成和章:

一

年来雅集乐优游,唱和赓歌解闷愁。
霜叶题诗秋惨淡,菊花映酒我自留。
铮铮后进宜青眼,矫矫名流叹白头。
明月多情邀作伴,举杯对饮自忘忧。

二

愁吟一枕送残秋,淡淡云山映画楼。
红叶经冬知树老,黄花放晚有香留。
年华易逝情迁境,日月频催雪满头。
时代茫茫何所事,长天不用杞人忧。

秦望濂仍意犹未尽,随后又以"竹溪生"之名作《奉和五泉山人〈孟冬感怀〉韵》四首,笔者不忍割爱,录如次:

一

燕去鸿来春复秋,高人乘兴日登楼。
红尘扰扰远山净,黄叶萧萧硕果留。
诗社于今执半年,封侯自昔耻羊头。
生平惯饮琴书味,不肯怆然学杞忧。

二

繁华谢绝少年游,为恐新欢能旧愁。
猎猎风添诗力壮,枝枝菊有晚香留。
豪情红树秋山外,佳兴黄河古渡头。

况此少阳天气暖,梅开亦足解人忧。

三

风景苍茫已暮秋,旷怀更上一层楼。
高山流水供游览,野鹤闲云任去留。
菊为经霜多傲骨,竹虽冒雪不低头。
书生出处关山下,岩穴仍存家国忧。

四

阅尽沧桑已倦游,愁深反觉不知愁。
相逢旧雨同嗟老,屈指晨星有几留。
天上烟云惊过眼,人间甲子数从头。
算来还是趋生好,一醉能忘千日忧。

在闰欢雅集之后的1918年,秦望濂会同榆中进士罗经全、甘谷贡生王赞勋、任榕,在祝梼别墅兴文社的办公室里拜见刘尔炘,请求将兴文社筹建的祝楠别墅购为全甘肃所有,刘尔炘欣然允诺,并命名为"全陇希社",成为全陇的教育人才培养基地。秦望濂与刘尔炘因诗结缘,随人成事,令人敬仰。

史嘉言,其名不知,嘉言应是其字,雅号梦云生。亦不知其确切的生卒年月,从闰欢雅集中排列情况推测,其年龄要比刘尔炘小。刘尔炘称其"襟翻史觜忙",即"自喜批襟,口快言多"之意。看来史嘉言人如其名,是一个快言快语的欢乐之人。然而在雅集中诗作却并不高产,书法也是规规矩矩的。

兰州怀古

河西四郡首金城,炎汉开基肇锡名。

大将于今怀去病,老谋自昔重营平。

凤林关势朝天陡,龙尾山形附郭横。

沧海桑田经几度,好照往事壮吟情。

史嘉言诗作手迹　　　　史嘉言诗作手迹

和五泉山人《孟冬雅集感怀》诗二首,用原韵

一

春尽夏残又过秋,同人畅叙仲宣楼。

竞芳玉树连年谢,耐冷黄花晚节留。

千里友朋重聚首,四时岁序数从头。

凭栏细味庄周语,生寄死归不许忧。

二

忆昔雄心寄壮游,于今酌酒散千愁。

但看岁月催人老，谁把光阴遇客留。

洛社耆英堪接踵，香山旧事话从头。

尊前惟有黄花艳，细领清芬写我忧。

卢应麟，字子昭，自号竹禅，兰州人，举人出身，曾任法部主事，民国初任甘肃省临时议会议员，生平不可考。民国时期，卢与另一位举人谈凤鸣都住在金城横街子，当私塾老师，课读孩童。谈凤鸣，字瑞岐，当过知县，卸任后教私塾，1916年任甘肃省立第一中学国文教员，兼修身教员。卢应麟曾协助老师刘尔炘兴办社会福利事业。民国初年，甘肃临时省议会议长李镜清批评时政，引起甘肃都督赵惟熙、甘肃提督马安良的强烈不满，导致议会与政府军方对立，刀光剑影，形势紧张，李镜清不惧恐吓，表示甘为议会流血。卢劝李说："甘愿流血算是好汉，但何不到外地去流，硬在兰州流，不是要沾染他人吗？"表达了卢应麟对兵戎骤起、地方糜烂的殷忧。1916年刘尔炘的《果斋前集》出版，卢应麟题写书名，谈凤鸣作序，说刘尔炘"所作大抵发于性情，根于经书，而又能见诸事业"，希望"诸生倘因流溯源，以窥先生所学之从来，则其所以裨益诸生者，当更有在矣"！在刘尔炘弥留之际，谈凤鸣仍守候在老师的身旁，记下了老师的终生绝笔："回头六十八年中，痛痒相关与世人。今日抛开躯壳去，权将热血洒红尘。"他们都是刘尔炘公益事业的追随者，更是刘尔炘的铁杆诗友。只可惜谈在闰欢雅集中未见诗作，而卢则诗作甚多，书法精妙。

六月六日的雅集，卢应麟兴致甚高，即吟诗以志《六月六日五泉山续闰欢雅集》：

诗债今春负，幽欢再闰联。

交情犹款款,风景自年年。
避酒如逃劫,看山可悟禅。
骄阳人共畏,洗耳听飞泉。

命题诗作亦丰富多彩,如:

松　风

生来骨格惯山林,老干凌天绿有阴。
谁惜四时风到处,只留空谷作龙吟。

松　月

松间醉卧夜将深,忽透清辉照素琴。
我欲举杯邀共坐,天涯何处有知音?

代牛郎赠织女

喜看斗柄又西横,有限光阴无限情。
只怕人间送巧去,良宵辜负月三更。

代织女答牛郎

一

一年一度盼归期,话到相逢有几时?
欲破工夫教乞巧,情愁万种问谁知?

二

人间天上总情多,来去匆匆奈若何?
想到支机无个事,蟾宫不复才登科。

三

迢遥银汉静风波,日日相思泪湿梭。

此去支机石畔坐,汉家星使恐寻河。

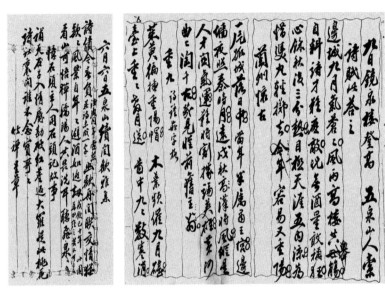

卢应麟诗作手迹　　　　　　卢应麟诗作手迹

《九日镜泉楼登高,五泉山人索诗,赋此答之》:

边城九月气苍苍,风雨高楼共举觞。

自料诗才难应敌,况无酒量敢称狂。

心余秋后三分热,目极天涯五内凉。

为惜双丸轻掷去,今年容易又重阳。

黄　花

不向群芳斗艳姿,淡中滋味少人知。

韩家老圃陶家径,廊庙山林处处宜。

红　叶

落叶萧萧映落霞,御沟流出字横斜。
一从阅历秋霜后,底胜春林二月花。

兰州怀古

一片孤城落日中,当年半属肃王宫。
边墙夜照秦时月,远戍秋高汉时风。
纵是人才关气运,难将割据论英雄。
黄河曲曲淘千古,几见从前旧主翁。

刘尔炘的《孟冬雅集感怀》自然是重要的和章:

一

风雨潇潇送晚秋,凄凉强自赋登楼。
山衔落日谁宾主,叶扫严霜任去留。
半世功名劳骥尾,中原人物数龙头。
年来怕买黄垆酒,一饮拚嫌触百忧。

二

那堪重忆旧交游,曲曲肠回曲曲愁。
陇月半随流水去,箧诗多属故人留。
黄花带雨偏成泪,老树经霜尚出头。
欲把云山供纸笔,大书三字我心忧。

最有趣的是,竹禅公一首《嘲五泉山人》,以其清新活泼、插科

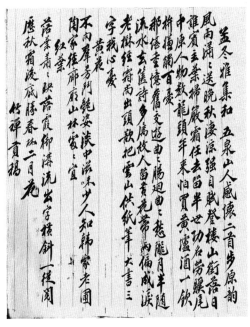

卢应麟诗作手迹

打诨的语调,让持续了近半年的雅集,在哈哈大笑中落下帷幕。

一

不学神仙不学禅,频将诗酒送流年。
老来窃得清闲福,日日腰缠卖字钱。

二

风月因缘结四时,骚坛牛耳任君持。
锦囊贮得诗千首,收尽同人绝妙辞。

段筱垣,名不知,筱垣为其字,生卒年亦不可考,只知在闺欢雅集时约年届五旬,尚未留须,属"二嫩"之一,自号"第十一峰道人",有不少诗作,书法亦清华朗润,赏心悦目。

　　1916年雅集时,段筱垣不在金城,是刘尔炘设法将其唤来的。因此段筱垣说:"道人羁滞枝阳,三阅寒暑矣!去岁耳闻五泉山人有闻欢雅集之约,心窃慕之。兹于六月六日重开斯会,因得溷迹诸贤间,以觞以咏,诚欢雅事也!而山人兴高采烈,以诗索和,愚性懒拙,素不善此,不获已,勉步原韵,如唱道琴山歌,录呈大雅一粲,并希指是为荷。"大概是段筱垣在乡下待的太久了,知音难觅,虽然迟到了,但段筱垣表现得异常积极,诗如泉涌,一发而不可收拾,一口气吟出这么多诗句来!

一

滔滔逝水叹流年,往事回头杳若烟。
且把新诗酬斗酒,李青莲是醉中仙。

二

人生相聚一华筵,后到阮郎亦有缘。
旧识山灵应笑我,去年何处意流连。

三

山下灵泉柳外蝉,声声幽咽最缠绵。
徘徊十二阑干外,日影迟迟树影圆。

四

层楼飞阁几经年,俯视黄河气万千。
骚客不须空自过,新诗一首一涛笺。

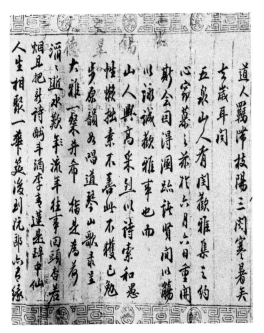

段筱垣诗作手迹

五

十一峰头不计年，洞天深处净无烟。

而今游戏人间事，花里主司酒里仙。

六

荷花时节喜开筵，雅集叨陪幸有缘。

第一登临高处望，山光水色远相连。

七

一曲薰风一树蝉，动人情致太缠绵。

我今次第看新月，不到中秋总不圆。

八

兰泉夏景自年年,世界等闲笑大千。

学士登瀛同醉日,好将佳句写华笺。

文人雅士们的游戏果然有趣。刘尔炘因"第十一峰道人"迟到便拟出一个"且让他第十一峰道人打个通关,夺取关关黄马褂"的上联,请同人觅偶。还不过瘾,又以诗调侃之:

十一峰头云雨多,无云无雨奈君何?

道人恨煞红尘事,只对斜阳觅睡魔。

且看段筱垣的命题诗:

山 花

女儿两两行,笑指野花好。

空谷寄幽兰,莫教依众草。

游 人

避热离城市,飘飘是散仙。

欲投何处去,行到白云边。

代牛郎赠织女

天地有情亦都老,人间夫妇百年了。

与卿七夕无尽期,莫怨离多相会少。

代织女答牛郎

人间离别知多少? 夜夜元宵尽过了。

惟有银河照鹊桥,郎是青年侬不老。

最后欣赏一下段筱垣和刘尔炘《孟冬雅集感怀》诗：

一

赏到黄花已暮秋，高歌一曲客登楼。
园中晚景全萧索，台上游人任去留。
四座云山归眼底，万家烟火触心头。
漫天大雪添诗兴，预卜年丰且莫忧。

二

一年难得几回游，秋雨秋风不胜愁。
往事漫谈天下计，新诗题赠酒家楼。
青山有约频劳步，白发无情忽上头。
幸值今朝相会乐，尊前有酒不须忧。

段筱垣诗作手迹

邸应南，亦不知名，应南为其字也，是刘尔炘的铁杆诗友之一，自号"崑仑子"，诗作甚丰，书法亦精。在闰欢雅集的诸多诗友当中，唯"第十一峰道人段、崑仑子邸两人皆不留须"，戏称"二嫩"。

"丙辰六月六日重联雅集，再闰新欢，盖不寻欢者已六阅月矣，焉能无诗？录请同人政和"，刘尔炘遂作四首七绝：

一

梦里光阴忽半年，觉来依旧好云烟，
绿杨深处提壶鸟，唤我登楼学酒仙。

二

鸟鸣不住促开筵，断火同声怅旧缘。

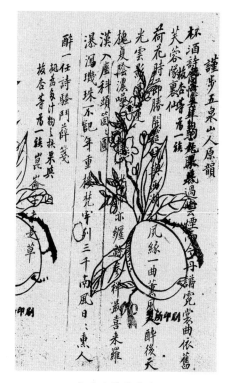

邸应南诗作手迹

今日荷花新世界，我来为倩藕丝连。

三

万绿荫中断续蝉，每从断处倍缠绵。
这番忽悟团栾月，缺后清光分外圆。

四

从此光阴八百年，重归世界辟三千。
招邀十八痴罗汉，讨取新诗十万笺。

邸应南即"谨步五泉山人原韵"作和：

一

杯酒诗筒忆去年，驹光眼底过云烟。
而今再谱霓裳曲，依旧芙蓉队里仙。

二

荷花时节胜开筵，恍与西湖订凤缘。
一曲薰风人醉后，天光云影万山连。

三

槐夏阴浓噪一蝉，静中妙谛亦缠绵。
参禅最喜来罗汉，入座科头个个圆。

四

瀑泻玑珠不记年，重楼梵宇列三千。
南风日日熏人醉，一任诗骚斗薛笺。

刘尔炘《六月六日登五泉山即景得句，因是成之》：

山　花

是谁灌溉是谁栽，闲向空山出色来。
蝴蝶也无山外意，夕阳影里自徘徊。

游　人

白云扶我上楼台，画稿分明眼底开。
流水声中杨柳外，游人都傍绿荫来。

崑仑子谨和四首:

山 花

(一)

山中姊妹列成行,惯看薰风满路香。
不怨足音空谷少,夫婿本是紫薇郎。

(二)

不羡栽培不受怜,独标异质自翩翩。
却嫌城市红尘绕,遁入深山学散仙。

游 人

(一)

鞭丝帽影白纨纱,流水声中笑语哗。
自去自来踪不定,林泉竟日乐烟霞。

(二)

泉声槛影树参差,避暑人来忘午曦。
赢得薰风醒醉后,夕阳归去步迟迟。

和刘尔炘《朝暾》:

听残玉漏忽朝暾,垒块胸襟湿泪痕。
万里河山今便了,百年身世更何论。
鲁阳马上戈难返,荆轲匣中剑尚存。
东向京畿遥怅望,一歌一哭一开樽。

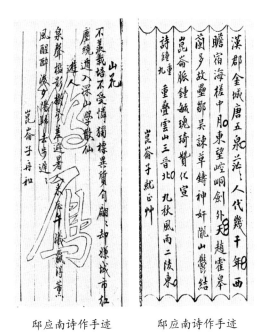

邸应南诗作手迹　　　　邸应南诗作手迹

兰州怀古

（一）

历代兴亡事浸微，金城古迹未全非。

嫖姚故垒连龙尾，藩邸高楼竦凤翚。

槎泛黄流来汉使，碑凝碧血悼明妃。

薛王可惜无抔土，只剩荒坪夕照晖。

（二）

汉郡金城唐五泉，茫茫人代几千年。

西瞻宿海槎中月，东望崆峒剑外天。

赵霍皋兰多故垒，邹吴谏草铸神奸。

陇山郁结昆仑脉，钟毓瑰琦赞化宣。

黄　花

（一）

此花真个钟灵秀，露出中央本色来。
能殿群芳香晚节，不妨移向白云栽。

（二）

渊明篱畔笑颜开，自是中央特出才。
倘遇燕昭能下士，行将送尔到金台。

红　叶

（一）

嫦娥盥罢胭脂水，化作香霏泼野林。
点染枝头红似锦，朝朝暮暮沁秋心。

（二）

一色珊瑚明十里，枝枝疑是越人栽。
题诗更有姻缘否，我向丹枫笑口开。

"孟冬雅集，和五泉山人《感怀》七律二首，谨步元韵"：

一

问余何处度春秋，庾信园林太白楼。
心绪应教杯物在，口碑已属爪痕留。
且欣诗律逢青眼，孰料霜毫入黑头。
愿与诸公同畅饮，酩酊一醉可忘忧。

二

当年曾出玉关游，壮志浑忘万里愁。

杨柳千条人尽醉,梅花一路我偏留。

群仙有约垂青眼,百年无成愧白头。

此后勋名何处是,丹枫满目不胜忧。

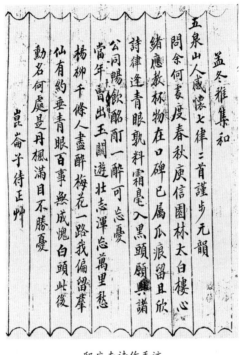

邸应南诗作手迹

曹蓉江,名兆镜,字月如,号蓉江、镕江、别署兰谷后生、也和尚、行七、潇洒人等,兰州人。生于清同治间,卒于抗战前,享年70多岁。其祖曹炯为道光翰林,内阁中书,历任关中、丰登、兰山三书院山长,陕甘之士半列门墙。父兄辈多举人、贡生。兰州城关的曹家厅、曹家巷,就是以他们曹家而得名的。曹蓉江虽然出自世宦名门,但鄙视科举考试,蔑视封建礼教,追求无拘无束的精神生活,力排世俗偏见，娶杂技艺人为妻。曹蓉江家居井儿街东口，辟小楼为画室，不置楼梯，靠滑轮牵引上下。黎明即起，上楼摩挲碑帖画谱，挥毫写字临画，不令人知。午后则在楼下接待文人雅士、书画名家，诗酒交谈，开阔胸襟，因而画艺日进。

曹蓉江与刘尔炘的交往，有其深厚的家世渊源。曹炯任职翰林，又于各地执掌教门，自然是士子学人敬仰与崇拜的偶像。曹蓉江与刘尔炘的年纪相差无几，相知相惜，相聚相游。在刘尔炘招邀的"闰欢雅集"中，曹蓉江就位列"十八公"之中，可惜未曾见其只言片语，甚是遗憾。

如今，惟有刘尔炘重修五泉山时特聘曹蓉江绘壁一事，仍被史学界津津乐道。刘尔炘之《五泉山修建记》曰："从绿荫湾北下，则有四宜山房，山房之北曰半月亭。亭为半月形，共七楹，为觞咏极敞处。前列新旧树数十本，他日长成，炎暑当无计恼人也。后壁经邑人曹君兆镜绘松林其上。曹君以绘事名于时，此作尤魄力沉雄，遥望之，浓荫幽霭，怪石顽云，令人神为之往，几欲呼朋载酒赴壁上游。余得一联，暇当悬于亭柱：'天开消夏地；人在广寒宫。'"

曹蓉江所绘《松风秋月图》，泼墨淋漓，纵横驰骋，于洒脱中见规矩，不拘形似而得天趣。只见十八棵古松三五成组，或挺拔，极参天之致；或偃卧，若横空出世。虬枝杈桠，望风而偃。松涛阵阵中闪出一轮明月；怪石嶙峋中瀑布轰鸣而下。盛夏，汗流浃背的游人登临至此，顿觉浓荫可人，松风入怀，暑气立消。青城进士杨巨川为之题诗曰："夏后失龙龙无归，青天白云霹雳飞。长身蜿蜒大十围，条条倒挂鳞生辉。曹子把来用笔挥，写在蓬莱上翠微。人言是松我曰龙，东鳞西爪嘘气封。肤寸渐合弥太空，作为霖雨雨亚东。"刘尔炘之文、杨巨川之诗，均给壁画以极高评价。诗文点明画面上云龙变幻、松龙难分的意境。诗情画意，珠联璧合，使这幅壁画成为一件精美的艺术品。

　　曹蓉江的《松风秋月图》为什么要以"松"为题材,且不多不少就画十八棵?原来,曹蓉江的创作灵感源自1916年刘尔炘组织的"闰欢雅集",当年参加雅集的诗人号称"十八公",因为刘尔炘曾以此为题出一上联觅对:"雅集五泉山十八公逍遥松下",且放话:"能对此者奉酬一筵!"此话一出,即得到三副佳对:

雅集五泉山十八公逍遥松下;
春逢二月节廿七人讯问花朝。

雅集五泉山十八公逍遥松下;
闲邀三岛客廿七人放浪花前。

雅集五泉山十八公逍遥松下;
思谋大蒙国廿一日解释昔文。

雅集五泉山十八公逍遥松下;
同游西湖景廿二人采摘芙蕖。

　　曹蓉江所绘的青松,傲霜斗雪,四季常青,彰显文人不屈不挠的精神追求。遗憾的是,这一件旷世之作,没有能长远保留。

　　曹蓉江还为问柳轩(太昊宫西口)南偏门绘梅花,气象清奇,老干新枝欹侧蟠曲,极尽穿插盘旋之能事,杂而不乱,纷而有致,苍劲矫健;蕊密花疏,暗香浮动,极为

曹兆镜赠刘尔炘《牡丹石竹图》

曹兆镜赠刘尔炘《清供图》

雅秀。

曹蓉江为刘尔炘所绘《牡丹石竹图》不知是何年所为,1927年秋,曹蓉江绘水仙、佛手、梅花及香炉、砚台等清供图赠予刘尔炘,并在清供图上题曰:"时花古器自成位置,香南砚北涤我尘思。"既是曹蓉江对生性清高、孤芳志趣的写照,更是对刘尔炘如竹有节、若石坚韧、心似牡丹的赞誉,可映志二位夫子的君子情谊。

青城,又称条城,距金城百十公里,位于榆中县最北端的黄河南岸,是一块文风鼎盛的风水宝地,因宋仁宗年间秦州刺史狄青巡边时所筑而得名。此地水陆交通畅达,历来是以水烟为主的货物集散地,北京、天津、太原等地客商云集,外来文化使得青城古民居既有山西大宅院风味,又有北京四合院的格式。清乾隆年间,南方各地及陕西、山西两省的客商都云集这里经商,使这里的经济发展到鼎盛时期。经济的繁荣促进了文化事业的发展,其标志就是青城书院的创建。

清宣宗道光十一年(1831),经水烟商人杨顺伦、顾永泰等倡导,社会各方筹集资金,由热心教育事业的顾名(嘉庆庚辰科进士,江苏宜兴知县,曾任银川书院、柳州书院山长)、张锦芳(嘉庆丁卯科解元,凉州府学教授)主持,经省府及皋、金二县批准,在本地黄烟赋税中抽成,添作书院修建经费,建成了青城书院。坐落在崇兰山下、黄河岸边的青城书院,"菁莪造土,朴械作人"。由顾名和张锦芳任山长,书院又聘请学行俱优之士任主讲,如本地进士高鸿儒、孝廉刘应用、举人刘世保、贡生高鸣佳、皋兰进士颜履敬,孝廉卢政、马璞琢、临洮孝廉于世卿、凉州副榜张钧、清水孝廉陈锦云等。经书院培养的童生和生员,通过科举考试,出了翰林罗经权,进士10人,举人29人,孝廉方正10人,贡生82人,其他如秀才廪膳生员不计其数。青城也因此而获得了"风雅青城,仁义之乡"的美誉。

从青城走出的硕学俊彦们,也成了兰州大书院里的中坚,如滕烜曾任兰山书院山长,李绍晟(继洞)为皋兰书院山长,张照南任五泉书院山长。到了清末民国时期,青城的学子们都和刘尔炘亦师亦友,结下深厚情缘,也就和刘尔炘有了不少的诗歌唱和。前已述及的进士杨巨川、举人高炳辰都是刘尔炘的铁杆诗友,此外,热衷于青城乡邦文化的李青惠还搜寻了几位乡贤与刘尔炘的诗文交游趣闻,不妨录此一观。

举人高炳辰(1860—1924),字献廷、显庭,号一渔翁,条城直街牌人,清光绪二十三年(1897)中举。在闰欢雅集中仅见《记续闰欢集》:

> 五泉岚翠照须眉,挈榼邀朋乐不支。
> 山川重游多兴致,诗经叠韵倍新奇。
> 涤觞泛水娱今日,联袂登瀛忆旧时。
> 洛社同怀长庆老,山阳笛奏不胜悲。

翰林罗经权（1867—1931），字子衡，条城城河人。清光绪乙卯科（1879）举人。光绪十一年（1895）中进士，选翰林院庶吉士。罗经权比刘尔炘小三岁，但逝世于同一年。他们同为翰林，是莫逆之交。1918年秋天，罗经权与会宁的秦望濂、伏羌（甘谷）的王赞勳、任榕等几位杰士去拜谒德高望重的刘尔炘，商定将新落成的祝桷别墅由一县之用扩展为全陇之用，并让刘尔炘命名为"全陇希社"，刘尔炘与他的交往，可见一斑。刘尔炘曾为罗经权书大中堂一副，罗如获至宝，自书对联配之，珠联璧合，很有意味。刘尔炘的中堂是："不妄求则心安，不妄作则身安。"罗书对联曰："先研朱墨对溪山，更筑园林负城郭。"

俊士李联桂（1873—1929）字芳五，号柳隩散人，条城东滩人，清末秀才、贡生。李联桂的诗集《龙山诗草》载入《陇右著作录》，有《随意草》存世。李联桂在兰州兰山书院求学期间，曾求教于刘尔炘。1895年李联桂赴京会考，参加了康有为、梁启超组织的"公车上书"，而刘尔炘则于前一年（即1894年）第二次赴京任职，时任翰林院编修。联桂在京期间曾与刘尔炘有过会见，这在联桂诗中多次提及，故而刘尔炘算是李联桂的"受知师"。光绪二十九年（1903）秋，陕甘总督崧蕃礼聘刘尔炘任甘肃高等学堂总教习，刘尔炘曾邀请李联桂任教席，联桂以"振兴乡村教育，从基础上培养学生"为由，而谢绝了刘尔炘之邀。刘尔炘与李联桂多有诗词交流。果斋曾赠诗给李联桂："见说前头山更好，到今名下事非虚。"果斋还书赠联桂对联一副："爱敬古名无须事，发挥春色有新诗。"落款："敬送芳五贤弟，刘尔炘书。"李联桂则多以诗答谢之，表达对恩师的崇敬之情。在《读刘尔炘诗后》中写道：

景仰刘夫子，窥诗见一斑。

追踪陶粟里，依韵白香山。
皓月当空朗，卿云出岫间。
殷忧终不解，贾傅泪同潸。

在《上刘尔炘四首》中，李联桂写道：

一

独标赤诚领骚坛，泰岳峰兼大海澜。
盖代文章称凤鷟，得心书法仰龙蟠。
纷纷词客随肩少，渺渺愚怀识面难。
翘首宫墙深景慕，何时有幸再瞻韩。

二

向来臭句效乌鸦，费尽推敲敢自夸。
岂意我公偏击节，遑云枯笔竟生花。
一时幸甚蒙青眼，几日缘深侍绛纱。
准拟登龙亲载酒，元亭问字学侯芭。

三

惠来碑记供中堂，珠至九天夜有光。
两字传家清与白，五经训老寿而康。
龙门在望都钦仰，鸿筑当前共宪章。
继武淮南多著作，句中常自挟风霜。

四

前有简斋后果斋，如公诚与古为侪。

　　　　江南采笔开生面，陇右文擅起壮怀。

　　　　馆阁花砖同步履，螂㻦福地共安排。

　　　　一言我又堪持赠，六十生儿更与楷。

　　李干成（1881—1952），条城东街上牌人。原名祯，字干臣。辛亥革命后，自青城转学兰州，拜刘尔炘名下。果斋公每谓其"承先有望，后继有人"。李干成则谨言慎行，唯恐有负师望。干成常言："吾所师者，惟刘尔炘，所友者惟邓宝珊。""处身刘尔炘可法，阅世邓宝珊可取。"后去西安深造，毕业于西北大学，著名的戏剧作家、诗人。民国时曾任河南省督办公署参谋长及省长公署咨议参军等职，后任河南新乡县知县。抗战时期，任西安易俗社编剧，知名剧著有《柜中缘》《桃花泪》《重圆镜》《渔水缘》等多部，皆为秦腔剧本，其中大部分被改编为越剧、豫剧等剧种。民国二十四（1935），离家已久的李干成思乡心切，启程返兰，恰逢甘肃各界名流在兰州五泉山蝴蝶亭前为刘尔炘铜像落成揭幕，李干成遂前往瞻仰，追念师尊，眷怀不胜，恭题七绝一首云：

　　　　五泉山水与天通，蝴蝶亭连太昊宫。

　　　　二十四楼春尽老，先生中立昔年容。

　　名流张智若（1902—1994），是条城东滩一位多才多艺的名流，长期在条城的龙山学校、六德学校任教员。张智若琴、棋、书、画俱佳，诗、联、曲、雕皆精。张智若早期曾受教于刘尔炘，系果斋的弟子之一。1931年，刘尔炘逝世后，噩耗传至青城，青城学子自发组织吊唁和追悼，一片唏嘘，悲痛不堪。张智若作《晓岚先生仙逝》挽联两副，以志悼唁。联文至今为世人传诵。

一

哲人其萎,堪叹文坛之泰斗既坠;
梁木其坏,曷噫学界之宗师为谁?

二

时势茫茫,叹老师以明经而没世;
愚怀渺渺,嗟我等更问字于何人?

三十五、门人后学

　　"频年只望尔成材,幸有名花次第开",本是刘尔炘《为两等小学堂植花数株,今春皆活,题此志幸》诗中的两句,笔者用来比喻刘尔炘门生后学的众多和优秀。殷殷园丁心,报得名花开。刘尔炘曾两次任五泉书院山长,掌甘肃高等学堂总教习八年,还担当过一段时间的存古学堂总监,举办过全陇希社国文讲习班,学生遍布陇原,旁及青海、宁夏。特别是毕业于高等学堂者,后来皆成了甘肃各个行业的领军人才。因受老师人格魅力的感召,许多学生都积极参与了刘尔炘的公益事业。至1928年刘尔炘将八社产业交予地方管理时,各社的主管、检察、赞襄多是刘尔炘的门生。遗憾的是,许多门生追随老师做事,却没有留下多少书面的记载,其实这也是再正常不过的事了,大君子处世讲的就是"功成身退"。无奈只能将有据可查者作一概述了! 于刘尔炘庞大的门生群体而言,真有挂一漏万之憾。

　　赵元贞是刘尔炘在甘肃高等学堂的高足,是刘尔炘教育事业的杰出继承者。在高等学堂的四年期间,每一个学生可能都得到过刘尔炘的关爱,但流传下来的故事却偏偏就是关于赵元贞的。有一次,刘尔炘刚刚参加祭孔仪式,听说赵元贞得了急病,刘尔炘顾不得换掉礼服,就急忙赶去为赵元贞医病。赵自甘肃高等学堂毕业而进入京师大学堂学习,在完成了京师深造、国外留学而后回到家乡。在赵元贞的《回忆录》中,未有关于老师的内容。但就在老师逝世之后,赵元贞创建了"志果中学",这就足够了! 就凭这一点,就有必要来了解这位传承者的传奇人生。

赵元贞(1879—1974),字正卿,正宁县永和乡于家庄人。25岁时(1904)考入甘肃高堂学堂,1908年入京师大学堂,学习地质专业。1913年夏毕业后,以优秀成绩被选派美国公费留学,先后在加利福尼亚大学、柯州高尔登大学、纽约哥伦比亚大学、匹兹堡大学深造。1921年毕业,撰写《钢铁冶炼中非金属物的观察与测定》论文,获治金学博士学位。

赵元贞在美留学9年间,时刻没有忘记祖国和家乡。美国一家种子公司培育出棉花新品种"国王长毫棉",赵元贞设法购买两磅棉籽,邮到家乡,经在陕西省苏家沟试种,增产效果明显。老家村学经费困难,赵元贞就把数年节余的100多美元学费汇回捐助。1920年,赵元贞得知甘肃地震惨状后,十分惦念,除在当地华侨所办中文报纸撰文呼吁募捐外,还联络中美学生举办赈灾义演,售票得100多美金,汇北京救济通讯社转甘肃省救灾。1921年11月,在美、英、比、中、法、意、日、荷等9国召开的华盛顿会议期间,赵元贞与留美学生及在美侨胞三次致电,抗议《九国公约》瓜分中国的行径。1922年10月,赵元贞回国前,师友们以中国穷苦、无用武之地为由,欲留之于美。赵元贞坚定地回答:"不行! 我要回去。中国是我的祖国,是我的故土,9年以来我一直怀念着她! 正因她穷,才需要我们这些学得了知识的人去振兴。我过去在京师大学堂,许多老师也都是留学生,蔡元培也是留学生,我们应该学成而归,把知识贡献给祖国。"师友们听了无不惊叹,不再强留。

1922年11月,赵元贞回国后到老家探亲。有一天到于家庄沟故地重游,见泉池里飘着一层油花,便推测那里有石油。又到附近大树底下捡了几片树叶,仔细观察了一阵叶纹后,高兴地惊呼起来:"啊！有石油！咱们这一带有石油！"他还在正宁的其他地方进行实地考察,断定家乡地下有煤炭,整个陇东有石油。20世纪70年代,长庆油田的开发,1984年146煤田地质勘探队的钻探,证明了赵元贞的科学推断。

1923年秋末,甘肃督军陆洪涛、省长林锡光联名电邀,赵元贞受请回陇,十年间从教育到矿山工业,再回归教育,宦海沉浮,事业变换。最终放弃政务,以主要精力从事教育事业。1939年,应兰州"八社"聘请,由八大社作校董,在兰州文庙旧址创办了兰州志果中学。关于校名的由来,赵元贞说:"志果之思,就是承果斋之志,也是纪念刘尔炘。"次年8月,由于赵的学识和声望,董事会力荐赵元贞出任校长。从赵元贞的《回忆录》中我们才晓得,赵元贞创办"志果中学",不但有阻力,而且也困难重重。面对"八社"筹款困难,赵元贞慷慨解囊,将自家广武门附近的52间房屋捐出济急,后又把雁滩北面100多亩沙地献出作为学生实习务农之用,使学校在困难之中得到巩固。赵元贞坚持开门办学,延聘名师任教,有时个别教师偶有疾恙告假,他亲自补课,绝不让学生荒疏学业。初高中数学、物理、化学、英语、国文等课,赵元贞皆胜任。特别是赵元贞承担全校"英文典故大全"一课,以英语讲授英语提问,学生提高很快。赵元贞爱生如子,有教无类,对官僚豪门子女,绝不特殊照顾,褒贬奖惩一视同仁;对后进学生循循善诱,启迪觉悟,做到"严而不苛,罚而不虐,爱而不溺,怜而不戚,训而不斥,责而不詈",因而凡志果中学毕业者,皆品学兼优。

1941年,在刘尔炘逝世十周年之际,赵元贞校长于3月29日在本校举行了隆重的纪念仪式。1941年3月30日《西北日报》以"志果中学昨举行刘尔炘纪念会,赵校长报告创办志果意义"为题进行了报道。

1948年,赵元贞邀请已任武威师范校长的孙文山来兰筹办志果学院。院选址五泉山,当时已托了好多土坯,并且已有一间教室、几间宿舍和一间办公室。计划先办一个医科系和一个文史系,然后再逐步发展。依赵元贞的办学思路,像天津南开大学一样,先中学,后大学,一定要把志果学院办成全国有名的大学。但由于时局的变化,赵元贞办大学的宏图未能如愿。

新中国成立后,志果中学改名为兰州市第二中学,元贞继续担任校长。1950年,元贞被甘肃省人民政府任命为教育厅副厅长。赵元贞以丰富的教育行政管理经验,精心指导全省教育工作,特别对筹划和发展中等教育做出了显著成绩。同时,赵元贞仍坚持到第二中学授课,完善学校教学设施,关心和解决师生工作和生活问题,深受师生爱戴。"文化大革命"期间,元贞受到冲击。1972年2月,美国总统尼克松访华时,询问赵元贞博士近况。在周恩来总理的关心过问下,甘肃省为元贞落实政策,恢复工资待遇和省政协委员、常委、副主席职务。晚年,赵元贞仍兢兢业业,尽职尽心,一丝不苟,身体力行地实践党的政治协商制度,受到各界人士的赞扬。1974年,赵元贞在兰州病逝,享年96岁。

除了传承果斋精神,创办志果中学外,赵元贞还细心呵护着淳化阁帖刻石。刻石曾是刘尔炘用心保护过的重要文物,保存在兰州文庙的尊经阁里,而志果中学就是依文庙而建,直到1966年赵元贞感觉自身难保,遂将刻石移交甘肃省博物馆。

赵元贞是刘尔炘在甘肃高等学堂所教的众多学子中的一员,也是最出色、最杰出的学子之一。无论是进京深造,还是出国留学,都无刻不在心系祖国,胸怀故土;亦不管是科技兴国,抑或转事教育,都一样传承着恩师的精神。刘尔炘循循善诱、穆如清风的教育思想在赵元贞身上得以完美传承,只可惜"志果中学"的名称没有保留下来。

水梓(1884—1973),字楚琴,兰州榆中县人。9岁就读于兰州南关杨辛伯的私塾,19岁应科举试被录取附生(秀才),报考甘肃科高等学堂,清宣统元年(1909)经复试后进入北京法政学堂。28岁由法政学堂毕业后回兰州任甘肃省立一中校长。期间曾随黄炎培、袁观澜、陈筱庄、王天柱等人参加由民国政府教育部组织的考察团,赴欧美各国考察。新中国成立前,水梓曾任狄道(今临洮)县县长,甘肃省代理秘书长、甘肃自治筹备处处长、甘肃省教育厅厅长、甘宁青考铨处处长等职。新中国成立后,仍以知名民主人士的身份参政议政。水梓长期供职于甘肃教育界,桃李满天下;又兼善诗词,钟爱戏剧,堪称一位成就卓著的教育家、著名学者。

甘肃高等学堂学习期间,刘尔炘为水梓等教授过《经学》,算是水梓的业师了。可是,水梓一生官运亨通,日理万机,似乎与老师并没有多少交集,在二人的文史资料中确也找不到相互交游、唱和的只言片语。古人云:"文献不足谁能专?"尽管如此,在刘尔炘所创设的公益社团和慈善机构中,水梓也多有参与,也算是在默默地支持老师的事业吧! 1928年,刘尔炘将所主持的社团交由地方人士管理,水梓即任丰黎义仓主管、全陇希社义务赞襄及五泉图书馆名誉检察等多项职务,不能不说是老师事业的有力继承者。刘尔炘逝世后,丧事的料理、设立祠堂的商议,水梓都倾注了大量的心血。

所幸由水梓的子女们整理的《煦园春秋——水梓和他的家世》一书中,较为详细地记述他们的父亲在高等学堂的往事及与刘尔炘的师生情谊。书中说,高等学堂的提调(相当于校长)是杨增新,杨增新是云南人,博学多才,主持高等学堂时四十多岁,后来调任新疆阿克苏道台,数年后成为新疆督军,被外界称为新疆的铁腕统治者。据父亲回忆,杨增新身材高大,思想敏捷,态度威严,但对学校师生颇为和善。瑞典考古学家文赫定在与杨增新的交往中称杨增新有一种"尊贵倨傲的神情",但从杨增新的目光中"你能发现迷惘、忧郁和冥思"。杨增新对清末民初南北各地的军阀,统统怀有毫不掩饰的轻蔑。在杨增新之后先后主持学堂教学的是刘古愚和刘晓岚。三人之中给父亲影响最大的当推晓岚。当地士庶不呼名号,咸尊称"刘大人"。刘晓岚的治学和为人,一直为父亲所尊崇,但其保守的政治态度在辛亥前后显得相当突出。尽管如此,在父亲和他那一代兰州文士心目中,刘晓岚仍享有他人难以企及的声望。

1935年10月20日,宁夏省主席马鸿逵代表第十五路军官兵为刘尔炘铸造铜像矗立于五泉山麓,在行揭幕礼大会上,官居甘肃省教育厅厅长的水梓致辞说:"(朱绍良)主席方才说先生一生做事是'贫贱不能移,富贵不能淫,威武不能屈'。我们从先生过去事实来证明这几句话,先生是完全作到了。"这也算是学生对老师的中肯评价。

水楠(1892—1958),字季梅,是水梓的胞弟。曾就读于甘肃高等学堂改名后的甘肃省立第一中学,与刘尔炘的师生缘分盖结于此时。之后水楠又被推荐去北京深造,入工业专门学校攻读日用化学工程。水楠获得的并不是升官发财的旧时功名,而是能安身立命,为百姓造福,促进地方社会发展的科学本领。回到兰州后,积极创办了甘肃省工业职业学校,担任校长二十余年,为地方培养了一大批工业技术人才。

说来也怪,水楠学的是日用化工,与刘尔炘的治学方向可谓是南辕北辙,风马牛不相及,按理不会和刘尔炘有任何交集,但实事却是,水楠与刘尔炘的交往非同一般。究其原因,只有一种可能,那就是缘于刘尔炘那超强的人格魅力,使水楠终身追随刘尔炘,成为刘尔炘工作和生活的好助手。施粥处、赈灾场、书案旁,那个与刘尔炘形影不离的就是水楠。

1928年,水楠又继续着老师发展地方实业的梦想,任实业待行社义务赞襄。

1931年秋,"雷马事件"发生,国民军师长雷中田拘捕了甘肃省政府主席马鸿宾,扣押在公安局,一时兰州秩序哗然。德高望重的刘尔炘,虽已身患重病,却强打精神,费心斡旋。萧疏的蓝舆,辗转在衙门与官邸之间,那个一手扶着轿子、一手捧着帖子的人就是水楠;疲惫不堪的马匹,奔走于公安局长高振邦以及雷、马之间,那个怀里揣着刘尔炘书信的人还是水楠。"雷马事件"的和平解决,是刘尔炘为地方安定所付出的最后一次努力,而担当道义的水楠,已俨然成为了刘尔炘的代言人!这位功名并不很高的学生,却成了老师的青鸟信使。在恩师逝世之前,水楠还圆满完成了老师的最后一项嘱托,负责校勘和付印《拙修子太平书》。

能够为自己所崇敬的老师去奔波,水楠的心里一定是很幸福的。

张维(1889—1950),字维之,别号鸿汀,甘肃临洮人。甘肃近代著名学者。年十三以州试第一名为诸生,后毕业于优级师范学堂,应考宣统己酉科,以第三名拔贡,授北京学部书记官。辛亥武昌举义,张氏经内蒙潜归临洮,联合地方仁人志士倡议设立省议会,拥赞共和。自1913年至1919年,三次进京在国会任职,终回甘肃。历任省长兼督军公署秘书长,甘肃政务、财政、建设厅长,兰山道尹,甘凉道尹,兰州市政筹备处总办,省议会议长等职。1931年后,张氏专任甘肃省通志馆副馆长,总纂《甘肃通志稿》,达七年之久。

张维一生从政,但终生勤学,涉猎群籍达七万余卷,研治西北历史地理之学达四十余年,朝夕治书,常至夜分。在史学、金石学、方志学、地方文献学等方面,造诣深厚,著述达数十种之多,载誉学林。著述刊印行世者有十一种,定稿待刊及资料待编录者有三十余种,可惜多已散佚,今存者仅得二十余种。

从张维的求学之路,便知其并非刘尔炘的授业弟子,按理张维应在"陇上官绅"之列。但笔者注意到,在王烜所著的《刘果斋先生年谱》落款中,张维名列"后学"者当中,因此笔者将其纳入刘尔炘之门。张维以其勤学识广,在当时的甘肃学坛出类拔萃,深受学界耆宿刘尔炘的器重;而对于张维来说,刘尔炘的大名也一直伴随着张维的治学生涯。再后来,因缘际会,惺惺相惜,相互合作,为甘肃地方文化的继承与弘扬做出了极大的贡献。应该说,从张维于民国时期乃至于新中国成立以后在甘肃学界的地位,是与刘尔炘的赏识与栽培分不开的。让我们先从张维挽刘尔炘的对联说起吧!

1931年刘尔炘逝世后,张维撰长联悼挽,对其学术思想及生平事迹作出高度评价:

> 聚汉宋明清诸儒之说,融会贯通,归于实用,言富言教,惠己及人。更暇日料理湖山,一楼一阁,一诗一联,都想见旷代襟期,逸群怀抱;
> 读太平答问绝笔所作,擘肌晰理,直至真源,经师人师,公其无愧。记当年研索史事,如切如磋,如琢如磨,只益愧韶光虚度,老大无成。

上联先从刘尔炘的学术渊源说起。其儒学的成就是从清儒李光地入门,进而得以窥朱子全貌,最终能入圣人堂奥,以"广德崇业"归于实用,体现在实业、教育、修身的各个方面,正如写在"万源阁"中的一副楹联:"真学问无多言,不自利,不自私,修己安人盟素志;大工夫在内省,去吾骄,去吾吝,仰天俯地矢丹心。"因此,才有重修五泉山、小西湖的创举和流芳百世的美诗妙联,这的确是位奇人,是多么超凡脱俗啊!下联继续高度评价刘尔炘的哲学代表作《拙修子太平书》,认为该书"擘肌晰理,直至真源"。刘尔炘在《遗言》也说:"《拙修子》融会古今,裁成中外,搜天地万物之根,抉为学出治之本源,苟能正本清源,循根发叶,别创以理驭气之方法,使理常胜气,则东西学术水乳交融,世界人类之太平自此而开,掬我痴心愿以告千世万世之改造乾坤者。"学高为师,身正为范,刘尔炘于学问、于人格,为师为范都是当之无愧的。惭愧的是我们虚度韶华,一事无成。

为什么说刘尔炘对张维的学问能高看一眼?主要体现在《甘肃人物志》的编纂上。刘尔炘在《甘肃人物志·序》中说得非常清楚:"己、庚之际,余于五泉山建太昊宫,拟定吾陇人物,举其尤著者以崇祀之。是编之作实端于此。余既发此私愿,而疏于学弱于才,自愧无能为役,爰属李晋臣九如、王兰亭国香遍搜历史中陇人事实,而属张维维之、王竹铭烜、李兴伯蔚起三人者共纂辑之。越壬戌,脱稿而体例未尽当,乃与张君维往复商酌,以全稿致诸家,俾专其志、一其神,增删进退,以成一家之言。张君劼于学,读群书,识迁、固径途,同人皆许其必能胜任,愉快也!乙丑冬十二月,书果成。去创稿时已六七年于兹矣!"张维正是在《甘肃人物志》的编纂中,深得刘尔炘的嘉赞,认为"张君劼于学,读群书,识迁、固径途,同人皆许其必能胜任",甚至难掩内心激动而直呼"愉快也!"

其后,张维著《陇右经学之传授》一文,即以伏羲演易开始,历两千余年,而终卷于《果斋学案》。

《学案》谓:"刘晓岚先生,晚年自号果斋。果斋之学,能贯通汉宋而归于实用,故其言曰:人之患莫大于无学,学之患莫大于无用。平生穷约勤劬,凡所措置,必以利民为心。今兰州诸慈善事业,如义仓、学社,俱果斋所倡办也。果斋有著作十数种,都已刻行。最后作《拙修子太平书》，极尽悲天悯人之怀。孑然一老，偏促陋巷斗室之中，切切以天下为忧，若唯恐匹夫匹妇之不得其所，仁人之用心固未可以轻窥也。果斋初以编修告终养，不复出。历为五泉书院山长、甘肃大学堂总教习。民元，被任教育长，不就。未尝一入官府，省当局有所咨疑，则就庐访询焉。果斋殁后十年，其所创办之各社团合资设立中学，今之志果中学校是也。"

1926年春，出任兰山道尹的张维将赴所辖各县检查工作，临行前恭请刘尔炘书写《县令箴》，不料刘尔炘无暇顾及，到写好时张维已经出行了。刘尔炘为此作跋说明原委："丙寅春三月，鸿汀张观察将出巡，嘱余书古之奇《县令箴》，拟以示所巡各县。更适余鲜暇，此书成而鸿汀已行矣！丁卯七月归来，尝宿债，始题此还

刘尔炘隶书《县令箴》四屏

之。年余以来,余研习四体书,顿怪前非,自视之已不堪入目,鸿汀当替余藏拙也。"从跋文中可知,这幅作品是刘尔炘研习隶书的创作之品,古朴拙稚,韵味无穷。

至1930年7月,张维又恭请刘尔炘为之书唐代大文学家韩愈《五箴》中的"好恶""知名"二箴,刘尔炘愉快地应允下来,并在落款中识曰:"韩退之《好恶》《知名》二箴,多知非之言,世之学人能如此用心者盖寡。鸿汀张君嘱余书此,始阅世文须有之感悟而敛之于内欤? 噫! 鸿汀进矣,遂欣然应之。"

古之奇的《县令箴》和韩愈的《五箴》在古代被奉为为官、律己的金科玉律,张维请刘尔炘书此而悬之于壁,当然是想以此为戒,做个好官。刘尔炘何尝没有这种愿望呢? 所以刘尔炘由衷地

刘尔炘隶书《好恶箴》等四屏

称赞"鸿汀进矣"！幸运的是这两幅作品如今就收藏在甘肃省图书馆，当系张维生前所捐赠。

1928年春，刘尔炘所管兴文各社交由地方人士接管。张维任乐善书局名誉检察，丰黎义仓、五泉图书馆义务赞襄，后任丰黎义仓总管。1938年，为忆念刘尔炘，兰州八社集资创办"私立志果中学"，推选张维为董事长，各社主管为董事。至1947年，各社因经费困难退出，交校长赵元贞继续办理多年，1953年改名为"兰州第二中学"。

张维有七子三女。其子张令瑄虽有眼疾，但自幼嗜读，且过目不忘，记忆力超越常人。张令瑄熟知各类文献掌故，多年随父研治史学，对其父治学思想、造诣成就有深刻的认识、全面的了解。张令瑄曾回忆说，刘尔炘去世前，我才三岁左右，但我记得清楚，父亲常常带着我去刘尔炘家里。每次去，刘尔炘都显得很高兴，立即叫家人给父亲端上好茶，给我拿糖果。简短的寒暄之后，他们俩就谈论正事了，我则常常被女眷们带去玩耍。要是没有人陪我，也就只能在他们俩中间跑来跑去，跑累了就睡在父亲怀里，有时也会被他们俩爽朗的笑声吵醒。他们俩谈话大多在正堂里，有时也去书房。又一次，刘尔炘与父亲相谈甚欢，兴致很高，便给我写了一幅扇面。我拿在手里，好不高兴，可不知咋的，等回到家时，扇面已被我撕成一条一条的了。刘尔炘平日里不苟言笑，极其威严，让人心生敬畏。

杨巨川（1873—1954），字楫舟、济舟，号松岩，又号青城外史，闻欢雅集中又别署"个中人"，榆中青城镇人。少而勤学，年十四即以优廪生入兰州求古书院，1900年中举，1904年恩科进士，签分刑部主事。1905赴日本考察法政一年余，回国后任湖南新田、麻阳县令。民国年间返乡，当选甘肃省议会议员，1921年5月至1924年1月，任敦煌县长，期间为官清廉，重视民生，爱国忧民，力主禁烟,终因得罪地方权贵,并遭上级官僚排挤,愤而辞官,追随刘尔炘从事地方公益事业。1928年,接手刘尔炘创办的"五泉图书馆",间以诗书自娱,过着清贫淡雅的生活。

在《刘果斋先生年谱》的"参订"者中,杨巨川被列刘尔炘之门,但从杨的求学过程却无法找到与刘尔炘正式的师徒关系,最大的可能是杨在中举前后的六七年间(刘尔炘于1897年辞官返里)与刘尔炘结下的师生情谊。其实,探究二人师徒关系的形成渊源已不重要,重要的是二人的交往是十分密切的。如果说在杨考中进士之前二人的交往只是学问上的"传道、授业、解惑"的话,那自杨从南方北归之后,与刘尔炘的交往日益密切,这从诗文唱和中就能明显地看出来。在刘尔炘1915年、1916年间组织的闰欢雅集活动中,杨巨川极为活跃,仅在1916年的续闰欢雅集(六月至初冬)中竟有诗作近三十首。今摘录如次,以便读者品鉴。

在雅集当天,杨即成七律二章。"丙辰六月六日同人重作雅集于五泉武侯殿,感时怀旧,万绪萦心,因成七律二首,录呈斧正。"

一

胜地相逢又一年,薰风拂拂芰荷天。
佳时雅集翻新事,此日同人会五泉。
食肉何人工借著,扫愁有酒学逃禅,
最怜臣朔真饥死,每忆诙谐意惘然。

二

大好河山似昔年,那堪世运递推迁。
苍天未许黄天老,白帝难争赤帝先。
莫漫忧时空洒泪,不妨酾酒且开筵。
人间治乱浑闲事,洗耳来听百丈泉。

杨巨川书法手迹

杨巨川书法手迹

"星期日（六月十七日）到待行社阅欢会中同声集，见五泉山人《怀石头主人》之作，因步原韵率成七律一章，归寓后复更换十余字，较初稿稍妥适，因特抄呈政。"

石上精魂种凤缘，重来一笑订三年。
论交已次陈雷亚，土席曾争晋楚先。
趣语至今思曼倩，知音何地觅成连。
琼楼玉宇无消息，君是蓬莱第几仙。

再看看"七七"雅集时的命题诗：

代牛郎赠织女

一

偏偏比翼说双飞，七夕相逢何太迟。
莫怪天公不平允，须知此会无穷期。

二

年年会少别离多，一水盈盈唤奈何？
极目银河肠欲断，悉卿心事托微波。

三

自恨牵牛不负箱，天家征帛太苍黄。
七襄终日偏劳汝，五色可能成报章。

四

眈眈贪狼尚弄兵，飞腾房驷竟横行。
却怜我自居牛后，辜负须眉阅半生。

五

世界文明尚竞争，悔教株守误平生。
何当快擂天河鼓，看尔援桴助甲兵。

代织女答牛郎

一

阿侬生小住河滨,秋月春花望眼频。

莫谓一年一相会,人间姤妇有迷津。

二

封侯何处是前程,投笔班超竟远行。

争似阿郎牛背稳,升沉无意问君平。

三

耕织劳劳怜此身,须知得鹿亦非真。

劝郎且莫乘槎去,下界风波愁煞人。

四

输金输粟又征兵,下吏追呼鸡犬惊。

郎自牧牛妻自织,烟霞生处渡余生。

五

君居银河东,妾在银河西。

相见不相叩,郁郁两孤栖。

河水几时枯,往来自成蹊。

勿为待灵雀,年年久相睽。

"十十"雅集,五泉山人作《孟冬雅集感怀》,杨巨川步原韵和之:

一

薄寒天气尚深秋,雅集重来附郭楼。

诗卷故人名氏在,衣襟前度酒痕留。

霜华满地堆黄叶,岁月催人怅白头。

旧雨新欢欣今座,几番觞咏解殷忧。

二

百感茫茫忆旧游,襟怀摇落不胜愁。

中年哀乐关心切,胜日宾朋投辖留。

且把金樽开笑口,难禁华发渐盈头。

兴亡阅惯混闲事,懒向人间学杞忧。

1917年,杨巨川的诗集《梦游吟草》即将付梓,刘尔炘欣然为序曰:"吾友杨巨川归自鄂,出所著《梦游吟草》问序于余。余窃谓诗之为道,浅之则里巷歌谣,不遗于宣圣;深之则《雅》《颂》篇什,概出于鸿生。济舟壮负侠气,遍走江湖,连遭世变,学识日增。拂郁、愤懑之怀,歌泣之致,皆于此《草》见之,是固风人之旨,而亦性情之不容已者也。若夫魏晋以来之径途,近世之派别,千歧百出,家有特长,后之尚吟咏者,当入乎其中,超乎其外,撷百家之精,以成一家之诣。济舟年未艾,学加勤,余又将濡笔以俟诸异日。"

刘尔炘对杨的诗歌创作是寄予厚望的。刘尔炘将杨呼为"友人",而杨则敬刘为尊师,在日复一日的交往中,为师的道德文章最终内化于心而外见于行。1921年至1924年,杨巨川出任敦煌县长,期间力主禁烟,终因得罪地方权贵,并遭上级官僚排挤,愤而辞官。刘尔炘对杨巨川在敦煌刚直不阿的禁烟举动十分赞赏,在拍手叫好的同时,也为这位宁为玉碎不为瓦全的弟子寻找到了一个合适的营生,即协助刘尔炘打理五泉图书馆。嗜书好文的杨巨川如鱼得水,将图书馆经营得井井有条,刘尔炘甚为高兴,至1928年,刘尔炘正式任命杨为五泉图书馆主管。

刘尔炘为杨巨川诗集为序

　　直至刘尔炘晚年,二人的诗歌唱和始终没有中断,亦友亦徒,亦师亦友,堪称为莫逆,交流的内容更偏于绘画方面。1929年刘尔炘曾赋二十四句长诗赠予杨巨川,诗句中荡漾着刘尔炘一生的绘画情怀："六十年前一小儿,学书为画墨迷离;白头自是还童日,依旧迷离学画师"。刘尔炘对绘画的执着追求,正如他在《画论》稿中所说的那样:"余于画道有癖嗜,奈资质钝劣,又遭变乱,三十余年如沂急流,用尽力气不离旧处。"特别是在"游戏人间鬓已凋,前尘如梦任烟消"的时候,"莫向黄尘影里求,悬崖高处与天游","剩有残年娱乐法,毫端风雨万山来"。在众多的绘画题材当中,刘尔炘唯"一天风露泻毫端,写出琳琅竹数竿",为什么呢?"惟愿此君长报我,人间无处不平安"。

每当读到师生二人的这几首唱和诗的时候,笔者为没有见到一幅刘尔炘写赠给杨巨川的绘画作品而深感遗憾,为此也曾向杨巨川的后人一再打问是否家藏有刘尔炘的画作,得到的都是否定的回答。不料,一位书画界的朋友终于发现了一幅刘尔炘的山水画(前文已作过介绍)。真是天遂人愿,上款的署名竟然就是杨巨川!这幅山水画的发现,不但让世人看到了传说中的刘尔炘的山水画,而且还见证了刘尔炘与其弟子杨巨川的诗画情谊。

王烜可以说是刘尔炘最信赖、最欣赏,追随老师最紧的门生。

王烜(1878—1959),字著明,号煮茗山樵,别署竹民、市隐、三竺游民、外史氏,书斋曰"存庐"。1897年中秀才,1904年中举,次年进士及第,授户部主事。他在1997年至1902年间辗转于求古、兰山、五泉、皋兰书院求学,遂入刘尔炘之门,三十余年结下深厚的师生情谊,自1907年始有诗文唱和及书信往来。1920年12月,海原发生8.5级大地震,次年3月,应刘尔炘之,王烜从北京返回兰州,加入甘肃震灾筹赈处和甘肃震灾华洋救济会,办理赈务,成为刘尔炘的得力助手。历任四川省史学馆编纂员、四川剑阁县征收局局长。后任静宁、灵台县知事。1923年10月,曹锟贿选总统,王烜不屑与之为伍,在甘肃为官数载。1926年以后,在兰州中山大学任教。在民国十八年（1929）大旱赈灾中，再一次与老师联手，发挥了更大的作用。此后积极投身地方社会福利救济事业和文化教育工作，完全彻底地继承了老师的赈灾事业，成为甘肃民国时期的赈灾明星。历任兰州八社财产管理委员会委员、丰黎义仓主管、华洋赈济会总办、甘肃赈济会主席等职，为甘肃社会事业做了大量有益工作，得到各界人士的好评。至新中国成立，王烜被选为甘肃省各族各界人民代表会议代表，任甘肃省文史馆第一副馆长等职。

王烜擅长文史，尤精诗词，著述甚丰，今整理成《王烜诗文集》。

1915年春，已卸任静宁县知事、回到兰州的王烜，在刘尔炘的安排下，与李九如、王国香共同编纂《甘肃文献录》，其中包括《历代甘肃文献录》和《大清甘肃文献录》，历时三月完成。至七月，因回避省议会选举而典当房屋作为川资进京申请派遣，结果被派往四川工作。在京候补期间，亦惦念恩师，致书汇报了进京后的情况，前途未卜之情溢于言表；同时对甘肃的时局亦备加关注，料定在甘肃议会的选举中王树中会当选。最后王烜也向老师敞开心扉诉说了自己人生的无奈："纵不能登西山、蹈东海，而又不免于茫茫宦海中求生活，良可悲夫！拟复旋里，而社会中事亦无可办者，年来景象概可见矣！"为了生存，投身官场已是不得已而为之啊！

1916年秋，刘尔炘在五泉山召"闿欢雅集"，华翰飞来，得知王烜即将从蜀回甘，师生相见之日已是指日可待，怎不令老师喜出望外呢？即赋《闿欢雅集怀竹民寄赠》：

难得人中蕴藉人，书生面目宰官身。
剥心蕉叶诗才隽，脸上桃花笑语真。
燕市秋高云出岫，锦江春暖月为邻。
飞鸿报我归来日，白露苍葭共采蘋。

刘尔炘用"蕴藉"、"剥心蕉叶"等典故赞扬学生宽厚含蓄、表里如一的修为和功到自然成的诗文造诣。"燕市秋高云出岫,锦江春暖月为邻"两句,不禁使人想起陶渊明"云无心以出岫,鸟倦飞而知还"以及苏东坡"万山不隔中秋月"的诗意来,切切思念之情中略带有"归去来兮"之意。"蒹葭苍苍,白露为霜",既是寄托思念,又指师生相会之期。接到恩师寄赠的诗稿,王烜几欲"漫卷诗书喜欲狂"!一气呵成《和刘晓岚师寄闰欢雅集见怀原韵》二章:

一

名山曾作从游人,嘉会当时一侧身。

置闰应知天定数,聊欢聊寄物情真。

四时佳日成吟事,百里文星聚德邻。

偏是我来经战伐,今年从迹又飘蓣。

二

犹作风霜仆仆人,彼苍未许乞间身。

穷通难免心为役,忧患方知命是真。

贫仕几年甘委吏,故乡近日号芳邻。

秋来莫信江波静,时有凉风起白蘋。

王烜虽身在他乡为异客,却每逢佳日思师情。"四时佳日成吟事,百里文星聚德邻",遥想闰欢雅集的盛况,怎能不令人神往?蜀路茫茫,等到我秋后回去,盛况已不复存在,不若趁兴作《闰欢赋》,遥寄闰欢之思。开篇说:"乙卯岁,刘晓岚师作闰欢雅集,取每月闰日集会,如重三、重九之类。春秋佳日,诗酒为乐,其意殆深有所寓也。"

王烜解"闰欢"说,"闰"就是"余"的意思,天地日月皆有余,而"人以天地之气生,四时之法成"(《素问·宝命全形论》),故人生亦应有余,而有余就应寻欢,因为圣人也说"君子以饮食寝居其诸以欢,应闰之意与"嘛!再说了,人的一生是有限的,但世事是无限的,以有限的生命去应对无限的世事,也会留下许多遗憾。要不然,李白怎么会说"人生得意须尽欢,莫使金樽空对月"?杜甫怎么会有"细推物理须行乐,何用浮荣绊此身"的感叹?当然了,闰欢并不等于"般乐无度,清淡傲物,泊兮无营,诞忘相属",而应"已于情",适可而止。

1918年,从四川卸任回兰的王烜又被任命为甘肃灵台县知事,上任伊始,便立马给老师寄函报告。在信中王烜仍向老师诉说着人生旅途上所遭遇的无奈。面对国家的动荡不安,个人就只能随遇而安。我既不能像孟子一样不以霸王动心,"惟既与世事,则从政临民似较其他略有实际"。其实,不惟王烜如此,世间之人有谁不在时运面前显得苍白无力呢?最后还向老师汇报了自己的政绩。百废待兴,待我重振旧山河!王烜最后感叹,还是老师您厉害啊!"抱道独处,默观世变,功在桑梓,万众倾心!"在这里,王烜实在想说,像您这样以不变应万变的人,世间能有几个呢?

1922年,王烜依恩师旨意,与张维、李蔚起纂辑《甘肃人物志》,次年脱稿。王烜不仅是老师事业的得力助手,诗书娱乐的唱和高手,甚至还是老师生活中的排忧解难者。刘尔炘患颈部疾病而流血不止,自知来日无多,然恒念子侄尚小,无力持家,故设立"家政代办处",而主办者即是王烜。宝厚老师说,王烜就是父亲为他指定的"义父"。

王烜唱和刘尔炘的诗歌甚多,除《刘尔炘诗集》所收,还有《和刘晓岚师慰移花原韵》(1907)《和刘晓岚师祷雨诗》(1907)《和刘晓岚师生女原韵》(1914)等十余首,限于篇幅,只能割爱。

　　李蔚起，字兴伯，号渭樵，1887年出生于甘谷县渭阳乡蔡家寺。甘肃省高等学堂毕业，后又任职于该校，系刘尔炘的高足。民国二年（1913）为伏羌（甘谷）县立第一高等小学首任校长，继任伏羌县劝学所劝学总董，后选为甘肃省议会议员，任甘肃政报局局长、榆中县县长。期间追随、协助刘尔炘从事地方公益事业。1920年，甘肃海原发生8.5级大地震，受灾面积之广、人口之众为历史罕见。为了与国内外各公益团体相对接，当时的代理省长陈闿特请德高望重的刘尔炘出山，以总乡绅的身份主持赈灾事务。刘尔炘应承下来之后便立即召回了在京的王烜和在甘谷老家的李蔚起，组建了以王烜和李蔚起为主力干将的赈灾团队，刘尔炘的二位高足果然不负老师的重望，将赈灾工作干得踏实有效、有始有终。1928年刘尔炘将所管兴文各社交由地方人士接管后，李担任实业待行社、乐善书局义务赞襄，丰黎义仓主管。还曾任《甘肃通志》馆编辑，并受刘尔炘旨意，与张维、王烜纂辑《甘肃人物志》。返里后攻研医学，1935年去世，英年凋零。能文善书，其作品在当地深受喜爱。

　　苏耀泉、苏源泉、苏绍泉三兄弟与刘尔炘的师生缘亦颇有趣。

　　在清末科举考试中，甘肃会宁老君坡苏氏兄弟苏耀泉（1869—1908）和苏源泉（1874—1931）于甲午（1894）科乡试中一同折桂，赢得"双凤齐名"的美誉，恰巧当年的考官就是即将进京复职的翰林刘尔炘，刘尔炘自然就成了苏耀泉和苏源泉的"受知师"。到戊戌（1898）苏耀泉已成进士，赴浙江为官，就在苏耀泉金榜题名之后、苏源泉备战国考期间，适逢母亲诰封李太宜人八十寿辰。为了表达这位"贤大母"对苏氏家族所付出的辛劳以及对自己的养育之恩，兄弟二人经过商议，决定延请老师为母亲大人撰写祝寿辞。刘尔炘高兴地应允了下来，根据兄弟二人的叙述，在《苏母李太宜人寿序》中重点记载了苏母博大的母爱精神。"自余兄弟有知识以至于今,未尝见太宜人一日即于暇逸也,未尝见太宜人于一丝一粟不以锦绣珠玑视也",足见苏母一生勤劳,节俭持家。"先是,同治初,回匪倡乱遍陇上,吾邑适当东道之冲。二年十月,贼麕至家故居,乡之六百余人者皆托命一堡,皆仰食于先大父。先大父出积谷,计丁而日铺之,出羊百余头,日犒守埤者。太宜人躬爨事,发屋析薪,箸筹勺给,无吝容,无劳瘁色,如是者四阅月。贼退,六百余人者皆无恙,而吾家于是荡然矣!先大父亦于是忧劳成疾,竟不起矣!时则大旱,频年赤地千里,举室嗷嗷,无以为命,尝得曲数斗,有年矣,不知所自,太宜人尝之无毒,分食家人。间采木叶、掘草根,必百计舂揉,百方烹饪,使之调于口而安于胃。"清同治初年(1862)社会动乱,匪患不断,村中邻里600余人投奔苏家堡避难。苏家倾其家中全部食粮与水窖之水,还宰杀了一百多头羊用来犒劳守卫堡子的勇士。苏母在这时担当起全村的伙食大事,分发食物,精打细算,既不吝啬也不容浪费,不知疲倦地在堡子里奔走。终于在艰难地坚守四个月后,硬是守住了堡子,保全了600多人的性命,可苏家已是倾家荡产了,苏家爷爷也因积劳成疾,一病不起。又值大旱,连年颗粒无收,就在全家命将不保之际,幸好苏母搜得一些醋糟之类的东西,自己尝了无毒,就用树皮、野菜、苜蓿糅合调剂,烹饪糊口,勉强度日。

刘尔炘说:"草木不经盘错者,其华实必不茂;江河不经遏郁者,其波澜气势必不雄。"俗话说得好,不经风雨哪能见彩虹?苏氏家族经历了艰苦岁月,以倾家荡产的代价换取600多人的安然无恙,苏母以一个女子柔弱的肩膀,担起生死攸关的伙食管理,毫无私欲,这就是道义的担当。这样的家族将来必定像繁茂的草木,似江河波澜雄伟,而其根本就在于它曾经"盘错"过、"遏郁"过。"今耀泉已通籍矣,源泉亦非久于牖下者。"果然,苏源泉也于甲辰

（1904）考中，为二甲第49名，赐进士及第。

不久，苏家七子苏绍泉（1884—1961）也考入甘肃高等学堂，成了刘尔炘名副其实的弟子。1904年夏天，刘尔炘主编出版《经学日记摘抄》中，苏绍泉撰写的《费誓秦誓》亦载入其中。1909年毕业后做了正宁县县长，后参与《甘肃省通志》的编纂工作。毕竟时代不同了，考上了甘肃高等学堂至少也能抵得上多半个进士，所以会宁人送个"苏门三进士"及"陇右三苏"的雅号。

虽然苏氏三兄弟与老师刘尔炘的交往至今未见文字记载，但苏源泉于1921年来甘考察海固大地震灾情，于公于私必定要去拜会主持赈灾的刘尔炘，苏绍泉在兰州多年，逢年过节去看望老师也是常理，有没有文字记录都已过去了，苏氏家族自"苏门三进士"至今，已走出了上百名硕学之士，草木华实而茂，江河波澜而雄，一个半世纪的家族辉煌，被刘尔炘当年一语而言中！

三十六、家室俭和

节 俭 持 家

诸葛亮《诫子书》曰："静以修身,俭以养德。"李商隐《咏史》亦云:"历览前贤国与家,成由勤俭败由奢。"刘尔炘一生节俭,家中婚丧之事从不大操大办、请客收礼。其《遗言》中对子侄的谆谆告诫,感人肺腑:

> 家中用度,节俭自是古法,至于我家尤当节俭。我先就我一生言之,你们长大成人后也可以细细思想,或者因我之言不敢放纵,便是家门之幸。
>
> 我自离了我父亲,困苦艰难熬了十几年,到四十岁以后才不为家计所迫。自四十后至今二十余年,家用渐渐宽裕,然我有鉴于我父亲晚年之受困作难,虽在得意时不敢放纵,仍旧过寒家日子。家中人不得染官气,女人们自己做饭,所以于二十年中剩了几个钱,置了些产业,以为防老之资。你们见我一生除了买书外,买过一个好砚台吗? 买过一张好字画吗? 人生嗜好我一概没有。我生性于钱不妄取,故亦不妄花。此我一生不得不节俭的一个缘由,你们不可不知者也。
>
> 我赖先人积德混了个科名,细细想来享了我的福的只有

你二爹一个人，妻妾子女我负饥寒之责，教养婚嫁我有天然义务，家中事无大小，他是概不经心，无忧无虑、逍遥自在的活了一世人，不但我家祖宗以来，没有这样有福的人，求之人世亦不多得。除了你二爹，就是我生身的父母，从小抚养我的祖母，替我劳了多少心，受了多少苦，却都没有吃过我一碗饭，穿过我一件衣，我每念及此，那眼泪便不由的滚下来了，我还有甚么心肠讲究吃讲究穿呢！此我一生不能不节俭的一个缘由，你们不可不知者也。

我如今老了，又是个亡国大夫。民国以来官家的钱我是分文没有受过的，我在民国以前办地方公益事如兴文社之类，亦是纯粹义务，不受分文，我只受各社车马费。在入民国谢绝官事之后，自交代社事，我之生机只在卖字。甘肃小地方，近来又民不聊生，谁又讲究字画呢！你们又小，就是成才，也要在十年后。现有的几个钱，连亲戚养过二十口了，这样大的斗价，又加以年年过婚丧大事，百般节省还怕过不去。此又是我老年不能不节省的一个缘由，你们不可不知者也。

这几年地方上光景饿死的人不计其数，我家托天之福，还是饱食暖衣，比较起来，我们何德何能，在人人入地狱的时节，享天堂里的福，真是万幸。若还不足以为不好，那只有变卖产业，图眼前的热闹，任子孙如何一概不管，这样不畏天、不顾祖宗的事，我作得出吗？此又我老年不能不节俭的一个缘由，你们不可不知者也。

我留下的几个钱，在这世变无常的时节，若是办不得法，又不节俭，你们受饥寒不受饥寒我还是不能保的；不过，你们能学我的样子，处处节省，不要过分，就是穷了也有个穷的样儿。我尽我的心，不得不说这话。记着！记着！

刘尔炘虽然在四十岁以后才不为家计所迫,但在民国元年还住在甘肃文庙的西院(今兰州二中)尊孔社。在文庙的住处,相当于职工宿舍。

之后,全家定居于鼓楼南(现为陇西路)路东四合小院。门上悬其自题的白衣黑字的"结翰墨缘斋"匾额。晚年购马牌坊门街路西(现永昌路幼儿园址)一小院。据刘宝厚老师说,他就出生在这个院里。院门并没有直接开在马路旁,而是要经过一段巷道,才进院门。大门有小门楼道,仍悬挂"结翰墨缘斋"匾,院内三面有房,西上房是一座上下两层的小楼,说是楼房,因为房子的进深很浅,所以房屋的面积也不大。楼上是父亲的书房,自号"拙修山房"、"映藜堂",楼下是客厅和卧室。南房三间,家人分住,东面为大门,三个角落有零星小房。

刘尔炘的唯一的"奢侈"消费就是购书,而雷打不动的习惯便是读书。所以,刘尔炘的书斋布局甚为简单,除了桌、椅、凳、文具之外,排有书架十余,藏书近二万册,经史子集、杂集、艺术、科技及地方史料多种,真可谓是坐拥书城!刘尔炘病危时,弟子、亲友来探病,刘尔炘令其各取所需,当即将几千册书籍分赠个人,其余万余册陆续遗失。刘宝厚老师回忆说,1956年私房改造时,楼上书房里堆满了父亲的书稿雕版,无法处理,情急之下,刘宝厚老师找到了父亲的学生、兰州二中的老校长赵元贞,想把父亲的这些遗物捐给学校。赵元贞校长听了非常高兴,就找了个马车拉走了,放在了文庙的尊经阁里。除了这些雕版,父亲的书房里还有一个铁皮箱子,里面装满父亲手写的书稿之类的东西,我也全然看不懂,自然也就不知道它的价值所在,一并交给赵校长了。

据刘尔炘的女婿马玠璧回忆,刘尔炘书斋共计三大间,设计书架三层,上中两层为古籍文献,已捐献和送人了;下一层全部为中外社会科学书籍,我们详细翻阅存书,见老人看书极为认真。书内有顶批、圈点、画线三种标志,分别用三种颜色,即红、绿、墨书写,使人看到其用心之周、读书之深。

刘尔炘在主持兰州公益事业的"八社"其间,每一处办公室均架置图书,随时翻阅,并置有文具、字帖,以便经常练习书法。在五泉山公园山门东面的"层碧山庄"里,除了办理公事之外,大部分时间都用于读书、写作,其大半著作在此处完成。

妻 妾 和 睦

刘尔炘一生有妻妾三人,即王夫人、徐夫人、陈夫人。

元配夫人王氏,兰州府皋兰县盐场堡人。武秀才王茂椮的女儿,王树涛的妹妹。

关于王茂椮与王树涛,现今的资料记载还存在一些出入,需要做一番梳理。

据王烜《刘尔炘年谱》记载,刘尔炘于"光绪六年庚申,十七岁,娶妻王氏,武庠生茂源之女,光绪辛卯科举人、平番县训导树涛之妹"。刘尔炘于1889年参加礼部会试时的身份资料却显示:"妻:王氏,武庠生茂椮公之女,郡廪生树涛(字松严)之妹"。那么,刘尔炘的岳丈大人究竟是"王茂椮"还是"王茂源"呢?

《果斋续集·王子清封翁家传》有曰:"封翁讳茂槐,字曰子清,世为皋兰人,清辛卯科举人署清水县知事松岩王君树涛、清云骑尉世职署花马营参将廉泉王君树濂之父也。"又说:"封翁昆季四:次曰茂林,号曰亭,以善书称,先封翁一年卒;三曰茂桐,号秋容,先封翁二十年卒;四曰骏烈,号石生,武庠生,先封翁十年卒。"从这段文字中我们可以得到如下信息:王茂槐、王茂林、王茂桐名中均有"茂"字,且槐、林、桐皆为"木"字旁,可见"王茂椮"是正确的。但文中并没有"王茂榱",王烜所谓"武庠生"者,《王子清封翁家传》中为"王骏烈,号石生"。根据王氏"茂"字辈命名规律,王茂榱即为王骏烈,"茂源"为其名讳,骏烈为其字,号曰石生。刘尔炘为什么在文中称其字"骏烈"而不称其名"茂榱",则是显示对这位在刘尔炘结婚时早已去世的岳丈大人的崇敬。

如此,王茂榱与王树涛就是叔侄关系,而王树涛于刘尔炘之妻王氏,充其量也只是"堂妹妹"关系,为什么《朱卷》及《年谱》中会说是"王茂榱之女,树涛之妹"呢?这就只能有一种情况:王树涛曾过继给了王茂榱。这种情况在旧时司空见惯,膝下无儿者去世后,在"告牌"上却不能空下儿位,故而用兄弟间的男儿们顶了位,俗称"顶门儿"。其实,刘尔炘也是顶了其大伯的门儿的。王茂榱先于其兄王茂槐十年去世,其时膝下只有一不满十岁的女儿,作为"长子长孙"的王树涛自然就得"顶门儿"了。既然顶了门儿,和王茂榱之女的"堂妹"关系就变成名正言顺的"胞妹"了。其实,王茂榱去世后,女儿也就只能依靠其兄抚养成人了,以至于后来做主嫁给刘尔炘,也自然是王茂槐的份内事了。从这个意义上讲,真正促成刘尔炘的婚事者是王茂槐,所以刘尔炘对其寄托着特别的情感而作了《王子清封翁家传》。刘尔炘在《传》中记述了一则发生在王子清身上的"怀抱慈祥,遇事能断"的传奇故事:同治七年,陇原大旱,庄稼绝收,在缺粮缺到人吃人的地步,王子清能将自家所储存的数十石粮食无偿接济邻里,无数人幸免饿死。说来也怪,在这之前,匪患横行,大肆夺粮,挨家挨户搜索,王先生家所藏的这数十石粮食人人共知,家里人惶惶不安,纷纷建议将粮食藏在地窖里。王先生叹了一口气,说:"要挖一个藏这么多粮食的地窖谈何容易? 倒不如听天由命去吧! 粮食无非也就是养活人的。"等到兵娃子来家里搜寻粮食时,虽在粮仓周围转悠,却始终对粮食熟视无睹。事后乡亲们奔走相告,以为这是老天爷在为他们保留这一口粮食啊!

刘尔炘在文末深有感触地写道:"吾先君子之少也,寄居盐场堡者盖十有余年,与封翁最习,知封翁最真。晚年每酒酣,纵谈生平所与游,辄叹封翁之为人为本分、为质历,非末俗逞机诈、尚脂韦者所可比。呜呼! 言犹在耳,而吾与松岩昆仲俱已蹉跎老矣! 追怀风木,同有余悲,不觉涕泪之纵横也!"正因为父辈之间的莫逆之交,才有了晚辈间的金兰之好。

王树涛,字松岩,二十九岁时以兰州府廪生的出身考取光绪十七年辛卯科第三十名举人,初就任平番县(永登县)训导,民国后升任清水县知事;后来,淡出官场的王树涛在兰州以教书为生。闲暇之时与刘尔炘一起谈天说地,感世事之无常,悲人生之蜉蝣,曾作《自嘲诗》消遣,也撩起刘尔炘的诗兴来。刘尔炘遂"用王松岩学博《自嘲诗》韵,作《感怀》四首",今录二首:

一

脚底尘飞百丈红,偶然来作信天翁。
每从池上观鱼跃,懒向人间说狗功。
入手春风都任运,昂头明月正当空。
门墙虽渺尼山在,可许称为五尺童。

二

一年一度一花红,催得孩提作老翁。
但觉就衰惭不学,未能寡过敢言功。
人间岁月无终古,天上风云变太空。
若要此生穷此理,必须头白便还童。

王夫人是出身于耕读之家的大家闺秀。娶王夫人时,刘尔炘十七岁。因为身体的原因,王夫人一直没有生育,她深感愧疚。1913年,在她的张罗下,刘尔炘纳徐氏为妾,可好景不长,徐夫人留下一个六岁的女孩便撒手人寰。刘家没有一个男孩,成了王夫人的一块心病。1929年,深知自己将不久于人世的王夫人,不顾刘尔炘的反对,将侍候自己的陈氏姑娘纳为刘尔炘的侧室。真是天遂人愿啊!次年农历三月,陈氏喜降贵子,王夫人终于盼到了那一天,四月,王夫人便含笑九泉。

徐夫人的经历甚为坎坷。刘尔炘在徐夫人百日祭时所作的悼亡诗中说得很详细:"姬,徐氏侍儿也。其先本陕之朱氏,女不自知其所隶为何县。光绪庚子,陕大饥,适吾乡张氏有宦汴者以眷属归,道经朱氏村,其父携女求活,姬由是育于张,时年十有一。未几,张女归徐,姬媵焉,姬由是又长于徐。年二十有四,来充予侧室,时为中华既为民国之癸丑。越己未秋八月以瘵亡,事予仅七年,遗一女。予老矣,百感苍茫,不第为红颜赋薄命也!"

徐夫人,朱姓,陕西人。光绪庚子(1900),陕西遇上荒年,饿殍遍野,人皆卖儿鬻女。有一位在河南开封做官的姓张的兰州老乡正携家眷回老家,途经陕西时带回一个十一岁的姑娘做养女。不久,这个养女便陪张家出嫁的女儿到了徐家,成为徐家的丫鬟。1913年,二十四岁的徐家丫鬟被刘尔炘纳为妾。第二年,徐夫人为刘尔炘生下一女。女儿宝瑛天真活泼,十分惹人疼爱。虽然不及儿子那样令人宽慰,但年近花甲的刘尔炘有女儿绕膝、呀呀学语,还是享受到了天伦之乐。老天爷真能捉弄人!就在宝瑛开始识文断字的时候,徐夫人因患结核病而英年早逝。"满门白发哭红颜",刘尔炘的心情闷闷到了极点。一面是久病不起的老妻,一面是幼失母爱的女儿,叫他如何不想她?徐夫人百日之祭,刘尔炘再也无法抑制自己的感情,一任涕泪潸然,失声恸哭:

一

夕阳影里种桃花,盼尔宜家灼灼华。
花落竟随流水去,夕阳依旧胜余霞。

二

百年大计付黄粱,多少心情梦一场。
曾数流光说来日,田园庐舍费商量。

三

六龄弱女六旬妻,赖尔扶将赖尔携。
尔委雏鸦依老凤,雏鸦何日羽毛齐。

四

弱龄痴女自冥顽,谁死谁生了不关。
一任五更秋夜月,满门白发哭红颜。

五

大家风度本天成,话到肝肠有性情。
只欠浑沦难载福,是谁教尔太聪明。

六

喜时欢笑怒时嗔,大体分明识等伦。
便诉衷肠谈薄命,怨人言语不伤人。

七

弱女呀呀学语时,纠狂正谬似严师。
而今溺爱成娇养,问尔泉台知不知?

八

一腔心事祝皇天,暑往寒来竟渺然。

每把占书来问我,红梅结子在何年?

九

尺丝寸帛谨上藏,百里装成七宝箱。

物物分明都在眼,问谁忍入旧时房。

十

人间万事只盈亏,月不常圆月怨谁。

我已寸心通造化,泉台莫为老夫悲。

刘尔炘用十首七绝回忆了与徐夫人共同生活的七年岁月,字字含情,句句沥血。刘尔炘称赞徐夫人不失大家闺秀的教养,接人待物,能识大体,聪明伶俐,有情有义。我们的女儿,已成为我唯一的寄托和希望。你曾经用过的针线盒、百宝箱,依然安好,静静地躺在那儿。睹物思人,哪堪回首!

陈夫人就是刘宝厚老师的母亲,他的来历也不简单。刘宝厚老师告诉笔者,他的母亲是凉州满城人。所以故事还得从满城的来历讲起。

满城源于清朝初年。当时天下大定,在全国重要城市和军事据点分派八旗兵屯守驻防。当初满洲统治者为了保持贵族血统的纯正,防止被中原汉人同化,对驻防旗人规定了严格的纪律,非但满汉不能通婚,且生活起居也需进行隔离,官兵和眷属要专城而居,无事不得随便出城。有时告假外出,也不得离城20里以上。擅离营地者,以逃旗论处,要格杀勿论的。在此政策下,凉州府于乾隆二年（1737）开始，选定最为富庶的老城东北乡，征发民夫，修筑专城。当时凉州有派驻旗兵4 000人，外带家眷人口。自此武威始有满族，都住在隔着杨家坝河与老城相望的新城里，民间称为"满城"。

想当初满洲铁骑踏平天下、坐定江山之时，清廷贵族为了显示尊严和威权，大概也是为了保证大满民族的特色，曾规定旗人兵外余丁不准务农，不准经商，不准学习其他技艺。不料这一国策却是一剂催生腐化的毒药。八旗子弟靠"皇粮"生活，坐享安逸，养尊处优，游手好闲，无所事事。久而久之，也就失去了存身和创业的能力。辛亥革命后，满人"亡国"，旗民一夜之间沦为"平民"。1914年，撤销满洲军营，断绝供给，只由"处理旗人工作善后局"给每个旗兵发银40两，作为生计银子，令其自谋生路。当初的贵族失掉了生活的依赖，最终几乎集体沦为乞丐。1916年，政府为了维护稳定，给这些旗民专门划拨了一部分土地（位置较为偏远，主要在肃南皇城滩和古浪横梁山一带），让他们以务农谋生。但由于旗人缺乏劳动技能和艰苦创业意识，一朝发配去"种田"，真是勉为其难。因此大多数人家还是没有离开满城。为了生存，只好出卖家业，有变卖祖传"宝贝"的，有拆毁营房出卖木料的，甚至"砖包城"上的青砖也被有眼光的满族子弟拆来变卖了。民国16年（1927）的8级大地震中，满城里由于房屋连片，尽数夷为废墟。旗民因为人口集中，伤亡特别严重，压死压伤者占十之五六，多有全家绝户者。民国18年（1929），陇原大旱，庄稼颗粒无收，死人无数，满城里的幸存者面临又一次的生死考验。不少人背井离乡，流离失所。当然，来到兰州的自然是幸运的，因为那儿有刘尔炘开设的"施粥场"，可以使无家可归的难民活命不死。刘尔炘的陈夫人就是在这种机缘巧合的场合出现的。

刘宝厚老师说，父亲突然有一天在"施粥场"看到一个面黄肌瘦、衣衫褴褛的女子,头上扎着一撮草,那根草叫草标,显然是待价而沽的标志。父亲走到跟前一问,才知来路。满城人的命运父亲是有所耳闻的。正好王夫人长期卧病在床,无人照看,让这位满城来的女子来家里,王夫人有人伺候了,女子也有了吃穿依靠了。时间过得真快,转眼间已过了一年,满城来的女子因为有了温饱的保障而显得落落大方、楚楚可人了;一直病快快的王夫人在她的细心照料下也慢慢康复了许多,所以王夫人对她十分喜爱。在王夫人的极力劝说下,父亲终于同意将这位来自武威满城的陈姓女子纳为妾室,这就是我的母亲。

刘宝厚老师十分伤感地说:母亲生下我七个月后,父亲就去世了。因为我还在襁褓之中,父亲实在放心不下,就在去世前请了

刘宝厚及父母像

他的学生们代管我家的事务,还指定王烜为我的义父。父亲去世不久,叔叔便和我们分了家,幸好父亲在世时已有妥善的安排。父亲一生致力于公益事业,靠写字挣的几个钱所置办的一点房产,一分家所得无几,几间能出租的门面也在兵荒马乱中毁坏殆尽,彻底断了母亲和我的生活来源,我上师大附中时有几次学费没有着落,一对孤儿寡母,只有相拥而泣! 1952年,我考上了西安医学院,可母亲因为积劳而成疾,没有等到我大学毕业就去世了。母亲没有享过我的一天福,每想起这些,我的眼泪就止不住地流下来了!

三十七、儿 女 双 全

女 儿 女 婿

刘尔炘为徐夫人所生女儿取名刘宝瑛(1914—1969)，在刘宝瑛刚刚六岁之时，母亲徐夫人就因患痨病而撒手人寰。天真活泼的刘宝瑛虽然失去了母爱，但惜疼孩子的王夫人却一直对她呵护有加。除了儿时的玩耍，父亲的书法对她颇有熏染，也在父亲的书房里涂鸦起来。短暂的童年过得真快，到1928年，由甘肃总商会会长谢厚斋介绍，与父亲在全陇希社国文讲习班的学生马玠璧喜结连理。据刘宝瑛的女儿马爱民说，母亲受外公的影响，有一定的古典文学修养，远嫁到民勤之后，仍坚持写写画画，但奶奶家却不以为然，常常遭受白眼。后来随爸爸到了兰州，因沉重的家庭负担而彻底放弃了爱好。

马玠璧(1916—1994)，字圭如，甘肃民勤县人。民勤马氏家族(过去称镇番马家)是明清两代甘肃著名的爱国资本家，一直从事茶马互市业务，即从湖南茶场购买生茶，运输到陕西泾阳，加工炮制为大、小块砖茶，再运到兰州茶司，由甘肃布政使司(蕃台衙门)按官府规定，分发给各茶号，办好各行手续，发往青海、河西、宁夏、内蒙古、新疆等处的交易口岸，以交换蒙、藏各族的马匹。同时从事骆驼运输业务，东至张家口，西到乌鲁木齐，数千里沙漠之途上，均有被誉为"沙漠之舟"的驼队往来。据传，在马家最盛的

刘尔炘之女刘宝瑛　　　　　　　　刘尔炘之婿马玠璧

时期,骆驼多至万峰,其中最珍贵的单峰白驼有500余峰。

马玠璧自幼随本县前辈文人聂守仁、胡志成、桑培荣等老师接受启蒙教育,后随母亲来兰州,在兰师附小就读,毕业后入刘尔炘创办的国文专修馆学习,奠立了马玠璧一生古典文学的基础。随后又考入省立兰州师范学校,高师毕业后,在兰师附小及永登、榆中小学担任了两年教师后,又考入国立兰州大学经济系,1947年获授经济学士,随即被甘肃教育厅聘任为民勤中学校长。马玠璧热爱地方教育事业,曾多次为本校及北街小学捐助大量的办学经费,用以修缮校舍及购买教学器材、图书,受到了当地民众的普遍赞誉。回兰后,又担任兰州师范教师、丰黎义仓董事、陇右中学董事,为地方教育及公益事业而不遗余力,成为刘尔炘事业真正的传承人。

刘宝瑛与马玠璧夫妇,持家有道,教子有方。长女爱华毕业于政法学院，执教于甘肃省委党校；长子兴中毕业于天水教师进修学院，在漳县东泉中学任教；次子兴华高中毕业后，供职于太原钢铁公司；次女国华在西安红旗机械厂工作；三子新民自学书画，对音乐、文学、工艺美术、摄影均有造诣，服务于兰州市城关区宣传站，为当时知名的青年艺术家，惜英年早逝；四子新国毕业于兰州大学英语系，在兰棉中学退休；幼女爱民上中学时，因照顾重病母亲而辍学。

新中国成立后，马玠璧继续在陇右中学任教，负责筹建兰州二初中（现为第八中学），又参与筹建人民路小学（酒泉路小学），后相继在兰州十中、农工中学、十二中任教，于语文、史地、美术等科无一不精。

1959年，在当时政治形势下，马玠璧被动员退职。1969年，刘宝瑛也在贫病交加中去世。直到十一届三中全会以后，省委统战部落实知识分子政策，于1981年7月马玠璧聘为甘肃文史研究馆馆员。

老来得子

诗人王永清谓刘尔炘“幸能留老眼，得见蚌珠明”。诗人自释曰“君殁前数月举一子”，他就是刘宝厚刘先生。2017年被人力资源社会保障部、国家卫生和计划生育委员会、国家中医药管理局评为“全国名中医”，是国内著名中西医结合学家，在中医、中西医结合诊治肾病领域具有很高声望的兰州大学第二医院教授、主任医师，甘肃中医药大学终身教授、博士生导师。刘尔炘于民国十六年（1927）拟举办儒医精舍，开医学讲习所，但因时局动荡而未果，留下不小遗憾，不料其志竟在其哲嗣身上得以实现。历史真有它特殊的密码。

书香志节远　声名动长安

刘宝厚出生不到七个月,父亲刘尔炘因病而谢世,留下一对孤儿寡母,在风雨如磐、世事维艰的岁月里,相依为命,共渡难关。所幸者冥冥之中如有神佑,幼苗得以茁壮成长。运命多舛,意志弥坚。《孟子》曰:"天将降大任于斯人也,必先苦其心志,劳其筋骨,饿其体肤,困乏其身,行拂乱其所为,所以动心忍性,增益其所不能"。刘宝厚自小发愤读书,所以少年有成,在上西北师大附中期

刘宝厚教授

间，品学兼优，就曾担任过学生会主席。1952年高考时，国内尚未有中医药大学，只能选择西医院校。考入西北医学院后，刘宝厚奋发图强，不仅学习成绩优秀，而且锻炼了一定的社会工作能力，不久便当选为学生会主席，1954年还当选为西安市人民代表。

1957年毕业后，分配至兰州医学院任教。1958年10月11日，毛泽东主席发表了关于在全国各省市举办"西医离职学习中医班"（简称"西中班"）的指示，1959年甘肃省第一届"西中班"开始招生，刘宝厚欣然前往，从此与中医药结下了不解之缘，走上了中西医结合之路。甘肃省首届西医离职学习中医班，由国家卫生部委托甘肃省卫生厅主办，所以结业证书是由卫生部长李德全颁发的。学习班于1959年4月至1962年4月，共3年，学员约28名。学习班设在甘肃省中医院内，当时条件很差，甘肃省中医院将其后院的简陋房子改为教室，学员全部住在一个院子里，宿舍为平房，自办食堂，当时正值困难时期，非常艰苦，但学员们的学习积极性很高，认真、刻苦。班主任是张汉祥，副班主任是张涛清，辅导员是于己百。张汉祥教授《伤寒论》《金匮要略》，窦伯清讲授《儿科学》，张涛清讲授《针灸学》，郭均甫讲授《骨伤科学》，《中药学》《方剂学》均由尚坦之讲授，柯与参不仅和刘培德一起讲授《内科学》，还担任《黄帝内经》的讲授任务。

刘先生在"西中班"刻苦学习，至三年学成，成绩优秀，是全班第一名，得到了国家卫生部的表彰和奖励。结业之后，回到兰医第二附属医院中医科工作，并拜在甘肃名宿柯与参门下深造。柯老风度儒雅，学验俱丰，望重金城，刘教授得其启迪和教诲，角颖独出，临床诊治能力不断提高。60年代刘宝厚完成了慢性气管炎的中西医结合诊断分型的临床研究，并与同事们一道开发了具有中西药结合特色的治疗慢性气管炎的系列药物，十几年来一直运用于临床，疗效肯定。兰州佛慈制药厂生产的"佛慈抗感片"的配方就是刘教授的发明。1978年前后，国家拨乱反正，科学的春天来了，在全国首届科学技术大会上，刘教授将自己的科研成果带到了人民大会堂。如今我们还能欣喜地看到，那张发黄了的大合影上，有华国锋、邓小平、胡耀邦等党和国家领导人。

此后，他又着手开展中西医结合防治肾脏病的临床研究，在国内率先引入血液流变学这一现代检测指标，从慢性肾小球疾病的中医辨证分型为契入点，对肾脏病过程中血淤证的形成及其临床特点进行了深入的探讨。论文《血液流变学检测在原发性肾小球疾病中的运用》（《中华肾脏病杂志》1987年第3期），在同行中引起了很大的反响，得到了广泛地引用。著名肾脏病专家叶任高教授亦因此而来函商讨筹建中西医结合肾病专业委员会的事宜，并邀请刘教授出任副主任委员，当时刘教授已担任全国中医肾病专业委员会副主任委员，同时兼任两个全国性学术委员会副主任委员，当时在全国亦属凤毛麟角。在全国性的学术会议期间，刘教授是许多学者的追捧对象，特别是那些在读的研究生们，常常向刘教授讨教选题、完善科研设计。在此期间，刘教授的专著《内科诊断与治疗》出版，在业内引起了巨大的反响，六年中凡五次印刷，90年代又进行了再版。即使在退休后的二十多年里，亦有《刘宝厚诊治肾病经验集》《我的中西医结合之路》《病位病性辨证精解》《杏林耕耘拾珍》等。

刘教授学有大成，术有专攻，堪为业界名宿。既具备西方医学的扎实基础，又有师出名门的中医辨证修养；既有活人之术，又有家风熏陶。其文笔之洗练已众所周知，无论科技论文还是文学作品都写得十分精彩。他《五泉山与五泉山人》书中就有这样一段有关五泉山景色的描述："山上丘壑起伏，古木参天，山环水绕，清静幽雅。一组组古色古香的明清建筑，依山就势参错其间，有'嵯峨宫殿耸青云'的金刚殿，有'飞阁危楼驾碧空'的千佛阁，有'回环共抱关锁'的文昌宫,有'柳烟花雾绕蓬莱'的'半月亭'等。布局各异,精巧玲珑,构成了一幅绚丽多姿的兰山风光。中峰两侧为东西龙口,幽谷之中,林木葱郁,清流交错,悬岩飞瀑,亭台廊榭。游人至此,顿感清新幽雅,心旷神怡。"

在他编著的《刘尔炘楹联集》书中也有一段催人泪下的文字:"当我来到这个世界刚七个月的时候,我的父亲却永远离开了这个世界,我是一个多么不幸的孩子啊!我脑海里的父亲形象,全是我母亲平日讲给我的。懂事以后,接触到社会上的人,他们都以敬仰的心情,称赞我父亲的学问、人品和给社会所做的贡献。所以从小给我的印象,父亲是一个很有学问、人品高尚、为社会做了不少好事的人。"情真意切,天然流露。自2008年起,他相继整理出版了《刘尔炘楹联集》《刘尔炘书法集》《刘尔炘诗集》《刘尔炘文集》,完成了刘氏学术、思想的传承。

宏论震杏林 妙手护苍生

刘教授一生的事功尽在治病救人和中医事业的继承与发展上,倡导仁道、仁心、仁术。他常常教诲学生,医者,大道也,小能成就个人之事业,大能济苍生之痛苦;医道之弘,在于医术之施;医术之施,在于仁心之用;仁心之用,在于与时偕行,探求医道,精研医术;对中华医道的发扬光大,为无数患者解除病苦,使人感受到从事医学事业的光荣和骄傲。他在学术上的高深造诣,犹如矗立在医林中的一座山峰,足以让后学高山仰止。

自上世纪五十年代以来,西学中的学术群体迅速扩大,逐渐成为一支新兴的医学势力。八十年代初以"西学中"人员为主体的中西医结合学会成立,成为一个阶段性标志,中西医结合也被国家列入一级学科。在医学界也逐渐形成了中国医学乃西医、中医、中西医结合三足鼎立的提法。然而这种观点受到越来越多的有识之

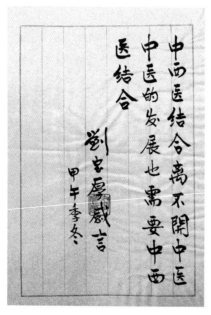

刘宝厚手迹

士的质疑,刘教授是其中质疑问难最力者。

刘宝厚认为,中西医结合并非别枝之花,乃是中医药在现代条件下自身发展过程中借鉴现代医学之果,是中医药的现代面目;虽尚未完美,但已风采照人。正因为其尚在成长发育时期,好像以另一新面目呈现于世人面前,也许这就是三足鼎之立论的依据。事实上,采用现代实验方法揭示和参证中医理论科学实质,西医方法在此只是手段,中西医结合方法旨在疾病的诊疗中能够达到优势互补、取长补短之目的;然而其核心仍然在中医。通过中西结合,传统的理论赋予现代科技的内涵,也利于对中医的理解和传播,同时也增强了临床运用的可操作性。中西医结合固守根本而不拒营养接纳,与中医发展史上的"中西汇通学派"一脉相承,是发展中医的途径之一。

刘宝厚指出,搞学术创新的基本原则是实事求是,绝不能为所谓"创新"而背离事物的规律,而无端地标新立异。中医并非一成不变,事实上一直在创新与扬弃之中发展。她的发展历来都是吸取了当时最先进学术思考与学术成果的结果,中西医结合的发展方式正体现中医药在现代语境下适应现代化的发展要求,是中华传统文化极具包容内质的功能展示,是《易经》所谓"自强不息"及"与时偕行"之精神在中医药发展之中的充分体现。在现代科学技术高速发展的今天,中西医结合这一学术流派自然是充满活力的,因而自然也就成为发展中医的重要力量。当然如果将来中西医结合研究的深度和广度都达到很高的水平,其理论和临床都已自成体系了,传统的中医学自会"凤凰涅槃",而成为具有中国特色的新医学了。然而由于目前或者在今后相当长的时间内,中西医结合的深度及广度尚浅,能够或已经开展的中西医结合的领域仍十分有限,中西医结合的基础理论及临床的体系尚未形成,甚至诸多领域完全空白,故言中西医结合与中医并驾齐驱,尚不切合实际,徒增西医界以及传统中医界人士之误解,不利于团结,更不利于中医药的发展,甚至会使中西医结合自身处于孤立状态。中医药的发展,更待来者,刘教授洞微识幽的如炬之目,廓清迷途的真知灼见,实为中西医结合事业的指灯,来者当接续刘教授及其前辈的薪火,以利事业之光大。

"西医辨病,中医辨证"的病证结合模式于上世纪二、三十年代由当时被称为北京四大名医的萧龙友、施今墨等提出。新中国成立后这一模式为"西学中"人员的临床实践所实证,从而得到了广泛的认可和传播,现在已成为广大中西医结合工作者的共识。西医诊断就是辨病,诊断一旦确立,疾病的性质、预后和转归就清楚了;然后辨证,则疾病的个体性、阶段性便会一目了然。医者两级诊断,动态反应,病证互参,使有病无证、有证无病诸状况,以及微观与宏观、整体和局部、病原观与体机反应之关系皆豁然洞开,医者亦可得以深刻体会中西医结合之妙。在病证结合的基础上,逐渐探索宏观与微观的结合,进一步开展微观辨证。化验检查指标不仅仅是诊断疾病的参数,更重要的是辨证依据和要素。刘教授在此基础上的创新和贡献则是"中西药有机结合"模式的提出。刘宝厚有感于目前的中西医结合医生在认识和实践之中糊涂地认为中西药物的重叠和混合使用就是中西医(药)结合,殊不知这

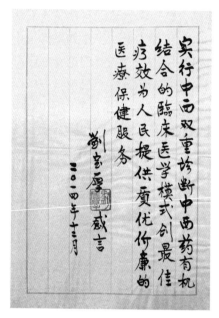

实行中西双重诊断中西药有机
结合的临床医学模式创最佳
疗效为人民提供质优价廉的
医疗保健服务

刘宝厚 感言
二〇一四年十二月

刘宝厚手迹

种简单化和庸俗化，不但无用，而且还会给病人带来更大的负担，是极其有害的。刘教授认为，中西药有机的结合就目前来说关键是实现优势互补、取长补短以提高临床疗效。中西药物联合运用的原则应该建立在"优势互补"或"取长补短"上，祛邪抑或扶正，要视病人的具体而定，如此则中西药合用就会收到"一加一大于二"的临床效果。这一中西医结合的临床模式，实际上就是对张锡纯的中西药不应"相互抵触"、应"相济为用"观点的继承与发展。

在长期的临床实践中，刘教授体会到，肾脏疾病特别是慢性肾小球疾病的发病，与脏腑尤其是脾肾两脏功能的虚损有密切的关系，但是在临床上往往所显现的却多是脾肾功能失调之后的病理产物，如水湿积聚、湿热停留、瘀血留滞以及兼有外邪。故刘教授提出了"标本结合"的辨证分型原则，如肺肾气虚兼风邪，脾肾阳虚兼水湿，气阴两虚兼湿热等等。在治疗原则的运用方面，刘教授主张分清标本缓急，急则治标，缓则治本，在病情发作时，尤注重"祛邪"，崇尚"邪祛则正自安"，这一观点的形成原因，即是借鉴了现代医学关于肾小球疾病病因病理的因素，良好的临床疗效则有力地证明了刘教授的这种"衷中参西"的病理观和治则观对临床治疗具有良好的指导作用。

　　"湿热不除，蛋白难消；瘀血不去，肾气难复"的论点，又是与上述注重"祛邪"的学术思想是一脉相承的。肾小球疾病在其发生发展过程可能会出现许多的标实之证，诸如风邪（风热、风寒、风湿、风燥）、湿热、水湿、湿浊、血瘀等；在诸多的标实证中，尤以湿热和血瘀最为常见。据刘教授临床研究统计，湿热证在慢性肾小球疾病患者中的发生率为64%—100%，血瘀证的发生率则为100%，可见湿热和血瘀已成为肾小球疾病中普遍存在的证候，只是程度不同，特点各异。如湿热有其轻重之别外，尚有部位、隐显之异，血瘀亦有由浓到聚的程度差别，以及全血和血浆粘度升高的特殊指征。

　　肾气是肾脏功能的原动力，它的功能表现形式是开与阖，开则糟粕出，阖则精微留，故古人概括肾的功能是"去粗取精"。瘀血内停，必然会影响到肾气的化生，化生不足，自然开阖不力。瘀血消除，肾气自然来复，开阖便能自如。而现代医学之研究亦清楚地揭示这一病理过程，佐证了传统医学之精深。肾脏病发生时肾小球处于高凝状态，甚至有微小血栓形成，彩色多普勒检查也发现肾小球动脉阻力指数增加，血流速度缓慢；运用活血化瘀的药物之后，上述病理状态改善甚至消失，肾功能亦随之得到恢复。基于中西医结合所形成的思路，在临床上，对于急性肾小球疾病和慢性肾小球疾病的急性发作期，以及尿路感染的患者，刘教授认为其治疗则应以清热利湿为大法，并坚持"祛邪务尽"的原则，特别是急性肾炎，不能轻易进补而闭门留寇。有些病例"炉火虽熄，唯恐灰中余火，而死灰复燃"，故曰："湿热不除，蛋白难消；瘀血不祛，肾气难复"。这一病机观点已成为刘教授在中西医结合肾病诊治上最具代表性的学术思想，其传播最广，影响甚大。

　　近年来，基于六十多年的临床经验，对辨证论治的核心问题提出了自己的观点，认为无论何种辨证方法都离不开对病位病性的回答。

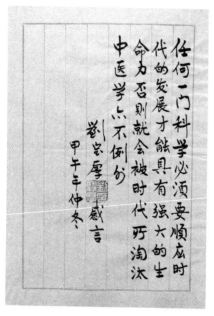

任何一门科学必须要顺应时代的发展才能具有强大的生命力否则就会被时代所淘汰

中医学尤不倒外

刘宝厚感言

甲午年仲冬

刘宝厚手迹

中医传统辨证方法很多,有六经辨证、脏腑辨证、八纲辨证、经络辨证、气血津液辨证、病因辨证、卫气营血辨证、三焦辨证等八种,显得过于庞杂,给学习中医造成了不少困惑,亦阻碍了中医学的传承与交流。纵观传统八种辨证方法的核心目的,不外是确定疾病的病变部位(病位)和辨明疾病的病变性质(病性)两大要素。如八纲辨证中的阴阳、表里;气血津液辨证中的气、血;脏腑辨证中的肝、心、脾、肺、肾、胆、小肠、胃、大肠、膀胱、脑、女子胞以及经络辨证计13项,都属于辨明病变部位的内容,即病位辨证。阴、阳、寒、热(火)、虚(弱、不足)、实(亢盛)、风、痰(饮)、燥、(水)湿、滞、瘀、毒等13项(其中"阴、阳"既属病位辨证,又属病性辨证内容),都是属于辨别病变性质的内容,即病性辨证。将病位辨证与病性辨证两大要素结合起来,实行"病位病性辨证"法,是对中医传统八种辨证方法的高度整合和升华,起到了删繁就简、提纲挈领的效果,对提高中医辨证水平的准确性、规范性具有重大意义,是中医诊断学的一大创新和发展。

治学求谨严　待人重厚宽

孔老夫子倡言,文质彬彬,然后君子,刘教授适为其人也。谦逊、低调、宽容是其人格魅力之所在。刘宝厚反对夸大其词,主张实事求是。时常告诫下属或学生,说话要言之有据,言之有理,不可言过其实,更不可凭空臆造,是为刘教授严谨之师道也。对待同事和学生,和颜悦色,从不盛气凌人。他在担任科主任时常说,自家的孩子都很难做到百依百顺,何况是同事之间,只要在工作上能相互支持与相互理解就可以了,其余之事不必斤斤计较,是为刘教授仁厚之心宅也。教授在同行的专家中有着绝好的口碑,对每一个同行,刘宝厚都用赞许的口吻评价,从不贬低别人抬高自己。一个人如何能修到这种地步,是为刘教授宽恕之境界也!

刘教授与笔者结下师生之缘已三十余年,于学业则得益于教授的耳提面命;于做人则证悟于教授的不言教;即使是自己做错了事,老师从未有片言指责,循循善诱,诲人不倦,使人如沐春风。俗话说得好:"善言如棒敲啊!"记得在上硕士研究生时,刘教授到我们的宿舍里来说事,看见宿舍里一片狼藉,二话没说就动手收拾,让我们无地自容,恨不得找个地缝钻进去。从此,我们再也不敢偷懒不搞卫生了。刘教授在学术上十分较真,但对待他人又十分宽厚,天生的一副学者的气派,文质彬彬,温文尔雅,卓然不群,这大概又是血统之传遗吧,就像他的名字那样。

育人不知倦　桃李满陇原

刘教授不仅是一位高明的临床大家,更是一位受人尊敬的师长,从大学毕业工作以来一直是医疗教学双肩挑。从1977年恢复高考到1995年退休,近20届的兰州医学院临床医学专业的学生都听过刘宝厚主讲的《中医学》,1988年刘教授获得了招收中西医结合临床专业硕士研究生的资格,1996年成为全国第二批师带徒教授,2013年被中国中医科学院聘为博士生导师,2017年荣获"全国首届名中医"称号,旋即甘肃中医药大学聘其为终身教授。从其开始带教徒弟至今,入其室者数十余人,而私淑者又不计其数。"石韫玉而山辉,水怀珠而川媚。"(晋陆机《文赋》)其门人学生,负笈求道于刘宝厚教授,星罗棋布于四海。在本土守望成功者,或为全国劳模,或为全省中医药行业的领导者,或为全省本专业的领军人才;在南方以至全国各地发展者,皆能根基扎实、枝繁叶茂;漂洋过海者,传中国传统文化之道于异国。让刘教授更加欣慰的是,这些学生们之间都十分团结友爱,共同传承着教授的学术思想,共同弘扬着教授的为人处世之道,在教授伟大人格和辉煌学术光环的照耀下,成就自身,探索医道,发展中医事业。

刘教授已年近九旬,仍精神矍铄,耳聪目明,仍坚持查病房、出门诊,足可成就一段杏林佳话。

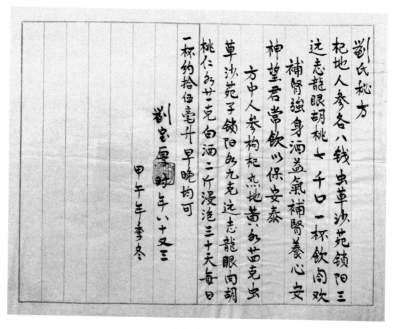

刘宝厚手迹

藜照堂前薪火传,儒医有来人。刘尔炘的后人们,荫祖先之德,怀济世之心,其功其业,足以告慰先灵,启迪后者。有诗赞曰:

> 藜照堂前志节传,少年声誉动长安。
> 中西汇通出宏论,病证互参愈顽难。
> 六十春秋医并教,三千弟子秀而贤。
> 儒医精舍出名宿,足慰仙灵笑五泉。

刘宝厚老师与夫人韩素萍,伉俪同行近七十春秋,相知相伴,白头偕老。为了支持刘宝厚老师的事业,韩老师提早退休,甘做奉献。育二儿一女,如今已是四世同堂,其乐融融。

刘宝厚教授的女儿刘华,1962年出生,1985年毕业于兰州医学院医疗系,分配至甘肃省人民医院,现为甘肃省人民医院呼吸科主任、一级主任医师二级岗位、宁夏医科大学和甘肃中医药大学硕士生导师、甘肃省卫生与计划生育委员会"领军人才"。

在工作期间,多次外派到国内外先进的医疗机构访问和进修学习,追踪医学前沿,不断提高和更新知识体系,具有全面的内科临床知识。并在长期临床一线工作中,对肺部常见病、多发病及疑难危重病例的诊断治疗积累了丰富的经验;在慢阻肺、哮喘、肺心病、感染性疾病及肺部肿瘤诊断治疗方面有深入的研究;在呼吸危重症的抢救治疗方面,应用以呼吸机械通气支持技术为主的综合治疗措施挽救了无数急危重症患者的生命;在国内首次报道了多发性肺类癌病例;在SARS、甲流、禽流感、乙流等重大呼吸系统突发公共卫生事件中做出了突出贡献,总结出了一套抗病毒、中药治疗、机械通气、激素应用、液体管理、支持、对症的行之有效的治疗方法;带领科室人员开展了内科胸腔镜下诊疗技术、气管镜下介入治疗、超声支气管镜检查等多种领先的医疗新技术,成立了呼吸 ICU、甘肃省三级甲等医院的第一家戒烟门诊和 COPD 专科门诊。她兼任甘肃省突发公共卫生事件呼吸系统专家组成员,全国呼吸医师协会委员,中国残疾人协会肺康复委员会常委,中国医师协会变态反应医师分会委员,甘肃省医师协会哮喘专业委员会主任委员,中华医学会甘肃呼吸分会副主任委员,甘肃省高原病学会副主任委员,甘肃省呼吸医师协会副会长,甘肃省职业病防治协会理事,甘肃省抗癌协会肺癌专业委员会委员,《国际呼吸杂志》通讯编委等学术职务;曾荣获甘肃省"三八红旗手"、"全省控烟健康教育工作先进个人",2015—2017 年度"保障医疗安全示范个人"等荣誉称号。

在科学研究方面,主持、参与完成科研项目 10 多项,其中 4 项获得省科技进步奖。发表学术论文 50 余篇。

刘华主任秉承祖风,天性善良,性格温顺,工作耐心细致,严谨务实。其精湛的医术、高尚的医德医风,在同行中有口皆碑。因此荣获了"甘肃省医德医风标兵"的殊荣,多次被评为甘肃省人民医院及甘肃省卫生系统"优秀共产党员"。

刘宝厚老师之孙刘宏江,1979 年出生。他说,自打记事起,祖父就常常讲起太爷爷中进士、点翰林以及当高等学堂总教习和修建五泉山的故事;再加上日积月累的书画熏陶、耳濡目染,使我对传统文化特别是艺术产生了浓厚的兴趣。于是他开始学习绘画,并且把艺术作为人生的追求与奋斗的目标。1998 年他考入兰州财经大学艺术学院,2002 年就职于上海工程技术大学艺术学院。2004 年由学校推荐进入韩国 DONGSEO University Multimedia college 学习多媒体设计专业,主攻数字影像设计方向。2006 年取得 MFA 学位后,回到上海工程技术大学的中韩多媒体设计学院,现任数字影像设计教研室主任、副教授,主要担任摄影、数字影像设计的相关课程教学及科研工作。在高校工作期间,他多次在国内外杂志、会议发表关于数字影像设计及设计文化研究相关的学术论文。摄影及设计作品多次在韩国、日本展出。曾参与2010年上海世博会能源馆视觉设计项目，先后出版《摄影与摄像基础》《数字拍摄基础》等高校设计专业教材。

曾祖父在文化教育和书画艺术上的造诣与成就，祖父在治学方面的勤奋和严谨，一直都是他钦佩并且一直在努力学习的榜样。正因为此，他一直在设计及影像设计的教学、研究中努力把优秀的传统文化融入进去，并且一直在这个方向和领域执着探索和研究，有了不小的进步。

三十八、理 学 思 想

机 器 劫

　　"我二十岁以后，正西学渐盛之时，士大夫往往以讲求新学为趋时之要务，或附会经传以明所学之非外道。然我总觉其所言者未必是，而又不能直指其非，姑妄听之而已，未敢盲从也。""熏染既久，渐有明机。人争言西学之长，我乃兼悟西学之短。"这个"明机"就是"科学是根据于气，以为人类造劫"。因此他创新性地提出"机器劫"的哲学命题。

　　1922年，刘尔炘在《全陇希社立国文讲习所第一班学生毕业训话》中说："迨至机器发明而后二百余年来，驱役万物，驰骤乾坤，倒海翻江，升天入地，一日千里，不可思议。于是因新技艺而有新器物，因新器物而有新社会，因新社会而有新政治，因新政治而有新国家，物质文明遂造成了一个新世界。""所以近世欧美学说都是机器产出来的，都是跟着物质文明的旺运，随波逐流地讲来讲去，都以人类的欲性为本位了。欲性即荀子说的'性恶'之性，宋儒说的'气质'之性。合世界人类千里万气，终日讲究助长人欲的学说，这人类不灭绝么？所以为百余年来世界少数人造最大幸福的是机器，为千年万年中世界多数人造最大奇劫的也是机器。自欧战发生以后，人类所受的痛苦，当名之曰'机器劫'，这'机器劫'是个大劫,过此一往,世界的人若不同心同意的挽回这个劫运,恐怕这欧战还是个小事,还有个大祸在后头哩!"无独有偶,几乎在同一时间,民国学术巨擘梁启超也将一切物质化和"科学万能"论称为西方物质文化中的"毒"。如果不是2020年全球横遭新冠肺炎的肆虐,世人很难看清在"物竞天择,适者生存"思想下依靠科技发达起来的欧美国家,无视生命的神圣而采取"群体免疫"、"老年病人放弃使用呼吸机协议"等赤裸裸的"要钱不要命"的价值观,而这种灾难就是欧美国家只利用科技追求经济,无视天谴与报应,可谓是自食其果,当是最名副其实的"机器劫"。

1924年,刘尔炘在修葺一新的"万源阁"上撰联"向五大洲中静观,日后群伦那个能逃机器劫;在数千载上便忧,天下来世而今枉费圣人心",再一次将其观点昭示世人。刘尔炘说:"岂知近世改造世界之物质文明,科学生之,机器成之,其精神作用皆与吾国圣人宗旨两不相容。物质文明从欲者也,吾圣人之学从理者也。合全球万国之人,日驰逐于从欲之途,则吾圣人之道尚有容身地乎?故他日吾圣人之道之行与不行,关乎人类之幸与不幸,而人类生机被机器侵夺日进不已者可断言也。"(《兰州五泉山修建记》)

刘尔炘的"机器劫"之说,揭示了以机器为代表的西学、科学和物质文明的哲学根源,那就是西学助长了人的"利欲"之性,如果这种趋势不能得到有效的制止,就会毁灭人类。刘尔炘"机器劫"之说的背后,是对西学根源的探明。"确然认明科学是根据于气,以为人类造劫。"

西学以"尊生"为主旨,以"乐利"为目的,必然会导致无序竞争而为人类带来灾难,特别是依靠科技而制造的杀人武器,给无辜的生民带来了灭顶之灾。"科学化以进步为特长,纳世人于嗜欲攻取之途,争夺不已,杀运斯开。杀之以火器而不足,则继之以毒气;杀之以毒气而不足,则继之以电气。人类之生活,既夺于机器,又夺于兵燹。化世界为饿乡,则拥如山如阜之金钱,挟升天入地之技巧者,即幸能独存,果何所乐乎? 故科学化乃趋混沌之妙术不能矫正者也。"(《拙修子太平书》)故而刘尔炘用了"机器劫"这一重磅语词,以使世人觉醒! 科技成果确能改善民生,这是不争的事实,刘尔炘就曾发出过"救世经纶何处是? 苍生先要不忧贫"的感慨。然而,片面追求物质文明(气)便会导致道德(理)沦丧,而空谈孔学之理亦"必致萎靡不振",科学可以纠正孔学"萎靡不振"而造福于人类,这正是刘尔炘所谓的"非气有不善,实不善之皆由气而生也",不是科学不好,而是一切的灾难都源于盲目走偏。如此看来,关键要看能否找到二者的平衡点。

至1926年,刘尔炘终于找到了解决"机器劫"的方案,那就是"以理驭气"学说。

以 理 驭 气

蜗居西北边陲,"未走过外洋,亦未读过外洋书"的刘尔炘却通过"听人言论,浏览报纸,而外洋情形、西学径途能得其要领",在圣人的堂奥里,"于吾孔子之学,愈识其真,以分清理气,为衡量古今中外学术、治术之权度,如鉴照物,是非邪正不能遁形"。"确然认明科学是根据于气,以为人类造劫。"决定"举头天外,高出世表,另起炉灶,从新鼓铸",找到了平衡中西学术的点位,这就是"以理驭气"的学术思想。其实,刘尔炘想写一本能流传后世的学术著作的念头,早在1906年前后就向好友王海涵吐露过心声,经过二十年的深思熟虑,至1926年已水到渠成。

这一年,年逾花甲的刘尔炘在《日记》中写道:"余自弱冠即好研究学术,年逾六十始能以'扶理抑气、真实无妄'八字为宗旨,觉身之所以修、家之所以齐、国之所以治、天下之所以平,皆不出此八字外。"又说:"余晚年所悟圣人造天、机器造劫之说,曾于序《甘肃人物志》时约略言之。此段议论关系世界安危,于古今中外政治学术中独发挥吾国圣人之道为最优、最善,自信是从来尊孔教谈国故者眼光所不到,非条分缕析著为专书,不足以使阅者醒心豁目。惜精力已衰,书之能成与否,甚不可必,而时势之危已有朝不保夕之险,可胜慨哉!"为了对自己穷一生之精力、积一生之学而悟得之"以理驭气"学说进行"条分缕析",刘尔炘毅然终止了坚持了三十年的日记。至1931年刘尔炘谢世前,"以理驭气"的学说终于以《拙修子太平书》的出版而公之于世,刘尔炘无比欣慰地在其《遗言》中说道:"我孜孜求学,辛苦一生,至是乃有真得矣!如开矿之得矿,如凿井之见泉,吾之学可有成矣!""我前年大病时若是死了,还是个学而未成的人,今幸《拙修子》著成,独立人间,卓然为一家学说,虚生之憾,庶几免乎?"

"以理驭气"是解决"机器劫"的有效方案,"使理常胜气,则东西学术水乳交融,世界人类之太平自此而开"。

刘尔炘认为,朱熹所谓"天下未有无理之气,亦未有无气之理","理未尝离乎气"、"理一分殊"、"万物皆是一理"、"即物穷理"的观点。在西方新学、现代物质文明以及列强战争侵略政策面前,于"理"极为不利。从现实看,笼统地说"即物穷理"会煽起人类欲性,西方新学正是穷研"物理"、助气逞欲,才搞得人欲横流,争斗不息,酿成欧战惨祸的,况且那些侵略者将助气逞欲的惨祸强加于无辜者,能说侵略者"未有无理之气"吗?从理论上讲,理有两种,在学术上有"物理"与"天理"、"伦理"之分。"即物穷理"的"理"是"物理",不是"天理"、"伦理",说物理"未尝离乎气"可以,说"天理"也"未尝离乎气"",岂不是否认"天理"的本体性或本原性!学术上如果不分清"物理"与"天理"、"伦理"的区别,那就是动摇基础,扰乱自家阵脚。朱熹的哲学的确存在二元论的倾向,在理气关系上说了一些不能自圆的话。只有将天理与物理分开,明确物理就是气质运行之理,本质是属于理学中的"气"的,而天理乃是中学传统的大本,是统衔物理伦理的根本哲理。刘尔炘正是在这个高深的层次上,下了这番净化"天理"的功夫。同时,刘尔炘又从《中庸》之"喜怒哀乐之未发,谓之中;发而皆中节,谓之和。中也者,天下之大本也;和也者,天下之达道也。致中和,天地位焉,万物育焉"中窥见圣人堂奥,气是可以用理来节制的。因此刘尔炘认为朱子所谓的"存天理,灭人欲"的观点,是走向了极端,是虚伪的、不切合实际的,遂将其改造为"以理制欲"。

然而,理学基本范畴是理气关系。理是精神性本原,是派生万物的最高范畴,气是由理派生出来的极细微的有形物质,是第二性的。人欲则仅仅是气之多样具象中属于人类的一类具象,严格地说,不能作为哲学基本范畴与理相对,只能作为伦理的基本范畴与理相对,而伦理范畴的矛盾,只有从哲学基本范畴的关系上找到根源才能解决问题。况且西方学术特征之一的"助气逞欲",其欲性的根源在于受天演之自然规律支配之气,造成"人为气役"的局面。因此,在继续研究中,刘尔炘发现,"以理制欲"不够根本,必须提高到哲学高度从根本的理气关系上解决问题,使之既能统一中西学术,又能作为治理天下的总原则,遂有"以理敌气"、"扶理抑气"、"理气合一"、"以理制气"等等提法的比较思考,而最终定格为"以理驭气"。

刘尔炘的这一思想,实在是理学史上的一大独创。既维护了"天理"的至真、至纯、至上性,又承认了科学技术的进步性,同时也批判了片面运用科技的局限性与危害性,以刘尔炘自己的理解和方式方法总结了世界动乱和民族危机的根源,提出救治的理论。中学与西学，以明体达用为原则，在理气关系的高层次上得到立体交叉的统一，刘尔炘的融中西学术于一炉的工作获得了决定性的成就。较之于梁启超所谓把西方的物质文明与东方的精神文明合二而一，将西方的个性解放和中国的"人格修养"融合起来，把自由竞争和"互助"主义结合起来，把中国的民本主义与西方的代议制度混合在一起等"中西文化互动的思想"，刘尔炘的"以理驭气"则更为具体。

《拙修子太平书》扉页

《拙修子太平书》虽以"书"名，其实就是一篇较长的理学论文，共八千余字。文章采用"寓言"体裁，假借借翁和拙修子、借翁与乌有公之间的二十五对主客问答，将主题层层展开，故书原名《太平答问》。"借翁"代表当今士人的疑惑，拙修子则是作者的托名，"乌有公"是未来的见证人。

尚乐林在《论刘尔炘的中西学术传统比较研究》中曾对《拙修子太平书》的核心问题进行了较为全面的总结：

1. 提出问题：观今日世界，"人类皆处处有不可终日之势，而东亚之灾尤救不胜救"，祸机隐伏，所在皆然，难道竟无重见太平之日吗？

2. 分析趋势：刘尔炘认为，当今交通日便，武器日精，人类不能化除国界,抱生存竞争之说,有进无休。如此下去,恐因生存竞争升级,而致同归于尽。所以欲求世界之太平,当在化除国界之后,但这至少亦须千年。千年之内,或因时会所关,或因地理所限,可有局部暂时之苟安,应有之太平则难言。

3. 究其根源:刘尔炘认为,人类社会趋向,关系学术甚大:"学术之本于气者胜,则人事日趋混沌;学术之本于理者胜,则人世可望还醇。"然而理气之辨,并非同层并列、可以任选其一的关系,而是上下主次分明、不可分离倒置的。本来"切于人事之宇宙观,理气二者而已。太空,一积气之区也;气之自然而然不得不然者,即理也。"理乃浑然不杂、纯粹无疵之物,人得之便秉承好德之良,是为先天,亦即孔子所谓的"太极"。太极一动,生机便开,旋转运行,瞬息万变,即气之运动,即人类参差不齐之气质之所由来,是为后天。学者当本诸先天之理以驭后天之气,使气统于理,不致妄行,在自然界则气数不致于累天而理长伸,在社会则气质不致于累人而性自善。可是自奈端(即牛顿)以来,科学家所得之真理,实乃从气之灵觉处得其奇妙变幻之机,并非先天浑然纯粹之真理。气之科学一旦脱离天理人性而流行,则气数用事,而先天之理退处无权,导致社会气质用事、人欲横流,而先天之性若存若亡。所以理之或显或晦,致使人世之治乱兴衰,都根源于社会所本之学术性质。

4. 社会现状:当今欧美社会,正为本气学术所统治。物竞天择之论风行,以其合于情欲之私,人们极为乐意接受,只顾享受,不分贤否,盲目推崇科学万能,提倡征服自然,嚣嚣然奔走于纵欲之途而不知返,从事于逐气而无暇顾及道德之存亡。教育以优于生存为重,衡人以富贵机巧为佳,尊奉强权,贵以势胜,导致机诈好争,见利忘义,人情浇薄以至于为我而不惜害人的社会风气。为此社会竞争日烈,国家战备日精,谲诈权奇之术日进,危机隐伏,动辄刀兵相向。"杀运斯开，杀之以火器而不足，则继之以毒气，杀之以毒气而不足，则继之以电气"，集团相杀而致于邻邦相杀，数国参战而致于全球大战，此种态势，由三百年来本气科学片面蔓延，为全世界造成无数痛疮，已到百孔千疮、更迭无已之候，非经极大惩创，受尽切肤之痛而不知改弦易辙。

5. 理想途径：片面的物质文明既会导致道德沦丧，空谈孔学之纯理亦必"致萎靡不振"，唯一理想途径，便是"以理驭气"，"以孔学化驾驭科学化"。首先循理以造天造士，其次以性理精义制约科学技术指向，最后"发明以气制气之方法，以辅孔学化之不足"，造成"和风甘露，芝草瑞木"之"还醇时代"。其细节是利用国家权力，推行人道主义之孔学。孔学实即"人学"，"人学之要务在'造君子'，'君子者，储为国家任用之者也。'君子是日后各级当权者候选人，故必于为学之始便事之本，否则达而在上，凭权借势以逞一己之私，生灵有不涂炭者乎？"造君子亦即造社会风尚。教育应以别禽兽为要，衡人则以贤德仁义为佳，社会尊崇善类，贵以理胜，尚让推诚，人情醇厚，以致可以舍身取义，杀身成仁。造成如此社会风尚，亦即造天之成功。君子之风盛行于人间社会，科学造劫之势必然为君子控制扭转。所以，习科学者必先习孔学，研究气本学术者必以理本学术为指南。这样下去，便"有孔学与科学合为一家之神悟而发明中和素"。中和乃孔学之大本、达道，素乃科学发现之元素。以中和素为元质，又取物质中极能解毒之品，通过电力化合成一种轻微之气，此气流行，遇有不正之气则化之；化尽则转化他物，直到去地二三十丈之空气纯粹洁净，五贼不再逆行，毒物无由而生，人类不再有凶恶不正之气可感染，于是人类秉受先天之性易于发扬，孔学化亦易于推进，世界便走向太平境界。从此以后，"非深有得于孔学者不许习物质科学，科学家遂不复有助气造劫之思想，此东西学术之合一，即造天学之成功，所以开万世之太平者也。"但是,这个理想途径要到公元三千三百年,经过惨极之战祸,世界日趋混沌之时,才在觉醒了的子遗者中渐渐推开,在此之前,这番言论乃是逐气逞欲者极不愿闻的,他们"不笑为痴愚,必斥为痴语"。甚至刘尔炘自我解嘲地说:"然余独不可为桃花源、乌托邦之梦想耶?"

刘尔炘还特别提出:"今后之太平,非一国所能独致者也,不合全世界以观,能下断语乎?"这里已经蕴育着一个更大的"世界大同"的设想。

遗憾的是,刘尔炘的这一无"虚生之憾"的学术发明,在地处天末的陇原士人圈里并没有引起很大的共鸣和反响,士人们所津津乐道者仍是刘尔炘"能融宋明学术归于实用,所经营地方事业率能实惠及人,其局量扩远,常以天下为己任,非空谈性命者所可比拟"(《甘肃通志稿·民族志》)的事情,其"举头天外,高出世表,另起炉灶,从新鼓铸,方足以救今日之中国"的"以理驭气"学说似乎成了阳春白雪一般,和者甚寡,以至于王烜有"吾党于先生所谓'以理驭气'之方,更无能进一解、赞一辞者"之感叹。我们相信,刘尔炘这一智慧的光芒,在人类步入"命运共同体"的今天,必将会得到越来越多有识之士的关注。

三十九、身后评说

　　民国二十年（1931）11 月 18 日 22 时许（辛未年十月初十日亥时），刘尔炘终于没能抗过病魔，离开人世。

　　这一年，兰州的冬天似乎来得格外早。还不到小雪，皋兰山上的红叶凋落，黄河河面上已经结满了小小的冰凌，金城的人们已经裹上了棉衣，行色匆匆。平日里喧嚣吵闹的马牌坊巷里，这一夜显得格外安静，万籁俱寂，只有五泉山寺庙里传出的沉闷钟声，才提醒人们此时已到深夜。拙修山房里，昏暗的灯光下，刘尔炘的亲友、弟子和家人们或默然静立，或向隅掩泣，或打理衣被。刘尔炘安详地平躺在炕上，虽因患失血症而脸色苍白，但骨相依然庄严，"貌似王文成公"（诗人王永清语）。一向重生不重死的刘尔炘面对死亡仍谈笑风生，对亲人们说："你们看我是怎么死的！"在弥留之际，在难以接续的微弱气息中，弟子谈凤鸣记录下了刘尔炘离世前的最后一首诗，也是刘尔炘一生无悔的自我告白：

> 回头六十八年中，痛痒相关与世人。
> 今日抛开躯壳去，权将热血洒红尘！

　　儒家的宗旨是入世救世，胸怀天下，心系苍生。刘尔炘一生都在为身边黎民百姓的安危、生存和发展而奔走着，刘尔炘的一腔热血都洒在了陇原大地上。

　　刘尔炘逝世的消息，随着凛冽的寒风，迅速吹遍了金城的大街小巷，传到了陇原大地。兰垣各界人士，皆来吊唁。丧葬的费用多由亲友们解囊资助。秦家是多年至交，特送十块银元的厚礼。刘尔炘有"不做佛事，不设道场，待以家常便饭，特以饮酒为大忌"的遗言，丧事虽简却不失隆重。简单的是排场，隆重的是人们崇敬的心情。七日后移柩于五泉山麓层碧山庄。十二月底安葬于东川珠子山茔。自发参加送葬的人群，将中山铁桥南至西关十字，再到马牌坊的路挤得水泄不通，灵柩经过的商铺及住宅门前，各自清扫得干干净净，还摆设香案果品。青年人抢着抬灵，队尾人群中有衣衫褴褛、面容枯槁的贫民，有足蹬麻鞋肩挑水担的苦力，还有满身尘土、以泪洗面、泣不成声的老农。有人好奇，哪来的一帮穿着相似的老农？经过攀谈，才知道几位农民来自一百多里外的皋兰北山方家坡，他们赶了十几小时夜路前来送葬。这些农民都是在荒年吃过丰黎义仓的舍饭才保住了性命的，他们牢记着刘大人的恩德。

　　笔者推想，像刘尔炘这样一位德高望重、声震陇原的名宿大儒，逝世后各界人士的悼念盛况，报刊等媒体一定会有连篇累牍的报道。于是便去甘肃省图书馆历史文献室查阅相关文献。令人惋惜的是，当时兰州仅有两种报刊《西北日报》和《甘肃民国日报》，文献室里保存的最早胶片都是1933年以后的。正在失望叹息的时候，发现《西北新闻日报》最早的一张胶片上——1931年12月29日——居然刊登着二则有关甘肃军政界官员悼念刘尔炘的报道。12月29日，这已经是距刘尔炘逝世四十天之外了，尚有如此"盛况"，那此前的情形就可想而知了。其实，仔细研究《西北新闻日报》的报道，还真大有文章。

　　报道说："本省宿儒刘晓岚先生自上月因病逝世后，各方要员、名流吊挽致祭者络绎不绝。兹悉省府委员长兼甘肃宣慰使孙蔚如、中央新编十三师师长陈汉卿、兰州警备司令杨子恒及本市各机

《西北新闻日报》1931年12月29日报道

关、法团领袖、在野名流等数十人,特于本月二十七日又复前往五泉山层碧山庄晓岚先生灵前祭奠,以表敬慕。直至下午四时许始散。""各方要员、名流吊挽致祭者络绎不绝",证明了笔者对金城悼念刘尔炘"盛况"的推断,而这一次以"省府委员长兼甘肃宣慰使孙蔚如"为代表的祭奠团,则无疑是级别最高了。不仅有甘肃的最高军政长官，还有"本市各机关、法团领袖、在野名流"，具有广泛的代表性，而且"直至下午四时许始散"，持续了较长的时间。综合上述情况，这不就是一个隆重的追悼会吗？况且，在此之后第二天、第三天下葬，时间依然还在12月。

另一则报道"兰州警备司令杨子恒文吊刘晓岚"。现将其抄录如次，姑且将其当作当时各界对刘尔炘的盖棺定论吧！

"呜呼！兰山巍巍，黄河洋洋。笃育贤哲，为国之光。彭城遗泽，厥后克昌。敏而好学，慧根是否。经史子集，过目不忘。乃登科第，显亲名扬。立朝为政，多所济匡。退居讲学，树人梓桑。民国肇建，益慎行庄。惟日百善，举靡不躬。曩春秋佳日，山水徜徉。希贤希圣，行表言坊。抱道思存，著为文

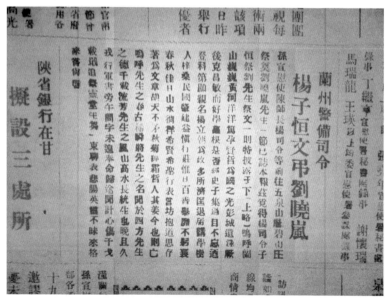

《西北新闻日报》1931年12月29日报道

章。胡天不矛,秋菊经霜。哲人其萎,今也则亡。呜呼!先生
之春,古稀瞬将;先生之名,闻于四方;先生之德,千载流芳;
先生之风,山高水长。统生也晚,且久戎行,军书旁午,问字未
边。奉命归途,闻讣心伤。干戈载戢,追祭灵堂,生刍一束,聊
表悲肠。英灵不昧,来格来尝。尚飨!”

1934年5月,上海开明书店出版的《第一次中国教育年鉴》,
编入了时任甘肃省教育厅科长曹英为刘尔炘所作的《刘尔炘事
略》,这也是目前所见到的有关刘尔炘的第一份传记性文学,刘尔
炘因此而载入甘肃清末民国的教育史册。

1935年10月20日,在刘尔炘逝世后的第五个年头,宁夏省主
席马鸿逵以十五路军的名义,在五泉山蝴蝶亭为其铸立了铜像。
这是自刘尔炘逝世后社会追思的一件大事。

据当时的《甘肃民国日报》报道,10月20日(星期日)上午九
时,在五泉山举行刘尔炘铜像揭幕礼,参加者有政府官员、省立中
学学生及市民共二千余人,极一时之盛。甘肃省主席朱绍良,省府
委员田某某、教育厅厅长水梓分别致辞。宁夏省教育厅厅长童耀
华代表马鸿逵致辞说:“他的道德学问的高尚,眼光的远大,以及努
力公益事业的成就,实在是西北的模范人物,我们更可以大胆地
说,西北的文化,如此进展,以刘先生的力量最大。马主席多年来
为国服务,受到刘先生人格感化最大。所以,为纪念刘先生伟大的
成功,才偕同十五路军建造铜像。在铜像揭幕礼的今天,希望西北
同胞,永远以刘先生作我们为人的榜样。”

甘肃省府主席朱绍良致辞说:“考察甘肃过去历史,社会正气
犹未消沉者,率皆刘先生之赐也。因有刘先生的道德学问,西北文
化基础乃巩固建立,悠久不灭,其有功于世道人心者,何等重大。”
如今,我们听他们所讲,都是中肯之语,毫无虚浪之词。

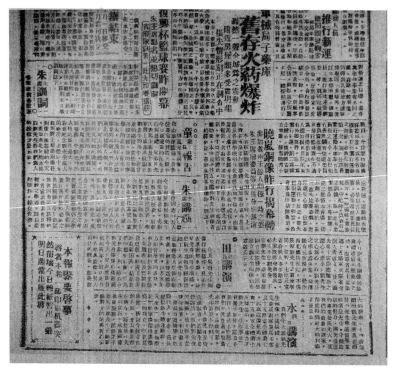

《甘肃民国日报》1935年10月20日报道

甘肃省教育厅厅长水梓,是刘尔炘执教高等学堂时的高足,在致辞中对有人说刘尔炘"守旧顽固"的言论予以抨击:"他不但不是个守旧者,而且还是一个最有道德学问的现代人。就拿(蒋)委员长提倡新生活运动说,刘尔炘对'明礼仪,知廉耻'、'简单、清洁、朴素、整齐'的功夫,作得最透彻。所以,今后甘肃的人民,尤其是甘肃的青年,极应效法先生的言行,来为国家、社会服务。"

铜像揭幕仪式大约进行了一个来小时,于上午十时左右结束,为了给隆重而热烈的揭幕仪式助兴,组织者还特地安排了戏剧演出,在当日中午一时许开演。

铸立铜像事件之所以影响深远,还与当天发生的市区子药库爆炸事件有关。让人意外的是,就在五泉山的戏剧演出高潮迭起的时候,下午三点来钟,本市下东关子药库发生了爆炸,而子药库的西面,就是省立一中、省立第一师范、甘肃省织呢厂、乡村师范、兰州气象测候所等单位,由于当天正值礼拜天,各学校的师生和单位职工大部分都去五泉山参加铜像揭幕仪式或看戏去了,所以大大减少了事故的伤亡程度。事后人们都说:"刘大人死了还在保佑

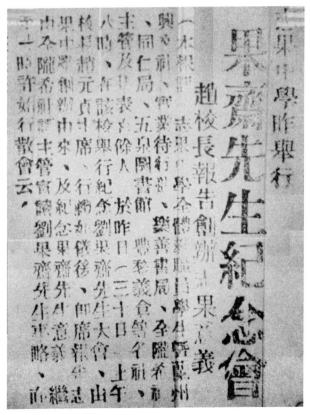

《西北日报》1941年3月30日报道

着地方百姓啊!"刘尔炘一生痛恨战争,军火库爆了,但未伤民众,又销毁了武器,这两个看似风马牛不相及的事件,其实有着深层的关联密码,难怪至今仍在兰州的老辈人中流传。

1940年,刘尔炘的高足赵元贞创办"志果中学"于兰州府文庙,以示纪念和传承恩师的教诲。1941年,在刘尔炘逝世十周年之际,赵元贞于3月29日在本校举行了隆重的纪念仪式。1941年3月30日,《西北日报》以"志果中学昨举行刘尔炘纪念会,赵校长报告创办志果意义"为题报道:"志果中学全体教职员、学生暨兰州兴文社、实业待行社、乐善书局、全陇希社、同仁局、五泉图书馆、丰黎义仓等各社主管及代表百余人,于昨日(三十日)上午八时,在该校举行纪念刘尔炘大会。由校长赵元贞主席行礼仪后,即席报告志果中学创办由来及纪念刘尔炘意义。继由全陇希社主管宣读刘尔炘事略,直至十时许始行散会云。"该报同时刊登报社编辑的《刘尔炘事略》。

1944年3月27日,《甘肃民国日报》又刊登陇上著名学者李孔炤的《刘尔炘事略》,其文篇幅宏大,一定会有有价值的资料,只可惜因为年代久远,报刊字迹斑脱,难以辨认,引以为憾。

1945年,地方政府将鼓楼南改名为果斋路,作为对刘尔炘的永久纪念。

1947年前后,已年逾古稀的靖远进士、著名书画家范振绪落足兰州,想了解刘尔炘后人的状况,通过一位靖远生意人的牵线,范振绪在其寓所见到了刘宝厚。刘宝厚老师回忆说,我当时也就十五六岁,蒙蒙顿顿跟着生意人到了范振绪家。范振绪显得十分热情,仔细地打量着我,频频地点着头。范振绪说,太史大人名震陇原,士子学人闻之,无不如雷贯耳!我在中举之前未能有幸拜谒,求得虚名之后又四处漂泊,至太史归于道山亦未曾谋面请教,深以为憾啊!今得见你,如面太史,身心康健,足以慰祖。临别时,范振绪兴致勃勃,展纸泼墨,写就一副七言对联赠我,上款题曰:"宝屋世棣属正。"联语为:"欲向钱塘访圆泽,闲说滁山忆醉翁。"落款:"禹勤范振绪,时年七十五岁。"范振绪的这副对联是集苏东坡《过永乐文长老已卒》中"欲向钱塘访圆泽"和《小饮公瑾舟中》中"闲说滁山忆醉翁"而成。圆泽是唐朝的高僧,与其友李源成就了"三生有幸"的典故;醉翁,自然是宋代文坛领袖欧阳修了。或许范振绪是想借此表达对刘尔炘这位陇上文坛名宿的崇敬之情吧!

在刘尔炘去世之后,许多生前知己、友人、门生,用深情的笔墨,寄托了对刘尔炘的无限追思。

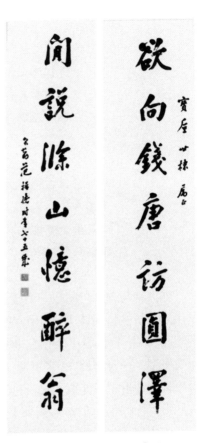

范振绪楷书《欲向闲说》对联

陈天锡(1869—1951),字晋三,甘肃文县人。光绪三十年进士。授云南禄丰县知县,因耳疾未得莅任。辛亥革命后寓居兰州,在兰州师范、兰州中学、兰州女子师范任教二十余年。著有《涤月轩集》《爨余集》《甲后吟草》等。《陇右近代诗钞》(路志霄、王干一编纂,兰州大学出版社1993年第1版,第159页)收录了陈天锡的二首《挽五泉山人刘晓岚先生》的诗作:

一

天不慭遗老,西州失典型。

一身担道义,半世薄浮名。

淑气兼春夏,灵山托死生。

幸能留老眼,得见蚌珠明。

二

乾坤落落四无邻,太史星孤远俗尘。

生谢人怜终谢吊,不烦冷泪哭山人。

运厄潜龙莫济屯,闲身惟占一峰尊。

眼前何物延君爽,一掬山泉荐墓门。

陈天锡与刘尔炘同在一个城市近三十年,相知相识是肯定的,单从刘尔炘去世后陈天锡能作诗悼念,足以说明陈天锡是将刘尔炘学品、人格看在眼里装在心里的那种实在人。"天不慭遗老,西州失典型。一身担道义,半世薄浮名"这两联,就是对刘尔炘一生最中肯的评价;"幸能留老眼,得见蚌珠明"则是对刘尔炘"好人终有好报"老来得子的祝福,读来十分的温暖。

王永清(1888—1944),字海帆,号半船,一署办船,甘肃陇西人。《陇右近代诗钞》介绍其生平说,先世本业农,曾祖芝田,以官巩昌营经制,始移居城区。海帆幼慧敏,喜读书,七岁入塾受章句。及年十二,作三国论数千言。为乡贤马月楼(生平不详)进士所激赏。十四过书肆,见姚氏《古文辞类纂》,悦而购归,自谓有所心得,文乃大进,课试常冠其曹,一时有才子之目。宣统元年,二十二岁考取优贡,庚戌朝考,以参军分陕西补用。入民国后,历任华平县(即宁夏泾源县)县长、甘肃省通志局分纂、甘肃省政府秘书主任等职。著有《梧桐百尺楼诗集》等五部著作,生前均已定稿,可惜未刊行。刘尔炘逝世后的1935年，王永清作《有念刘果斋尔炘前辈》二首：

一

天西孤迥一楼寒，莫挽江河既倒澜。
壮岁还乡非慕隐，终身绝口不言官。
陶镕汉宋成千古，感慨兴亡总百端。
莫认刘因枯槁死，文成骨相我曾看。

二

三斗撑胸血模糊，未能用世世知无？
尝忧吾道终横议，岂料今时失大儒。
微抱一生惭我尚，清才两字愧公呼。
年来师友凋零尽，谁是中流吾党徒？

以诗人、学者著称的王永清当属刘尔炘的晚辈后学，在王永清眼里刘尔炘可谓是高山丰碑。步入不惑之年的王永清十分幸运地成了刘尔炘晚年的忘年交，他十分肯定地说，刘尔炘去世时的形象正像王阳明。"颜面狭长、嶙峋突兀"是民间流传的王阳明神像的基本特征。因为王阳明是大理学家、心学集大成者，被誉为"中国的最后一位圣人"。而刘尔炘因长期患"项瘿"之病，破裂出血，流血不止，最终血竭肉脱，再加上本来狭长的脸型，不就是一个活脱脱的王阳明吗？理学家吕东莱所谓"以学问变化气质"，刘尔炘终身以圣人之言行律己，修身一生，也算是对崇敬刘尔炘的人们一个满意的心里安慰吧！

在这二首诗里，王永清饱蘸浓墨，对痛失学界巨擘深感惋惜，发出"岂料今时失大儒","谁是中流吾党徒"的忧伤。

王烜(1887—1959),是刘尔炘最得意的门生,一生追随刘尔炘,师生之情谊笃深。助理刘尔炘赈灾,料理刘尔炘后事,撰写刘尔炘功德,不遗余力。

1931年11月,王烜在为刘尔炘守孝期间,以"效杜体"写下《挽刘晓岚先生五歌》,以诉其心中的悲伤:

一

湛湛薤露化冰霜,罡风飑起摧栋梁。
哲人云往心焉伤,斯文将丧天何茫?
呜呼一歌兮歌凄怆,河流浩浩山苍苍。

二

南山有蕨复有薇,生逢禅让与世违。
愿作太平幸民耳,太平不见将安归?
呜呼二歌兮歌当哭,足音跫然疑空谷。

三

座上春风曾几时,卅年杖履许追随。
闰欢集后寻蝴蝶,往事依稀梦见之。
先生遁世托文酒,因文见道道在斯。
呜呼三歌兮歌还泣,清光一逝那可挹?

四

已饥已溺古为徒,忧关天下乐与惧。
嗷鸿满野赖有此,故老兴言涕沾襦。
呜呼四歌兮情未已,挥泪但付东流水。

五

铁肩担道道无忧，广厦储才才不愁。

侧身今古独惆怅，谁能一辞赞拙修？

微言中寓大同世，南华秋水寻庄周。

呜呼五歌兮中心苦，天清地旷杂风雨。

料理罢老师的后事，王烜即作《刘果斋先生事略》。2018年的盛夏，经友人介绍，在一个收藏家家中，笔者见到了王烜《刘果斋先生事略》的手迹，是一本三十公分见方的册页。别开生面的隶书，斧劈刀削般的功力，让人叹为观止。《刘尔炘事略》是现今了解刘尔炘生平事迹的极其重要的文献，此后王烜又写成《刘果斋先生德教碑记》一文，《德教碑记》以颂其教泽为主，内容有前文所不备者。《德教碑》写成之后，即由刘尔炘的另一门人杨巨

王烜书作手迹

王烜书作手迹

川隶体书丹，勒石成碑。碑文共21行，满行42行，余行29字。实物已不存。拓片纵1.81米，横0.74米，据传甘肃省图书馆有藏，遗憾的是，笔者查遍电子及纸质目录，均未能如愿。王烜的《事略》《德教碑记》是后世研究刘尔炘的主要文献，不能遗漏，现录在此：

《刘果斋先生事略》

先生姓刘氏，名尔炘，字晓岚，果斋其号也，又号五泉山人。清光绪己丑进士，官翰林院编修。居京师数年，不谒权贵。见清季事无可为，遂归不复出。主五泉书院讲席，导后进以实学，每令读《李安溪集》，盖先生之学，从安溪入朱子，以窥见圣学渊源。更能独抒己见，而不泥古说。尝自言年三十时，于疾病忧患中读《大学》，忽悟书中所说皆是我身心之事，将书自书人自人旧习打破，书与我合而为一，自此心源日辟，返之于身心，征之于人事，验之于天地万物，而不以读文章者读经书矣！值清廷变法，甘督崧蕃素重先生，聘为高等学堂总教。先生谓学贵通经致用，乃撰《治经条例》，作《劝学迩言》。及门多敦品励学之士，而先生又勖以士不可以不弘毅，当任重道远也。光绪末，以大祀崇祀孔子，护甘督毛庆蕃以重新文庙事，聘先生董其役。先生经营擘画，详稽典制，一时礼乐咸备，识者题之。更以余资立修学社垂久远。毛公尝谓："时流骛西学，仅得其形貌，而于固有之国粹反多遗弃。"乃就商于先生，倡办存古学堂，会毛去甘，不果。辛亥革命起，总督长庚离省，以兰垣防务属先生，募城防兵数百，曰"志果军"，地方乃以安。共和告成，遂遣散之，不欲复问世。袁项城专国时，任以甘教厅长，先生力拒之。然睹四方多难，眷念乡邦，每慨然以忧。其识虑往往出人意表，事前所言，事后多应如响。

张勋伯巡按来甘，重其名，遇事多所咨询。先生虑人将失学，倡办省教育会，又言于当道，拨款立甘肃图书馆。庚申，陇上大地震，陆仙槎督军至兰，请先生办义赈，募款逾三十万，陇东南灾区赖以有济。宣统大婚之典，海内多有供献，先生与安晓峰侍御皆与焉，时人服其高义。陆督尤重先生，称为逸民，有大事每就见之。然先生以退隐之身，不与闻政，而于地方事则孜孜焉，谋有所以树立，谓既生斯地，不可无益于斯人。于是募款以工代赈，兴修五泉太昊宫，附祀历代乡贤，以启迪后进；创事业代行社、丰黎义仓，以裕民生；设乐善书局，以备印陇上前贤著作；又设全陇希社、五泉图书馆，复兴皋兰兴文社及同仁局。凡关于文化与慈善者，皆究心焉，一时名闻海内，皆先生躬行实践，有以致之。至于功在地方、弭患于无形者尤多。盖其至诚感人，虽狡猾不轨之徒，当机片言无不潜移默化，吾乡之频免于糜烂者此也。每叹世道日非，欲立言救世，乃著《拙修子》，以理气盛衰，为人心邪正、世运消长之枢，谓世界人类争尚奇巧，恃强凌弱，当遭浩劫；苟能正本清源，创以理驭气之方，使理常胜气，则东西学术水乳交融，世界太平自此而开云。其平昔著述甚多，有《果斋一隙记》《(易诗书春秋)喙经日记》《春秋大旨提纲表》《果斋日记》《果斋前集》《续集》及皆刊行。殁后乡人私谥曰"文毅"，入祀皋兰乡贤祠，并铸铜像，设专祠于五泉山麓，以志弗谖焉！

《刘果斋先生德教碑记》

先师文毅刘果斋先生，清逸民也，以学行重于时。光绪间官翰林院编修，不事干谒。见清季事不可为，浩然归里，惟一志于学。先生名尔炘，字晓岚，号果斋，取果能此道意。爱五泉山水，又号五泉山人。文毅，其私谥也。初先生自都归，郡守周公景曾以先生前长五泉书院,课士有方,复敦延主讲,时光绪二十四年也。课诸生业,务崇实学。书院膏火固绌,贫士每困顿,乃拔其尤者重奖,以鼓舞之,一时负笈者向风。恒教以读有用书,谓勿以雕虫技自域。又令人读《李文贞公集》,盖先生之学,从安溪入朱子,故亦以教人也。值清廷变法,废科举,各省立学堂教士。甘督崧蕃素重先生,聘为高等学堂总教。先生曰:"学贵致用,而致用在通经。"乃撰《治经条例》,俾学者守之。自癸卯迄己酉,历讲《诗》《书》《易》《春秋》诸经,于是有《嘤经日记》与《劝学迻言》之作。门墙多敦行励学生,盖先生启迪之功也。皋兰兴学文社将以实兴资兴学,借重先生,先生慨然任其事,为综核资产,立两等小学堂,课程甚备,造士之多,与年俱进。又思有以禅后进,欲广储书籍,为讲贯资,刊行陇上名贤著作,以阐文化,遂设乐善书局。惟造端宏大,非可猝致,于是有《陇右轶余集》《皋兰乡贤事略》《甘肃人物志》诸辑述,不过微见端倪耳!晚著《拙修子》,融会古今,裁成中外。自谓"搜天地万物之根,抉为学出治之本源,开统一世界学术之先河",又谓"搜出科学为人类造劫之病源,发物质之蔽,揭学人之蒙"。

呜呼!先生何忧世之深且远也耶?盖其凤研程朱学,见道既真,鉴于外患内忧日迫,欲穷其所以。然知中学本于理,西学基于气,必能正本清源,创"以理驭气"之方,然后世界和平可望。此先生卓然独悟之学说,谓之教万世可也,岂徒吾辈数十百人已哉?然吾党于先生所谓"以理驭气"之方,更无能进一解,赞一辞者。披读遗编,曷胜感怆?先生器识过人,凡有所为,不计艰阻,必底于成而后已。素严毅,不苟笑言,而老来胸襟洒落,虽接后生小子几席间,光风霁月,聆其言者怿如也。昔吕东莱以学问变化气质,先生有焉!故虽从事理学,而不欲以理学名。生平不以尊朱尊陆自标,不以讲学自任,不以招揽生徒为事,其为教在远且大矣!先生之殁,及门诸子既相与为之私谥,奉祀于五泉皋兰乡贤祠;更推烜为文,纪先生教泽。窃读先生遗言,死后不欲人作志表传赞。况烜谫陋,何敢蠡测万一?惟念纪教泽与传志殊,爰就所知,撮其大凡,勒诸贞石,以志思慕。铭曰:

> 斯文欲坠天茫茫,陇有哲人扶其纲。
> 绝学范世垂光芒,五泉山高流水长。
> 三子祠畔春草芳,华族道统肇羲皇。
> 千秋一脉遥相望,闻风兴起来景行。

至1936年,虽离别恩师已五年之久,然而恩师的音容仍见羹见墙,芬芳依旧,春雨润泽。睹物思人,激起王烜无限的追思,即吟《和济州追念闰欢旧集刘果斋师及白宝千诸人原韵》:

> 皎皎白驹食我场,何人贤达似琴长?
> 蒹葭秋水伊谁在?桃李春风尚未忘。
> 梦得诗豪今绝调,乐天酒令旧成章。
> 年时剩有山林约,四皓采芝也未妨。

1948年,古稀之年的王烜为《刘尔炘年谱》定稿,次年春,由兴文社出资石印流布,为后世了解刘尔炘事迹的重要文献。

邓隆(1894—1939),是刘尔炘的诗友,亦是刘尔炘赈灾事业的协助者。1938年,邓隆重开“闰欢雅集”。且看邓隆的序言:“闰欢雅集,创自刘果斋太史。军兴以来,不举行者二十年。丙子闰三月,议复其事。适拙园牡丹盛开,乃邀徐益珊、杨巨川、王竹民、秦幼溪、谈瑞岐各同年,梓、张维二厅长,张建参政,蔺紫仙,对花饮

酒,追寻古欢,而刘尔炘已归道山,不复见圆矣! 率赋短歌,藉志其事。"诗曰:

> 忆昔刘郎主骚坛,时和岁熟民粗安。
> 良辰选胜招朋侣,雅歌投壶号闰欢。
> 无何陇上干戈起,奔走呼号废宫徵。
> 风流消歇且廿年,屈指老成半生死。
> 年来风雨稍应时,元气未复草木滋。
> 俟河之清知难必,偷闲应再把酒卮。
> 况兼三月花含润,三十余年又逢闰。
> 不及此时且行乐,坐看白雪侵双鬓。
> 吁嗟乎!
> 两鬓已叹白雪侵,花飞转瞬绿成阴。
> 眠琴松下弹孤调,珍重岁寒万古心。

张建(1878—1958),字质生,号梅林,甘肃临夏人。祖居陕西,元末迁居狄道,清乾隆时徙居河州。光绪二十三年(1897)中秀才,应循化参将之聘教其子。后至赶坡、唐汪川、蒙城教义学。知州杨增新选优秀生员入署衙读书,张建亦入选,并与邓隆等赁显庆寺僧舍,攻读学业。光绪三十三年(1907)游于四川之新宁、打箭炉、南充等地,为县令王典章、邓隆佐助兼课子弟。辛亥革命后返回甘肃。民国元年甘肃省临时议会成立,张建任秘书课长。次年,应宁夏护军使署马福祥之聘,任宁夏护军使署副官长,后任绥远都统署参谋长、绥远垦务会办、归绥清理地亩局长、绥远烟酒事务局长等职。后任北京政府临时参政院参政等职。民国15年辞官回兰州,居家不出。张建与邓隆相善,自然也与刘尔炘有来往,只是未见于文端罢了。看张建在邓隆重开之"闰欢雅集"中的诗作，就能体会到张建对老前辈的那份崇敬情怀。有序曰："丙子闰三月二十三日，邓德与招同王竹茗、徐益珊、杨巨川、水楚琴、张维、蔺子贤，复兴闰欢雅集于拙园，为第一集，以绍刘果斋太史诗社，为赋长歌，聊质同人。"诗曰：

> 果斋太史如山立，曾召同人为雅集。
> 逐月赋成闰欢吟，诗社群推牛耳执。
> 太史亡后六七年，风流云散忘结习。
> 每念遗民溯典型，古今岂讵不相及。
> 吾友邓侯擅风骚，相约共将坠绪拾。
> 座中尤钦王子安，诗册殷勤费编辑。
> 前辈威仪极精严，不容脱略头戴笠。
> 是时拙园花正开，香气向人襟袖袭。
> 春兼三月闰余成，闰欢故事征篇什。
> 嗟余绠短深难汲，对酒无言转于邑。
> ……

杨巨川（1873—1954），与刘尔炘亦师亦友，诗书唱和甚夥。刘尔炘逝世后，杨巨川与刘尔炘的其他弟子都为其后事而奔波。1932年《四月二十七日同人在五泉会商刘尔炘建祠事，归而赋此》的诗歌，便见证了这松柏般的师生情谊。

一

> 能贞允惠刘夫子，懦立顽廉百世风。
> 报德自堪杨左并，范金会见陇宁同。
> 山庄相度营层碧，花径徘徊踏落红。
> 泽被及门尤重感，五泉高处一碑丰。

二

夜台两载隔音尘，为道年来世更新。

机器通灵真浩劫，苍生堕业尽归贫。

忧时著作肝肠热，盖代胸怀物我春。

怅望中原重回首，可能泉下起斯人。

《孟子·万章下》云："故闻伯夷之风者，顽夫廉，懦夫有立志。"诗人故用"懦立顽廉百世风"来赞美刘尔炘的感化力。

袁第锐（1923—2010），著名诗人，诗词理论家。曾任甘肃省文史馆馆员，甘肃省诗词学会会长，中华诗词学会副会长、顾问。曾作《重游五泉山并怀刘尔炘》七绝四章：

一

胜日寻芳到五泉，葱茏山色足流连；

亭台掩映朝霞里，散落群星不夜天。

二

两朝辟世旧知名，词赋文章一世倾；

最是妙联三百副，浅斟禅理说人情。

三

烟雨空濛一径迷，潺潺流水夕阳低；

依稀风物人何在，想见艰难创业时。

四

昔年曾此仰文旌，出处千秋早定评；

自有文章垂百世，几人知道陆将军？

诗人虽不是土生土长的兰州人,却对"两朝辟世"的刘尔炘甚为钦佩,"最是妙联三百副,浅斟禅理说人情",诗人更是情有独钟。

自刘尔炘逝世,至今已阅九十寒暑,期间不知有多少文人墨客寻访五泉胜地,凭吊斯人,留下奇诗美文无数,而以上所呈献的仅仅是笔者的眼到手过所辑,肯定挂一漏万的。

在学术领域,民国时期的学者对刘尔炘的《拙修子太平书》所反映的"以理驭气"思想鲜有论及,故王烜有"谁能一辞赞拙修"的感慨。新中国成立后,逐渐有学者关注刘尔炘的理学思想。1963年,李瑞征在《刘尔炘及其思想》(《甘肃文史资料选辑》第17辑,甘肃人民出版社1984年3月第1版)中认为刘尔炘是"卑视科学"的,"以理驭气的方法更是想入非非"。到1982年,尚乐林发表《从刘尔炘作五泉山楹联看理学的终结》的文章,认为刘尔炘提出"机器劫"是"忠诚理学家一种绝望心理的写照",认为理学的存在已失去了物质基础,是该退出历史舞台的时候了。而时隔五年之后,尚乐林又连发三篇《论刘尔炘的中西学术传统比较》的论文,认为刘尔炘的国学根底雄厚,对东方学术传统精神具有深刻的理解,且从中悟出了一套"明体达用"的治学总方针;加之在京任过几年太史,在甘省临时议会任过副议长,以儒、学者意识感受中华民族深重的灾难,忧患国际国内的世变时艰,阅历非同庸辈,心中不乏波澜。所以他一旦进入中西学术传统比较之研究,即能从整体上把握中西传统精神之大概分野,透视双方内在的长短优劣,立志进行毕生执着的探索,并不断发表自己独到的见解,直至提出公元三千年后人类未来前景的预测。至于刘尔炘"以理驭气"的理学思想是否可以用"明体达用"来阐释还值得商榷,因为在刘尔炘的著作中"明体达用"的概念只出现了一次。不过尚乐林对《拙修子太平书》核心问题的梳理还是很到位的。在很短的时间段内,对一位学者学术思想的评述有如此大的差别,不得不令人深思。此后,刘尔炘的理学思想受到学者们特别是甘肃地方学者们的关注。据不完全统计,公开出版、发表的有关于刘尔炘的传记、回忆及理学思想研究等方面的文章近三十篇。尤其是近年一二十来,刘尔炘话题日益增多,不时见诸报端,至于当今借助于互联网平台而传播的文章就更多了。无他,只能说明刘尔炘的历久弥新的学品和人格魅力时时激发着文人们的写作热情!

笔者亦深受刘尔炘学品人格的浸染,凑成《赞刘尔炘》二首,以抒景仰之怀。

一

映黎堂脉陇关连,八世祖荫方见端。
乡试一中摘星去,礼闱再度占魁还。
翰林院里愁黔首,太史第前吁昊天,
三载处闲青琐阁,挂冠归去傲林泉。

二

生值西论盛神州,泗水微言无世酬。
气胜难逃机器劫,国贫易蒙德仁羞。
理扶气驭真圭臬,世济醇还匪蜃楼。
水乳交融学术态,千年得见诺方舟。

附录1
刘尔炘精辟语言摘录

1. 天下之患，莫大乎无人；人之患，莫大乎无学；学之患，莫大乎无用。学之有用者，学之实用者也。

2. 以道之浑于天人者言，则曰理；以天之授于人者言，则曰命；以人之得于天者言，则曰性；以性命之行于万事万物者言，则曰道。父之道曰慈，子之道曰孝，兄之道曰友，弟之道曰恭。事有万类，物有万品，道即有万名也。

3. 斯道之原，一而已矣。继善之后，万变纷纭，不可穷测。人物于此而分，人事亦因之而起。

4. 人性之殊，殊于气质。

5. 气质之累，即为天理之累。澄也，治也，所以变化气质也。若天理则洁净精微，何烦澄治。

6. 浑融和缓、生生不已者，天地之性情也。暴风迅雷则阴阳五行之错杂而出者，是天地亦不能外此气质。既有气质，即不能无乖谬差忒之失，故学者求性情之正，不如化气质之偏。偏者化，正者葆矣。

7. 气有始终，理无始终，此又气之所以必屈、理之所以常伸者也。

8. 儒者之学，亟亟于言心言性者，以心者应事接物之本源，而性又心之本体也。不明乎此，何以立天下之大本、尽天下之大道哉？

9. 人事无毫发遗憾者，方可言命。人事不修，其凶咎皆自取也，乌得谓之命？

10. 为学之道，愈敛愈真，愈闇愈真，愈淡愈真，愈平愈真，无声无臭，至矣。

11. 学者之立志也，犹农之播种。世未有种豆得瓜者，又安有志小而成就大者乎？盖道者，学之的；圣者，人之的。离道言学，学无的矣；离圣言人，人无的矣。

12. 志虽超乎温饱之外，心常累于温饱之中。志不胜气，学不贞境，可耻也哉。

13. 心不可放，亦不可执，存之为妙。存之之法，涵养为妙。涵养云者，如寸鱼之得水，机甚乐而无跃意；如初花之得雨，神甚活而无放意。

14. 利欲之念轻一分，心境大一分；人一己之见化一分，心境大一分。役志于温饱，溺情于己私，乌足与语尧舜之道哉？

15. 不谋利，不计功，学问经济之本源也。培其本者枝自茂，塞其源者流不畅。

16. 为己为人之辨，学者人鬼关也。

17. 一事未作，先计己之利不利，则其事必不能作，即作矣，而亦不能尽善；一书未读，先计人之知不知，则其书必不能读，即读矣，而亦不能有得。

18. 不求自得，而求人知，为学之大患也。有为人之念者，无自得之趣。

19. 愿望心、胜负心、得失心、尔我心，烦恼之根也。坦荡宽平，心境如光风霁月，何乐如之？

20. 务外之念不去，内修之志必荒。役志于外者必疏于内修，用心于人者必略于自治。

21. 无一刻忘，无一息闲，一日如此，终身如此，是为大勇。

22. 动护己短，护短乃大短也；动炫己长，炫长乃无长也。利欲之念,忧闷之源也。日在忧闷中,是日在利欲中也。

23. 读书之法,不以书为圣贤之空谈,而以书为圣贤之实事;不以书为辞章考据之资,而以书为立身行事之准则。思之也必近,疑之也必切,悟之也必真。

24. 泛览百家,不如求之"六经";求之"六经",不如约之"四书"。约之"四书",而反之身心,是为有本之学。

25. 不得圣贤之心,不能读圣贤之书。

26. 读书之患,莫大于求速效。日积月累,渐有悦心之趣,则不求有益而自益,不求有恒而自恒。然其初也,必由苦志研求而入。

27. 书理之透彻与不透彻,视乎体验之真切与不真切,正不在文字讲解间也。

28. 反诸身心,见诸事业,读经之上者也;发明经旨者次之。

29. 读书之法,其于古人之言理也,须反身以求之;其于古人之言事也,须设身以处之。不反身以求,不知此理之真,则其穷理也难透;不设身以处,不知此事之难,则其应事也易差。

30. 化去己见,日有新得,学问之所以无止境也。

31. 胸中有悦心之趣,不可以言喻者,自得之候也。

32. 学者之进德也,省察其心者日密,防检其身者日严。

33. 以志胜气之学,存于静时者易,持于动时者难。动则气胜,而志之力有不克敌者矣。故喜怒哀乐之际,最足验人学力。

34. 义理之性,存于神明者多;气质之性,动于形骸者多。以神明驭形骸,则气质听命于义理。

35. 得之于心者,有怡然自适之乐。则见之于事者,有自然中道之机。

36. 理欲交战之际,心虽苦,志不可回。稍一游移,入泥矣。坚,坚,坚! 忍,忍,忍!

37. 喜怒哀乐发于理则和,动于气则偏。

38. 无事之时贵乎凝静而苦其寂寥，有事之时贵乎镇定而苦其纷扰，皆心放也。时时点检，不使心放，是为存养。形骸所为，心皆察之，存心之学也。

39. 喜时之言，易流于轻。怒时之言，易流于狠。喜者，阳也，阳动则气轻。怒者，阴也，阴胜则心狠。敛阳之轻，化阴之狠，莫要于思。

40. 事必思而后行，言必思而后发，寡过之要也。

41. 因人之短显己之长，因人之危显己之义，小人心术也。

42. 人品愈奇异愈卑，愈平淡愈高。

43. 无刚断果决之意，不足以成大事；无慈祥和厚之心，不足以体天德。仁也，义也，如车之有两轮，鸟之有两翼，不可偏废也。

44. 居静穷理，是学者用力之要也。身心之有寄托，酬应之能合宜，是学者得力之渐也。

45. 有过而唯恐人知者，动于羞恶之良也；有过而不能自讼者，蔽于苟且之私也。必能知过，方能改过。改过在乎有勇，知过本于无私。

46. 言不妄发，明理者能然也，明道者能然也；行不妄动，明理者能然也，明道者能然也。

47. 悔过愈真者，其人愈高；反己愈切者，其人愈大。以言饰非，其人斯卑矣；以咎归人，其人斯小矣。

48. 凡人之有不乐者，皆己也，克己则乐。

49. 真知命者，不以饥饿为忧；能耐苦者，不以贫困为忧。既不耐苦，又不知命，品之立也难矣。

50. 人之生也，耐劳、耐苦、耐挫折，必成大器。经霜冒雪，松柏不凋。求梁栋者，故在松柏。

51. 君子有立己之功三：曰炼骨，曰炼心，曰炼识。

52. 能任大事者，于小事必不苟；能立大节者，于小节必不逾。

53. 能自柔者,天下之至刚也;能自小者,天下之至大也。自刚者不刚,自大者不大。

54. 少言所以寡过也,少恼怒所以保身也,少游思妄念所以存养此心也。守此三少,切己之实修也。

55. 不见信于人,是己之所以信人者尚浅于人,勿责也。

56. 事事物物之来,见道之地也;应事接物之际,为学之时也。致力于书策而心不存于酬应者,辞章之俗学,非求道之实功也。

57. 不动心于富贵者,必不薄富贵;不动心于利禄者,必不鄙利禄。薄之者,不可信也;鄙之者,不可信也。

58. 事不切于身心,学不关于政教,君子不以为当务之急也。

59. 不因遇之可乐而乐,方为真乐;不因人之见重而重,方为自重。

60. 学不可以无实效也,必也。气体素浮者,学则不浮;心境素放者,学则不放;器量素小者,学则不小;志趣素卑者,学则不卑;素狂者,学则不狂;素暗者,学则不暗;言行素不谨者,学则能谨;家庭素不和者,学则能和。

61. 古之为学者,道德其本根也,事业其果实也。果实之不茂,本根之栽培亦歉矣。文章者,达而在上,资之以立功;穷而在下,藉之以立言,是犹华之发于本根,而由之以成果实者也。

62. 为古文辞之道,品学,其本也;义理,其干也;字摹句拟则末矣。

63. 世有第一等人或不能为第一等文者矣,未有第一等文而不出于第一等人者也。

64. 读书不能得圣贤之本意,而徒托圣贤之言以为名高,经术之误人家国,更甚于庸妄矣。

65. 利害得失之场,无计较之心,其过人远矣。

66. 于极困观人之骨,于骤贵观人之器,于遇变观人之才,于盛怒观人之量,于酒醉观人之性情,于群游观人之志趣,于谈忠孝、论时事观人之胸襟,于共利害、同患难观人之心术,可以得其真矣。

67. 风俗之诱人,甚于教化。故维持教化,莫先于挽回风俗。

68. 虚文日盛,世道日衰。崇实黜华,今日急务。

69. 晓天下之事易,为天下之事难。

70. 经世之学,不难于知天下之弊,而难于革天下之弊。

71. 君子用人,不拘一格,弗私弗隘,相臣之器也夫。

72. 理、气之不能划然分而为二,亦不能混然合而为一,有理即有气,有气或未必有理。

73. 学术之根于理者,结果必归于复性;学术之根于气者,其流必入于人欲。

74. 理无不善,气则有善有不善。亦非气有不善,实不善之皆由气而生也。此处当极深研幾,善恶既定,则学术之本源自清。

75. 从欲如流水,从理如登山。

76. 普通人之学君子,当以不自私不自利为要务。

77. 人之所以异与禽兽者几希。几希,即道之所在。一身之内,几希之外,无一不属于气。

78. 科学化以进步为特长,纳世人于嗜欲攻取之途,争夺不已,杀运斯开。

79. 苟能正本清源,循根发叶,别创以理驭气之方法,使理常胜气,则东西学术水乳交融,世界人类之太平自此而开。

80. "格致、诚意",《大学》之枢要也。非诚意,则学无所成;非格致,则学无从入。

81. 诚意所以致正心之功,心正所以收诚意之效。

82. 流俗之毁我,不知我也;流俗之誉我,亦未必知我。以流俗之毁誉为得失,其不能超乎流俗也可知。

83. 奢靡之风日甚,廉耻之道日亡。

84. 得意之人每言人,失意之人每言天,亦古今中外之通例乎?

85. 以利言学,非率世界之人尽入于禽兽之域不止。

86. 满地是黄金,人自不善拾耳。

87. 无学无行之士,不如农工商。

88. 求己者昌,求人者亡。

89. 静乃万物之根。

90. 血气用事,万事不成。

91. 事当极细时须谨小慎微,事到万难时要委心任运。

92. 天理好生好成,天气好杀好损。

93. 穷莫穷于无道德,苦莫苦于无可谈道德之人。

94. 业莫大于造天,事莫小于利己。

95. 观其人之性情,即可以卜其人之福命。

96. 凡人事业之成败,其末在才智,其本在性情。

97. 大事当前,平情任理以处之,成败得失之念不搅扰于中,则过
人远矣。

98. 视天下无细事者可以言事功,视天下皆细事者可以谈道德。

99. 天下之至诈,天下之至愚也;天下之至拙,天下之至巧也。

100. 人生第一至宝莫如良心,人类第一大事莫如扩充良心。

101. 临难工夫,要练习于平日。

102. 走肉行尸虽生犹死,丹心浩气虽死犹生。

103. 眼底风云谁能造命,心头造化可以配天。

104. 君子贵神志之畅适,小人贵形骸之畅适。神志之畅适须理得
而心安,形骸之畅适必纵欲而败度。

105. 君子求神志之畅适,而形骸可舍;小人求形骸之畅适,而神志
全亡。

106. 任天而动,任理而行,不必趋避,而自无利害之可言。

107. 生财固难,用财尤不易,用财亦有从欲从理之分。世之用财
者,大抵纵欲者也。

108. 事天之学,问心而已,人世之是非、毁誉,后焉者也。

109. 浩然之气,从问心无愧生来,故曰是集义所生者。

110. 慎言语,寡交游。处乱世尤当如此。

111. 有所未善则改之,无歉于心则加勉。进德之法,莫要于此。

112. 血气之怒不可有,义理之怒不可无。

113. 侮辱之来,是天之所以教我也,不得怨人。

114. 吾辈百般病痛皆由心放,心放则妄,妄是万恶之根。

115. 人须规模大,须有含天盖地气象。

116. 重公事如重私情,事未有不济;徇公理如徇私欲,德未有不成。

117. 心中常有戒惧意,便是敬也。

118. 心放便是轻喜轻怒。

119. 学不归源于心性,即读书万卷,于己何涉!

120. 时时有畏惧心,是立命要道。

121. 不敬则与道为二。

122. 气质之不善,每于喜时怒时见之,故化气质当从不轻喜轻怒始。

123. 老者安之,朋友信之,少者怀之,圣人之志无非令人人得所耳。故学者必须有济物之心,方是圣门嫡派。

124. 不自柔者不刚,不自小者不大。

125. 有生机便有气质,有气质便有污浊。污浊亦与生俱来者也。

126. 能好善,能服善,是绝大美德。

127. 不动心于毁誉者,是真务实者也,是真为己者也。

128. 不发愤便自宽矣,自宽是下达之基、万恶之根。

129. 孔子之学,可以主持世界。

130. 读书之乐,莫如义理悦心。

131. 气者,万物之源;理者,消祸之本。

132. 有可钦可敬之贫贱,有可羞可辱之富贵。

133. 优柔不断处仍是欲,纯理则断。

134. 小人之利人,仍是利己。

135. 名心即是利心,为己真切者只求自得,仰不愧、俯不怍而已,何有于名?

136. 时时存戒惧心,可以养德,可以免祸。

137. 闻言便知言,遇事便解事,方是大人物。

138. 眼光要远,胸襟要阔,见识要明通,脚跟要坚定,言语要切近平实。

139. 凡人与人疏则相尊,亲则相亵,亵则慢,慢则侮,故君子之于交游也贵乎淡,所以养其尊也。

140. 相亲不亵,莫如寡言。

141. 失意时防惰气,得意时防骄气。

142. 有丝毫为名为利之心,便难自立。

143. 名利是丧德败行之媒。

144. 处处是见道之地,刻刻是行道之时。

145. 学莫要于变化气质,亦莫难于变化气质,去其太甚可也,纯然变化几无是理。

146. 少有私意,言行便乖。

147. 私欲不可有,公欲不可无。无公欲之人是无志之人。

148. 贤者服人,愚者妒人。

149. 人类之奇祸,成于人欲之纵恣。人欲之纵恣,由于物质之文明。

150. 淡其心,平其心,息虑凝神,反观内照,是老年人之良药。

151. 道在眼前,工夫在当下。

152. 收视反听,亦是存心之法。

153. 机器未发明以前,人类之贵贱以贤否、知愚分;机器既发明以后,人类之贵贱以贫富、强弱分。以贫富、强弱为贵贱,则人类之祸相寻无已时矣。

154. 以贫富论人格,故权利竞争之说出;以贤愚定人品,则尊卑上下之分明,此中西学术得失之本源也。

155. 理之力常处于不足,气之力常处于有余,人之贤否、家之盛衰、国之治乱、宇宙之安危皆有余、不足为之也,故圣人之立教,只扶理而抑气。

156. 从理之人经验愈久,识见愈高;从欲之人经验愈久,思想愈幻。

157. 君子责己,小人只是责人。君子好义,小人只是好利。

158. 有不识一字之君子,有读书万卷、下笔千言之小人。

159. 能吃苦、能用心便是才,不自私、不自用便是德,有此才德便是伟人。

160. 看书要提空眼光,不可有先入成见。

161. 学问之大小,治术之纯驳,在心境之高卑,不在知解之多寡。

162. 道理上的我丧失不得,情欲上的我存留不得。

163. 人无真味,不如禽兽。

164. 君子扶理,小人扶气。扶理之空气造成,则世运承平;扶气之空气造成,则人类灭绝。

165. 理胜气则气役于理,而宇宙清平;气胜理则理夺于气,而乾坤毁灭。

166. 扶理抑气,不但万物得所,天地亦要平成,故宇宙内事只有一个扶理抑气而已,圣贤工夫只讲求一个扶理抑气而已。

167. 孔子只是无私,无私之极便是至仁;孔子只是无伪,无伪之极便是至诚。

168. 圣人治国之法由性命而生,欧美治国之法由情欲而生。生于性命者,万殊归于一本;生于情欲者,一本散为万殊。归于一本者易治,散为万殊者易乱。

169. 师之道虽尚严,然讲论授受之际,不宜峻厉,必从容乐易,使之有悦心之趣,则入之者必深。暴风疾雨未能润物,其滋养涵育而浸渍之透者,必和风之吹拂,微雨之缠绵也。

附录2
简明刘尔炘年谱

（依据王烜《刘果斋先生年谱》增减而成）

清同治四年乙丑，一岁。

  生母徐氏诰赠宜人，生先生于兰州省城河北盐场堡，时乙丑正月初七日亥时也。正月初七日对应公元1865年2月3日。

五年丙寅，二岁。

六年丁卯，三岁。

七年戊辰，四岁。

八年己巳，五岁。

  生母徐太夫人殁，由祖母柴氏抚养。

九年庚午，六岁。

  出就外傅，从张铸堂清受业。

十年辛未，七岁。

  受业于任梅村魁。

十一年壬申，八岁。

十二年癸酉，九岁。

十三年甲戌，十岁。

  受业于张德卿培基。德卿，副贡生，庄浪训导。始令先生学时文。

光绪元年乙亥，十一岁。

二年丙子,十二岁。

三年丁丑,十三岁。

受业徐铁海炳熙。炳熙,光绪丙子举人,性孝友,博学多能,工书善画,尤嗜琴,喜谈诗(见《果斋前集·徐铁海先生家传》)。

四年戊寅,十四岁。

受业于苏尚义。尚义,光绪壬午恩贡生,笃志问学,以孝闻。

五年己卯,十五岁。

甘肃学政郑衍熙岁考,入泮,为庠生。

六年庚辰,十六岁。

娶妻王氏,武庠生茂榢之女,光绪辛卯科举人、平番县训导树涛之妹。

受业于赵朴庵钰朴庵,邑庠生,补用县丞。

七年辛巳,十七岁。

甘肃学政陆廷黻岁考,补廪膳生。

八年壬午,十八岁。

九年癸未,十九岁。

弱冠立志为学,以不求人知为盟心要语,以“无所为而为”为读书任事之宗旨。

十年甲申,二十岁。

十一年乙酉,二十一岁。

乡试中式,第六名举人。

十二年丙戌,二十二岁。

赴京复试,一等第七十一名。

十三年丁亥,二十三岁。

会试未第,归里,设帐于西城巷收徒。

先生《北游诗草》有云:“乘时勉报严君德,毕世难酬大母慈。”乃念柴太宜人也。

十四年戊子,二十四岁。

设帐于小山子石斗母宫,授徒。腊月八日由兰起程,赴京会试。

十一月,祖母柴太宜人病殁,病中犹询先生赴都之期。

十五年己丑,二十五岁。

二月四日到京,住醴章胡同北馆。会试中式,第二百九十名;复试二等第六十三名,赐进士出身;朝考二等第八名;殿试二甲第五十三名,选翰林院庶吉士。赵朴庵致书有云:"金马玉堂,乃吾人分内事,特俗眼易惊耳! 殊不知圣域贤关,力行可到! 天德王道,至性本全。贤契赋质清奇,名世道统,岂异人任耶! 但愿志向无移,圣贤共励,是尤私衷所切祷者。"

出继母王太宜人病殁时,先生在都。

官方出版《钦命四书诗题》,即会试朱卷。刊先生考中光绪己丑科进士时会试(第一场)朱卷,涉及履历及所作的"四书"方面的三篇八股文和一首命题七言诗等。

十六年庚寅,二十六岁。

赵又致书云:"令尊疾疟,未至卧病。前见福报,有告假归省之意,尊翁面嘱,万不可告假以误前程。翰院专以资格为重,若病势渐臻,必将暗告,贤契断不敢以意外之功名,使人薄彝伦之恩爱。我辈所学何事,岂有轻重倒置之理? 况捧檄承欢,古人所尚,贤契亦不得菲薄勋名,致拂高堂之盛意。"

八月六日出都旋里,十月十二日抵家。

时为文公叔平(名治)教,读闻王太宜人讣,即归。文公唁函称其"至性"。

十七年辛卯,二十七岁。

家居守制。

十八年壬辰,二十八岁。

兰州府知府丁振铎聘主五泉书院讲席。

十九年癸巳,二十九岁。

四月,丁本生父峄山公艰。

著《果斋一隙记》,为读四子书之札记。白遇道称其"以程朱为宗,旁贯百家,折衷一是"。

二十年甲午,三十岁。

起复进京,授职编修。

二十一年乙未,三十一岁。

在京供职。

二十二年丙申,三十二岁。

在京供职。

二十三年丁酉,三十三岁。

是春三月,在京始作《果斋日记》以自课。

是夏,出都,行至西安,中军参将吴云伍聘请教其子本钧。旋与本钧归兰。

二十四年戊戌,三十四岁。

是年,复蒙兰州府知府周景曾聘,主五泉书院讲席。有《力求实学示书院诸生条约六》。

二十五年己亥,三十五岁

主讲五泉书院。

二十六年庚子,三十六岁。

主讲五泉书院。

二十七年辛丑,三十七岁。

主讲五泉书院,并设帐斗母宫授徒,从游者徐谦、王鑫润等。

二十八年壬寅,三十八岁。

主讲五泉书院。与王镜潭论学,并商出处,抄寄《劝学迩言》,请加笔削。

作《劝学迩言》,为《道原》《立基》《穷理》《励行》《达用》五篇。本朱子学旨,以教生徒。

二十九年癸卯,三十九岁。

甘督崧藩聘为甘肃高等学堂总教习,于秋九月开讲《尚书》,次年春讲毕,作《〈尚书〉啜经日记》。

三十年甲辰,四十岁。

高等学堂总教,讲授《易经》,著成《〈周易〉啜经日记》。辑成《经学日记摘抄》,有序,附《治经条例》。

三十一年乙巳,四十一岁。

高等学堂总教,讲授《诗经》,著成《〈诗〉啜经日记》。

著《小儿语摘钞说意》。

三十二年丙午,四十二岁。

高等学堂总教,讲授《春秋》。

是年,升孔子为大祀。甘督升允、护督毛庆蕃先后委先生以改修文庙之任;整理皋兰兴文社,并建两等学堂于道升巷。

毛庆蕃书称:"执事于安溪之学,服膺者二十年。"并请创设存古学堂。会毛去,不果。

三十三年丁未,四十三岁。

高等学堂总教,续讲《春秋》。

著《〈春秋〉啜经日记·序》及《〈春秋〉大旨提纲表》。

三十四年戊申,四十四岁。

是年秋,始修兰州府文庙及皋兰县文庙。

岁旱,先生与张筱坞太史创设陇右公社义赈处。

有《兰州府文庙记》《皋兰县文庙记》(均见《果斋前集》)、《兰州府文庙礼器碑》(见《果斋前集》)、《筹备祀孔典礼表》(另有刊本)。

宣统元年己酉,四十五岁。

由沪购置乐器,订定祀孔典礼。

是冬,辑《陇右轶余集》,由乐善书局刊行,《果斋前集》载其《序》。

二年庚戌,四十六岁。

冬十月,兰州府皋兰县文庙工程落成。

建兰州修学社及皋兰修学社。

有《兰州修学社记》《皋兰修学社记》,均见《果斋前集》。

倡建陇右公社,因募捐无多而停办。

出版《果斋一隙记》,计4卷,有自序,是先生在五泉书院任讲席时读"四子书"的札记,也用作给学生授课的讲义。全书共四卷:卷一《大学》,卷二《中庸》,卷三《论语》,卷四《孟子》。

三年辛亥,四十七岁。

任学务公所议绅。

建陇右乐善书局,并以"耐烦"二字与书局同人相勖。

武昌起义,陕西响应。甘督长庚委先生负城防责,募志果军三百人保卫地方,首以延揽人才为务。洎共和成立,遂解散。

有《陇右乐善书局记》(见《果斋前集》)。

教育总会开会及学务公所第一次会议,均有演词(见《果斋别集》)。

有《皋兰兴文社公立两等小学堂校长高君遗念碑》(见《果斋前集》)。

民纪元年壬子,四十八岁。

三月,甘肃组织临时省议会,推先生为副议长,五月辞去;北京同乡有共和实进会之设,函请先生为名誉会长,先生覆书却之。

是年,甘肃汉、回各军队由陕西邠、长、醴泉一带撤回者,麇集兰州。先生虑有衅隙,为地方患,乃电陈袁世凯,历举各军人数以为比较。冀中央察其情形,有所处置,卒得调遣,省垣赖以无虞。

立兰州尊孔社。时因国体骤更,学官裁撤,祭祀罢废,孔庙无人过问。先生与地方人士倡立尊孔社于兰垣,以任修理庙宇、保守祭器之责。当即备置桌凳、灯彩应用之物,整顿礼器、乐器,按时祭祀,即《民国约法》信教自由之条,以示尊崇圣道之意。《陈请立案书》见《果斋续集》。

作《四十九初度诗》。

二年癸丑,四十九岁。

甘督赵惟熙以先生前办城防,奖以勋章,先生覆书却之(见《果斋前集》)。

始以鬻书为生。

自是谢绝官事,始受所管各社车马费。

先生以陇上地处偏隅,山河阻塞,货多弃地,人不聊生。惟注重实业,或可救亡图存。于是致书张季直以统筹甘肃实业办法及章程,请其指示方针。并遣人至大生纱厂研究,又有因实业致姚石荃书(俱见《果斋续集》)。

纳妾徐氏。

作《五十初度诗》(二首)。

作《画论》稿。稿本,原无题目,系先生对作画技巧、布局、手法的论述及诸名家画风、成就高低的点评之作。

三年甲寅,五十岁。

冬月,与王说岩、王建侯、高献廷、白宝千、王紫垣、颜鹭廷、王著明、邓德舆诸人为消寒会,分韵赋诗。

夏五月,《果斋前集》出版。

四年乙卯,五十一岁。

作闻欢雅集,与王紫垣、邓德舆、练吉唐、高献廷、白宝千、王著明、王建侯、颜鹭廷、陆阶平诸人为诗酒之会。其续入雅集者有史嘉言、张筱坞、秦幼溪、杨济舟、卢子昭、段筱垣、邸应南。凡集中人,以别号行之。

时中央政府令各省征文,兰山道尹孔宪廷请先生董其事,设征书局于陇右公社,编辑《甘肃历代文献录》《大清文献录》。三月而竣事,并以所征获书籍创办甘肃省图书馆,函陇西阎太史士璘来省,任图书馆长。

以前皋兰水灾羡金数年孳息款立陇右实业待行社。

五年丙辰,五十二岁。

六月,重联闰欢雅集,续入者谈锡臣、曹月如、阎简斋,新旧得十八人。雅集持续至初冬。有《闰欢雅集诗钞》存世,是先生所辑且署端。

六年丁巳,五十三岁。

七年戊午,五十四岁。

为甘肃省议会议长王世相代作《省议会建筑记》。

八年己未,五十五岁。

建太昊宫于五泉西龙口,祀伏羲、黄帝、女娲,又立三子祠,祀孔门三子,以陇上历代先儒附祀。

启动兰州五泉山修建工程。

是冬,《果斋日记》六卷出版。

全陇希社立国文讲席所。

九年庚申,五十六岁。

十一月,陇上大地震,甘督陆洪涛请先生办义赈,设筹赈处。先生为总绅,自此担任赈务。时北京同乡赵守愚、段永新等成立"甘肃震灾救济会",来电乞先生提倡,将义仓存款酌量救济。护甘肃省长陈阊亦函呈,先生自是膺办赈之任。

建万源阁于五泉,祀羲、文、周、孔及周、邵、程、朱。

秋八月,姜徐氏殁,遗一女,名宝瑛。

是冬,甘肃易督事起,风潮日盛。先生电上徐总统书。

《果斋续集》出版。

《社章汇编》出版,存乐善书局。

重刊《小学弦歌节抄》。

十年辛酉,五十七岁。

春正月,立"震灾筹赈处",以总绅名义专司其事。

甘督张广建去后,陇东镇守使陆洪涛护督篆,省外各镇守使尚未相洽,先生致书请同莅兰,共商要政。

赎吴柳堂先生南府街故宅,归兴文社管理。俟吴氏后嗣有回兰者,听其备价赎取。并于宅内藏器中得吴氏家谱,为续修之,交五泉书院收藏。

立段容思、郑兰谷、吴柳堂三先生故里碑于迎恩门外。

会宁县五里桥工程及静宁、通渭两县河工于五月间兰州华洋救济会成立,即交由该会接办。

印布《甘肃震灾筹赈处第一期征信录》。

创修《甘肃人物志》。先生自己未、庚申修建五泉太昊宫时,即欲论定陇上人物,举其尤者以崇祀之,至是,乃属及门诸子与地方士绅共纂修之。

请省署拔官园废置中仓,缮修以作地方存粮之处。

全陇希社国文讲习所毕业。为《同学录》序。

是冬,有《兰州五泉山太昊宫记》。

《果斋续集》出版。

十一年壬戌,五十八岁。

继办赈务。冬三月,会同警察厅办省垣粥厂,有河北、东稍门、雷坛三处。

是年三月,通渭、海原以赈款修城,八月工皆竣。

印布《甘肃震灾筹赈处第二期征信录》。

有《辛、壬赈灾记》,详记募收省内外所捐赈款及放海原等二十八县急赈并办省垣附近及会宁、静宁、通渭、海原、榆中各县修城浚河工程。

夏四月,《果斋别集》出版。

启动重修五泉山大佛殿工程,作《重修兰州五泉山大佛殿募启》。

十二年癸亥,五十九岁。

四月,赈务始竣。

六月,静宁城工完竣;十月,会宁城工完竣。

时,清逊帝大婚典礼,海内名流皆有贡献。先生与安晓峰侍御与焉。

武威李叔坚卒,作《山东沂州知府前翰林院庶吉士武威李叔坚传》。

十三年甲子,六十岁。

春二月,甘督陆洪涛倡修小西湖,请先生为之督导。冬十月,工乃竣。时五泉修建工程告成。

拨赈款,函请杨雨丞修盐场堡河堤。正月开工,五月工竣。

立皋兰乡贤祠于五泉文昌宫东院,奉祀皋兰前代贤哲。自晋麴元、唐辛云京以下,至清张国常,共四十一人。

十四年乙丑,六十一岁。

春三月,为《重印〈靖远县志〉》作序。

印布《甘肃震灾筹赈处第三期征信录》。

夏五月,作《重修小西湖记》。六月,公告落成。

《兰州五泉山太昊宫奉祀甘肃人物事略》(《甘肃人物事略》)、《兰州五泉山皋兰乡贤祠奉祀乡贤事略》(《皋兰乡贤事略》)出版,系先生命门人所辑,先生作《序》。

十五年丙寅,六十二岁。

创设丰黎社仓。有《记》(见《辛、壬赈灾记》)。

《日记》七、八卷出版,连前共八卷。

四月,为《甘肃人物志》作序。

为杨巨川《四游吟草》作序。

出版《兰州五泉山修建记》,计一卷,和通印刷馆排印。

十六年丁卯,六十三岁。

是年春,举办儒医精舍,拟定条规及简章,将于五月开医学讲习所于道陞巷养源别墅,并由兴文社立同仁施医馆。暑假后即开办精舍,嗣以报名者少,遂停办。

十七年戊辰,六十四岁。

春正月,以所管兴文各社交由地方人士接管。兴文社主管施周臣,名誉检察王著明,义务赞襄杨子厚、王锡九、郑附民、孙文卿、陈伯辅;实业待行社主管牛厚泽,名誉检察魏少武,义务赞襄王祥甫、水季梅、李兴伯、陆阶平;丰黎义仓主管水楚琴、王著明、李兴伯,名誉检察杨慎之,义务赞襄张鸿汀、罗子衡、魏少武、慕少堂、田成于、王藻虞、赵正卿、秦幼溪、车子权、史嘉言、祁樾门、王训庭、王少沂、郑哲候、邓绍元、谢子明、阎隽卿;全陇希社主管王训庭,名誉检察慕少堂,义务赞襄谈瑞岐、赵正卿、施周臣、水楚琴、秦幼溪、王著明;乐善书局主管杨显泽,名誉检察张鸿汀,义务赞襄施周臣、陈伯辅、孙文卿、牛厚泽、谈瑞岐、张月华、李兴伯;五泉图书馆主管杨济舟,名誉检察水楚琴,义务赞襄廖渭笙、张鸿汀、杨显泽、谢仲文、许季梅、卢子昭、张绍庭、陈伯辅、陆阶平、王致堂、邓德舆、施周臣;同仁局主管蔺子贤,名誉检察王著明,义务赞襄彭敬甫、颜鹭亭、李静岑、王松岩、王兰亭、杨雨丞。

始习画兰及山水以自娱,以所藏书分赠友好与及门诸子。

是年,拍照古衣冠小影,有自题诗。

十八年己巳,六十五岁。

三月间中风卧床,病中犹与来探者约每月十五日聚谈一次,藉以遣闷,谓之团员小集。数月始愈。

七月，丁继母魏氏艰，开吊于南府街火神庙，治丧不用浮屠法，亦不款客。

是年甘境大旱，先生时以为忧，诗云："入耳声声乞食难，且凭柔翰写辛酸。笔尖都是哀鸿泪，此纸成灰墨不乾。"

十九年庚午，六十六岁。

秋八月，邓德舆藉旧举院开鹿鸣私宴，先生被邀重赴，首为诗倡之。

先生老而无子。是年春，纳妾陈氏，为凉州满城人。

二十年辛未，六十七岁。

七月，国民军师长雷中田拘甘肃主席马鸿宾，谒先生，请示办法，先生言："当率省城绅民恭迎马主席复位。"雷唯唯而去。先生乃致书公安局长高振邦，请以省垣治安为重，并派弟子水梒向雷、马呼吁和平。

三月，子宝厚生；四月元配王夫人卒。

七月，立映藜堂家事代办处章程。

秋八月，作《果斋遗言》。以亲友索阅者众，遂印行之。

著《太平答问》，秋九月定稿再版时，更定名《拙修子太平书》。命弟子水梒签署并负责校对印行。杨汉公作《跋》。

十月初九日亥时卒，七日后厝枢于五泉山麓层碧山庄。

十二月安葬于东川珠子山茔。

先生临终之前日，谓其门人、视疾者曰："看他如何死法。"是先生已外其身矣！又口占绝命诗云："回头六十八年中，痛痒相关与世人。今日抛开躯壳去，权将热血洒红尘。"门人谈凤鸣书之。先生自注云："患失荣症流血甚多。"

附录3
主要参考文献

1. 刘宝厚编著，袁第锐审定，邓明校订：《刘尔炘楹联集》，甘肃人民美术出版社，2009年第一版。

2. 刘宝厚审定，漆子扬、武新里校释：《刘尔炘文集》，2014年内部刊印。

3. 刘宝厚主编，柯杨评述：《刘尔炘诗集》，2010年内部印刷。

4. 刘宝厚主编：《刘尔炘书法集》，2014年内部印刷。

5. 刘宝厚主编，杨安注释：《刘尔炘画论稿》，2014年内部印刷。

6. 路志霄、王干一编著：《陇右近代诗钞》(增订本)，兰州大学出版社，1993年第一版。

7. 姜洪源著：《名札集束》，甘肃文化出版社，2017年2月第一版。

8. 邓明著：《兰州史话》(增订本)，甘肃文化出版社，2015年10月第一版。

9. 邓明著：《杏坛遗泽——城关教育史话》，甘肃文化出版社，2017年5月第一版。

10. 金其贵、丁孝智、张霞光主编：《甘肃近代史话》，甘肃人民出版社，1995年7月第一版。

11. 水天中编：《煦园春秋——水梓和他的家世》，中国文苑出版社，2006年第一版。

12. 郭蓓：《刘尔炘研究》，西北师范大学硕士研究生论文，2015年

5月。

13. 杨巨川著：《梦游四吟》，2006年8月印，内部资料。

14~16. 王烜著：《王烜诗文集》（上下），1997年内部印刷。

15. 马玉海、赵忠主编：《河州古诗校评》，甘肃民族出版社，1997年8月第一版。

16. 赵忠主编：《邓隆全书》，中国文化出版社，2010年6月第一版。

17. 陈尚敏著：《清代甘肃进士研究》，甘肃人民出版社，2013年4月第一版。

18. 陈尚敏著：《清代甘肃进士传记资料辑录》，甘肃人民出版社，2013年5月。

19. 陈尚敏：《断裂与承续：清季民国甘肃士绅的社会流动》，《陇东学院学报》2012年11月，第23卷第6期。

20. 杨国强：《近代中国的两个观念及其通贯百年的历史因果》，《学术月刊》2012年第9期。

21. 尹琼：《甘肃早期图书馆事业奠基者张继祖先生》，《西北地区图书馆发展战略研究》，甘肃人民出版社，2010年10月。

22. 中国人民政治协商会议甘肃省委员会文史资料研究委员会编：《甘肃文史资料选辑》第二十一辑（马鸿宾史料专辑），甘肃人民出版社，1984年。

23. 宁夏区政协文史资料研究会编：《宁夏文史资料·马鸿宾专辑》，第14辑，内部发行，1985年。

24. 姚联合：《民国初年的甘肃省议会（1912—1927）》，西北民族大学硕士研究生学位论文，2009年4月。

25. 张维：《还读我书楼文存》，生活·读书·新知三联书店出版，2010年5月。

26. 田凯杰：《安维峻年谱》，西北师范大学硕士研究生学位论文，2012年6月。

27. 尚季芳、张丽坤:《民国时期甘肃地震灾害与赈灾研究——以1920年海原大地震为例》,《青海民族研究》第32卷第1期,2012年1月。

28. 甘肃省图书馆:《甘肃省图书馆馆史》,《图书与情报》1986年8月。

29. 固原市地方志编纂委员会办公室编:《马进祥将军》,陕西人民出版社,2017年。

30. 陈从周著:《梓翁说园》,北京出版社,2011年2月第2版。

31. 邓明:《兰州静宁路旧事》,《档案》2016年第7期,P47—51。

32. 岳庆艳:《刘尔炘事略著述》,《图书与情报》1997年第四期,P72—75。

33. 牛中奇:《在山走动的地方》,宁夏人民出版社,2006年4月版。

34. 甘肃省图书馆西北文献室:《陕甘地震纪略》。

35. 王文本:《大家风度本天成,话到肝肠有性情——我所知道的刘子尹先生其人其事》,《甘肃文史》2012年第1期,P62。

36. 秋子:《一代巨擘魏振皆》,《档案》2014年第8期。

37. 尚乐林:《论刘尔炘的中西学术传统比较研究》,《兰州学刊》1987年第5期。

38. 尚乐林:《论刘尔炘的中西学术传统比较研究(二)》,《兰州学刊》1988年第2期。

39. 尚乐林:《论刘尔炘的中西学术传统比较研究(三)》,《兰州学刊》1988年第4期。

40. 张景平:《士与二十世纪的实践性儒学》,《国学论衡》(第四辑),2007年12月。

41. 王纯业:《刘尔炘轶事点滴》,《顽石斋杂记》,2007年4月印行。

后　记

　　要想全面深入地反映一个儒学士人的气象与规模，可能有多种视角和切入点，譬如从《左传》所谓"太上有立德，其次有立功，其次有立言"切入；也可以从张载的"为天地立心，为生民立命，为往圣继绝学，为万世开太平"入手。对于刘尔炘而言，笔者认为用《论语·述而篇》"志于道，据于德，依于仁，游于艺"来概括则比较合适。朱熹在《四书章句集注》中说："盖学莫先于立志，志道，则心存于正而不他；据德，则道得于心而不失；依仁，则德性常用而物欲不行；游艺，则小物不遗而动息有养。学者于此，有以不失其先后之序、轻重之伦焉，则本末兼该，内外交养，日用之间，无少间隙，而涵泳从容，忽不自知其入于圣贤之域矣！"依朱熹之意，只要对"志于道，据于德，依于仁，游于艺"四者不断地体悟，以日常的行为、习惯为起点，逐步提升，就会自然而然地具备大儒的规模了。

　　先说"志于道"。朱熹在《四书章句集注》中说："志者，心之所之之谓。道，则人伦日用之间所当行者是也。如此而心必之焉，则所适者正，而无他歧之惑矣。"志者慕也，仰慕追求之意；道者通也，乃事务本原之理。孔子说"朝闻道，夕死可矣"，可见孔子把"道"放在了一个形而上的超越地位，它可以分为天道与人道。天道是玄远的，是构建世间万物的逻各斯；人道是具体的，是人世的准则，不仅是一个人行世的目标和方法，更涵盖天下。刘尔炘所志之道，既有"不以人知"，"以无所为而为"，"人书合一"的人伦之道，更有"融会古今，裁成中外，搜天地万物之根，抉为学出治之本源，苟能正本清源，循根发叶，别创以理驭气之方法，使理常胜气，则东西学术水乳交融，世界人类之太平自此而开"，即"以理驭气"的"治国、平天下"之道，正可谓是志道而得道之人！

　　次看"据于德"。《管子·心术上》曰："德者，得也。得也者，其谓所得以然也。"朱熹也说："据于德。据者，执守之意；德者，得也，得其道于心而不失之谓也。得之于心而守之不失，则终始惟一，而有日新之功矣！"（《四书章句集注》）可见"据于德"与"志于道"是一脉相承的。"道"得于心而能坚守，从而成为一种良好的社会风范，便是"据于德"。《管子·君臣下》说："道德定于上，则百姓化于下矣！"那就是坚持正确的世界观、人生观、价值观，并将其体现在自己的有益行为之中。这便是人们常常将"道德"连称的根源所在。德不仅是要人们"得其道于心而不失"，更重要的是要人们"终始惟一"，创造"日新之功"，这便是"崇德广业"之谓。"广业"才能让更多的人受益。从这个意义上讲，"德"，不仅指道得于心，也包含嘉惠于人、他人得益之意。他人所得之益，除了生命的获得与维系，则莫过于智慧，而智慧的获得则全依赖于教育。刘尔炘一生视地方教育、公益事业如身家性命，使地方百姓受益无数，当是对朱熹这段话的最好诠释。

　　再论"依于仁"。朱熹说："依于仁。依者，不违之谓。仁，则私欲尽去而心德之全也。"（《四书章句集注》）很显然，"依于仁"必然是"据于德"的逐步递进与升华，是体现"志于道"的深层内核。在《礼记·中庸》中，孔子对鲁哀公说："仁者，人也，亲亲为大。"人最亲近的就是父母，所以"亲亲为大"。把亲亲之道推到社会，则社会便有仁风。德与仁相比，德是一个大概念，包含着"知、仁、勇"，是马和白马的关系。德是普遍的仁，仁为特殊的德。

仁的重心是亲爱,是好生,涉及人与人之间的亲情、友情及其对生命的尊崇。换言之,如果把德喻为锦上添花的话,那仁则属于雪中送炭了。仁更偏向于救人于灾难、给人以重生的举动。民国初期的甘肃大地,人祸与天灾不断,兵燹与匪患横行,地震与干旱肆虐,以致满目疮痍,哀鸿遍野,民不聊生。志在慈良万福所汇,心怀利济众善之门。刘尔炘"回首六十八年中,痛痒相关与世人",其赈震灾、济饥荒、救羸弱的举动,不正是"亲亲"与"好生"的仁义所在吗?

终谈"游于艺"。游,即游行不止,也有"乐宜"之意。艺,在此有三层含义。第一层即指《诗经》《尚书》《仪礼》《易经》《乐经》《春秋》"六经"。第二层才是朱子所谓的礼、乐、射、御、书、数等六艺。第三层则是后世扩展而成的诗文、书画之类。朱熹说得好,"游于艺"是"至理所寓,而日用之不可阙者也。朝夕游焉,以博其义理之趣,则应务有余,而心亦无所放矣!"(《四书章句集注》)其与"据于德""依于仁"一样,都统摄于"志于道"之下。只有做到了前三者,"艺"便能游刃有余、自然表露了,故称"游"。刘尔炘以文载道,以诗言志,以联寄情,以书画和鉴藏而怡其性,以及与社会名流、诗友、门生的交游唱和,乐在其中,是名副其实的"游艺"之人。

"志于道"是一个总体的高度,"据于德"是一个切实的从近处出发的踏实维度,"依于仁"是相依共修的极致,而"游于艺"则属万物融为一体,道德仁义被其淋漓尽致表现了出来。

正由于"志于道"的统领作用并非是指时间和空间上的先后,而是指通过"据于德,依于仁,游于艺"无时不在、无处不在地体现其精神内核,所以本书也没有完全按照"志于道,据于德,依于仁,游于艺"的次序或板块归类,而是先以时间为轴,排列刘尔炘成长、成才以及为社会所做一件件大事、一桩桩成就。这种写作安排，不仅体现了刘尔炘"能融宋明学术归于实用"，也较好地使"传记"的特点得以落实；至于对刘尔炘的交游、诗友、门生、后学、家室、后人等的介绍，则无疑使其接上地气，更加鲜活、真实可亲。

积一生之学所创建的"机器劫"和"以理驭气"的理学思想，是刘尔炘所追寻而得到的"为万世开太平"之大道，必将越来越彰显出"陇上大儒"智慧的光芒。故特安排在本书的最后呈述，一方面在时间上为刘尔炘最后的杰作，另一方面，毕尽理学属高大上之哲学，有一定的份量，希望有压轴之用。

刘尔炘作为一个屹立在甘肃清末民初的巨人，在他身后的近百年历史中，世人没有忘记他，不断以不同的方式纪念他，足以体现其人格魅力与思想光芒对后世的非凡影响，这也正是支撑笔者锲而不舍、坚持写成的内在力量。

在本书的写作和出版过程中，曾得到了许多许多前辈老师、各界朋友的有力帮助，令我难忘。

一切都要归功于和我的恩师刘宝厚教授的因缘际会。1985年的春夏之交，大学三年级的中医内科学集中见习，我被分配到当时的兰州医学院第二附属医院中医科。时任中医科主任的刘教授，温文尔雅，气度不凡，令我们这些初涉医道的楞头小子颇有几分畏惧，又莫名其妙地觉得十分神奇。有一天，同组的一个同学神秘地对我说："你知道吗？刘主任的父亲叫刘尔炘，是翰林，修建过五泉山，'五泉山'那三个大字就是他写的呢！"我一个来自甘肃极其偏远农村的孩子，哪里知道这些金城里"阳春白雪"的故事？恰好科里有刘教授写的《五泉山与五泉山人》这本书，我即买了一本，带着几分好奇心看了，从中了解了一些事情的大概。刘翰林、刘教授的故事从此就种在我的心里了。

大学毕业后，我以"柳暗花明"般的传奇经过应届考上了刘教授的硕士研究生，能近距离、面对面地接受刘教授的耳提面命了。

当无限的向往已经成为现实的那一刻,必须要拧一下大腿,不然的话,老觉得是在梦中!三年的研究生生涯,跟着老师写病历、查房、值夜班、会诊、出门诊、参加学术会等,同时还充当着老师的小秘书,誊写书稿、书写投影、送信投稿、联系讲学等等,不一而足。研究生毕业后,承蒙不弃,留在老师身边工作。再后来,随着时间的推移,我调至甘肃中医药大学工作,可退而不休的老师又聘任到了中医药大学附属医院,继续指导我们工作,屈指算来,幸入师门已整整三十余年了。

2008年,刘老师托我把他父亲刘尔炘写的《拙修子太平书》交给甘肃中医药大学吴正中教授让其点注,我将文章录为电子版,且作了初步的句读之后,才面呈吴先生修改。在与吴先生一起点注过程中,我大开眼界,受益匪浅。2016年10月7日,国庆长假的最后一天,我去看望吴先生。吴教授见面便说:"你要给刘尔炘写一本书,书名我都想好了,就叫《陇上大儒刘尔炘》。你有这个责任,也有这个条件。"这就是我要感谢的第二个人——吴正中先生。吴先生五年前不幸中风,半身不遂,语言謇塞,尚在著书立说,身残的老师尚能如此,我能行能动,怎能辜负于老师?

甘肃中医药大学文献版本学专家张绍重先生,文史专家邓明先生、姜洪源先生,甘肃省图书馆曾雪梅馆员,兰州城市学院陈尚敏教授,甘肃省楹联学会副会长兼秘书长王家安先生、副秘书长陈小强才俊,篆刻家杨佳祺先生,兰州大学第一医院张炜副主任医师,杨巨川后人杨文海、杨震文先生,郭南浦后人郭怀凤先生,刘尔炘外孙女马爱民女士,收藏界朋友谈越东、刘胜军、侯亲民、王华、王振华、张东平、白建军等,均为本书的写作提供了十分珍贵的文史资料;甘肃中医药大学任真副教授,"金兰光影艺术工作室"的伏金兰老师,兰州大学第一医院戴滋瀛医生,对部分图片进行了艺术处理。在此一并表示诚挚的谢意!

　　特别是天水市麦积区委党校原副校长罗怀玉先生，武山县文联主席陈晓明先生对本书的写作思路，提供了有益的建议，甚至亲笔删繁就简；兰州职业技术学院杨安副教授、文史学者李青惠则亲笔充实了部分内容；兰州市红古区海石学校包鹏老师对文本进行了认真的校对。凡此等等，已是不是一个"谢"字就能表达得了的感动！

　　在本书出版的过程中，幸得华东师范大学张文教授，上海古籍出版社编辑室余鸣鸿主任的鼎力支持，才得以使拙著面世。

　　甘肃中医药大学"甘肃省中医药文化传承与发展中心"为本书的出版提供了有力的资金支持，各级领导对文化事业的鼎力相助，自是功在千秋。

仰圣斋主人　戴恩来
二〇二〇年五月

图书在版编目（CIP）数据

陇上大儒刘尔炘 / 戴恩来著．—上海：上海古籍
出版社，2020.11
　ISBN 978-7-5325-9773-4

　Ⅰ．①陇…　Ⅱ．①戴…　Ⅲ．①刘尔炘（1865-1931）
一传记　Ⅳ．①K825.4

中国版本图书馆CIP数据核字（2020）第187754号

陇上大儒刘尔炘

戴恩来　著

上海古籍出版社出版发行

（上海瑞金二路272号　邮政编码200020）

（1）网址：www.guji.com.cn
（2）E-mail：guji1@guji.com.cn
（3）易文网网址：www.ewen.co

常熟新骅印刷有限公司印刷

开本 890×1240　1/32　印张 15.25　插页 3　字数 370,000
2020 年 11 月第 1 版　2020 年 11 月第 1 次印刷
印数：1—1,300

ISBN 978-7-5325-9773-4

K·2912　定价：78.00 元

如有质量问题，请与承印公司联系